Les Contes

DE

LA FAMILLE

PAR

EUGÈNE DE MIRECOURT

Illustrés par J. A. Beaucé.

PARIS
LIBRAIRIE MODERNE, GUSTAVE HAVARD, ÉDITEUR,
BOULEVARD DE SÉBASTOPOL (RIVE GAUCHE).
—
1859.

ANDRÉ LE PATRE.

On l'apercevait, du fond de la vallée, grave, immobile, ressemblant au génie de la montagne (page 12).

ANDRÉ LE PATRE.

I

Après le Geubwiller, le ballon d'Alsace, le ballon de Servance et l'Ormond, ces quatre rois de la chaîne des Vosges, le Honneck réclame ses droits à la préséance. En partant de sa base, large d'une lieue, il monte hardiment au ciel. Ses flancs, qui se rétrécissent comme ceux d'une pyramide, deviennent de plus en plus effilés, à mesure qu'il s'éloigne de la terre. Tout hérissé de sapins noirs et chevelus, il ressemble à un if gigantesque, et lorsque le soleil, se dégageant des brouillards du matin, vient poser son disque radieux au sommet de la montagne, on dirait d'un immense flambeau qu'allume la main de l'Eternel pour éclairer les fêtes sublimes de la création.

Vers 18**, nous avons habité pendant quelques jours un modeste hameau, situé tout au pied du Honneck, et dont les maisons, couvertes de bruyère pour la plupart, s'éparpillaient dans la vallée verdoyante comme un troupeau capricieux que n'a pu rassembler la houlette du pasteur. Parmi toutes ces pauvres habitations, on en distinguait néanmoins quelques-unes dont l'extérieur annonçait l'aisance, et celles-ci se groupaient autour de l'église, qui les dominait à peine de sa tour quadrangulaire.

Il est à remarquer que, dans les pays montueux et relevés par les grands accidents de la nature, l'homme ne cherche pas à donner aux édifices une structure imposante : il sent trop combien ses œuvres seraient écrasées par celles de Dieu.

Contre l'église était adossé le presbytère. Non loin de là, sur la gauche, une maison blanche et proprette, fermée par une grille en bois peint, montrait ses pavillons à demi-cachés sous les branches touffues de deux gros tilleuls. C'était la maison du notaire.

Un jardin planté d'arbres fruitiers la séparait d'une autre moins élégante qui servait de logement au percepteur.

En face de ces deux habitations et de l'autre côté de la plateforme où se dressait l'église, on apercevait une suite de bâtiments couverts en tuile ; et, si l'on pénétrait dans la vaste cour qui précédait le corps principal du logis, on avait autour de soi les marques évidentes d'une activité laborieuse. Des charrues rentraient avec leur attelage suant ; des laitières sortaient de l'étable chargées de terrines, pleines d'un lait écumeux ; des valets aux épaules robustes traînaient d'énormes chariots sous les hangars ou conduisaient les chevaux à la fontaine placée au centre de la cour et dont les eaux jaillissantes étaient reçues par de vastes réservoirs.

Valets, bergers et laitières, tout en s'acquittant de leur besogne respective, chantaient à gorge déployée.

Les moutons bêlaient, le gros bétail mugissait ; de jeunes poulains, en faisant de folles gambades autour de leur mère, essayaient leurs premiers hennissements. Les chiens aboyaient, les pourceaux grognaient près de leur auge ; de gros pigeons pattus roucoulaient, en se rengorgeant, sur le toit du colombier. Il n'y avait pas jusqu'au peuple criard de basse-cour qui ne se permît une foule d'intonations diverses, chacun dans la spécialité de son idiôme.

Tout cela formait un concert dénué d'harmonie, mais extrêmement pastoral.

Cette ferme-modèle appartenait à Pierre Denis, riche montagnard, qui tous les jours augmentait sa fortune, en exploitant lui-même. Pierre avait trente ans. Il était doué de cette beauté mâle et florissante qui siége au front de tous les fils de la montagne. Le fermier n'était pas dépourvu d'éducation, ni d'un certain usage du monde que lui avaient donné de fréquentes relations avec les villes d'alentour.

Lié très-intimement avec le percepteur et le notaire, ils formaient ensemble une petite société, qui tenait presque de la famille.

A dix lieues à la ronde, Pierre était généralement regardé comme l'homme le plus heureux des Vosges. Le succès couronnait toutes ses entreprises, la grêle épargnait ses champs et l'inondation ses prairies, jamais l'avalanche ne déracinait les beaux sapins de ses bois, enfin il venait d'épouser la plus jolie fille du hameau.

Ce mariage qui, d'après l'opinion publique, mettait le comble au bonheur de Pierre Denis, avait justement soulevé les premiers nuages qui eussent obscurci le ciel, jusqu'alors tout d'azur, de son existence.

Pourtant celle qu'il avait choisie pour sa compagne possédait mille qualités adorables. Rosine était aimante et sensible. Blonde, mignonne et toute rose, on n'eût jamais cru que cette tendre fleur avait pris naissance au milieu de la vigoureuse atmosphère des montagnes. Quand elle surveillait l'intérieur du logis, coiffée de cette simple cornette piquée qui dégage tous les trésors de la chevelure, vêtue de la jupe courte et du corsage éclatant, sa chemise de fine toile relevée sur ses bras de neige, et ses petits pieds enfouis dans de légers sabots de mérisier, vraiment elle était charmante, et l'on se figurait voir Marie-Antoinette jouant à Trianon son rôle gracieux de fermière.

Mais, avec toutes ces qualités, Rosine avait un défaut contre lequel ne résiste pas l'affection la plus vive, défaut terrible qui, chez la femme, provient d'un excès d'amour, et porte immédiatement, chez l'homme, le coup de grâce à cette passion.

Pour tout dire, en un mot, notre paysanne était jalouse.

Elle eût voulu tenir son époux en charte privée, le mettre à l'abri de tout regard féminin, l'avoir là, près d'elle, à chaque heure du jour. Le fermier s'absentait-il pour affaire, la jeune femme se créait à l'instant mille sujets d'alarme, elle évoquait de sinistres fantômes, elle pleurait, gémissait, se brisait l'âme à tous les détours anguleux du soupçon.

Lorsque Pierre, fatigué de ses courses, rentrait sous le toit conjugal, il trouvait Rosine boudeuse et mécontente.

D'abord il essaya de combattre avec le raisonnement cette faiblesse d'esprit qui le désespérait. Par malheur, les caractères jaloux ne sympathisent guère avec la logique. Dans les efforts que son mari faisait pour la convaincre, Rosine voyait une dissimulation criminelle, un machiavélisme indigne. Elle voulait des aveux ; elle exigeait que le pauvre homme, qui n'avait pas le plus léger reproche à s'adresser, lui confessât des infidélités et des trahisons.

Longtemps Pierre donna les preuves de la plus angélique patience. Il aimait sa femme, et, pour la guérir, pour recouvrer le bonheur et la paix de son ménage, il n'eût pas reculé devant les plus durs sacrifices, il eût prodigué son sang. Mais, harcelé sans cesse, en but nuit et jour à d'éternels coups d'épingle, poursuivi jusqu'au sanctuaire intime de la pensée, le triste mari se lassa définitivement de son rôle de victime.

Il releva la tête, et parla haut et ferme.

Entendant pour la première fois l'accent impérieux d'un maître, Rosine parut réfléchir. Bientôt, néanmoins, elle se révolta contre ce qu'elle appelait un odieux despotisme.

Le fermier, qui sentait l'orage de la colère gronder dans son cœur, prenait le parti de s'éloigner pour ne pas faire éclore quelque scène de violence. Il fuyait sa maison comme si la peste se fût assise au coin du foyer domestique, et l'état perpétuel d'irritation dans lequel se trouvait Rosine ne permettait même plus à son mari de la conduire aux petites réunions du notaire, qu'elle eût infailliblement troublées par quelque fâcheux éclat. Les choses en sont à ce point au moment où commence notre récit.

M. Poirson, le notaire, est un petit homme replet, d'une figure épanouie, loyal comme un lingot d'or pur, serviable avec tout le monde, même avec ses clients, d'une gaîté par trop expansive et quelque peu fatigante. Il a conservé la poudre, frise chaque matin ses deux ailes de pigeon, et noue scrupuleusement tous les soirs, avec un ruban couleur d'orange, les trois cheveux qui lui restent sur le derrière de l'occiput.

La queue, cette mode de nos pères, que nous avons abandonnée comme un ornement grotesque, a conservé longtemps au fond de nos provinces des admirateurs acharnés, et M. Poirson était du nombre.

Ce brave notaire, à l'époque où nous l'avons connu, dépassait déjà la cinquantaine. Il était marié depuis vingt ans, et nous pouvons affirmer sans crainte que, pour lui, la lune de miel durait encore. On le voyait prodiguer à sa femme une infinité de petits soins et de prévenances qui eussent fait rougir de honte nos époux modernes, et cependant jamais caractère n'offrit un contraste plus frappant que celui de M. Poirson, mis en regard du caractère de sa moitié.

Mme Poirson, qui comptait près de trente-huit ans, avait dû jadis être d'une beauté merveilleuse. Elle était fort bien encore. Une mélancolie douce et résignée se lisait sur ce pâle visage. On croyait voir une reine dépouillée de sa couronne, et conservant dans l'exil sa majestueuse contenance et la fierté de son rang. Personne ne se souvenait d'avoir vu sourire la femme du notaire ; elle avait dû nécessairement éprouver quelque grande peine de cœur et pleurait sans doute au fond de son âme une affection brisée.

Telle Mme Poirson nous apparaît dès le commencement de cette histoire, telle son mari l'a toujours connue : ce qui nous laisse pressentir que la cause de sa tristesse mystérieuse est antérieure à son hymen avec le notaire.

Du reste, il n'arriva jamais à celui-ci de supposer que sa femme pût avoir une autre manière d'être. Il disait, dans sa perpétuelle et naïve bonne humeur, que cette chère épouse hantait constamment les nuages et qu'il avait été plus d'une fois obligé, pour l'atteindre, de se servir du procédé d'Encelade et d'escalader les cieux.

Mme Poirson, qui n'avait pas eu d'enfants de son mariage, et dont l'âme tendre éprouvait un vide que l'affection de son mari, nous l'avouons à regret, ne parvenait pas à combler, s'était éprise d'un amour quasi-maternel pour une jeune personne appelée Clotilde, que le hasard avait amenée dans son voisinage.

Clotilde est la sœur de M. Thomas, voisin du notaire, et, comme on le sait déjà, percepteur du hameau. C'est une toute jeune fille, dont les charmes naissants se sont développés à deux cents lieues des Vosges sous le ciel de la Provence. On comprend tout d'abord que cette plante exotique n'a jamais été caressée que par les chaudes haleines des pays méridionaux, car elle frissonne à la brise des montagnes.

Quant au percepteur, dont nous allons tracer en quelques mots la silhouette, c'est un homme dont les qualités morales sont loin de racheter la laideur physique. Grand, mal bâti, le visage atrocement labouré par la petite vérole, le nez couvert de tous les bourgeons de l'intempérance, les dents couleur de suie, grâce à l'usage immodéré de la pipe, le regard louche et faux, les bras d'une longueur effrayante et terminés par deux espèces de patte de crabe.... voilà le portrait le plus impartial que nous puissions donner de M. Thomas.

Parmi les notes secrètes du ministère des finances, on peut lire encore aujourd'hui ces trois épithètes gracieuses, accolées à son nom : Joueur, ivrogne et débauché.

Thomas avait perdu, par sa mauvaise conduite, une perception beaucoup plus lucrative que celle qu'il exerçait alors. On l'avait relégué, pour le punir, dans un pauvre hameau des Vosges. Ce châtiment administratif augmenta soudain le nombre des qualités négatives du percepteur, en y joignant l'hypocrisie. Dès lors il parut s'amender, joua l'homme grave, et son extérieur presque décent permit au notaire et à sa femme de le recevoir dans leur intimité.

Toutefois certains bruits fâcheux circulèrent bientôt sur le compte de Thomas.

Pierre Denis, à l'oreille duquel ils parvinrent d'abord, en fit part à M. Poirson, qui s'informa secrètement, et réussit à se convaincre que les notes prises au ministère des finances se trouvaient parfaitement exactes. On tint conseil, à l'instant même, et il fut décidé que le percepteur serait tout doucement, petit à petit, sans scandale, éliminé du cercle.

Mais, sur les entrefaites, Thomas, ayant reçu la nouvelle de la mort de son père, se mit en route pour la Provence, et ne revint que deux mois après avec Clotilde, dont il s'était fait nommer tuteur.

Il présenta la jeune fille à ses connaissances du hameau, ce qui fit immédiatement révoquer la décision prise à son égard.

Clotilde était si jolie, si douce; elle semblait si malheureuse d'avoir quitté son riant climat, ses bois d'orangers en fleurs et ses plaines embaumées de la Provence pour venir habiter cette froide région des Vosges! La proscription lancée contre M. Thomas doit-elle retomber sur la tête de cette belle jeune fille? Punira-t-on la sœur des désordres du frère? Il résulta de toutes ces considérations que la joie de posséder Clotilde fit tolérer le percepteur. Il fut permis au hibou d'accompagner la colombe.

On ferma l'œil sur les déréglements de Thomas. Son voyage dans le Midi semblait avoir triplé ses ressources. Il faisait, disait-on, de fréquents voyages à la ville voisine, où il hantait des femmes perdues et jouait un jeu d'enfer. Mais on se bouchait les oreilles, pour ne pas entendre ces déplorables histoires. On prétendait même que les mauvaises langues y mettaient beaucoup d'exagération et que plusieurs choses frisaient la calomnie. Bref, on tenait à Clotilde, et cela donnait beaucoup d'indulgence; la femme du notaire en raffolait.

Dès les premiers jours de l'arrivée de la jeune fille, Mme Poirson conçut un plan qu'elle ne tarda pas à conduire à bonne fin. Prenant un soir, dans son salon, le percepteur à l'écart, elle lui représenta que, forcé, comme il l'était, de s'absenter fréquemment pour remplir les devoirs de sa charge, il n'était ni prudent ni convenable de laisser Clotilde seule à la garde de sa maison.

— Votre sœur, lui dit-elle, serait chez moi beaucoup mieux à sa place, et si vous y consentez, je me charge de lui tenir lieu de la mère qu'elle a perdue.

M. Thomas ne fut pas difficile à convaincre. D'ailleurs, il voyait pour lui dans cet arrangement une liberté beaucoup plus grande.

Depuis deux jours, Clotilde était donc installée chez le notaire, lorsque Mme Poirson, dont le mari venait de sortir pour inventorier les meubles d'une ferme assez éloignée, reçut une visite étrange et presque effrayante.

Un homme d'une stature gigantesque vint sonner à la grille.

Cet étranger portait un large chapeau de montagnard, sous les bords duquel descendaient en désordre des cheveux grisonnants. Sa figure, hâlée par le soleil, avait un cachet de rude bonhomie et de franchise sauvage. Ses petits yeux, d'un gris clair, ombragés par d'énormes sourcils, affrontaient intrépidement toute espèce de regards. Au travers de leur calme transparence, on devinait l'homme aux mœurs intègres, le pauvre justement orgueilleux, qui n'a rien à craindre du mépris du riche et saurait, au besoin, faire respecter sa misère. Il avait une barbe inculte qui lui tombait jusqu'au milieu de la poitrine. Un surtout de peau de chèvre était jeté sur ses épaules, et des guêtres de même nature lui montaient jusqu'aux genoux.

Voyant, après avoir sonné une première fois, que personne ne venait lui ouvrir, il sonna plus fort et donna contre la grille plusieurs coups d'un bâton ferré qu'il tenait à la main.

Une servante accourut. Mais, à l'aspect du visiteur, elle s'enfuit en poussant des cris d'épouvante.

— Ah! grand Dieu, madame! s'écria-t-elle en se précipitant tout effarée dans le salon, c'est le jeteur de sorts!

— Qui cela? demanda madame Poirson.

— Le pâtre du Honneck... André!

— Serait-il possible? dit la femme du notaire. Alors nous sommes menacés de quelque grande infortune, car André ne descend au hameau que pour annoncer une catastrophe.

Clotilde s'était discrètement retirée.

Le pâtre fut introduit, et, pendant deux heures entières, il eut une mystérieuse conférence avec la maîtresse de la maison. Quel fut le sujet de leur entretien? Pourquoi Mme Poirson prolongeait-elle la visite d'un tel personnage? Que pouvait-il lui dire ou lui révéler, dans ce long tête à tête? Voilà ce qu'il nous est impossible d'expliquer pour le moment à nos lecteurs. Seulement, quand le pâtre prit congé de la femme du notaire, le visage de celle-ci portait l'empreinte d'une joie céleste. Ses joues étaient inondées de douces et heureuses larmes; elle s'écriait, en pressant avec effusion la main d'André :

— Merci! merci! je vous dois le seul instant de bonheur que j'aie goûté depuis vingt ans. Mon Dieu, moi qui tremblais que votre présence ne m'annonçât une infortune! Je vais donc enfin trouver un but à ma vie!... Oh! pourquoi m'avoir laissée jusqu'à présent dans l'incertitude, André? Vous ne savez pas tout ce que j'ai souffert.

— Madame, répondit le pâtre, si j'avais donné plutôt l'éveil à votre cœur, vous eussiez mis de côté toute mesure de prudence, vous vous seriez révoltée contre une séparation nécessaire... et votre époux aurait pu concevoir des soupçons. Jamais ce secret ne doit venir à sa connaissance, autrement le calme de votre ménage serait perdu sans retour.

— Vous avez raison, dit-elle. Soyez tranquille, André, je serai prudente; je réprimerai tous les élans de ma tendresse.

— Il doit en être ainsi, madame, pour votre repos et pour le mien... car je l'aime aussi moi, je l'aime comme si j'étais son père.

— A bientôt, André.

— Oui, madame, à bientôt.

Le pâtre quitta le salon. La femme du notaire s'agenouilla devant une image du Christ, et joignit les mains, en murmurant avec une pieuse reconnaissance :

— Soyez béni, mon Dieu, qui m'accordez cette consolation suprême, après de longues années de désespoir !

Cependant André n'était pas sorti du logis. Au lieu de traverser la cour, il prit à droite et pénétra dans celui des pavillons où se trouvait l'étude du notaire. Celui-ci n'était pas encore rentré, mais le pâtre résolut de l'attendre. En conséquence, il écarta sa casaque de peau de chèvre et tira d'une ceinture de cuir, qui lui sanglait les flancs, dix rouleaux cachetés, plus un petit portefeuille de maroquin vert. Il déposa le tout sur le bureau voisin, prit un siége et s'assit, en poussant un soupir de satisfaction.

Vingt minutes après, le notaire parut.

La première impression que produisait le pâtre était toujours une impression d'effroi. André, s'apercevant que M. Poirson se troublait à sa vue, lui dit avec un accent d'amertume :

— Je n'ai jamais fait que de bonnes actions dans le pays, et les plus honnêtes gens me redoutent, comme si j'étais un malfaiteur.

— Mais cela n'est pas, André !... cela n'est pas, je vous assure, dit le notaire, honteux d'avoir cédé lui-même au préjugé général. C'est que votre costume est si bizarre... Vous rompez si brusquement en visière à la civilisation... Dame ! après tout, si vous consentiez à vous couvrir de vêtements moins excentriques, si votre menton n'était pas ennemi du rasoir, et si vous mettiez un œil de poudre... bien certainement, André, vous seriez un homme comme un autre... Ça, voyons, mon brave, qu'y a-t-il pour votre service ?

— Je suis venu, dit le pâtre, pour causer d'affaires.

— Ah ! ah ! fit M. Poirson, avec un petit rire moitié bienveillant, moitié moqueur, nous avons peut-être des fonds à placer ?

— Précisément, répondit André, qui étendit en même temps la main vers les rouleaux et le portefeuille qu'il avait déposés près de là.

Le notaire fit un bond de surprise ; mais le pâtre ajouta sans s'émouvoir :

— Il y a dans chacun de ces rouleaux cinquante doubles napoléons, et ce portefeuille contient vingt-cinq billets de banque...

Comptez, monsieur! C'est quarante-cinq mille francs que je vous prie de vouloir bien placer sur première hypothèque.

— Où diable avez-vous pris une pareille somme? s'écria le notaire, qui ne revenait pas de sa stupeur.

— Peu vous importe, répondit le pâtre d'un ton digne et ferme : qu'il vous suffise de savoir que je ne l'ai pas volée.

— Dieu me préserve de concevoir de vous un pareil soupçon, mon ami! Néanmoins, avouez que la surprise ne m'est pas défendue, car chacun vous croyait dans la plus profonde misère.

— On avait tort, vous le voyez, dit le pâtre, le ciel a béni mes obscurs travaux... Mais il me reste un autre service à vous demander.

— Lequel?

— Il y a huit jours, vous avez renvoyé votre maître-clerc, et vous avez besoin d'un jeune homme actif, intelligent, sur qui vous puissiez vous reposer des occupations de votre charge et qui ait assez de fortune pour acheter l'étude, après quelques années de stage.

— Vous êtes très-bien informé. Auriez-vous quelqu'un à m'offrir?

— Je vous propose mon fils, répondit le pâtre, qui regarda fixement le notaire.

— Votre fils, André?... Plusieurs fois, en effet, on m'a dit que vous aviez un enfant et que vous lui donniez même une éducation brillante. Je regardais ce bruit comme absurde. Depuis vingt ans et plus que vous logez là-haut, sur la cîme du Honneck, votre existence n'a jamais été qu'un long mystère. On a peur de vous, comme on a peur d'un mécanisme dont on ne connaît pas les rouages, comme on a peur de tout ce qui échappe aux investigations humaines. N'importe, André, je vous crois fermement un honnête homme.

— Merci, monsieur Poirson, dit le pâtre, qui pressa la main que le notaire lui tendait. Vous acceptez donc mes propositions? Je puis vous amener mon fils?

— Aujourd'hui, si bon vous semble, André.

— C'est convenu... L'argent que vous allez placer doit servir à vous acheter l'étude. Vos prétentions s'élèvent, je crois, à quarante mille francs : nous ne marchanderons pas, et vous pourrez vous payer vous-même.

— Vous oubliez un reçu de la somme, dit le notaire.

— C'est parfaitement inutile. A ce soir.

Le pâtre prit son lourd bâton de montagnard, enfonça son large chapeau sur ses yeux et sortit du pavillon.

Il traversa le hameau, sans paraître remarquer que chacun s'écartait de son passage, et que les petits paysans se réfugiaient sous l'embrasure des portes et dans l'obscurité des granges, pour se montrer de loin le sorcier de la montagne.

Mais il est temps enfin de donner quelques détails sur le singulier personnage que nous mettons en scène.

II

Vers 1815, après la chute définitive de l'Empereur et la seconde rentrée des Bourbons, un soldat, dont l'uniforme était souillé de poussière et qui semblait harassé par les fatigues d'une longue et pénible route, s'avançait au milieu du hameau que nos lecteurs connaissent. Il examinait toutes les chaumières. Enfin, il s'arrêta devant l'une des plus misérables, mais qui se distinguait des habitations voisines par ses murailles tapissées de vigne vierge et par un énorme buisson de houx, suspendu à la porte d'entrée.

Le soldat pénétra dans une salle obscure, dont l'ameublement consistait dans cinq ou six escabeaux, rangés autour d'une large planche de sapin qu'on avait clouée sur quatre solives fichées dans le sol. Voyant qu'il n'y avait personne à qui s'adresser, l'inconnu frappa du poing sur cette table improvisée par la misère. Bientôt parut une robuste montagnarde, portant entre ses bras un nourrisson joufflu.

— Bon, se dit l'étranger, voici mon affaire.

— Un cruchon de piquette, ma belle! ajouta-t-il à haute voix.

Donnez le marmot, je le tiendrai pendant que vous descendrez à la cave.

Un instant après, la paysanne déposait sur la table le cruchon demandé.

— Savez-vous lire? fit le soldat, qui prit en même temps un papier sous son frac entr'ouvert.

— Non, répondit-elle.

— Eh bien! courez chez le maître d'école et faites-lui déchiffrer cette lettre à votre adresse; il reconnaîtra l'écriture : c'est de la même personne qui vous a déjà plusieurs fois envoyé des messages. Il est vrai que je pourrais vous dire ce que l'épître contient; mais vous n'êtes pas obligée de me croire sur parole.

— Et l'enfant? demanda la paysanne.

— Je le bercerai sur mes genoux, courez vite!

Elle se dirigea sur-le-champ vers la demeure du magister, et dix minutes ne s'étaient pas écoulées qu'elle rentrait tout émue.

— Vous venez me reprendre mon nourrisson, dit-elle; mais il y a dans le voisinage une personne qui, chaque jour, vient le voir en cachette et qui sera capable de mourir de chagrin...

— C'est fâcheux! répondit le soldat. Je ne connais que ma consigne, et les ordres de mon colonel sont positifs. Il m'a chargé de vous payer les mois de nourrice, continua-t-il, en jetant sur la table huit à dix pièces d'or : les voilà! J'emporte l'enfant.

Que la volonté de Dieu soit faite! murmura la paysanne, en s'essuyant les yeux avec un coin de sa robe de burc. Pauvre cher innocent! faut-il qu'on me le retire avant qu'il soit sevré!

— Ceci me regarde, dit l'inconnu.

Il présenta l'enfant aux derniers baisers de sa nourrice, et s'éloigna de la chaumière avec son fardeau qui pleurait.

On ne devait plus entendre parler ni du soldat ni du nourrisson. Mais, à peu près vers la même époque, un vieux pâtre de chèvres, qui avait élu domicile au sommet du Honneck, étant venu tout à coup à mourir, les habitants de la vallée furent très-surpris de lui voir un successeur. Celui qui avait fait l'acquisition d'un troupeau de chèvres presque sauvages et d'une cabane en ruines ne tarda pas à être l'objet de la curiosité générale. C'était un homme assez jeune encore, de taille plus qu'ordinaire. On l'apercevait du fond de la vallée, debout sur les élévations les plus ardues, grave, immobile, ressemblant au génie de la montagne. Quand venait l'heure de rallier ses chèvres, on s'étonnait de l'audace étrange avec laquelle il franchissait rochers, torrents et précipices.

On résolut de l'examiner de près, et plusieurs tentatives eurent lieu à cet égard.

L'ancien pâtre avait la réputation de fabriquer d'excellents fromages : le nouveau sans doute aura précieusement conservé la recette. En conséquence, les plus curieux gravirent, un beau matin, jusqu'à la cabane aérienne.

Mais André, voyant les montagnards approcher de sa demeure, marcha droit à eux, et leur demanda d'une voix de tonnerre où ils allaient et ce qu'ils voulaient.

— Nous allons chez vous, répondirent-ils, et nous voulons des fromages.

— Eh bien! dit le pâtre, je vous conseille de vous en retourner les mains vides. Un marchand de Rambervillers monte ici toutes les semaines, et m'achète mes provisions.

Les curieux insistèrent et firent mine de vouloir passer outre. Alors André se redressa d'un air menaçant et leur montra son bâton noueux.

— Arrière! cria-t-il. Malheur à celui d'entre vous qui passerait le seuil de cette cabane!

Comme les montagnards ne tenaient que médiocrement à se faire assommer par le pâtre, ils redescendirent au hameau. Ce jour était un dimanche, et le reste des habitants, qui les attendaient sur la place de l'église, surent bientôt de quelle manière ils avaient été reçus. On se moqua de leur frayeur, on les taxa de couardise, et quelques jeunes filles, suivies de leurs amoureux, décidèrent immédiatement une seconde ascension. Le pâtre était sur ses gardes. Il vit approcher cette nouvelle troupe, qui se glissait, rieuse et folâtre, sous le rideau noir des sapins.

— Eh! bonjour, mes jouvencelles! cria-t-il en s'avançant à la rencontre des jeunes paysannes. La montée du Honneck est rapide et vous avez besoin de rafraîchissements. Faut-il vous servir une tasse de lait?

— Nous voulons bien, dirent-elles, en se regardant toutes surprises de cet accueil amical.

Le pâtre siffla. Deux jolies chèvres blanches, qui paissaient non loin de là les bruyères fleuries, accoururent avec mille gambades joyeuses.

— Ça, mes bichettes, dit André, qui les flatta doucement, avons-nous la mamelle pleine?... Oui-dà!... Voyez comme elles sont gentilles! Elles étaient sauvages, et quelques heures ont suffi pour les apprivoiser de la sorte... Car, ajoute-t-il gravement, je me mêle un peu de sortilége.

— Quoi! s'écrièrent les paysannes, vous êtes sorcier, monsieur le pâtre?

— Oh! pas beaucoup! dit André.

Pendant cet intervalle, il avait pris à sa ceinture une écuelle de bois et s'occupait à traire l'une des chèvres. L'écuelle remplie, le pâtre la plaça sur sa tête et leva les yeux au ciel, en murmurant une espèce de conjuration. Puis il posa l'écuelle à terre, fit un cercle à l'entour, et frappant deux petits coups sur le dos de celle des chèvres dont il n'avait pas épuisé la mamelle, il lui montra la cabane assise un peu plus haut, à cinquante pas de distance. La chèvre prit sa course en bondissant, et bientôt les témoins de cette scène étrange la virent entrer dans la demeure du pâtre.

— Que faites-vous donc là? demandèrent les jeunes filles, effrayées de ces préparatifs mystérieux.

— Ah! voici mes gazelles... Je vous porte beaucoup d'intérêt, et je désire vous témoigner combien je suis reconnaissant de votre visite. Vous êtes là dix ou quinze, toutes fraîches et toutes roses, et vous pourriez tôt ou tard prendre un mari qui vous ferait perdre ces douces couleurs. Croyez-moi, rien ne détériore une femme comme le ménage ! Or, ma chèvre est allée prendre là-bas une branche de verveine. Lorsqu'elle sera de retour, je tremperai ladite branche dans ce lait, sur lequel je viens de prononcer des paroles magiques. Je vous aspergerai toutes ; vous boirez l'une après l'autre quelques gorgées de ce qui restera... puis, si vous ne coiffez pas sainte Catherine, il y aura de la malice !

Les paysannes s'entreregardèrent, pâles et glacées d'effroi.

Celle qui se trouvait la plus proche du sentier tortueux qui conduisait au bas de la montagne s'y précipita vivement. Une seconde imita son exemple, puis une troisième, puis toutes s'enfuirent à la fois, ayant bien soin d'entraîner leurs amoureux, dans la crainte que le sorcier ne leur jouât quelque mauvais tour.

— Bon ! dit André qui, resté seul, avala tout le contenu de son écuelle et la rattacha par un cordon de cuir à sa ceinture, il n'y a pas de danger qu'elles y reviennent !

Il rentra dans sa hutte, où la seconde chèvre était occupée à toute autre chose qu'à chercher une branche de verveine. L'excellente bête avait compris le signal de son maître. André la trouva près d'un berceau d'osier, placé tout exprès à sa hauteur. Elle donnait son lait à un jeune enfant qui pressait de ses petites mains la mamelle rebondie.

Nos lecteurs ont déjà deviné que le pâtre et le soldat ne sont qu'un seul et même personnage.

Mais le costume adopté par le nouvel hôte du Honneck le déguisait si bien, que la nourrice elle-même fut à cent lieues de reconnaître André, lorsque celui-ci parut au hameau dans la matinée du lendemain, pour soumettre ses papiers au maire. Il déclara positivement à ce magistrat qu'il voulait vivre seul, et lui donna des explications dont celui-ci fut apparemment satisfait, car il défendit aux habitants de troubler à l'avenir la tranquillité du pâtre. Cette défense devenait inutile : la mystification qu'André s'était permise à l'égard des jeunes paysannes portait déjà ses fruits, et la crédulité des villageois ne demandait pas mieux que de trouver un aliment.

Le pâtre fut tenu pour un sorcier de premier ordre, et jamais un montagnard ne s'aventurait à une distance de plus de trois cents pas de la hutte : il eût cru voir immédiatement tomber sur sa tête une pluie de sorts et de maléfices.

Plusieurs faits extraordinaires, qui eurent lieu par la suite, prêtèrent plus de poids encore aux accusations de sorcellerie formulées contre André. Comme tous les hommes dont la vie s'écoule dans la solitude, il était doué d'une espèce de seconde vue qui donnait à ses jugements et à ses actes une vérité terrible, une promptitude effrayante.

Un assassinat fut un jour commis dans le voisinage, et la justice humaine allait condamner un innocent, lorsque André parut au hameau, marcha droit à la porte du véritable meurtrier et découvrit les preuves du crime aux spectateurs muets d'épouvante.

On ne comprenait pas et l'on tremblait ; rien pourtant n'était plus simple.

Un mois auparavant, le pâtre avisait chaque jour un homme à figure sinistre qui rôdait sous les plus sombres avenues de sapins. Il se mit en embuscade, et vit ce misérable se précipiter sur un voyageur en lui portant un coup mortel. André courut au secours de la victime : il était trop tard. Mais une neige fine et serrée, qui tombait alors, lui permit de suivre les traces de l'assassin. L'empreinte formée sur la neige le conduisit directement à l'une des premières maisons du hameau.

— C'est là ! se dit le pâtre, et il attendit le moment d'agir.

Un autre jour, il sauva d'un acte de désespoir une pauvre jeune fille séduite et la retira des flots écumeux du torrent, au sein desquels la malheureuse allait disparaître. Il la transporta sur-le-champ dans la propre maison du séducteur, et fit à celui-ci, en présence de témoins, l'histoire de ses secrètes amours. Le rustique Lovelace avait nié jusqu'alors ; mais il se troubla devant les révélations positives du sorcier. Le mariage eut lieu, grâce au pâtre, qui avait surpris tous les rendez-vous dans la montagne.

Enfin, une chose tenant du prodige était arrivée plusieurs mois avant les événements qui commencent notre récit.

M. Thomas, l'honorable percepteur avec lequel nous avons déjà fait connaissance, allant porter une somme considérable à la recette particulière, fut victime, en plein jour, du vol le plus audacieux. C'était à l'époque de la fenaison, la vallée se trouvait couverte de faucheurs ; néanmoins aucun d'eux ne put arriver à temps pour s'emparer de l'homme qui venait de terrasser M. Thomas, et qui disparut, en un clin-d'œil, au milieu des détours de la forêt. Chacun put voir seulement qu'il était de très-petite taille, mais extrêmement robuste. Dix mille francs avaient été volés. M. Thomas ne devait pas en être responsable, puisque trente ou quarante personnes pouvaient certifier la lutte et la résistance.

Or, le soir même de l'aventure, le pâtre entra chez le percepteur, auquel il remit un sac contenant la somme entière.

M. Thomas devint plus pâle que la mort. André lui glissa ces mots à l'oreille :

— Je sais tout. Que le gouvernement ne soit plus volé, sinon je parle.

Notre héros passa vingt années de la sorte, ne se révélant à son entourage que par des faits, d'autant plus extraordinaires en apparence qu'il ne prenait pas la peine de montrer le dessous des cartes et de donner la moindre explication.

Sa vie d'intérieur avait quelque chose d'antique et de patriarcal.

L'effroi qu'il inspirait ne permettait plus aux curieux d'approcher de son habitation, sans quoi chacun aurait pu le voir guider sur la bruyère les premiers pas d'un bel enfant, dont il avait les caresses et les sourires. André semblait avare de son trésor ; il s'efforçait de le dérober à tous les yeux. Comme sa hutte était bâtie sur un plateau découvert, il établit tout autour une haute et forte palissade, à l'abri de laquelle l'enfant pouvait gambader et développer ses jeunes membres.

Ces premières années de séjour sur le Honneck furent pour le pâtre une époque d'émotions délicieuses et de joies sans nuage.

Paul, — c'était le nom de l'enfant, — nommait André son père. Il grandissait à vue d'œil, et bientôt le vaste horizon qui se trahissait au travers des claires-voies de la barricade lui apprit qu'il existait quelque chose en dehors de cet espace de vingt pieds carrés et de cette cabane qui, pour lui, jusqu'à ce jour, avaient été le monde. André le conduisit alors dans le voisinage, et jouit de ses surprises naïves, de ses exclamations joyeuses.

Quand les petites jambes de Paul étaient fatiguées, le pâtre sifflait un énorme chien de montagne, au poil fauve et rude, qui accourait lécher les mains de l'enfant et l'invitait du regard à monter sur son dos. Cet excellent animal s'appelait Fox. En le baptisant de la sorte, le pâtre n'avait pas reculé devant un crime de lèse-Albion.

Bien que ces courses n'eussent jamais lieu du côté de la vallée, plusieurs bûcherons aperçurent les promeneurs, et bientôt la malveillance fit courir un bruit qui s'accrédita partout aux alentours.

On accusait le pâtre d'avoir volé un enfant.

Pour la seconde fois, André se vit contraint de donner des explications au maire du hameau. Celui qui remplissait alors ces fonctions était l'oncle de Pierre Denis. Le pâtre lui confia tout ce qu'il pouvait livrer du secret dont il était possesseur.

Dès ce moment, André ne devait plus concevoir d'inquiétude; néanmoins l'enfant disparut, et l'on chercha vainement à connaître son sort.

Le pâtre se montrait seul, au sommet du Honneck, appuyé sur son lourd bâton, restant debout des journées entières, immobile et sombre, comme une statue posée sur un piédestal cyclopéen. Seulement, on observa qu'il faisait de temps à autre d'assez longues absences, laissant à la garde de Dieu sa cabane et ses chèvres. On voyait ces dernières errer sur la montagne et se suspendre au bord des précipices comme un troupeau de chamois.

Où allait André? Quel était le but de ces courses mystérieuses?

Longtemps on resta dans la plus complète ignorance à cet égard. Enfin quelques villageois le rencontrèrent sur les routes de l'Alsace, et Pierre Denis, qui, pour vendre les produits de sa ferme, faisait assez souvent le voyage de Strasbourg, aperçut, un beau matin, sur la place de la Cathédrale, André, dépouillé de son costume de pâtre et donnant le bras à un jeune collégien de fort bonne mine.

Surpris en chapeau neuf, en cravate noire et en redingote à la propriétaire, le gardeur de chèvres parut légèrement déconcerté. Toutefois, il se remit presque aussitôt, et, montrant le jeune homme qui l'accompagnait au maître de la ferme-modèle :

— Monsieur, lui dit-il, voilà mon fils.

— Ah! s'écria l'époux de Rosine... Un joli garçon! Je vous en fais mon compliment.

— Gardez-moi, de grâce, le secret de cette rencontre.

— Vous pouvez être tranquille, mon brave André, dit Pierre, auquel son oncle avait donné jadis des détails honorables sur la conduite du pâtre. Soyez problème tant qu'il vous plaira, je ne chercherai pas à vous résoudre, et je n'exciterai la curiosité de personne par d'indiscrets commentaires.

Le fermier tint parole et le pâtre lui en eut la plus vive reconnaissance. Lui, qui jusqu'alors n'avait voulu recevoir âme qui vive dans son domaine escarpé, se décida pourtant à y accueillir Pierre. Chaque fois que l'une des circonstances, mentionnées précédemment, le faisait descendre au hameau, les habitants le voyaient toujours entrer à la ferme avant de regagner la montagne. Dès lors on attribua la prospérité toujours croissante de Pierre Denis et son bonheur, devenu proverbial, à ses relations habituelles avec le sorcier. Nous savons déjà ce qu'il faut soustraire de cette somme de félicité qu'on octroyait si libéralement à l'époux de Rosine.

Sans entrer dans plus de détails, nous reprendrons ici le fil de notre histoire.

Nous avons laissé le pâtre quittant la maison du notaire et traversant le hameau d'un pas ferme, sans paraître déconcerté le moins du monde par les signes de terreur que chacun donnait sur son passage. Arrivé devant l'esplanade, à l'extrémité de laquelle s'élevait l'église, il tourna les yeux vers le cadran de l'horloge.

— Bon! se dit-il, la route est à deux pas... la diligence ne passe qu'à trois heures... je puis donc entrer chez notre ami Pierre.

Et, faisant un quart de conversion à gauche, il pénétra dans la cour de la ferme.

Au fond de cette cour, dont nous avons esquissé déjà la physionomie champêtre, se trouvait un perron à double rampe. La grille était entourée de plantes grimpantes et de clématites roses, qui s'élançaient à l'aide de fil de laiton jusqu'au mur de façade, et formaient au-dessus de la porte une voûte gracieuse de verdure et de fleurs. Après avoir franchi le seuil, André se trouva dans une vaste pièce, servant à la fois de cuisine et de laiterie. La cheminée, dont le large manteau pouvait abriter quinze personnes, supportait des jattes de crème et des paniers d'oseraie remplis de pains de beurre, destinés aux marchés d'alentour. Sur des planches fixées aux murailles étaient entassés pêle-mêle des piles de fromages. La batterie de cuisine, en cuivre ou en étain, témoignait par son brillant de la propreté de la ménagère.

III

Cette pièce était déserte, et le pâtre allait pénétrer jusqu'au cœur du logis, lorsque des éclats de voix frappèrent son oreille. Il distingua, partant d'une chambre voisine, les sanglots d'une femme, que dominait le langage brusque et heurté d'un homme en colère.

— Pauvres enfants! dit André; six mois de mariage à peine, et déjà malheureux!

Craignant de paraître indiscret en se montrant au milieu d'une scène conjugale, il allait rebrousser chemin, quand une porte s'ouvrit tout à coup avec violence. Pierre Denis, la tête nue, le visage enflammé, s'offrit aux regards du pâtre.

— C'est vous, André ! s'écria-t-il. Eh bien ! rentrez avec moi, vous serez notre juge !

En même temps, il le poussa dans la chambre, où Rosine, assise et la tête cachée dans ses mains, sanglottait à fendre l'âme.

— Voyez, dit Pierre en désignant la jeune femme, croira-t-on jamais que cette grande douleur n'ait point de cause, que rien ne justifie ce désespoir ? Grâce à d'absurdes caprices et au délire d'une imagination malade, je vais passer pour un époux indigne, pour un brutal, pour un lâche qui se plaît à torturer un être faible.

— Oh ! dit le pâtre, ceux qui vous connaissent, monsieur Pierre, ne feront jamais de pareilles suppositions.

— Détrompez-vous, André... Quand une femme pleure et se lamente, chacun s'empresse de donner tort au mari. Puis-je trahir les secrets du ménage et rejeter sur Rosine, en me disculpant, toutes les souffrances de notre intérieur ? M'abaisserai-je à donner des explications à mes domestiques ? Irai-je leur dire à quels injurieux soupçons je me trouve constamment en butte ? Je dois me taire, et mon silence est, aux yeux de tous, une preuve de culpabilité. Madame, ajouta-t-il, en faisant approcher le pâtre, nous avons là devant nous un véritable ami, digne en tout point de notre confiance. Accusez-moi de nouveau ! Dites-lui les crimes dont il vous plaît de me noircir, et, s'il me condamne... eh bien, ma cause sera perdue sans appel ! Je vous jure de me soumettre dorénavant à vos exigences.

— Voyons, ma pauvre enfant, dit André, prenant la main de la jeune femme, contez-nous vos chagrins : peut-être y trouverons-nous un remède.

— Hélas ! dit Rosine, qui souleva son beau visage inondé de larmes, Pierre ne m'aime plus !

— Vous l'entendez, mon ami, je ne l'aime plus... Voilà le principe fondamental de l'accusation, tirez maintenant les conséquences. Depuis le jour où Madame a fait cette jolie découverte, je suis le plus misérable de tous les hommes. Si je quitte le logis un instant, si je me livre à quelques voyages, toutes ces démarches deviennent autant de circonstances aggravantes. J'essaierais en vain de prouver que je m'occupe uniquement de mes affaires et des intérêts de la ferme... Allons donc! je n'aime plus Rosine : en conséquence, je dois aller soupirer quelque part aux genoux d'une autre belle. Ce raisonnement est sans réplique. Il est vrai que je cache fort adroitement mon jeu, que je ne donne aucune prise au comérage, et que l'objet de mes nouvelles amours s'enveloppe des ombres du mystère... Mais je n'en suis que plus coupable, morbleu!

— Oui, s'écria Rosine en se frappant le front avec désespoir, votre conduite est odieuse, elle est déloyale ; vous me ferez mourir!

Le fermier regarda le pâtre avec un air de découragement profond.

— C'est de la folie, murmura-t-il, et voici trois mois que cela dure... trois mortels mois, André! Mes serments, mes protestations, rien n'a pu la guérir. Après avoir mis inutilement en usage toute la logique de la tendresse conjugale, après avoir épuisé les moyens de douceur, j'ai senti pour la première fois l'irritation gronder dans mon âme. Lever la main sur elle, ce serait une chose monstrueuse, une lâcheté sans nom... Pourtant il m'arrive parfois de la quitter, de m'enfuir, pour m'épargner des remords éternels. Le caractère le plus doux, exposé nuit et jour à des taquineries incessantes, devient féroce; l'agneau se change en tigre... Je n'y tiens plus! Cela doit finir d'une manière ou de l'autre. Qu'elle prenne la moitié de ma fortune et qu'elle s'éloigne... ou je partirai, moi! J'irai me cacher à l'autre bout du monde. Mais vivre de la sorte, sentir à chaque minute une main impitoyable déchirer la blessure qu'elle a faite, n'avoir ni repos, ni trêve, ni merci... souffrir, toujours souffrir! c'est le supplice des damnés, c'est l'enfer!

En parlant ainsi, le fermier se promenait avec une agitation croissante de long en large de la pièce. Sa figure était écarlate ; d'énormes gouttes de sueur perlaient sur son front et sillonnaient son visage.

Il suspendit sa marche et saisit la main du pâtre.

— Adieu! murmura-t-il, j'étouffe.... j'ai besoin de prendre l'air.

Mais André l'empêcha de sortir, et, faisant un geste rempli d'une supplication éloquente, il lui montra la jeune femme, renversée sur son siége et menacée d'une crise nerveuse, dont ses membres éprouvaient déjà les atteintes.

Le fermier sentit la colère faire place dans son âme à une compassion véritable, lorsque, jetant les yeux sur le beau visage de Rosine, il le vit couvert d'une pâleur mortelle et contracté par de douloureuses angoisses. Comme un flambeau qui va s'éteindre, son amour se réveilla pour jeter un éclat plus vif. Il se rappela les premiers jours de son hymen, premiers anneaux d'or qui devaient former la chaîne de son bonheur, et rompus si brusquement par une jalousie fatale. Un instant il s'accusa lui-même et se reprocha la dureté d'une explication dont les résultats étaient si terribles. Cédant à la prière muette du pâtre, l'œil humide et le sein palpitant, il s'élança vers Rosine, qui se ranima bientôt sous les tendres caresses de son époux.

— Pardonne-moi! dit Pierre; je suis un brutal, un insensé! Dois-je ainsi verser du fiel au lieu de baume sur ta blessure? A quoi me sert d'être un homme, si chez moi la force de caractère ne vient pas en aide à ta faiblesse? Ecoute, Rosine, ma bien-aimée, je te jure en présence de Dieu qui nous entend, je te jure sur mon salut éternel que jamais une autre femme que toi n'a fait battre mon cœur. Toute mon affection t'appartient; je paierais d'une année de ma vie chacun de tes sourires... Oh! dis, veux-tu croire à mon serment? Veux-tu redevenir ce que tu étais autrefois, douce, aimante, prodigue de tous les trésors dont le ciel a doué ta belle âme, et, comme autrefois, tu me verras à tes genoux, empressé, ravi, noyant mon regard dans ton regard, ivre de tendresse et de bonheur!...

— Oui! oui! s'écria la jeune femme.

Elle jeta ses deux bras au cou de son mari.

— Tu m'aimes, dit-elle, tu n'as pas cessé de m'aimer, nous recommencerons nos beaux jours.

— Ainsi, Rosine, plus de jalousie, plus de soupçons injurieux...

— Non... Mais il faudra dorénavant que nous restions toujours ensemble. Vous ne me quitterez plus, chaque soir, comme vous le faisiez, n'est-ce pas, mon ami?

— Sans doute... et, puisque tu dois être raisonnable à l'avenir, rien n'empêche que tu assistes aux soirées du notaire.

Le visage de Rosine devint pourpre et ses yeux éclatèrent d'une flamme soudaine.

— Il y tient! s'écria-t-elle; j'en étais sûre!

Mais elle reprit aussitôt, en faisant sur elle-même un violent effort:

— Notre intérieur sera si doux, si tranquille; pourquoi ne pas nous en contenter, Pierre?

— Parce que je ne me déciderai de ma vie à passer aux yeux de tous pour un stupide et grossier personnage! dit le fermier qui se releva brusquement. C'est mal à vous, Rosine, d'insister encore sur un pareil sujet, quand mille fois déjà je vous ai prouvé qu'une rupture avec nos voisins serait une malhonnêteté sans exemple, une impolitesse gratuite.

— Là! là! calmons-nous, fit André.

Pour ne gêner en rien la réconciliation, le pâtre s'était approché de la fenêtre et regardait dans la cour de la ferme. Entendant gronder un nouvel orage, il jugea convenable d'intervenir.

— Ma belle enfant, dit-il à la jeune femme, je vous trouve un peu trop... exigeante... Ah! ma foi, le mot est parti! Vos grands yeux ont beau me lancer des flammes... Tâchons de raisonner sans colère. En ce monde, il ne faut abuser de rien, pas même des meilleures choses. Mangez un peu des dragées huit jours de suite, et je consens à perdre ma plus belle chèvre, si, pendant tout le reste de votre existence, vous ne fuyez comme la peste la boutique des confiseurs. Eh bien! le tête-à-tête dans le mariage est une friandise dont il faut user le plus sobrement possible... Donc vous auriez tort d'empêcher votre mari de cultiver d'honnêtes et paisibles connaissances...

— Il n'ira plus chez M. Poirson! cria Rosine en frappant du pied.

— Il ira, ma chère enfant, dit le pâtre, il ira même plus souvent que d'habitude, et c'est moi qui l'en prie.

— Quoi! vous avez l'audace!... ici, dans cette maison...

— Oui, certes, ici, dans cette maison, partout, je prends en main la défense de la bonne cause. D'ailleurs, je suis chez un ami, n'est-il pas vrai, monsieur Pierre, et j'ai voix délibérative?

— Vous êtes chez moi, vous êtes dans ma chambre! s'écria-t-elle, au comble de l'exaspération. Libre à Monsieur de faire son ami d'un mendiant!... moi, je vous chasse...

— Rosine! cria le fermier d'une voix terrible.

— Point de bruit, dit le pâtre, point de scandale... Il n'y a que les injures méritées qui offensent, et, chacun le sait dans le hameau, si je descends parfois de la montagne, ce n'est pas pour demander l'aumône. Je n'ai demandé que deux choses dans ma vie : un sac, contenant dix mille livres en or, et une mèche de cheveux blonds renfermée dans une lettre d'amour.

Rosine tressaillit. Sa figure, animée par la colère, se couvrit tout à coup de pâleur.

— Encore, poursuivit le pâtre avec le plus grand calme, je réclamais ces deux choses au même personnage. Les dix mille livres avaient été volées à M. Thomas le percepteur; la mèche de cheveux et la lettre d'amour avaient été surprises à l'innocente confiance d'une jeune fille, dont l'avenir se trouvait de la sorte à la merci d'un homme indigne d'elle.

La pâleur de Rosine augmentait à chacune des paroles d'André.

— A propos, dit le pâtre en s'interrompant, quelle heure est-il, monsieur Pierre?

Le fermier tira sa montre et répondit :

— Bientôt trois heures.

— En ce cas, dit André, je réclame un service de votre obligeance. Mon fils arrive aujourd'hui par la voiture de Strasbourg. Si vous consentiez à aller le premier à sa rencontre, j'irais bientôt vous rejoindre.

Il ajouta quelques mots à voix basse, en se penchant à l'oreille du fermier.

— Vous ne réussirez pas, mon ami, dit Pierre, elle est incorrigible !

A ces mots, il quitta la chambre, sans même jeter un regard sur sa femme, dont l'émotion subite lui avait échappé. Le pâtre fouilla dans une poche de son surtout de peau de chèvre, prit un petit paquet cacheté et l'offrit à Rosine.

— Voici, dit-il, la mèche de vos cheveux que vous aviez eu l'imprudence d'envoyer, il y a deux ans, à Jacques Belmat. La lettre que vous lui écrivîtes alors est sous le même pli. Recevez ce cadeau, Madame, des mains du mendiant... il vous demande, en échange, de le croire incapable d'une action mauvaise.

— André, pardonnez-moi ! dit la fermière très-émue. Mais comment cette preuve de ma fatale imprudence est-elle tombée en votre pouvoir ?

— Vous le savez, dit le pâtre en souriant, j'ai la réputation de tout deviner et de tout connaître.

— Est-ce donc vrai que vous ayez des relations avec le génie du mal ? demanda Rosine, frissonnant de terreur.

— Non, répondit André, Satan n'est pas de mes amis. Je suis un sorcier vertueux. Si quelqu'un m'a conseillé, c'est bien plutôt votre bon ange, ma chère enfant. Deux mots d'explication doivent vous suffire. Jeune fille crédule, vous avez écouté jadis les propos d'amour du garçon le plus débauché de ce village... ne rougissez pas ! Vous étiez loin de vous douter alors du caractère odieux de Jacques, et le ciel empêcha le misérable de flétrir votre innocence. A peine le connûtes-vous que le mépris seul vous resta dans l'âme. Mais Jacques avait eu l'habileté de vous arracher le gage d'une faiblesse passagère. Lorsque vint l'époque, où sûre enfin d'avoir rencontré l'homme de votre choix, vous vous sentiez heureuse de l'espoir d'être bientôt à lui, Belmat vous apparut la menace à la bouche et la rage au cœur. Il déclara qu'il allait faire rompre vos fiançailles et publier d'anciennes relations... qu'il était libre de noircir à sa guise.

— C'est vrai, mon Dieu! dit Rosine.

— Aussi, le jour où Pierre vous conduisit à l'autel, vous trembliez à chaque instant de voir une main audacieuse arracher de votre front la couronne de fleurs d'oranger.

— Hélas! j'en serais morte de douleur et de honte!

— Je le savais, dit le pâtre; voilà pourquoi j'ai cru convenable de jouer vis-à-vis de vous le rôle de la Providence. La veille de votre union, je suis venu sommer Jacques Belmat de quitter le hameau, pour n'y plus reparaître, et de me rendre auparavant les preuves matérielles dont il comptait appuyer sa calomnie.

— Mais, demanda la jeune femme, comment avez-vous pu le contraindre...

— S'il eût refusé, je l'envoyais au bagne. C'était lui qui, ce jour-là même, avait si facilement terrassé le percepteur devant plus de quarante personnes, et au beau milieu de la prairie. Sur les dix mille livres qu'il devait ensuite remettre à un complice... que je ne nommerai pas, on lui en eût prêté cinq mille pour subvenir aux frais d'un enlèvement.

— Ainsi vous êtes mon sauveur, André! dit Rosine en versant des larmes de reconnaissance. Pourquoi ne l'ai-je pas su plus tôt?

— Vous l'eussiez ignoré toujours, si l'éclat fâcheux auquel vous vous êtes livrée tout à l'heure n'eût rendu nécessaire une révélation. Pardonnez-moi d'avoir lutté contre vos désirs, en exhortant votre époux à ne pas rompre avec le voisinage. Le fermier sentait assez lui-même l'inconvenance d'une pareille conduite. Et puis, un mot suffira pour achever de me justifier à vos yeux. Mon fils arrive de Strasbourg; il entre comme premier clerc chez M. Poirson. C'est un enfant sans expérience; son âge réclame un guide, un mentor qui l'aide à diriger ses premiers pas dans le monde. Or, avouez-le, je ferais avec mon costume de pâtre une assez triste figure aux soirées du notaire ! D'ailleurs, j'ai mes habitudes là-haut, sur le Honneck. Il me faut la compagnie de mes chèvres ; j'ai besoin de respirer le parfum résineux des pins, et je ne m'endors qu'au bruit du torrent. Tranchons le mot, je suis un ours, et comme tel je retourne dans la montagne, en laissant à M. Pierre le soin de veiller sur mon fils.

— C'est bien, dit Rosine avec amertume. Je le vois, mon mari sera plus assidu que jamais à des réunions qui font mon désespoir. La notairesse continuera de jouer son rôle mélancolique, et Pierre finira par deviner qu'on l'a choisi pour consolateur... Il l'a déjà parfaitement compris, peut-être ! à moins que les yeux noirs de cette demoiselle Clotilde ne soient parvenus à le distraire et à donner tort aux charmes surannés de madame Poirson.

— Comme la jalousie vous aveugle, ma pauvre enfant ! dit André, comme elle vous rend injuste !... Vous accusez tout à la fois deux femmes qui n'ont pas, j'en suis convaincu, le plus léger reproche à s'adresser. Je vous mets au défi de me donner la moindre preuve...

— Des preuves ! s'écria Rosine..... Que ne puis-je en avoir à l'instant même, pour confondre Pierre et lui arracher ce masque d'hypocrisie dont il recouvre son parjure !

Une idée traversa l'esprit du pâtre.

— Allons, dit-il, rien ne peut vous dissuader. Le soupçon chez vous est tenace... Eh bien ! je vous conseille très-sérieusement de faire tous vos efforts, afin de le changer en certitude. Mais vous n'y arriverez, mon enfant, qu'à force d'adresse et de dissimulation. Vous avez beau chercher querelle à votre époux, le sujet de ces querelles est beaucoup trop vague. Pierre est intéressé, d'ailleurs, à se tenir sur ses gardes ; donc il est impossible qu'aux yeux de chacun vous n'ayez pas tous les torts. Aussi, dès ce jour, croyez-moi, suivez une tactique différente. Ne vous brouillez avec personne, imposez silence aux transports de la jalousie ; soyez calme, étudiez la conduite de votre infidèle, surveillez son entourage ; puis, lorsque vous connaîtrez sûrement le nom de la femme qui vous enlève son cœur, venez me trouver, Rosine ; je possède un infaillible talisman pour ramener Pierre à vos genoux et lui faire prendre en haine votre rivale.

— Est-ce possible! s'écria la fermière avec une explosion joyeuse.

— Vous savez, dit le pâtre, comme je tiens mes promesses. Ainsi donc, au revoir et comptez sur moi.

Le roulement lointain de la diligence se faisait entendre.

André sortit par le verger de la ferme, longea quelques champs de seigle et rejoignit bientôt le fermier sur la route de Strasbourg. Pierre, assis sur la berge, attendait le lourd véhicule, qu'on apercevait à peu de distance, conduit par six chevaux vigoureux lancés au triple galop et soulevant d'épais tourbillons de poussière. L'instant d'après, la voiture s'arrêta ; puis un jeune homme, d'une vingtaine d'années environ, descendit et courut se précipiter dans les bras du pâtre, dont le sauvage accoutrement formait un contraste bizarre avec l'élégant habit de chasse du jeune voyageur.

Mais laissons décharger les bagages et retournons chez le notaire.

M. Poirson, resté seul dans son étude, après le départ d'André, fut près d'une heure en extase devant les rouleaux d'or et le portefeuille, si richement gonflé de billets de banque. Il compta plusieurs fois la somme et finit par serrer le tout dans sa caisse, en disant :

— Ma foi, le plus clair de l'aventure, c'est que la vente de ma charge se trouve assurée. Que ce pâtre soit le diable en personne... peu m'importe... dès que les quarante-cinq mille livres se composent de valeurs ayant cours et de monnaie de bon aloi. Foin des hypothèses ; déchiffre qui pourra le mystère... Je l'ai dit à André, je le crois honnête homme, et parbleu! je conserverai cette opinion jusqu'à preuve palpable contraire. Allons avertir ma femme et donner des ordres pour recevoir dignement mon futur successeur.

En terminant ce monologue, le notaire se frappa sept à huit petits coups sur l'abdomen, geste passablement trivial, mais qui chez lui témoignait une satisfaction prononcée.

Deux minutes plus tard, il se précipitait comme un ouragan dans la chambre de sa femme.

— Bonne nouvelle, Hortense, bonne nouvelle! cria-t-il. Un acquéreur se présente pour l'étude. Il entre d'abord en qualité de principal clerc, et, quand il atteindra l'âge voulu par les règlements... Peste! mais il faut loger ce jeune homme... Où le mettrons-nous? La chambre du premier se trouve occupée par Clotilde... Diable! on ne peut cependant pas fourrer mon successeur dans le galetas du saute-ruisseau!

Tout en débitant ce flux de paroles avec une volubilité sans exemple, M. Poirson n'avait pas remarqué la pâleur empreinte sur le visage de sa compagne. Bien qu'elle eût été avertie par André, la femme du notaire se trouvait sans force contre le bonheur inattendu que lui envoyait le ciel. Le discours de son mari confirmant la révélation du chevrier du Honneck, elle sentit l'aiguillon d'un remords sous la joie dont son cœur était inondé. Ses yeux, remplis de trouble, se détournèrent de ceux de M. Poirson; la sueur découla de ses tempes, un frisson d'épouvante vint la saisir.

— Grand Dieu! vous vous trouvez mal, Hortense?... Miséricorde! votre figure est blanche comme un linge... Holà! Magdeleine! Clotilde!... venez délacer madame!

Il prit un flacon sur la cheminée et tira de toutes ses forces le cordon d'une sonnette.

Au même instant accourut la sœur de M. Thomas, cette jolie Provençale dont nous avons tracé le portrait à nos lecteurs. Sa douce physionomie refléta les transes de l'inquiétude et de l'effroi, quand elle aperçut madame Poirson, alors entièrement évanouie dans un fauteuil.

Celle-ci, néanmoins, ne tarda pas à reprendre connaissance, grâce aux soins empressés de son époux et de Clotilde.

— Pauvre chatte mignonne! fit le notaire en tapotant, avec la calinerie d'un amoureux, la main potelée de sa femme. Dieu merci, nous en serons quitte pour la peur... Eh donc! remettons-nous! Respirez encore ce flacon... Très-bien! voici nos couleurs qui reviennent!... Ah ça, je n'ai pourtant rien dit qui pût vous occasionner un évanouissement?...

— Ce n'est rien, mon ami... ce n'est rien, murmura-t-elle, faisant sur elle-même d'incroyables efforts pour reprendre du calme. La chaleur, vous le savez, a été forte pendant tout le jour, et je dois cela à mon indisposition passagère.

— Animal que je suis! cria M. Poirson, qui porta les deux mains à sa tête, dans l'intention manifeste de s'arracher des cheveux, que fort heureusement il n'avait plus : voilà cent fois que l'idée me vient de commander des persiennes, et je n'ai pas encore eu l'esprit de la mettre à exécution... C'est impardonnable! N'avoir qu'une femme, une excellente femme, un modèle de toutes les vertus, et ne pas la combler d'attentions et de prévenances!... lui refuser des persiennes!

— Calmez-vous, mon ami.

— Calmez-vous! calmez-vous! c'est facile à dire. Est-ce que votre peau douce et blanche peut affronter le soleil comme notre cuir épais, à nous autres hommes? Aujourd'hui même vous aurez des stores, en attendant que le menuisier...

— Soit, interrompit Mme Poirson; mais nous avons à nous occuper de choses plus sérieuses. Dis-moi, Clotilde, approche un peu, reprit-elle en faisant signe à la jeune Provençale, qui se tenait à distance, dans l'embrasure d'une fenêtre.

Légère comme un oiseau, Clotilde accourut et présenta son beau front aux baisers de sa seconde mère.

— Il s'agit, mon enfant, de céder ta petite chambre à un nouvel hôte, que nous attendons ce soir, et j'espère que tu ne refuseras pas de partager la mienne?

La réponse de Clotilde fut un nouveau baiser.

— Oh! oh! dit le notaire, cet arrangement n'est pas à mon

avantage... Hum!... Songez donc, Hortense... Ceci me cause beaucoup plus de contrariété que je ne puis vous le dire.

Et les yeux de M. Poirson pétillaient comme ceux d'un jeune époux menacé dans le domaine de sa tendresse conjugale. En dépit d'un geste très-significatif de sa femme, il allait lâcher quelques phrases beaucoup trop instructives pour les oreilles de Clotilde, quand tout à coup la sonnette de la grille se fit entendre.

— Bonté du ciel! dit la sœur de M. Thomas, qui venait de se rapprocher de la fenêtre, c'est encore le mendiant de ce matin... le sorcier de la montagne.

— Pardieu, oui! cria M. Poirson; ce cher André nous amène son fils, et Pierre Denis les accompagne. Peste! voyez donc!.., mon premier clerc est un jeune homme fort distingué, pour le fils d'un pâtre... car c'est le fils du gardeur de chèvres, oui, sur mon âme, — un parti magnifique! ajouta-t-il en donnant une tape légère sur la joue de Clotilde. Ah! ah! nous ouvrons de grands yeux, petite coquette! nous rougissons, c'est bon signe!

Le notaire se frotta les mains avec une vivacité joyeuse et courut ouvrir aux arrivants la porte du salon.

André s'avança d'abord, et fut bientôt suivi de Pierre, conduisant par la main le jeune voyageur. Mme Poirson jeta sur le fils du pâtre un regard où se peignaient une joie radieuse, un bonheur indicible; puis elle croisa les deux mains sur sa poitrine, comme si elle eût voulu, dans ce moment solennel, étouffer les battements précipités de son cœur.

Nous n'entrerons pas ici dans les détails de cette première réception.

Le soir même, André regagnait sa cabane. Il était seul.

Jamais le soleil couchant n'avait envoyé sur le Honneck de plus capricieuses émanations de lumière. Ses rayons d'or jouaient sous les rameaux, envahissant toutes les éclaircies du feuillage, ondulant sur la tige des hautes herbes et coupant çà et là de lignes étincelantes le rude sentier qui serpentait aux flancs de la montagne. A droite de ce chemin tortueux se trouvait un ravin profond, dans lequel on entendait chanter mille petites cascades, tombant des rochers en perles limpides et descendant au milieu des vertes fougères pour aller payer leur tribut aux ruisseaux de la plaine. A l'époque de la fonte des neiges, la scène était loin d'être aussi gracieuse. L'aquilon mugissait au bord de ce même ravin ; la cascade, devenue torrent, déracinait les grands arbres et précipitait à la base du Honneck ces Titans détrônés. Mais rien alors ne pouvait rappeler ces heures désastreuses. La montagne était si parée, si verdoyante, sa chevelure se balançait si mollement à la brise du soir, son murmure avait quelque chose de si doux et de si paisible, que jamais on n'eût prévu que cette belle nymphe coquette devait encore se métamorphoser en furie.

Après avoir longé le ravin, le pâtre se trouva sur un plateau découvert, d'où le vallon tout entier se déroulait à ses regards.

De là, son coup d'œil d'aigle distingua le logis du notaire. Un voile s'agitait à l'une des fenêtres. André se découvrit, et plaça son large feutre au bout de son bâton noueux, qu'il agita joyeusement au-dessus de sa tête.

— Bonsoir, Paul, bonsoir! s'écria-t-il. Cher enfant, puissent toutes les bénédictions du ciel descendre sur toi!

Déjà les ombres s'étendaient d'un bout à l'autre de la vallée et la nuit couvrait de son manteau les pieds de la montagne. André poursuivit sa marche, traversa le torrent sur deux sapins jetés d'une rive à l'autre, et bientôt un gros chien, tout grisonnant, mais alerte encore, accourut et lui témoigna sa joie de le revoir, en lui appuyant une patte sur chaque épaule.

— A bas, Fox!... Ne vas-tu pas me jeter dans le ravin, vieux fou? Chut!... du calme... bon chien!... Je reviens seul, mon pauvre Fox... oui, le jeune maître est resté là-bas dans la vallée. Damé! il me suppliait de l'amener ici pour quelques jours... mais que veux-tu? Paul ne saurait plus, ainsi que nous, coucher sur la dure : il en a perdu l'habitude. Ah! c'est un joli garçon, maintenant... tu ne le reconnaîtrais pardieu pas!

Comme si Fox eût compris son maître, il jappa plus fort en se tournant du côté du hameau, puis il précéda le pâtre du côté de la cabane et rapporta dans sa gueule un berceau d'osier.

— Bon chien!... Oui, tu le reconnaîtrais, oui... Brave et excellente bête, quelle intelligence!... Il est vrai que je te parlais souvent de Paul, et, chaque soir, tu m'apportais ce berceau près de mon lit de fougères. Combien d'hommes, à ta place, n'auraient pas conservé si fidèlement le souvenir?... C'est bien, taisons-nous... Il viendra nous voir toutes les semaines, le dimanche... Oui, bon chien!... Mais assez de caresses, il faut en finir, que diable... A bas, Fox! à bas, morbleu!

Les dernières lueurs du jour venaient de faire place aux ténèbres.

Rentré dans sa demeure, le pâtre alluma le bec huileux d'une lampe de fer, et se dirigea vers un coffre en bois de chêne placé dans l'angle le plus sombre de la cabane. Lorsqu'il en souleva le couvercle, son cœur battait avec violence. Jamais il ne revoyait sans une vive émotion les objets qui s'y trouvaient renfermés. Il souleva d'abord un uniforme complet de chasseurs de la garde : c'était le même qu'il portait lors de son apparition chez la nourrice. Les manches du frac étaient décorées de trois chevrons. Par-dessous l'uniforme gisaient un grand sabre de cavalerie, une carabine et deux pistolets avec leurs fourreaux. Enfin, dans un coin du coffre, le pâtre saisit une petite boîte contenant une croix de la Légion d'Honneur et un médaillon de forme ovale.

Il laissa la croix au fond de la boîte et prit le médaillon, dont il fit jouer le ressort.

Deux grosses larmes jaillirent de sa paupière et descendirent sur ses joues brunies. Le portrait qu'il avait sous les yeux représentait un militaire âgé de vingt-six ans tout au plus et portant les insignes d'un grade supérieur. C'était un noble et beau visage, empreint tout à la fois d'une fierté sublime et d'une indéfinissable tristesse.

André le regarda longtemps, bien longtemps, dans une muette extase; puis il murmura, d'une voix émue et tremblante ;

— Mon colonel, ai-je bien rempli ta volonté dernière?... Oui, n'est-ce pas? Quand je te rejoindrai là-haut, tu pourras me dire : André, je suis content de toi!

IV

Bon nombre de semaines se sont écoulées depuis la dernière descente du pâtre dans le vallon.

C'est par un beau dimanche de septembre. Les cloches de tous les hameaux d'alentour tintent l'Angélus et saluent le jour naissant; de joyeuses volées frappent les échos des montagnes, qui se renvoient de l'un à l'autre les carillons sonores. A cette musique aérienne se joignent le gazouillement des oiseaux, le chant matinal des jeunes filles plus éveillées que la fauvette, le cri de la cigale sous les touffes d'ajonc, les notes plaintives de la brise dans la feuillée, le murmure des cascades, tous ces bruits harmonieux que fait naître le retour de la lumière et qui exaltent l'âme.

Au commencement de cette belle journée, le premier clerc de M. Poirson, vêtu du somptueux habit de chasse qu'il a rapporté de Strasbourg, arpente allégrement le sentier qui mène à la cabane du pâtre.

Ce jeune homme est bien, dans toute l'extension que peut donner à ce mot la femme la plus scrupuleuse en fait de tenue masculine. Sa taille est au-dessus de la moyenne; son visage, d'une régularité parfaite, a déjà légèrement subi l'influence du soleil des Vosges. Un front large et relevé dans le voisinage des tempes, de grands yeux d'un vert sombre, des narines saillantes indiquent chez lui la force de caractère et l'intrépidité froide.

Tous les dimanches, depuis son séjour au hameau, Paul devance l'aurore et gravit la pente rugueuse du Honneck, envoyant çà et là des coups de fusil aux ramiers voyageurs, aux merles noirs et aux coqs de bruyère.

Ce jour-là néanmoins, son arme reste inactive et ne trouble point les ébats des hôtes de la forêt.

Paul est rêveur; mais c'est une douce rêverie que la sienne, car il remonte à la source de la félicité qui l'inonde. Il cherche à comprendre un problème, insoluble pour bien d'autres, et se demande comment le fils d'un pauvre pâtre se trouve lancé tout à coup vers une sphère d'où semblait devoir l'éloigner sa naissance. Paul conserve encore au fond de sa mémoire le souvenir de ses jeunes années. Il a revu la misérable hutte qui abritait son berceau, les meubles grossiers, l'étable, les chèvres favorites, et Fox, ce vieil ami d'enfance, qui lui prêtait son dos robuste pour lui épargner la fatigue dans les longues promenades sur la montagne.

Il a passé huit ans au collége et rien n'a changé depuis, tout est à la même place. Seulement les arbres plantés autour de la hutte ont pris un accroissement rapide et tiennent lieu de la palissade primitive, en mariant leurs branches qui forment un épais rempart de verdure. Son vieux père est toujours là, soignant le troupeau capricieux, conduisant les chèvres sur les sommets escarpés où croissent les jeunes bruyères, et fabriquant ses fromages pendant les veillées d'automne.

Est-ce donc avec d'aussi faibles ressources qu'il a pu suffire à une éducation coûteuse?

Au collége, Paul marchait l'égal de ses camarades de classe les plus riches; à peine avait-il eu le temps de former un désir qu'il était réalisé sur l'heure. André recommandait expressément à ses maîtres de lui procurer, pendant les vacances, tous les plaisirs de son âge: aussi le jeune homme, persuadé que son père avait fait fortune, s'attendait-il, en regagnant les Vosges, à trouver la hutte du pâtre métamorphosée tout au moins en une ferme élégante, — point. Même apparence de gêne, même simplicité champêtre, même sauvagerie pour les relations de voisinage.

En installant son fils chez le notaire, le vieillard lui avait déclaré qu'il devait s'attendre à remplacer un jour M. Poirson, dont l'étude était en quelque sorte payée d'avance. Paul tomba des nues, et lors de sa première visite à la hutte il questionna vivement André, le priant de lui expliquer sa conduite mystérieuse; mais celui-ci fut impénétrable.

A toutes les demandes de Paul, il fit invariablement cette réponse :

— Laisse-moi, cher enfant, veiller sur ta jeunesse, comme j'ai veillé sur tes premiers jours, et ne cherche pas à deviner le secret de la protection dont je t'environne. Ta place est dans le monde, la mienne est ici. Continue d'être heureux, ton bonheur sera le mien.

Paul était heureux en effet chez le notaire.

M. Poirson lui témoignait une amitié franche, pleine de bonhomie, et s'étudiait surtout à lui aplanir les difficultés de son emploi; car le titre de premier clerc, purement honorifique dès l'abord, ne donnait pas au jeune débutant la science infuse du notariat. Mais ce qui avait causé le plus de surprise à Paul, c'était l'accueil bienveillant et affectueux de Mme Poirson.

Dès le premier jour, la femme du notaire fut aux petits soins et l'entoura de ces mille prévenances, de ces câlineries sans nom qui rendent la vie si douce à celui qui s'en voit l'objet. Paul n'avait jamais connu sa mère. La tendresse toute paternelle de l'homme qui l'avait élevé ne remplaçait pas ces trésors d'affection que Dieu met au cœur des femmes et qu'elles répandent sur nous avec une prodigalité si touchante. Aussi le nouveau clerc s'abandonna-t-il avec délice à l'existence qui lui était faite. Il regarda Mme Poirson comme sa mère, et la jolie Clotilde comme sa sœur.

Lorsqu'il racontait au pâtre l'histoire de la charmante intimité qui régnait entre ces deux femmes et lui, André souriait doucement et disait au jeune homme :

— Je savais qu'il en serait ainsi.

Donc, chez M. Poirson, Paul était regardé comme faisant partie de la famille. On consacrait régulièrement tout le jour aux affaires, puis on passait des soirées délicieuses, auxquelles assistaient Pierre Denis et le percepteur, quand toutefois ce dernier n'était pas retenu par quelque partie de débauche.

Grâce à Clotilde, la tolérance continuait à son égard.

Rarement la fermière assistait à ces réunions. La jeune femme n'avait pas eu le courage de mettre en pratique les conseils d'André. Sa jalousie l'emportait toujours sur les résolutions que lui dictait la sagesse, et son mari, persécuté de plus belle, fuyait son ménage pour venir chercher des consolations près de ses amis. Pierre trouvait des charmes dans la conversation d'Hortense, qu'un bonheur, dont elle seule avait le secret, rendait joyeuse et communicative, de mélancolique et sombre qu'elle était auparavant. Madame Poirson recevait les confidences de l'époux de Rosine, et lui disait de ces douces paroles qui savent chasser la tristesse. Involontairement, Pierre se prit à aimer cette femme, si belle encore, et demanda l'oubli de ses chagrins de ménage à une affection qu'il ne s'avisa pas même de croire coupable, justifiant ainsi les soupçons de Rosine, dont il avait jusque là tant souffert.

Mais le fermier, qui blâmait la jalousie chez sa femme, devait bientôt en éprouver lui-même les atteintes.

Il se figura que Paul était son rival, et la manière d'être de Mme Poirson vis-à-vis du jeune homme donna chaque jour plus d'empire à cette croyance. Pierre se désolait, sans oser toutefois adresser le moindre reproche à la femme du notaire, car il ne lui avait pas encore fait d'aveu. D'ailleurs la conduite d'Hortense lui semblait parfois inexplicable. Si elle aimait Paul, pourquoi donc voyait-elle d'un œil calme les assiduités du premier clerc auprès de la sœur de M. Thomas? Ces deux jeunes gens éprouvaient l'un pour l'autre un sentiment tendre ; la chose était de la dernière évidence, et, loin de combattre cette affection naissante, madame Poirson semblait l'encourager de tout son pouvoir. Elle ménageait à Paul et à Clotilde de petits tête-à-tête au milieu du salon, tandis que le notaire faisait le piquet du percepteur et qu'elle s'entretenait elle-même avec Pierre. Celui-ci repoussait alors les doutes injurieux qui étaient venus l'assaillir ; mais ils ne le quittaient que pour s'emparer ensuite de son âme avec plus de force. Le résultat de cette lutte fut bientôt, chez Pierre, un sentiment de haine contre le fils du pâtre.

Les choses en sont à ce point, au moment où nous retrouvons Paul gravissant le sentier du ravin.

Fox avait déjà flairé l'approche du jeune homme, et s'était empressé de courir à sa rencontre, se livrant à de folles gambades, qui sortaient un peu de la gravité prescrite à un chien de son âge. Mais Fox ne savait pas vieillir. La fréquentation des chèvres, si vives, si folâtres, lui avait donné peut-être cette légèreté de caractère. On connaît le proverbe : « Dis-moi qui tu hantes, je te dirai qui tu es. »

Donc, après avoir prodigué mille caresses au maître clerc, Fox revint l'annoncer sur le seuil de la cabane. André parut presqu'aussitôt.

— C'est déjà toi, mon garçon? dit-il en ouvrant les bras au jeune homme. Plus matinal que le soleil... bravo ! Je te remercie de ne pas me faire attendre, car je passe la semaine à espérer un jour de bonheur.

— Et moi, pendant la nuit qui précède ce jour-là, je dors à peine, afin d'être plus vite auprès de vous, bon père.

— Hum ! fit le pâtre, avec un accent d'amertume, je crois que tu me flattes un peu dans ce moment... et je soupçonne d'autres raisons, qui t'empêchent de te livrer au sommeil.

Paul rougit comme une jeune fille.

— Eh ! bien, oui, bon père... je l'aime toujours davantage... Elle est si belle, mon Dieu ! mais ce n'est rien encore auprès des qualités de son âme. J'ai bien des choses à vous dire.

— Quoi donc?

— D'abord, commença Paul avec un soupir...

— Hein? qu'est-ce que cela signifie? s'écria le pâtre, en prenant la main du jeune homme. Te voilà triste et morose... tu ressembles à un enterrement.

— Ah! je suis trop heureux, et je tremble que cette félicité ne dure pas.

— Laisse-moi donc tranquille! Je reconnais bien là les amoureux! Tout marche au gré de leurs désirs... Bien! mes gaillards se forgent des chimères... Allons! allons! plus de tristesse, ou je te secouerai d'importance!

André poussa le jeune homme par les épaules et le força d'entrer dans la hutte. Mais, en même temps, il en fit sortir Fox, lui montrant sur une élévation voisine le troupeau de chèvres, dont il avait abandonné la garde pour souhaiter la bienvenue au maître clerc. Le chien s'éloigna, l'oreille basse, très-mécontent d'aller reprendre sa corvée dans un pareil jour.

Il est essentiel de donner à nos lecteurs un simple aperçu de la cabane du pâtre.

Après avoir traversé l'enclos, on pénétrait dans la hutte par une porte très-basse, qui forçait les visiteurs à se baisser presque jusqu'à terre. Chaque soir, André bouchait cette porte avec un fagot de branches d'acacias aux fortes épines, moyen de clôture qui lui semblait même superflu; car jamais âme qui vive, à l'exception de Paul et du fermier, n'eût osé franchir cette espèce d'antre aussi redoutable pour les montagnards que l'était jadis pour les Campaniens celui de la sibylle de Cumes. Quatre gros sapins, tronqués à la hauteur de huit pieds du sol, afin de les empêcher d'attirer la foudre, avaient servi d'élément primitif à cette construction bizarre. Ils supportaient le toit de chaume à l'aide de deux poutres croisées horizontalement. Dans l'intervalle que laissaient entre eux ces quatre piliers angulaires, on avait bâti les murs avec de la glaise, de la tourbe et des rameaux entrelacés. Une simple lucarne éclairait l'intérieur de la hutte et le pauvre mobilier qui la garnissait. A droite, on voyait le lit du pâtre: deux tréteaux d'un pied d'élévation supportant un chassis garni de sangles, des bruyères sèches pour matelas, des peaux de chèvres pour couverture. Au pied du lit, gisait le coffre en bois de chêne, et près de là, dans un enfoncement de la muraille, était un placard fermé.

Sur des planches brutes, régnant autour des parois de la cabane, se trouvaient rangés les terrines, les vases destinés à traire les chèvres, et tous les objets nécessaires à la fabrication des fromages. Un de ces poêles en tôle, qui s'ouvrent ou se ferment par devant au moyen d'une bascule, tenait lieu de cheminée. Enfin, près du poêle, une table grossière et deux bancs estropiés complétaient l'ameublement de la hute.

— Dépose ton fusil, dit André, nous causerons en déjeûnant.

— C'est madame Poirson qui a prétendu vous régaler ce matin, mon père.

— Oh! oh! fit le pâtre, aidant le jeune homme à se débarrasser d'un carnier passablement lourd, je me doutais déjà, monsieur le chasseur, que ceci devait contenir autre chose que du gibier. Vous êtes trop sybarites, là-bas au hameau, pour vous contenter de mon déjeûner frugal. Miséricorde! une volaille froide, un saucisson, deux bouteilles cachetées...

— Trois! dit Paul, car le champagne est au fond. La patronne veut que vous y participiez, sachant bien qu'elle n'obtiendra qu'un refus, si elle vous invite au gala de ce soir.

— Qu'il en soit donc ainsi qu'elle le désire, dit André. Mettons le couvert et nous trinquerons à la santé de cette excellente femme. Je suis sûre que tu ressens déjà pour elle une affection plus tendre que celle que tu me portes, mon garçon.

— Que dites-vous? s'écria le jeune homme.

— Oh! sois sans crainte, je ne la jalouse pas. C'est trop juste, après tout. Tiens, découpe cette volaille, vu que je n'y entends goutte et que je la massacrerais le mieux du monde.

Ici, nous conseillerons un voyage dans les Vosges à ceux de nos lecteurs qui s'émerveilleraient d'un repas aussi substantiel, éclairé par les premiers rayons du jour. L'air des montagnes ouvre l'appétit avant les yeux; nous pouvons le certifier positivement et même appuyer cette assertion du témoignage de notre expérience.

Le pâtre siffla Fox, pour lui donner à ronger les os de la volaille, et, cette fois, le brave chien s'en retourna plus satisfait garder les chèvres.

Paul ayant ensuite fait sauter aux poutres de la hutte le bouchon de la dernière bouteille, André vida son verre et s'accouda sur la table.

— Maintenant, dit-il, voyons tes confidences.

— Ah! ma foi, dit Paul, qui avait oublié ses fâcheux pressentiments et dont les joues étaient animées par le champagne, je puis tout résumer en deux mots. Il s'agit d'une chose très-simple : c'est de descendre un de ces jours au village et de prier en mon nom, M. Thomas de m'accorder la main de sa sœur... puisque Clotilde est sous sa tutelle.

André tressaillit. On eût pu voir un nuage passer rapidement sur sa face bronzée. Néanmoins il se remit sur le champ.

— Tu trouves cela très-simple, mon garçon ? dit-il.

— Certainement, répondit Paul. J'ai l'autorisation de Clotilde, et c'est à vous qu'il appartient de faire cette démarche... Oh! ne me refusez pas, je vous en conjure! Hier, elle m'a, pour la première fois, avoué son amour. Comprenez mon ivresse, mes transports...

— Oui, je comprends tout cela... Mais écoute! Le percepteur, entre nous soit dit, n'est pas un individu très-recommandable sous le rapport des qualités morales ; je connais mon homme de longue date. En quels termes êtes-vous ensemble ?

— Il y a, dit Paul, beaucoup de froideur dans nos relations ; plusieurs fois même il a presque repoussé des avances que je lui faisais par politesse, ou plutôt dans l'intérêt de mon amour. C'est un grossier personnage, et je me suis retenu souvent pour ne pas lui exprimer mon opinion sur sa conduite. Mais, ajouta le jeune homme avec un léger tremblement dans la voix, pensez-vous qu'il mette obstacle à mon mariage avec Clotilde ?

— Je le crains, dit André.

— Ce serait odieux, mon père ! Cet homme a-t-il donc le droit de nous condamner au malheur ?

— Il en a le droit.

— Qu'il prenne garde! cria Paul frappant la table de son poing fermé.

— Bon! je te vois venir, dit le pâtre : tu lui jetteras quelque insulte à la face et tu le provoqueras en duel, n'est-il pas vrai?

— Ce soir même, s'il le faut.

— En ce cas, de deux choses l'une : ou le percepteur t'enverra proprement une balle dans le crâne, ce qui te guérira pour toujours de l'envie d'épouser Clotilde, ou bien ce sera toi qui le coucheras sur le terrain. Or, crois-tu que la sœur consente jamais à prendre pour mari l'homme qui aura tué son frère?

— Hélas! murmura Paul, je n'ai donc plus qu'à mourir.

— Autre sottise, Il faut vivre, mon ami d'abord pour raisonner sagement, ce que tu ne fais pas à cette heure, ensuite pour aviser aux moyens de conduire ce mariage à bon port. Voyons, M. Thomas est un gredin de premier calibre, une canaille sans vergogne… ceci me semble parfaitement clair, et j'en ai la preuve. Avant ton entrée chez le notaire, il a déjà repoussé deux prétendus qui lui demandaient la main de Clotilde. Sais-tu pourquoi?

— Non, dit Paul.

— Parce qu'il a perdu dans la débauche et le jeu presque toute la fortune de sa sœur, que la minorité de la pauvre fille et le droit de tutelle ont mise à la disposition du misérable.

— Eh! que m'importe? s'écria Paul.

— Parbleu! je sais parfaitement que tu l'épouseras quand même. Il n'y a qu'un malheur : c'est que M. Thomas, ayant d'ici à la majorité de Clotilde une foule d'autres excuses à faire valoir, se gardera bien de convenir qu'il a mangé la dot. C'est égal, mon garçon, demain j'irai le voir.

Paul, qui était loin de s'attendre à ce brusque dénoûment, jeta sur le pâtre des regards pleins de surprise.

— Vous lui ferez la demande? s'écria-t-il.

— Dans toutes les règles.

— Et s'il vous refuse?

— Je voudrais bien voir cela, morbleu!

— Mon père! mon père! c'est me dire de conserver l'espérance!

— Conserve-la, mon ami.

— Pourtant, ce que vous m'objectiez tout à l'heure...

— Ah! dame! il fallait bien t'apprendre toutes les difficultés de l'entreprise! Je veux que tu me saches gré du succès. Donc, voilà qui est convenu, je te promets la main de Clotilde.

— Merci! merci! mon bon père! s'écria Paul, qui se leva précipitamment pour aller presser André contre son cœur, vous me rendez la vie!... J'obtiendrai Clotilde, mon Dieu! ce n'est pas un rêve!

— Oui... mais l'essentiel est de ne pas m'étouffer, mon garçon, dit le pâtre en se dégageant de l'étreinte énergique du jeune homme. Allons faire un tour sur la montagne, continua-t-il en quittant lui-même la table, et glisse quatre ou cinq chevrotines dans les canons de ton fusil, car j'ai rencontré hier, sur l'autre versant du Honneck, une respectable louve en compagnie de ses louveteaux. Cette famille vorace pourrait bien me donner du fil à retordre cet hiver, et, si tu trouves l'occasion de lui dire deux mots à l'oreille en passant, mes chèvres et moi t'en saurons beaucoup de reconnaissance.

Le soir, Paul avait tué la louve et redescendait au village, portant en triomphe son fardeau saignant.

Quant au pâtre, il avait attrapé deux louveteaux déjà forts, dont la société ne parut pas devoir être agréable à Fox, car il les étrangla bel et bien, sans qu'André jugeât à propos de s'opposer à cet acte de haute justice.

Tant que Paul fut près de lui, le gardeur de chèvres eut le courage de surmonter la profonde tristesse qui, depuis la conversation du matin, s'était emparée de son âme. La nuit le trouva douloureusement accoudé sur sa table vacillante. Enfin, tiré de cette rêverie par les plaintes inquiètes de Fox, il alluma sa lampe; mais presque aussitôt il reprit la même posture, cachant son visage entre ses mains et poussant par intervalles de profonds soupirs.

Lorsqu'il releva la tête ses joues étaient inondées de larmes, et Fox continuait ses plaintes. Plus de six heures s'étaient écoulées déjà depuis le départ de Paul.

Minuit sonnait à l'horloge du hameau.

— J'ai pleuré, murmura-t-il... j'ai pleuré!... C'était aussi plus fort que moi.... Paraître gai pendant tout le jour, quand j'avais la mort dans le cœur... Mais enfin c'est de l'égoïsme! Oui, c'est de l'égoïsme! Ne me suis-je pas surpris à désirer que ce démon de percepteur eût l'audace de me répondre par un refus?... Ce ne sera pas, cela ne peut pas être! Il ignore que Jacques Belmat, son complice, m'a fourni des preuves accablantes. Le mariage aura lieu. Oui, mais alors il faudra que Paul apprenne que je ne suis pas son père... Son père! Entendre sa bouche prononcer ce nom, voilà quelle était mon unique félicité dans ce monde... et maintenant il ne m'aimera plus, il rougira du malheureux gardeur de chèvres... Oh! non, non! Paul a le cœur trop noble, et je ne le crois pas capable d'ingratitude. Que ne puis-je l'arracher à quelque péril, en mourant pour lui! du moins il conserverait précieusement mon souvenir.

En ce moment Fox releva la tête, et fit entendre un grondement sourd.

— Qu'as-tu donc? dit André. Bon chien! tu me resteras, toi, tu seras mon seul ami!

Le pâtre le flatta doucement et caressa ses longs poils soyeux. Mais Fox, s'élançant d'un bond jusqu'à la porte de la hutte, se mit à aboyer avec fureur.

— Bah! je gage que ces maudits louveteaux, que Paul a privés de leur mère, s'avisent de rôder dans les environs?... Au diable!... tais-toi, vieux fou... N'as-tu pas assez de deux meurtres sur la conscience?

Fox cessa tout à coup de hurler; ses cris de rage se changèrent en aboiements joyeux.

— Voilà qui est singulier, dit le pâtre. Nécessairement il se passe quelque chose d'extraordinaire.

Il débarrassa la porte du fagot épineux qui interceptait le passage.

Au même instant, il entendit le bruit d'une course haletante, et, deux secondes après, Paul, en habit de bal, l'œil hagard, les cheveux en désordre, le front ruisselant de sueur, franchit le seuil de la cabane et tomba sur un siége en poussant une exclamation de désespoir.

Ici nos lecteurs voudront bien descendre le Honneck et nous suivre dans le salon du notaire.

Le 23 septembre de chaque année, jour de la saint Maurice, Hortense envoyait bon nombre d'invitations à la ville voisine. Un repas splendide attendait les convives, qui se piquaient assez ordinairement d'exactitude, car M. Poirson réservait pour cette époque les meilleurs vins de sa cave, et l'on savait qu'une superbe dinde, apportée tout exprès de la capitale par le conducteur de la voiture et farcie de truffes odoriférantes, figurait sur la table du festin comme pièce de résistance.

Au dessert, M. Poirson riait, chantait, se grisait même quelquefois. Et voyez à quelle énormité peut conduire un moment d'oubli! La table disparue, madame donnait l'ordre de faire entrer les plus jolies paysannes d'alentour, priées pour la danse. Alors notre malheureux notaire, au mépris des bonnes mœurs conjugales, embrassait scandaleusement plusieurs fois de suite les villageoises confuses, lorsque celles-ci lui offraient pour sa fête d'énormes bouquets de fleurs.

Il est vrai que, le lendemain, M. Poirson déplorait sa coupable conduite et s'emportait en imprécations contre Bacchus; mais il renouvelait chaque année ses égarements et son repentir.

Ce jour-là, néanmoins, la gaîté traditionnelle du repas fut troublée par un incident qu'il était facile de prévoir.

Hortense avait invité Rosine et son mari.

Refuser devenait une impolitesse trop flagrante, et Pierre se fit accompagner de sa femme, qui le suppliait en vain de la laisser à la ferme. Rosine sentait combien elle était loin d'avoir suffisamment d'empire sur elle-même pour se modérer en présence de témoins. Sa nature passionnée méprisait les délicatesses sociales, foulait aux pieds l'usage et renversait les barrières établies par les convenances entre gens bien nés. Pierre était tout à ses yeux; le reste du monde n'était rien. Aussi, voyant son mari se montrer aimable avec tous et prodiguer à d'autres femmes les sourires que depuis si longtemps il n'avait plus pour elle, l'apercevant surtout auprès de Mme Poirson, sa voisine de table, afficher cet empressement, cette galanterie d'un homme qui sait vivre et que personne, à l'exception des jaloux, ne songe à trouver coupables, Rosine n'y tint plus. Elle devint tour à tour blême et cramoisie. Ses yeux s'attachaient avec opiniâtreté sur Pierre et lançaient des flammes; puis l'orage, qui grondait dans son cœur, venant à éclater subitement, elle fondit en larmes. Les invités entendirent avec stupéfaction des sanglots qui venaient interrompre leurs propos joyeux.

Qu'on se figure l'effet d'une pareille scène.

La plupart des convives, outre le percepteur, Clotilde et le fils du pâtre, se composaient d'indifférents. On chuchotait d'un bout de la table à l'autre, et les commentaires se croisaient en tous sens. Madame Poirson quitta vivement son siége pour courir auprès de Rosine. Le fermier, pourpre de dépit, imita son exemple.

— Vous plaira-t-il de m'expliquer une aussi étrange conduite? murmura-t-il d'une voix brève à l'oreille de sa femme.

— Partons! partons! s'écria Rosine.

Quelques éclats de rire étouffés se faisaient entendre. Pierre aussitôt releva fièrement la tête, et son regard, devenu calme et froid, suffit pour imposer aux rieurs.

— On doit pardonner une inconvenance, dit-il, toutes les fois qu'elle est involontaire. Ma femme est sujette à une affection nerveuse, qui s'annonce presque toujours par des larmes, et la société, j'ose le croire, voudra bien agréer les excuses que je lui présente au nom de la malade.

Ces mots, proférés sur un ton digne et ferme, s'adressaient principalement à M. Thomas, lequel, avec un manque d'égards et un mauvais goût dont lui seul pouvait se montrer capable, avait instruit ses voisins de la jalousie de Rosine.

— Nous allons retourner au logis, ajouta Pierre, qui tendit le bras à sa femme.

— Oui, dit-elle à voix basse, en essuyant ses pleurs. Mais vous ne reviendrez plus ; vous passerez avec moi le reste de la soirée.

— Madame, répondit le fermier sur le même ton, par cela même que vous manquez à toutes les lois de la bienséance, je ne dois pas achever de me couvrir de ridicule, en ne reparaissant plus à la fête.

— Alors, je reste ! dit Rosine

— Comme il vous plaira, dit Pierre.

— Notre indisposition se trouve un peu calmée, reprit-il à haute voix ; nous prions la compagnie de vouloir bien agréer de nouvelles excuses.

— Bravo ! cria le notaire, buvons le champagne !

Chacun reprit sa place. Mais, en dépit du liquide, abondamment versé dans les flûtes pétillantes, en dépit des efforts de M. Poirson pour ramener la gaîté disparue, le plus morne silence plana bientôt sur les convives.

Rosine, vers laquelle se tournaient tous les regards, avait la figure aussi blanche que la nappe du festin sur laquelle s'agitaient ses doigts crispés. Luttant contre la colère et la douleur, elle s'efforçait de combattre une crise inévitable. Elle souriait, mais d'un sourire à donner le frisson. N'ayant plus la conscience de ses actes, elle saisit machinalement la flûte placée devant elle ; mais, avant d'avoir atteint ses lèvres, le verre lui échappa des mains, inonda sa robe de bal et se brisa sur le parquet, tandis que la malheureuse, renversée sur son siége, s'agitait au milieu de convulsions inouïes et se trouvait en proie à la plus effrayante attaque de nerfs qui eût jamais contracté les membres d'une femme. Ce dernier événement fut le signal de la déroute. Les convives abandonnèrent la table, pour se précipiter vers la porte-fenêtre qui s'ouvrait sur le jardin du notaire. C'était par là qu'on venait d'emporter Rosine.

Mais déjà son mari l'avait soustraite à la curiosité générale. Les invités se dispersèrent sous les charmilles, en attendant qu'on eût disposé le salon pour la danse.

Clotilde se promenait au bras de Paul, et le jeune homme était heureux de toutes les joies du ciel.

Un clair de lune splendide illuminant les massifs d'ombrage faisait étinceler comme des diamants les gouttes de rosée qui tombaient au bord du calice des fleurs d'automne. On entendait au loin ce bourdonnement solennel de la montagne, causé par le passage du vent dans les gorges étroites, bruit mystérieux, qui ressemble au soupir des harpes éoliennes, et qu'un de nos poètes a célébré dans des strophes sublimes.

— O Clotilde, disait Paul, j'ai besoin de verser dans votre âme toute la félicité qui remplit la mienne! Ce matin, j'ai vu mon père... Il se charge d'obtenir le consentement du percepteur... Vous serez ma femme!...

— Oui, Paul, répondit Clotilde, d'une voix doucement émue, oui, je serai votre femme. J'en rends grâces au ciel, car je vous aime!

Elle se cacha la tête dans le sein du jeune homme; Paul effleura de ses lèvres les boucles brunes de sa chevelure.

Ils restèrent ainsi longtemps, aussi purs que des anges, et se communiquant leurs doux projets d'avenir.

— Mon ami, dit-elle, on doit s'apercevoir de notre absence.

— Non, Clotilde, on s'occupe de l'évanouissement de la fermière.

En réponse à ces paroles, un premier coup d'archet résonna subitement, démenti joyeux qui fit relever Paul et sourire la jeune fille.

— Venez me faire danser! cria-t-elle.

Et se tenant par le bras, ils quittèrent le berceau, courant comme deux sylphes au milieu des allées silencieuses. Tout à coup, au détour de la dernière, Clotilde sentit une main brutale saisir la sienne. M. Thomas, leur apparut, sombre et menaçant.

— Deux mots, jeune freluquet! dit-il en frappant avec rudesse l'épaule du maître-clerc. Et vous, mademoiselle, veuillez regagner le salon jusqu'à nouvel ordre.

Clotilde s'éloigna, confuse et très-inquiète de l'air de résolution sinistre qu'elle avait cru lire sur le visage du percepteur. M. Thomas avait forcé Paul de retourner au fond du jardin. La jeune fille s'arrêta, presque morte d'épouvante; car elle pouvait entendre le bruit d'une discussion terrible. Un mot fatal, une injure sanglante, sortit de la bouche de son frère, et, presque aussitôt, le bruit éclatant d'un soufflet retentit sous les charmilles.

Sur les entrefaites, on dansait une contredanse au salon.

Pierre, après avoir transporté Rosine à la ferme, était revenu donner sur l'indisposition de sa compagne des nouvelles rassurantes, de sorte qu'on oubliait déjà le fâcheux incident du festin. Quelques-uns des invités blâmaient secrètement le mari de la fermière de l'incroyable indifférence dont il venait de fournir la preuve en regagnant la fête. D'autres faisaient l'éloge de son énergie, et prétendaient que le sangfroid de l'époux était le moyen infaillible de guérir la femme et de l'empêcher de renouveler de pareilles scènes. S'inquiétant peu du blâme et de la louange, le fermier guidait Mme Poirson au milieu des évolutions d'un quadrille et pressait doucement la main de sa danseuse, déclaration muette que celle-ci ne comprenait pas ou feignait de ne pas comprendre.

La contredanse terminée, Pierre allait reconduire Hortense à la place qu'elle occupait précédemment, lorsque la voix criarde de M. Poirson domina tout à coup le murmure du bal.

— Ah! ça, mon ami, quelle mouche vous pique? disait le notaire à Paul, car le jeune homme venait de se précipiter dans la pièce, écartant les danseurs et s'agitant comme un insensé. Diable! diable!.. si vous êtes fou, dites-le!... Mais ces dames se plaignent... Vous froissez la robe de l'une, vous écrasez le pied de l'autre... Ceci viole évidemment tous les us et coutumes de la galanterie française.

Paul ne l'écoutait pas. Il cherchait le fermier, et l'apercevant, il courut à lui.

— Monsieur, lui dit-il d'une voix entrecoupée par une émotion violente, il faut que vous soyez mon témoin demain, dans un duel à mort.

Grand Dieu! s'écria Mme Poirson, qui s'appuya contre une console pour ne pas tomber à la renverse.

Mais elle se redressa soudain et saisit le bras de Paul, lui jetant un regard empreint d'une douleur si profonde, que le jeune homme, malgré la terrible préoccupation qui l'assiégeait, en tresssaillit jusqu'au fond du cœur. Le fermier repoussa doucement Hortense, puis il entraîna le maître clerc dans l'embrasure d'une fenêtre. Après une minute d'entretien rapide, il lui dit, en lui serrant la main :

— C'est chose convenue, vous pouvez compter sur moi.

Paul n'en demanda pas davantage et s'élança brusquement dehors. A peine était-il sorti, que le percepteur, conduisant Clotilde tout en larmes, s'approcha de la femme du notaire, et lui dit avec un inqualifiable accent d'insolence :

— Madame, je ne vous félicite pas de la manière dont vous surveillez les jeunes filles! cette jolie manière-là me vaut un soufflet magnifique, et me forcera demain à exposer ma cervelle. Il me semble que c'est assez comme cela pour le quart-d'heure. Procurez-vous d'autres élèves; j'emmène Clotilde.

A ces mots, il tourna les talons, et quitta le bal sans avoir salué personne.

Cependant Paul avait franchi la grille, traversé le village, et montait au Honneck par ce même sentier qu'il avait parcouru le matin dans des dispositions bien différentes. A plusieurs intervalles, le malheureux jeune homme fut obligé de s'arrêter pour reprendre haleine, tant sa marche avait été rapide. Pendant ces courts instants de repos, il levait au ciel ses yeux noyés de larmes et se tordait les bras avec désespoir.

Puis il recommençait sa course effrayante.

Ses minces souliers de bal furent bientôt déchirés par les ronces, et ses pieds imprimaient des traces sanglantes sur le sable mouvant et les roches aiguës qui bordaient le sentier. La lune éclairait cette ascension dangereuse, autrement il n'eut pas été possible à Paul de se garer des précipices, et vingt fois il eût roulé jusqu'au fond du ravin.

Bientôt il atteignit le pont jeté sur l'abîme.

De l'autre côté de ce pont, jusqu'à la hutte, il y avait cinquante pas à peine, et ce fut alors que le gardeur de chèvres, dont l'attention venait d'être éveillée par les cris de Fox, dégagea l'entrée de sa demeure et vit accourir le jeune homme, qui tomba presque mourant sur un siége.

— Bonté divine! s'écria le pâtre, c'est toi! toi, mon pauvre enfant... à cette heure de nuit!... Qu'est-il arrivé, juste ciel?

Paul ne répondit pas. Ses membres étaient agités d'un tremblement convulsif; il avait l'œil morne et sans intelligence.

— Reviens à toi!- disait André, qui l'entourait de ses bras et pleurait à chaudes larmes. Paul, mon fils..., ne me reconnais-tu pas?

A ces mots, qui parurent lui rendre le sentiment de la réalité, Paul murmura d'une voix sombre, en fixant le vieillard :

— Ainsi donc, il est vrai que vous êtes mon père!

— Que signifie cette question? balbutia le pâtre. Pourquoi me demandes-tu cela, maintenant... plutôt qu'hier... plutôt que ce matin?

— Répondez... êtes-vous mon père?

— Eh bien! non! dit André qui s'affaissa douloureusement sur l'un des escabeaux placés auprès de la table.

— Oh! tant mieux!... tant mieux!... car il m'en aurait trop coûté de vous maudire!

André releva la tête et tourna vers Paul ses regards pleins d'angoisse. Il ne comprenait pas.

— Si vous n'êtes pas mon père, continua le jeune homme, du moins avez-vous dû connaître celui qui me donna la vie, du moins pourrez-vous m'expliquer le secret odieux de mon origine. Tout à l'heure... oui, tout à l'heure, un homme n'a pas craint de me lancer une épithète flétrissante ! il m'a déclaré qu'un bâtard n'épouserait jamais Clotilde... Mon Dieu ! mon Dieu ! je crois sentir ces deux syllabes infernales gravées sur mon front en caractères brûlants !... Car il était loin de mentir, cet homme... N'est-ce pas, qu'il disait vrai ?

— Oui, répondit le pâtre avec une intonation singulière. Mais... à celui qui te faisait cette injure..., au percepteur enfin... qu'as-tu répondu ?

— Je l'ai soufflété ! dit Paul avec rage ; je lui ai craché à la face, et, demain, l'un de nous doit mourir

— Embrasse-moi ! s'écria le pâtre, attirant le jeune homme et le pressant avec force contre sa poitrine. Mille tonnerres ! tu l'as soufflété... bien ! très-bien !... Tu as craché sur son ignoble figure, c'est encore mieux. Ah ! percepteur de Satan ! lâche ! misérable ! être doublement vil et doublement infâme !... ah ! tu viendras insulter mon enfant ?... Oui, Paul, oui, mon garçon, tu dois te battre..... ou plutôt..... nous déciderons cela plus tard. Allons, de l'énergie, morbleu ! C'est vrai, tu es un enfant né hors du mariage... mais tu avais un noble père, entends-tu ? un brave ! un homme dont l'empereur lui-même a serré la main... je l'ai vu !... Flamme et mort !... Ton père, mon garçon, ton père !... mais c'était mon idole, c'était mon Dieu ! J'ai là cinq blessures qui lui étaient destinées... Tiens, regarde ! elles sont profondes ; mais ceux qui me les ont faites n'ont pas eu l'avantage de guérir des leurs.

Il écartait en même temps sa casaque de peaux de chèvres et montrait à Paul sa poitrine, labourée par de larges cicatrices.

Le jeune homme, en écoutant ces discours d'André, sentit l'irritation disparaître de son âme. Il regardait avec une surprise indéfinissable ce vieillard, qui se révélait à lui sous un jour si nouveau. Le pâtre était violemment ému, de grosses larmes roulaient sous sa paupière.

Paul lui saisit la main, qu'il pressa dans la sienne avec anxiété ; puis il murmura d'une voix frissonnante :

— Mon père... Qu'est devenu mon père ?

— Il est mort.

— Pardonnez-moi ! pardonnez-moi, mon Dieu ! s'écria le jeune homme en tombant à genoux, car j'ai parlé de le maudire.

André se dirigea lentement vers le coffre en bois de chêne. Il en tira le médaillon.

— Le voilà, mon ami... le voilà ton brave et digne père !... Impossible de nier, tu lui ressembles..... Mon colonel, mon pauvre colonel ! Tué sous mes yeux, à Waterloo, sans que j'aie réussi cette fois à lui faire un rempart de ma poitrine !... Oh ! non ! non ! tu n'as jamais pu concevoir la pensée de le maudire..., car il t'aimait tant, lui ! Tu venais à peine de naître, qu'il reportait déjà sur toi ses plus douces espérances. A son heure dernière, toute sa pensée fut pour ton avenir. Il possédait quarante-cinq mille francs qu'il avait réalisés de sa part d'héritage ; il me les donna : « C'est pour mon fils, me dit-il... André, qu'il devienne le tien ! consacre-lui ton existence. Retire-le du hameau ; sa mère se trahirait..... Pauvre femme ! tu le lui rendras plus tard. J'ai mis en ordre tous mes papiers avant la bataille... Tu trouveras des lettres, des pouvoirs... Adieu, mon ami, mon frère d'armes..., adieu ! » Puis il mourut, Paul. Hélas ! il avait aimé ta mère comme tu aimes Clotilde, et l'on eut la barbarie de les séparer. Voici le moment de te raconter cette déplorable histoire. Aussi bien, nous ne dormirions cette nuit ni l'un ni l'autre.

Paul approcha le médaillon de ses lèvres et le couvrit de baisers. Se relevant ensuite, il alla s'asseoir auprès du pâtre.

— Il y a vingt-trois ou vingt-quatre ans de cela, dit André. J'étais alors valet de ferme chez un riche cultivateur, nommé Rambaud, des environs de Hensberg, à quelques lieues de Colmar. Un matin que je sautais en bas de mon lit pour atteler mes bœufs à la charrue, je vis devant moi le fils aîné de mon maître, un beau garçon qui n'était pas fier et que j'aimais de tout mon cœur. On ne l'avait pas élevé dans les travaux des champs ; il étudiait pour être avocat, et son père avait déjà fourni deux hommes à la conscription.

— Veux-tu me suivre, André ? me demanda-t-il sans autre préambule.

— Pourquoi pas, monsieur Ernest. Où allons-nous ?

— A Colmar, où j'ai vu hier un officier de recrutement qui nous engagera dans les chasseurs de la garde.

— Ça me va, lui répondis-je... en route !

Au lever du soleil, nous étions sur le grand chemin de Colmar. M. Ernest m'apprit alors qu'il aimait éperdument la fille du maire de Hensberg et qu'il en était aimé. Par malheur, le père de sa maîtresse, chaud bonapartiste, professait un souverain mépris pour les avocats. Il avait positivement déclaré qu'il n'accepterait pour gendre qu'un officier de Sa Majesté l'empereur et roi.

Voilà ce qui décidait M. Ernest à s'engager dans les chasseurs de la garde.

Moi qui avais de mes bœufs et du labour par dessus la tête, je ne demandais pas mieux que de suivre son exemple. Dès ce moment, ce fut entre nous à la vie et à la mort.

Le soir même, on nous incorpora dans l'armée.

Napoléon se voyait alors toute l'Allemagne sur les bras, et l'époque était fertile en victoires. Mon jeune maître se battit comme un lion. Ses études lui donnaient, en outre, un avantage que bien d'autres ne pouvaient avoir. Il fut nommé lieutenant à Lutzen, reçut la croix à Dresde, passa capitaine à Champaubert. L'empereur, lui-même, sur le champ de bataille de Montmirail, le créa colonel et lui tendit sa main glorieuse en disant :

« M. Rambaud, nous vous plaçons au rang des plus braves... forcez-nous le plus vite possible à vous nommer général. »

Il faut dire que, huit mois auparavant, les évolutions de notre corps d'armée nous avaient conduits sur les frontières du Haut-

Rhin. M. Ernest nous ayant obtenu une permission de huit jours, nous revîmes le clocher natal. J'avais aussi la croix..... mais absence complète de grades ; je savais me battre, je n'aurais pas su commander.

Lorsque le vieux cultivateur reconnut son fils dans un beau lieutenant, à la tournure martiale, au teint bruni par la fumée de la poudre, il lui pardonna de grand cœur notre escapade. M. Ernest fut, de plus, accueilli parfaitement chez le maire de Hensberg, dont la charmante fille, devenue sa fiancée, lui donna le bras avec orgueil.

Hélas ! leur hymen était fixé à la fin de la campagne..... et ils s'aimaient !

Nous rejoignîmes notre corps à l'expiration des huit jours, qui passèrent en un clin d'œil.

J'étais le soldat de M. Ernest, autrement dit son domestique ; n'importe, il m'appelait son frère, et cela sous prétexte que je lui avais cinq à six fois sauvé la vie. Ce fut alors qu'il obtint ses autres grades, et la fortune qui le favorisait ne changea pas sa belle âme. Certes, il aurait gagné les épaulettes à graines d'épinards et peut-être le bâton de maréchal ; mais l'époque des revers succédait à celle des triomphes. Les alliés entraient dans Paris. Napoléon s'embarquait pour l'île d'Elbe, le colonel et moi nous prîmes notre congé.

M. Ernest s'empressa de venir réclamer la parole qu'il avait reçue du maire de Hensberg. Le misérable lui ferma l'entrée de sa demeure. Il portait alors l'écharpe blanche, avait tourné casaque et se montrait fidèle aux Bourbons. Donner sa fille à un officier du tyran, de l'ogre de Corse, allons donc ! c'était chose impossible ; d'ailleurs un notaire des Vosges, un vrai royaliste, la lui demandait. Il y avait de quoi devenir fou.

Mon colonel pleurait comme une femme, lui, si brave, si intrépide, lui que j'avais vu mille fois affronter sans pâlir les baïonnettes et la mitraille.

Or, un malheur est toujours suivi de plusieurs autres. Le père de M. Ernest tomba dangereusement malade. Tandis que le colonel veillait auprès de ce lit de souffrance, une servante accourut de Hensberg et vint m'annoncer que la fille du magistrat allait être mère.

Avec tout cela, le vieux cultivateur était au plus mal.

Je pris sur moi de ne rien dire à M. Ernest, et j'accompagnai la messagère. Pendant toute la nuit je montai la garde aux alentours de la maison du rénégat. Enfin, au point du jour, la même femme qui m'avait servi de guide me remit un enfant nouveau-né. Cet enfant, c'était toi.

Le pâtre fit une pause, et tendit affectueusement la main au jeune homme.

Paul fondait en larmes. Après quelques minutes d'un douloureux silence, il dit au vieux soldat, d'une voix entrecoupée par les sanglots :

— Ma mère, ma pauvre mère... morte aussi peut-être?

L'accent qu'il mit à ces paroles était si déchirant, qu'André sentit tressaillir jusqu'à la dernière fibre de son cœur.

— Seul... seul au monde! ajouta Paul, qui laissa tomber entre ses mains son front brûlant. Se voir repoussé de tous, honni par tous, absorber l'humiliation, ne pouvoir échapper au dédain, subir chaque jour de nouvelles tortures, mener l'existence d'un paria, d'un maudit!... et n'avoir pas une mère, dont le sourire vous console, dont les baisers calment votre souffrance, une mère qui remplacerait tout à vos yeux, et pour laquelle vous auriez le courage de dire au préjugé : Tais-toi !... car je l'aurais, ce courage, entendez-vous? cria le jeune homme, qui se redressa brusquement et parcourut la hutte à grands pas ; je saurais forcer le monde à se courber devant mon idole, à respecter ma mère!

Il retomba sur son siége, avec l'accablement d'un profond désespoir.

— Mais non... rien !... plus rien !

André se rapprocha de Paul.

— Et moi, lui dit-il, ne suis-je pas là?... Depuis vingt ans je t'ai consacré toutes les heures de ma vie ; crois-tu que je puisse t'abandonner sans consolations aux premières atteintes de l'infortune ?

— Grâce, André, grâce !... Je suis coupable envers vous d'ingratitude. Oui, vous êtes mon père, ma providence..... et je vous chérirai toujours, André .. Mais... comme je souffre ! comme je souffre !

Un violent combat avait lieu dans l'âme du pâtre. Il se promenait à son tour de long en large de la hutte, essuyant la sueur qui lui couvrait le front. Tout à coup il s'écria :

— Non, le secret n'est plus possible !... Écoute, Paul... tu vas me jurer sur l'image que tu as entre les mains, sur le portrait de mon colonel, de ton père... tu vas me jurer de suivre tous mes avis, de modérer, s'il le faut, les élans les plus impétueux de ton âme... et de ne jamais compromettre la personne dont tu sauras bientôt le nom... N'est-ce pas que tu me le jures ?

— Oui, répondit Paul, dont le sein battait avec force et dont l'œil rayonnait d'espoir, j'en fais le serment sur cette image... Oh ! parlez, parlez !...

— Eh bien ! ta mère, que tu croyais morte... ta mère, que tu regrettais si vivement tout à l'heure... ta mère existe ! Allons, mon ami, du calme... J'avais gardé le secret jusqu'alors : c'était une mesure que m'enjoignait la prudence... Mais puis-je te voir souffrir, quand j'ai là du baume tout prêt pour ta blessure ? Ta mère existe, tu la connais ! Il y a trois mois qu'elle t'environne de son affection sainte... Paul ! Paul ! ne me regarde pas ainsi, ta pâleur m'épouvante. C'est de Mme Poirson que je parle... Oui, tu le devines... mon enfant, mon cher enfant... reviens à toi !... Miséricorde ! il se meurt !

En effet, Paul tomba sans connaissance dans les bras du pâtre.

Cette joie suprême était trop forte pour son âme, ébranlée déjà par tant de secousses violentes.

André le porta sur le lit de fougères, desserra promtement le nœud d'une cravate élégante, puis, écartant l'habit de bal, il interrogea de sa main inquiète la poitrine du jeune homme.

— Loué soit Dieu! son cœur bat... l'émotion pouvait le tuer... pauvre enfant! Il a tout le courage et toute la sensibilité de son père. Et dire que cet infâme percepteur pourrait trancher une si belle existence... Mais, un instant, je suis là moi !... Comment vais-je m'y prendre? Jamais Paul ne voudra consentir... Oh! cet évanouissement, c'est le ciel qui le permet! J'ai là quelques simples des montagnes ; il me sera facile de composer un breuvage... Vite à l'œuvre!

André courut ouvrir le placard et s'empara vivement d'un petit paquet d'herbes, fraîches encore, qu'il pressa dans un linge pour en exprimer le suc. Pendant cette opération Paul ouvrit les yeux et se dressa sur son séant.

— J'ai rêvé, n'est-ce pas?... j'ai rêvé? murmura-t-il, en regardant avec inquiétude le pâtre, qui se rapprochait de lui, tenant un verre à la main. Cependant non... vous me l'avez dit, André... ma mère existe!

— Oui, Paul.

— Merci, merci, mon Dieu!... C'était elle!... Je ne sais quelle voix secrète me l'avait annoncé déjà, sans que j'aie pu m'expliquer le trouble où me jetait cette révélation mystérieuse, ce cri de la nature... Ma mère, ma bonne mère!... Oui, le ciel réservait ce dédommagement à mes souffrances... Oh! combien la vie me paraîtra désormais belle et radieuse! Si je perds Clotilde, hélas! il me restera ma mère..... Comme il doit être doux, le baiser maternel !

Il joignit les mains et parut plongé dans une ravissante extase.

— Mais ce matin, reprit-il, tout à l'heure... il faudra me battre. Je puis être blessé, tué peut-être... et je veux du moins avant de mourir, embrasser ma mère!

— Paul, mon ami, reste... je t'en conjure! s'écria le vieillard qui s'efforçait de retenir le fils d'Hortense sur le lit, hors duquel il voulait se précipiter. Le jour est encore loin de paraître. Et puis c'est au pistolet que tu vas te battre ; songes-y, Paul ! Quelques instants de repos deviennent indispensables : il s'agit d'avoir le bras ferme et le coup d'œil sûr ! Nous descendrons ensemble la montagne, sois sans crainte, ajouta le brave homme, dont la voix tremblait, en faisant ce mensonge. Tu embrasseras ta mère, et cela te portera bonheur pour envoyer une balle dans les flancs du lâche qui n'a pas craint de t'insulter..... Car il est une justice là-haut, vois-tu ! Je conseille à Thomas de recommander, dès à présent, son âme au diable.

— Quoi qu'il arrive, dit Paul, adieu mon premier amour ! adieu mes riantes espérances d'avenir... adieu Clotilde !

— L'honneur avant tout, mon garçon. Tu ne reculeras pas, j'imagine ?

— Reculer ! s'écria Paul : oubliez-vous que j'ai fait à cet homme le plus sanglant de tous les outrages ?

— Eh bien donc, dit André, j'exige que tu dormes quelques heures. Je m'assiérai là, près de toi, pour te réveiller au point du jour, et puis nous partirons. J'ai des armes... les pistolets du colonel : inutile de t'occuper des préparatifs. En attendant, tu vas boire ce cordial, que je viens de composer avec des simples du Honneck. J'y ai versé le reste du vieux bourgogne que tu m'as apporté ce matin.

— Non, dit Paul. Il me serait impossible, d'ailleurs, de fermer l'œil... et vous ferez beaucoup mieux, d'ici au lever de l'aurore, de poursuivre votre histoire, qui, dès à présent, hélas ! est la mienne.

— Soit... mais bois toujours.

Il tendit le verre au jeune homme, qui le vida d'un trait. Les yeux du pâtre brillèrent de satisfaction.

— J'en étais resté, ce me semble, au moment où l'on venait de te déposer dans mes bras. Bientôt le triste colonel pleurait entre la tombe de son père et le berceau de son fils. Que te dirais-je encore ? Il essaya de nouvelles démarches auprès de l'inflexible magistrat ; vain espoir ! ce dernier qui savait tout alors, disparut un beau jour avec sa victime, et, deux mois après, M. Ernest reçut une lettre presque entièrement effacée par les larmes... Hortense était la femme d'un autre! La cruauté la plus odieuse, les roueries les plus indignes avaient été mises en œuvre pour la décider à ce mariage. Un faussaire imita la signature du colonel, et sa malheureuse amante crut avoir une preuve écrite de parjure et d'inconstance. La délicatesse de son âme ne lui permettait pas de tromper un honnête homme : elle déclara qu'elle voulait tout avouer à son futur. Alors son père la menaça, la frappa même, en lui demandant de quel droit elle oserait souiller l'honneur de son nom?

Mais le sommeil te gagne, dit le pâtre en s'interrompant.

— J'écoute... j'écoute, répondit le jeune homme d'une voix affaiblie, continuez toujours, André... Pauvre, pauvre mère!

— A la fin de cette lettre, où elle annonçait au colonel sa fatale union, tout en lui faisant les reproches les plus douloureux et les moins mérités, Hortense demandait en grâce qu'on lui apportât son enfant dans le voisinage du lieu qu'elle habitait. Le colonel n'eut pas la force de lui refuser la seule joie, la seule consolation qui dût lui rester sur la terre; néanmoins, il regarda plus tard cette concession comme une imprudence.

— Pauvre... pauvre... mère! balbutia de nouveau le jeune homme, dont les yeux appesantis par un puissant narcotique se fermaient en dépit de tous ses efforts.

— Il songea, poursuivit André, que la tendresse maternelle est aveugle, et qu'Hortense pouvait se trahir aux yeux de son mari, laissant peut-être, en outre, ton éducation imparfaite, pour te conserver plus longtemps près d'elle. A cette époque, nous avions rejoint l'Empereur, qui était revenu de l'île d'Elbe, lorsque mon ami, mon frère d'armes... comme il m'appelait lui-même... fut frappé d'un boulet sur les champs de Waterloo...

Le pâtre s'interrompit une troisième et dernière fois. Paul dormait profondément.

— Oui, mon colonel, dit André, qui se mit alors à deux genoux, j'ai veillé sur ton fils!... J'ai souffert du froid, de la faim, pour lui conserver intact son héritage. Les revenus ont été consacrés à son éducation... Pour lui, tous les plaisirs, toutes les joies de son âge! pour moi, la solitude et l'indigence... Je pensais que tu me voyais de là-haut, mon colonel, et je me trouvais trop heureux! Aujourd'hui que je viens de lui apprendre à bénir ton nom, à vénérer celui de sa mère... aujourd'hui qu'un danger le menace, sois tranquille, mon colonel, sois tranquille... le bras du vieux soldat ne tremble pas encore!

Le pâtre, à ces mots, dépouilla ses haillons.

Il revêtit son ancien uniforme de chasseur de la garde, attacha la croix d'honneur sur sa poitrine, et, tirant les pistolets du fond du coffre, il en fit jouer la batterie, qu'il visita scrupuleusement. Satisfait de cet examen, il reprit le surtout de peau de chèvre, sous lequel il cacha son costume militaire et ses armes; puis, attendant l'aurore, il vint s'asseoir auprès du jeune homme et le regarda longtemps avec une tristesse affectueuse, murmurant des adieux comme s'il ne devait plus le revoir.

L'horizon se colorait des premiers feux du jour. De blanches et légères vapeurs montaient de la vallée, glissant entre les masses noires des sapins, comme une troupe de fantômes que chasse le retour de la lumière.

André sortit doucement de la cabane, en faisant à son chien, qui voulait le suivre, un signe impérieux.

Fox retourna s'étendre au pied du lit de fougères.

V

A cette heure-là même, une femme, dont le visage était entièrement voilé sous l'une de ces capes d'indienne que portent les montagnardes, lorsque les premiers froids commencent à se faire sentir, quittait en cachette la cour de la ferme. Elle traversa le hameau d'un pas furtif, comme si elle eût craint de réveiller les habitants encore plongés dans le sommeil ; puis, une fois sortie du voisinage des chaumières, sa marche gagna presque aussitôt en vitesse. Elle remonta pendant une demi-heure environ le cours sinueux du ruisseau de la vallée, qu'elle traversa hardiment ensuite sur quelques pierres moussues, pour gagner les sapins du Honneck.

Le pâtre, qui descendait alors, se trouva bientôt vis-à-vis de cette femme, et ne put retenir une exclamation de surprise, lorsqu'elle eut rejeté sur ses épaules la cape qui lui couvrait la figure.

— Quoi ! c'est vous, Rosine ! s'écria-t-il.

— C'est moi, répondit la fermière ; j'allais chez vous, André.

— Diable ! vous êtes, depuis vingt ans, la première femme qui ose dire cela, parlant à ma personne... Et qui peut vous amener chez le sorcier de la montagne, Rosine ?

— Le sorcier de la montagne m'a promis un talisman qui doit me rendre l'amour de Pierre, dès que je connaîtrai ma rivale, et je la connais !

— Avec certitude ?

— Oui, dit Rosine, avec certitude.

— Je n'en crois pas un mot, s'écria le pâtre, visiblement contrarié de l'aventure. Votre mari n'est pas capable... Allons donc ! je réponds de ses mœurs. Toujours la même, toujours mauvaise tête ! Je parie que vous aurez fait quelque songe absurde, ou que votre petite imagination folle se sera créé des chimères. Là, convenez aussi que vous n'êtes pas raisonnable ! Au lieu de reposer tranquillement, comme toute honnête maîtresse de maison peut se permettre de le faire à cette heure, voici que je vous trouve à courir les champs et à mouiller vos pieds mignons dans la rosée de septembre.

— Il ne s'agit pas de rosée ni de pieds mignons ! répliqua la jeune femme avec un geste d'impatience ; il s'agit de votre promesse. Voulez-vous la tenir ?

— En vérité, je ne demande pas mieux, dit le pâtre, croyant

être sûr de son fait et comptant bien, après tout, éluder par un détour quelconque la parole qu'il avait donnée jadis.

Son but, à cette époque, était de faire passer un sage conseil à l'abri de sa réputation trop connue. Certes, il ne croyait pas que Rosine viendrait un jour le sommer d'accomplir un sortilége.

— Ainsi, poursuivit-il en riant, dites-moi bien vite le nom de cette terrible rivale qui, j'en suis convaincu, est loin d'être aussi jolie que vous.

— Ne plaisantez pas, André! ne plaisantez pas! je suis malheureuse et je ne dois exciter que votre compassion. Hier avait lieu le gala du notaire. Je refusais d'y paraître... mais il m'y força, lui! Pendant toute la durée du banquet, il ne m'adressa pas un mot, pas un regard... et, le croirez-vous? il osa courtiser en ma présence, sous mes yeux, celle que j'ai toujours soupçonnée de porter le trouble dans mon ménage... Une femme de quarante ans, André! n'est-ce pas une honte?

— Rosine, interrompit le pâtre avec un accent de gravité sévère, vous êtes coupable de tenir de pareils discours, et je ne souffrirai pas que vous attaquiez devant moi plus longtemps la réputation d'une femme qui a toute mon estime.

— Votre estime, votre estime... elle est joliment placée! cria la fermière. Mais c'est épouvantable aussi, que chacun refuse de me croire et fasse mine de me regarder comme une folle, quand j'ai raison, cent fois raison!

— Je suis désolé de ne pas être de votre avis, et je vous conseille de rentrer à la ferme, pour vous aliter sur l'heure... Ma foi, oui! je parle sérieusement. C'est une maladie que vous avez, une maladie fort grave.

— André, dit la jeune femme avec un ton de voix solennel qui fit tressaillir le pâtre, je vous le jure ici, devant Dieu! celle que j'accuse est ma rivale. Hier, à table, je les ai vus constamment s'entretenir à voix basse, échanger des sourires... Je me suis trouvée mal de douleur et de rage! Il a fallu m'emporter mourante, et Pierre a eu la barbarie de me quitter... pour la rejoindre, pour retourner à cette fête! Ce n'est pas tout encore. Il est rentré fort tard après le bal... Oh! croyez-moi, ceci n'est point un rêve, attendu que je n'ai pas clos la paupière! Mon mari, pendant son sommeil, a prononcé vingt fois le nom d'Hortense, d'abord avec fureur, puis avec amour... Sont-ce là des preuves, dites, sont-ce là des preuves?... Et pourquoi me soupçonneriez-vous de mensonge? Il vous est si facile de venir à mon secours. André, vous voyez combien je suis malheureuse... laissez-vous fléchir!

Et la fermière sanglottait à fendre l'âme.

Le cas devenait embarrassant pour le pâtre. Il eût voulu, de tout son cœur, avoir à sa disposition le talisman qu'il avait promis, et justifier au moins une fois sa renommée satanique. Malheureusement il s'avouait à lui-même — et bien des gens, ici-bas, devraient imiter son exemple — qu'il était au-dessous de sa réputation.

Dans l'impuissance d'accorder à Rosine l'objet de sa demande, il essaya le plus tôt possible de la payer d'une défaite, car il perdait avec elle un temps précieux.

— Je vois, ma pauvre enfant, dit-il, que vos craintes ont une espèce de fondement. Nous aviserons à vous tirer d'inquiétude; mais pas aujourd'hui, Rosine, une autre fois... demain ou plutôt ce soir, à mon retour... Ainsi vous voilà contente! J'ai quitté ma cabane de bonne heure; une affaire qui ne souffre aucune remise m'appelle au hameau. Déjà même je suis en retard et je ne puis monter pour aller quérir ce que vous savez bien.

— Pourtant cela vous demanderait un quart d'heure à peine... Suis-je assez à plaindre! vous êtes le seul qui preniez intérêt à mon malheureux sort... et ne pouvoir vous décider... Mais, ajouta-t-elle en se ravisant, je vais monter à votre cabane, et pour peu que vous consentiez à me donner des indications précises...

André s'empressa de l'interrompre. Il songeait avec effroi que Paul dormait dans la hutte.

— Dieu vous préserve, dit-il d'une voix sombre et avec intention, de jamais franchir un seuil maudit! Pour ne pas vous donner de ma personne une idée trop défavorable, je vous ai laissé croire, je me le rappelle, que le génie du mal n'était pour rien dans mes opérations... détrompez-vous! il n'y a que l'ennemi des hommes qui puisse donner à la créature une science comme la mienne, et cette science, Rosine, me coûte mon âme! Enfin, puisqu'il faut tout vous dire, j'ai bien peur que vous n'exposiez la vôtre en ayant recours à moi.

La fermière se signa.

— N'importe! dit-elle avec résolution, j'en ferai pénitence, mais je veux le talisman. Je le veux aujourd'hui même... et, puisqu'il est nécessaire que vous descendiez au hameau, je me résigne à rester ici jusqu'à votre retour.

André ne sembla point approuver cet arrangement. La terreur qu'il croyait avoir inspirée à la jeune femme ne le rassurait pas à beaucoup près contre les tentatives que la curiosité, jointe au désœuvrement d'une longue attente, pouvait conseiller à Rosine. Il songea que, depuis la mère du genre humain, qui n'avait pas reculé devant une entrevue avec Satan, bon nombre de filles d'Ève savaient encore, de nos jours, affronter un péril, dès qu'elles étaient certaines d'y trouver le piquant du fruit défendu.

Toutefois, il fut obligé de souscrire à l'espèce de transaction que lui proposait la fermière.

Il eut beau lui représenter qu'une femme ne pouvait ainsi rester seule dans un endroit écarté; Rosine lui déclara, d'un petit air mutin, qu'elle avait des ongles pour se défendre, si quelque paysan brutal s'avisait de lui manquer de respect. Bref, elle acheva de le convaincre que ses objections étaient en pure perte, en s'asseyant sur la berge du sentier.

Quelque temps encore, André fut dans l'incertitude et ne sut quel parti prendre. Il redoutait les investigations pour sa cabane et pour le jeune homme couché sur le lit de fougère; mais cette crainte-là même lui prouva qu'il devait en finir le plus promptement possible avec le percepteur.

Laissant donc Rosine à mi-chemin de la montagne, il continua sa route.

Depuis cinq minutes à peine il avait quitté la fermière, quand il entendit, à cinquante pas de distance, le bruit d'une marche précipitée.

Le pâtre retourna la tête, Rosine était sur ses talons.

— J'aime beaucoup mieux cela, pensa-t-il. Sans doute elle veut me rejoindre, afin de me donner quelque autre preuve à l'appui de sa belle découverte... Du diable si je m'amuse à l'entendre ! Il s'agit de lui montrer que je possède encore mes jambes de quinze ans... Ma foi, j'ai de la chance ! elle voudra me rattrapper, j'irai plus vite ; elle criera, je ferai la sourde oreille... Fameux moyen de la reconduire au hameau !

Tout en se livrant à ces judicieuses réflexions, André se mit au pas de course.

Mais il se trompait, en se figurant que Rosine voulait l'atteindre. Elle ne songeait même plus à lui.

Du poste élevé qu'elle occupait l'instant d'auparavant sur le Honneck, la jeune femme découvrait le village et les bâtiments de la ferme, car le soleil venait de paraître et ses rayons avaient dissipé les blanches vapeurs matinales qui s'étendaient entre le mont et la vallée, comme un immense rideau de théâtre coupant la perspective. Rosine jeta les yeux sur le royaume dont elle était la reine. Toute la ferme était éveillée. Servantes, garçons de labour, laitières et pastoureaux vaquaient à leur besogne respective. Un attelage de bœufs traversait pesamment la cour ; des chevaux se précipitaient vers l'abreuvoir, et les pigeons, sortis du colombier, s'ébattaient gaîment sur le toit d'ardoise.

Cette activité générale, ce luxe champêtre, ce bon air d'aisance et de richesse qui planait au-dessus de la ferme, rien de tout cela n'émut Rosine.

Elle repassait dans son esprit avec douleur les différentes scènes du drame domestique dont elle attendait le dénouement avec une crédulité qu'on appellerait d'un autre nom si, chaque jour, au fond de nos provinces, la sorcellerie, cette noire épouse de Belzébuth, ne trouvait encore à gagner son pain.

Nous avons vu des montagnards, d'un sens droit et d'une instruction passable, croire un peu plus aux sorciers qu'à l'Evangile.

Et qui nous force d'aller si loin pour justifier nos caractères?

A Paris, en plein dix-neuvième siècle, à Paris, ce foyer des sciences et des arts, ce rayon d'or de la civilisation qui prétend éclairer l'Europe et le monde, à Paris enfin où bien des gens se montreraient humiliés si on les soupçonnait de croire en Dieu, n'avons-nous pas vu la sibylle de la rue de Tournon siéger sur un autre trépied de Delphes et rendre des oracles? Combien de nos jolies Parisiennes ont exposé là, sous l'œil terne et vitreux de la sorcière, une petite main rose toute frémissante! Combien de questions timides n'ont-elles pas faites à la tireuse de cartes sur un mari jaloux, sur un amant trompeur, — et comme elles écoutaient religieusement la réponse!

Nous préservent le sentiment des convenances, la politesse et la galanterie de trouver ces dames ridicules; mais nous les supplions d'imiter notre exemple, en ne riant pas trop de la vertu quelque peu singulière attribuée par Rosine au talisman du pâtre.

Les regards de la pauvre jalouse étaient donc abaissés vers la demeure où son coupable mari dormait sans doute encore, fatigué des plaisirs de la fête et rêvant de celle qu'il avait le mauvais goût de préférer à sa jeune et fraîche compagne. Ce que le parallèle peut avoir de désobligeant pour la femme du notaire, nous le rejetons, bien entendu, sur Rosine. Il était juste qu'elle se trouvât mieux que sa rivale, et se prévalût, dans sa propre estime, de ses nombreux avantages personnels.

Mais que devint la malheureuse épouse lorsque, du haut de son observatoire, elle vit cette même rivale traverser la place de l'église et se diriger du côté de la ferme?

Elle se frotta les yeux et mit d'abord en doute le témoignage de ses sens. Puis un cri de désespoir s'échappa de sa poitrine, car il fallait bien qu'elle s'avouât convaincue de la terrible réalité de la chose. Mme Poirson portait un châle vert, à palmes éclatantes, le seul de cette espèce qui fût au hameau.

D'ailleurs, par ce temps clair et ce beau soleil, Rosine, malgré l'éloignement, reconnaissait jusqu'à la démarche d'Hortense.

Celle-ci ne pénétra pas dans la cour. Elle tourna le mur d'enceinte et vint frapper à une porte à claire-voie qui s'ouvrait sur le verger de la ferme. Un homme parut, la fit entrer mystérieusement et referma la porte sur elle.

Hélas! hélas! Rosine avait reconnu Pierre!

Ce fut alors que la jeune femme, dans une situation d'esprit facile à concevoir, se précipita comme une folle sur la descente rapide; ce fut alors qu'André, la croyant à sa poursuite, activa sa marche.

Mais il est une assez longue distance à parcourir de la montagne au hameau; nous avons le temps d'expliquer à nos lecteurs le motif de cette démarche de Mme Poirson.

La veille, lorsque Paul, jetant le trouble au milieu du bal, sans égard aux justes représentations du notaire, s'était approché tout à coup du cavalier d'Hortense pour le prier de lui servir de témoin dans un duel à mort, on sait que le mari de Rosine écarta doucement sa danseuse et prit le jeune homme à part, afin de se faire expliquer le sujet de la querelle. Il promit au maître-clerc son assistance et rejoignit Mme Poirson, dont l'âme venait d'éprouver une secousse tellement violente, qu'elle avait à peine entendu l'apostrophe injurieuse du percepteur.

— Monsieur, dit-elle au fermier, d'une voix qu'elle s'efforça vainement de rendre calme, vous empêcherez ce duel, vous l'empêcherez à tout prix...

— C'est impossible, répondit Pierre avec froideur.

— Il le faut cependant.

— Mais quel intérêt, madame, prenez-vous donc à ce jeune homme?

— Quel intérêt... C'est vrai, mon Dieu, vous ne pouvez pas le comprendre ! murmura-t-elle avec angoisse. Écoutez, monsieur Pierre, j'ai confiance en votre délicatesse, en votre honneur, et je puis tout vous dire... Mais ici, dans ce bal, on nous observe. D'un autre côté, mes devoirs de maîtresse de maison... Quand doit avoir lieu ce duel ?

— Demain, à huit heures, à l'endroit le plus reculé de la montagne.

— Alors, à six heures précises, chez vous. Ma visite doit être un secret pour Rosine.

— Vous me trouverez, dit Pierre très-ému, dans le voisinage de la petite porte du verger.

— Cela suffit, monsieur. Jurez-moi de m'attendre.

— Je le jure.

Et voilà comment la fermière distingua, du haut de la montagne, le châle à palmes éclatantes ; voilà comment elle aperçut un époux infidèle, introduisant sa rivale, à l'endroit fixé pour le rendez-vous.

La nuit porte conseil. Mme Poirson qui, dans le premier moment de terreur, eût fait, pour arracher Paul au péril, la révélation la plus complète, songea qu'il était possible d'arriver au même but, sans aveu direct et même en cachant tout au fermier... non qu'elle tremblât pour elle-même, la sainte et courageuse femme ! Dieu, qui scrute le fond des cœurs, pouvait lire dans le sien. N'eût-il fallu que le sacrifice de ses jours, elle se fût trouvée prête à l'accomplir. Mais elle avait à respecter un nom jusqu'alors sans tache, le nom de son mari.

Pierre l'entraîna sous un bouquet de bois séparé des arbres à fruits, espèce de jardin de plaisance qui longeait la haie de clôture et courait jusqu'à l'autre extrémité du verger.

Les ombrages devaient favoriser leur entrevue et les défendre de tout regard indiscret.

— Rassurez-vous, dit le fermier, personne, ici, ne viendra nous interrompre, — et justement, Rosine, dont la jalousie fait mon éternel supplice, Rosine est absente.

— Vous savez pourquoi je suis venue.

— Oui, madame... et, comme hier, je vois que ce duel vous cause un trouble, une inquiétude...

— Oh! vous l'empêcherez! dit Hortense en joignant ses mains tremblantes, vous l'empêcherez, n'est-ce pas?... Lui, si jeune, si plein d'avenir, jouer sa vie contre un être... que nous méprisons tous!... Vous voyez bien, monsieur Pierre, que la partie n'est pas égale. Mon mari, je le crains, n'aurait pas assez de fermeté pour imposer au percepteur.... Vous le connaissez... c'est un excellent homme sans doute, mais il est faible, et son éternelle manie de ne rien prendre au sérieux...

— C'est très-juste, madame. Ensuite, il pourrait trouver au moins... étrange le vif intérêt que vous portez à son maître-clerc.

— Que voulez-vous dire? demanda Mme Poirson, frappée de l'accent d'amertume qui régnait dans ces dernières paroles.

— Je veux dire, ajouta Pierre qui s'animait en suivant son idée, que tout autre qu'un mari verrait parfaitement de quelle nature est votre affection pour le fils du pâtre.

— Oh! monsieur! dit Hortense, qui se cacha le visage de ses deux mains et fondit en larmes, vous ai-je donné le droit de me juger de la sorte?

Pierre hésita quelques secondes.

Cette grande douleur de la femme du notaire pouvait avoir une autre cause et résulter des craintes auxquelles son âme était en proie. Touché cependant des sanglots d'Hortense, il s'empara de l'une de ses mains qu'il approcha de ses lèvres.

— D'un mot il vous sera facile de vous justifier à mes yeux, madame... Oh! pardon! pardon! Ne regardez pas ce que je vais vous dire comme une nouvelle offense... Mais j'étais si malheureux et vous avez eu tant de compassion de mes chagrins, vous avez mis tant d'empressement à les adoucir, que, malgré moi, j'ai dû vous aimer comme un ange consolateur!...

— Monsieur, dit Mme Poirson, qui avait recouvré le sangfroid nécessaire à la circonstance, je vous connais trop de loyauté dans l'âme pour craindre d'avoir jamais à me repentir de ma démarche. Souffrez donc, je vous prie, que je ne prenne point au sérieux ce que vous venez de me dire. Tout à l'heure vous m'avez exprimé des soupçons cruels... Avec une moindre précipitation dans vos jugements, vous auriez vu que Clotilde, ma pauvre Clotilde... je dirais presque ma fille... vous auriez vu, dis-je, qu'elle aimait Paul. Or, ne dois-je pas envisager le duel avec terreur, moi qui ne demande que la félicité de ces deux enfants? Certes, monsieur, cela vous explique suffisamment mon trouble. Et, quand déjà vous n'eussiez pas dû me tenir un tel langage, voici que vous me parlez d'amour... vous, monsieur Pierre... vous dont le cœur est si noble, vous qui devez si bien comprendre le devoir !

— Hélas! dit le fermier, j'ai longtemps combattu, j'ai fait appel à la froide raison ; mais le devoir, que vous invoquez, ne donne pas le bonheur... et le bonheur, Hortense, est pour moi dans votre amour.

Mme Poirson, qui avait retiré sa main de celle de Pierre, la lui rendit tout à coup avec un geste gracieux et plein de franchise.

— Vous voulez dire mon amitié, n'est-ce pas? car je ne suis plus qu'une vieille femme, et me faire une déclaration sérieuse... à moi! ce serait voyager beaucoup trop loin dans le pays des rêves. Eh bien, je vous donne mon amitié, Pierre... une amitié pure et sainte! Je m'engage à ramener Rosine à des sentiments plus calmes, aux douces joies de votre intérieur... Et vous, Pierre, songez à mes pauvres enfants! L'heure s'écoule ; c'est en vous que j'ai placé tout mon espoir.

Avant que le fermier pût lui répondre, Hortense, dont l'oreille venait d'être frappée par un bruit qui partait du voisinage de la maison, lui plaça vivement une main sur la bouche.

— Écoutez? dit-elle.

— Bah! criait une voix, qu'ils reconnurent aussitôt, ils sont là-bas à se becqueter tous les deux, je le gage, ni plus ni moins que des tourterelles ! Hier la brouille, aujourd'hui la réconciliation... Pardieu! je connais cela.

— C'est mon mari ! dit Hortense. Il ignore ma démarche... Que devenir?

Pierre la cacha derrière un massif de coudriers, et presque au même instant parut M. Poirson.

— J'en étais sûr! dit-il, apercevant le fermier. Bonjour, mon ami, bonjour... Ah çà ! où est-elle?

— Qui? demanda Pierre avec un léger tremblement dans la voix.

— Qui?... voyez l'hypocrite... votre femme, donc, votre femme! On s'est un peu réconcilié, j'espère... Heureux coquin! J'arrive ici mal à propos et j'effarouche les amours... Mais, dame, le cas est pressant. Voyons, où est-elle, que diable? L'espiègle se sera cachée là, quelque part, comme un oiseau sous les feuilles. Je veux lui tirer ma révérence, et nous causerons du sujet qui m'amène.

Pierre arrêta brusquement M. Poirson, car celui-ci se dirigeait vers le rideau de verdure qui masquait Hortense.

— Rosine est sortie, vos recherches seraient vaines.

— Sortie... parole d'honneur? C'est drôle, ma femme également. Je gage qu'elles sont ensemble !... Oui, j'ai dit à Hortense de laver la tête à cette petite jalouse... hum!... qui s'avise de pleurer au champagne..., sacrebleu!... Mais alors vous êtes ridicule, mon cher, ou vous ignorez ce qui se passe?... C'est-à-dire, non... je vous soupçonne de tout savoir. Au bal, Paul vous a chuchoté quelque temps à l'oreille. Je vous ai fait des questions; vous y avez répondu... oui... mais d'une manière parfaitement évasive. D'un autre côté, ma femme paraissait trop malade pour que je me permisse de lui en faire.

— A présent, dit le fermier, je puis tout vous apprendre : Paul doit se battre en duel avec le percepteur.

— Là, je vous le disais, vous connaissiez l'histoire... et je vous trouve à vous promener mélancoliquement sous les arbres, comme un amoureux transi! Que vous ayez perdu quelques minutes avec Rosine, je le concevrais encore..., oui, car enfin les femmes...

— Mais, s'écria Pierre avec impatience, vous gaspillez vous-même le temps, au milieu de vos incroyables divagations!

— Divagations... fit le notaire, le terme est violent... N'importe, je l'accepte, et voici la chose entièrement dégagée de périphrases. Lorsque l'absurde escapade de cet animal de percepteur eut achevé de troubler la fête, dont la gaîté, grâce aux lubies de Rosine et aux coudes de Paul, était déjà légèrement compromise, les danseuses demandèrent leurs châles, leurs mantelets; puis les maris de ces dames, ceux du moins qui devaient retourner à la ville, firent atteler. Tout cela n'était pas amusant! d'habitude, on sautait jusqu'à l'aurore. Mais Hortense... pauvre chatte d'amour! était pâle, fatiguée... ma foi, je ne retins personne et je dis à ma femme : — Allons, couche-toi, bichette! Clotilde n'est plus là... c'est égal, je te laisserai dormir en repos. — Je me doutais de quelque chose, et j'avais mon plan; je monte à la chambre du maître-clerc, je frappe... pas de réponse... Diable! pensai-je, il dort déjà? c'est bon signe, et mes craintes n'ont pas le sens commun. Toutefois, à mon réveil, j'eus de nouvelles inquiétudes... car enfin, ce jeune homme doit me succéder dans ma charge, dont le prix est versé d'avance... quarante-cinq mille francs, morbleu!

— De grâce, abrégez! dit Pierre.

Il avait fait de vains efforts pour entraîner loin de là son prolixe interlocuteur et souffrait cruellement de la pénible situation d'Hortense.

— Comment donc, j'abrège beaucoup, mon cher, et je me trouve d'un laconisme admirable!... Ce matin, je remonte à la chambre de Paul, je fais le plus odieux vacarme... rien! Je m'aperçois alors que la clé se trouve après la serrure : j'ouvre... absence totale d'habitant!... Je vois un lit qui n'était pas même dérangé.

Pierre interrompit de nouveau M. Poirson, car, décidément, le brave notaire n'en finissait plus.

— Il est pour moi de la dernière évidence, lui dit-il, que ce jeune homme, ayant sur les bras une affaire d'honneur, est allé tout confier au pâtre du Honneck, à son père.

— En effet, c'est possible... mais pouvais-je deviner cela, moi? Je soupçonnais seulement le duel, et j'étais dans une anxiété... Ma foi, pensai-je, éveillons ma femme! Je descends chez Hortense et j'écarte en douceur les rideaux de son lit... dénichée! Je prends sur moi de courir chez Thomas, et je le trouve nettoyant des pistolets... Plus de doute! — Vous vous battez avec Paul? lui dis-je. — Un peu! me répondit la bête féroce, en faisant craquer le chien d'une batterie. — Et pourquoi cela? — Je l'ai appelé bâtard et il m'a gratifié d'un soufflet. — Quant au soufflet, lui répondis-je, il n'y a rien à dire; mais l'avoir appelé bâtard, c'est une indélicatesse au premier chef. Vous teniez de moi qu'il était le fils naturel d'André, par conséquent... — Par conséquent, me cria le brutal, vous pouvez aller vous promener avec vos observations! Ce disant, il me poussa dehors. — Bon! murmurai-je à part moi, je vais me rendre chez Pierre. Son oncle est maire de la commune; nous invoquerons l'appui du garde-champêtre, et nous défendrons ce duel, au nom de la loi... Voilà! fit M. Poirson, qui se frotta joyeusement les mains en terminant son discours.

— Si vous ne trouvez que le garde-champêtre pour empêcher de se battre deux hommes qui en meurent d'envie, dit Pierre, je suis loin d'admirer votre imaginative.

— Eh! quand on n'a pas à choisir, tous les moyens sont délicieux! cria le notaire.

Comme il disait ces mots, un coup de pistolet se fit entendre dans le voisinage, et fut presque aussitôt suivi d'une seconde détonation. Le fermier tressaillit et devint pâle.

— Rassurez-vous, parbleu! ce n'est que le prélude. Thomas essaie des armes... le bourreau se prépare à l'exécution. Vous ignorez, à ce que je vois, que ce tigre altéré de sang, cet anthropophage de percepteur, est de première force au pistolet. Je l'ai vu très-souvent faire mouche à cinquante pas... et, si Paul se mesure avec lui, c'est un homme mort.

Un cri faiblement retenu se fit entendre sous les coudriers.

Le notaire pirouetta deux ou trois fois sur lui-même, jetant aux alentours des regards pleins de surprise. Enfin, il suspendit ce mouvement de rotation pour se retrouver juste en face du fermier.

— C'est une femme... Pourtant vous m'aviez dit que la vôtre...

— Est sortie, c'est vrai, dit Pierre avec ce calme que donne l'imminence du péril. — Chut!... fit-il ensuite avec un geste très-intelligible.

— Ainsi, vous avez là... quelque maîtresse? murmura M. Poirson, dont la figure devint sérieuse... Là dans ce jardin, presque sous le toit conjugal... Je vous blâme, c'est une mauvaise action... Pauvre Rosine! elle était loin d'avoir tous les torts.

— Je n'essaierai pas de me disculper... Seulement, je vous demande le secret...

— Parbleu! soyez tranquille, je ne soufflerai pas le mot à Hortense... D'ailleurs, ceci est d'un trop vilain exemple. Mais je vous laisse. Je conçois que la personne tienne à ne pas être connue... Diable! diable! je n'aurais jamais cru cela de vous, mon ami.

— Cinq minutes, dit Pierre, et je vous rejoins dans ma chambre.

— Oui, dit M. Poirson, qui s'éloigna rêveur, et traversa le verger pour gagner les derrières de la ferme.

Il n'eut garde de se retourner : le brave homme était d'une délicatesse rare. Sur le chemin qu'il arpenta, pour aller s'enfermer dans l'appartement de Pierre Denis, on eût pu l'entendre répéter plus d'une fois : Diable! diable!

Cependant Hortense venait de quitter précipitamment sa cachette et de courir au fermier, dont elle serra le bras par une étreinte convulsive.

— Vous avez entendu? Cet homme, ce misérable est de première force au pistolet. Mon Dieu! mais il va m'assassiner mon enfant, mon pauvre enfant!... car il faut vous le dire enfin... je suis la mère de Paul!

Et, comme le fermier la regardait avec un étonnement difficile à dépeindre :

— Vous saurez tout... plus tard! c'est une faute, un malheur... un épouvantable malheur de ma jeunesse... Mais sauvez-le d'abord, mon ami, mon véritable ami! Vous avez entre les mains plus que mon existence, vous avez mon honneur, et je vous le confie sans crainte... Oh! ne soyez pas sourd au cri que pousse une mère du fond de ses entrailles... rendez-moi Paul, rendez-moi mon fils!

En ce moment, la porte à claire-voie cria sur ses gonds et donna passage à Rosine, pâle, échevelée, l'œil en feu ; elle tomba comme la foudre entre son époux et Hortense.

La rage, la jalousie, la haine, toutes les passions violentes se reflétaient sur le visage décomposé de la jeune femme. Ses lèvres essayaient en vain d'articuler des paroles, elle ne poussait que des clameurs étouffées ; mais ses regards, deux éclairs, montraient l'effrayante agitation de son âme. Elle avait perdu la cape d'indienne sur le sentier de la montagne, et ses cheveux blonds, dénoués par la rapidité de la course, flottaient en désordre sur ses épaules.

— Rosine, au nom du ciel, pas d'éclat, dit le fermier.

Mme Poirson s'approcha, tremblante, et voulut essayer de prendre la main de la jeune femme ; mais celle-ci la foudroya d'un œil si terrible, qu'elle recula d'épouvante. Toutefois, elle murmura d'une voix éteinte :

— Je ne suis pas coupable, Rosine... les apparences sont trompeuses... Revenez à vous, ma chère enfant, revenez à vous!

— Je vous le jure, mon amie, dit Pierre, le motif de cette entrevue se trouve tout-à-fait en dehors des suppositions que vous formez en ce moment.

Rosine éclata.

— Vous les entendez, mon Dieu!... vous les entendez l'un et l'autre... ils osent nier encore! Ils n'ont pas le courage de leur crime. Deux traîtres! deux infâmes!

Sa voix irritée vibrait sur toutes les cordes du désespoir. Il était impossible que le bruit d'une pareille scène n'arrivât point aux oreilles de M. Poirson, car une légère distance séparait de cet endroit du jardin la chambre où il se trouvait alors.

— Partez, éloignez-vous! dit Pierre à Hortense.

Il lui désignait la porte à claire-voie, laissée toute grande ouverte par Rosine, et la femme du notaire s'enfuit rapidement. Tout ceci se passait en un clin-d'œil.

Comme la chose était facile à prévoir, les cris de l'épouse furieuse parvinrent en effet jusqu'à M. Poirson, qui s'empressa d'accourir. Il trouva Rosine dans un état effroyable, s'arrachant les cheveux et se frappant le visage, malgré les efforts du fermier pour arrêter cette crise de désespoir.

— Eh bien, voilà du propre ! dit le brave notaire. Allons, Rosine, allons, êtes-vous folle de meurtrir ainsi vos petites joues et d'arracher ces beaux cheveux dorés ?... Mais enfin, qu'y a-t-il ? on ne se livre pas à un chagrin pareil sans des raisons fort graves.

— Il y a, dit tout-à-coup la fermière avec une résolution fougueuse, que je viens de les surprendre... ici-même... à l'instant !

— Qui donc ?

— Rosine !... Rosine ! cria Pierre.

Son accent eut quelque chose de si impérieux et de si suppliant tout à la fois, que sa femme, le regardant alors avec plus de douleur que de colère, murmura d'une voix faible :

— Oui, vous avez raison... je ne parlerai pas ; mais demain je serai morte !

— Eh bien ! mon ami, dit le notaire à voix basse, conviendrez-vous de la justesse de mon raisonnement de tout à l'heure ? Voici que vous êtes dans vos torts au grand complet ; vous vous êtes laissé surprendre. Justifiez-vous donc après cela ! Tenez, promettez-moi d'être plus sage, et je vais faire en sorte de vous blanchir un peu... Ce sera difficile, enfin j'essaierai toujours.

— Mais, dit Pierre avec inquiétude, vous oubliez que le duel doit avoir lieu...

— A huit heures, interrompit M. Poirson. Voyez ma montre, elle règle le soleil et marque sept heures moins vingt. Toutes réflexions faites, nous avons du temps à nous... laissez-moi vous blanchir !

Il se rapprocha de Rosine, dont le désespoir avait fait place à l'accablement le plus morne.

La malheureuse femme était tombée sur un banc voisin. Ses bras inertes pendaient à ses côtés, son regard était fixe comme le regard d'une folle.

— Allons, allons, pauvre colombe effarouchée! dit le notaire, je ne suis pas un vautour, et ces beaux yeux peuvent me regarder sans crainte. Nous croyons notre mari coupable, n'est-ce pas, nous en sommes bien sûre... Fadaises, Rosine, fadaises! C'est encore un tour de plus que vous joue ce petit volcan que vous portez sur vos épaules... ah! mon Dieu, oui!... J'étais là, moi; depuis quelques minutes à peine je leur avais tourné le dos...

— Quoi! s'écria Rosine, vous ne me trompez pas; vous l'avez vue?

— Parbleu!

— Votre femme?...

— Hein? cria M. Poirson, qui se redressa comme s'il eût été mordu par une couleuvre.

— C'en est fait murmura Pierre.

Il regarda Rosine, dont le visage se couvrit d'une teinte encore plus livide. Elle sentait toute la portée fatale de ces deux mots qui venaient de s'échapper de ses lèvres.

— Ma femme!... disait le pauvre notaire avec un accent de douleur impossible à rendre, c'était Hortense!... oui, n'est-ce pas, c'était bien elle? Parleras-tu, lâche! cria-t-il ensuite, en secouant avec force le bras du fermier.

Dans ce moment, où son honneur se trouvait en jeu, M. Poirson ne se ressemblait plus à lui-même. Il avait grandi d'un pied, son œil lançait des flammes.

— Ecoutez, dit Pierre, quoi qu'il arrive, je suis à vos ordres. Mais je dois vous le dire ici, la main sur la conscience, votre femme est sans reproches.

— Subterfuge, monsieur!... L'innocence lève le front haut et ne craint pas d'être vue. Je n'ai pas besoin de vous dire que je vous attends... que je vous attends sur l'heure!

Et le notaire sortit par la porte du verger.

Rosine frémissante courut se cramponner à son époux, qui se mettait en mesure de suivre M. Poirson.

— Jamais! cria-t-elle, non, je ne dois pas le souffrir; tu ne le battras pas!... Je dirai que j'ai menti, Pierre... Oh! pardonne-moi! pardonne-moi!

— Madame, lui répondit le fermier, vous ne remédierez à rien avec votre repentir tardif. Vous aurez empoisonné la vie d'un honnête homme, causé le déshonneur d'une femme vertueuse... oui, vertueuse, je le jure sur mon âme! — et, si je pouvais trahir un secret qui n'est pas le mien, vous n'auriez pas assez de larmes pour déplorer votre folie. De plus, Rosine, vous aurez à vous reprocher ma mort... car je ne me défendrai pas. L'existence m'est à charge et je n'ai plus à espérer de félicité dans ce monde. Adieu, Rosine! Les premiers jours de notre hymen m'avaient presque fait croire au bonheur... Hélas! vous avez tout brisé, tout flétri!... Restez seule et pleurez sur les ruines de notre amour... Adieu!

La jeune femme poussait des cris déchirants. Il se dégagea de ses mains et s'élança sur les traces du notaire.

M. Thomas, ainsi que l'avait parfaitement deviné le pâtre, ayant dissipé dans les orgies et la débauche la dot entière de Clotilde, voulait à tout prix empêcher un mariage, pour lequel, du reste, son consentement devenait indispensable.

Un autre que le percepteur eût dissimulé son mauvais vouloir, au moyen de ces formes diplomatiques, avec lesquelles on traîne les choses en longueur, tout en n'ôtant rien à l'espérance. Mais Thomas possédait au plus haut degré la résolution brutale et le manque de savoir-vivre des hommes de sa trempe. L'espèce d'impunité qui jusqu'alors avait suivi ses manœuvres contribuait beaucoup à lui donner ce courage du vice et cette effronterie du désordre. Chassé, comme nous l'avons dit, d'une perception beaucoup plus avantageuse, et relégué par un châtiment administratif au fond des Vosges, il ne changea pas de conduite et se borna, quelques mois durant, à jouer l'hypocrisie.

Néanmoins, comme il persévérait dans de folles dépenses à la faveur du manteau provisoire jeté sur ses débauches, et que, d'un autre côté, sa place ne lui offrait que des ressources médiocres, il conçut le projet ignoble de se faire voler en plein jour et devant témoins, afin de s'approprier une somme, qu'il partagerait ensuite avec son complice.

Or, André, qui depuis vingt ans habitait la montagne, en connaissait les plus secrètes profondeurs, les plus sombres détours. Il lui arrivait souvent de se reposer dans les hautes bruyères, au bord d'un précipice, ou adossé contre un sapin gigantesque, sans qu'on pût soupçonner sa présence. Les amants comme les criminels cherchent la solitude et le mystère, de sorte qu'il arrivait au pâtre de faire involontairement les plus étranges découvertes. Le percepteur, avec Jacques Belmat, cet indigne amoureux de Rosine, vinrent s'asseoir à deux pas de lui pour discuter leurs plans détestables. Donc, rien n'était plus simple et plus facile que de les déjouer, ce que fit le pâtre.

Ces bonnes actions avaient un double prix pour André. D'abord elles lui valaient à juste titre les éloges de sa conscience, puis elles rompaient la trop grande uniformité de sa vie.

Lorsque M. Thomas aperçut l'homme qui lui rapportait à domicile le sac d'or volé par Jacques Belmat, son front impudent se couvrit de pâleur. Mais convaincu bientôt de la discrétion du pâtre, voyant que rien ne transpirait de l'aventure et rassuré définitivement par la disparition de son complice, il se rendit à la recette particulière, excita la pitié de son chef par le récit d'un malheur que de nombreuses attestations pouvaient certifier, puis il versa six mille francs à la caisse, jurant que c'était là tout son avoir, et promettant sur l'honneur de payer le reste quand il aurait touché la succession de son père, qui vivait encore.

Cette noble conduite apparente, annoncée en haut lieu, donna presque du repentir au ministère. On regretta d'avoir châtié trop sévèrement pour des peccadilles un homme qui s'exécutait avec une probité si digne de louanges.

Sans que le pâtre pût en avoir le moindre indice, le percepteur gardait quatre beaux mille francs, et ce tour de filou lui donna le moyen de continuer ses nobles exploits.

Le voyage en Provence, ayant eu lieu sur les entrefaites, amena la charmante apparition de Clotilde au hameau.

Dans son pays natal, Thomas eut l'adresse de se donner pour un homme grave, entièrement revenu de ses torts et disposé par tous les moyens possibles à racheter les fautes d'une jeunesse orageuse. On lui confia la tutelle de sa jeune sœur, et il lui fut loisible de disposer de la modeste fortune de Clotilde en même temps que de la sienne. Le jeu dévora bientôt l'une et l'autre. Cependant il cachait avec soin ses pertes, car, sous divers prétextes, il avait reculé le paiement de la somme dont il s'était reconnu redevable vis-à-vis de la recette particulière. Le mariage de sa sœur eût trahi sa ruine, par conséquent il rejeta toutes les demandes qui lui furent faites. En outre, comme Paul, encouragé par la femme du notaire, lui semblait un prétendu beaucoup trop sérieux, il insulta le jeune homme et résolut tout simplement de le tuer, pour se débarrasser de ses poursuites.

Le percepteur avait le sang-froid méprisable du spadassin joint au courage du brigand.

Une seule chose lui donnait de l'inquiétude. Il croyait que Paul était le fils du pâtre, de ce même homme qu'il savait possesseur d'un secret d'opprobre. Les réflexions de M. Thomas à cet égard le conduisirent au raisonnement que voici :

— Que le pâtre seul m'accuse, pensa-t-il, son témoignage est nul. Pour que ce témoignage fût valable, il faudrait que Jacques Belmat vînt l'appuyer de ses aveux, ce qu'il se gardera bien de faire. D'ailleurs, où est-il ? au diable, et peut-être plus loin. Donc j'attaque le pâtre en calomnie, je prouve qu'il est guidé par un sentiment de vengeance. Il a voulu me punir d'avoir refusé la main de Clotilde à son fils... *et cœtera !* Je n'ai rien à craindre.

Après s'être répété pour la dixième fois cet invincible syllogisme, le percepteur envoya chercher ses témoins, deux compagnons d'orgie, qui demeuraient à l'autre bout du hameau.

Ce fut alors qu'il reçut la visite du notaire. Il accueillit fort mal celui-ci, décidé positivement à ne ménager personne. Comme il tenait d'une main ses armes, dont il s'occupait à nettoyer les canons, il montra, de l'autre, la porte à son voisin, et l'aida même à sortir plus vite, en le poussant par les épaules.

Toutefois, après le départ du notaire, il devint pensif. L'amant de Clotilde intéressera nécessairement tout le hameau ; chacun voudra le soustraire au péril. Si l'on réussit, comme la chose est probable, on s'avisera de scruter la conduite du percepteur, on cherchera les véritables raisons qui le font agir.

Un tout autre projet que celui de tuer le maître-clerc prit aussitôt naissance dans la cervelle de M. Thomas.

Sans déposer ses pistolets, il gravit l'escalier qui menait à la chambre de Clotilde. La triste enfant, à l'aspect de son frère, sentit un frisson douloureux courir dans ses veines. Elle avait passé la nuit sur un fauteuil, éperdue, désolée, pleurant toutes les larmes de son cœur.

— Suivez-moi sur-le-champ, mademoiselle, dit M. Thomas d'un ton brusque. J'ai réservé pour ce matin l'explication que vous me demandiez après notre sortie du bal.

— Mon frère... ô mon frère ! pourquoi ces armes ?

— Vous allez le savoir.

Elle descendit frémissante. Le percepteur la conduisit hors de la maison, sous un hangar, au fond duquel se trouvait une plaque de fonte enduite d'une couche noire, espèce de tir qui servait à exercer à domicile le coup d'œil de M. Thomas, et, comme on dit vulgairement, à lui faire la main.

— Clotilde, commença le percepteur, qui chargeait en même temps ses armes avec le flegme le plus atroce, sans paraître s'apercevoir de l'impression cruelle que ces préparatifs causaient à la jeune fille, dites-moi, s'il vous plaît, combien il y a que nous sommes revenus de Provence ?

— Environ six mois, mon frère.

— Vous vous rappelez sans doute que le tribunal de Draguignan m'a confié votre tutelle?

— Oui, murmura la jeune fille, qui n'entrevoyait pas encore le but où conduisaient ces questions.

Thomas prenait son temps et chargeait les pistolets avec une lenteur calculée.

— Dites-moi, Clotilde, quelle somme à peu près croyez-vous que j'aie réalisée par la vente de notre héritage?

— Mon frère...

— Je dis à peu près... y êtes-vous?

— Non, répondit-elle, jamais il ne m'est venu à l'idée de faire ce calcul.

— Bravo! cela prouve un désintéressement qui vous honore, Clotilde. Eh bien, moi, je vais aujourd'hui vous rendre mes comptes et vous poser des chiffres. La maison, vieille et dégradée, n'a produit que dix-huit mille francs; les vignes et les terres, onze mille, — en tout, vingt-neuf mille francs, y compris le résultat de la vente du mobilier, lequel, vous le savez mieux que moi, n'était pas de la première opulence. Il vous revenait pour votre part, Clotilde, quatorze mille cinq cents francs. Ma foi, le magot n'était pas lourd, et vous étiez loin d'être une riche héritière!

— Mais, dit la jeune fille, je ne comprends pas...

— Vous allez comprendre. Je me suis dit : Quatorze mille francs, belle avance! Comment tripler, quadrupler cette somme? car, enfin, j'aime beaucoup ma sœur, et je veux qu'elle épouse un bon parti. Le commerce?... il y a trop de chances de perte, et, du reste, je n'y entends goutte. L'agiotage?... cela demande une mise de fonds considérable. Bah! me suis-je dit alors, qui ne hasarde rien n'a rien! Donc, j'ai joué vos quatorze mille francs; ils courent la prétentaine.

— Vous les avez perdus, mon frère?...

— Morbleu! s'il n'y avait que cela... mais toujours dans votre intérêt, Clotilde, et pour rattraper les fugitifs, j'ai mis sur leur piste mes écus, à moi, sang-Dieu! mes beaux quatorze mille francs, que je lorgnais si bien du coin de l'œil, en leur disant tout bas : Voyons, mes amours, *crescite et multiplicamini*... Tonnerre! disparus également, Clotilde, disparus sans remède, et je n'ai plus de limiers à mettre à leurs trousses.

— Mon frère, dit la jeune fille en joignant ses mains palpitantes, vous avez joué mon héritage, et je vous pardonne... mais ne le tuez pas, au nom du ciel!... épargnez sa vie!

Le percepteur chassait les balles au fond du canon de chaque pistolet.

— J'étais sûr que vous alliez divaguer, Clotilde. Que signifient ces mots : Je vous pardonne?... Vous me pardonnez quoi, ma sœur? d'avoir joué la misérable dot qui vous était destinée?... A merveille! essayez donc de rendre service aux ingrats! Mais c'est moi, Clotilde, qui ne devrais pas vous pardonner... car enfin cette sottise d'exposer ma légitime et de la perdre jusqu'au dernier sou, pour qui l'ai-je faite? n'était-ce pas afin de vous aider à contracter quelque mariage avantageux? Vous figuriez-vous, ma sœur, que je dusse jamais consentir à un hymen, avec ce petit clerc, cet enfant trouvé, ce... gaillard, qui n'a pas même de nom à vous offrir.

— Mon Dieu! protégez-moi! s'écria la jeune fille avec angoisse.

— Dites... pensiez-vous que je dusse jamais permettre cette union déshonorante? Et voici que mademoiselle s'amourache d'un pareil cuistre, sans me consulter... moi, son frère, son tuteur; je la surprends à lui accorder un tête-à-tête. Mon devoir me force à déclarer à ce jeune fat que ses prétentions me semblent ridicules. Là-dessus il me provoque, me frappe au visage, fait plus encore... et me voilà dans l'obligation de jouer mon existence, que je puis très-bien perdre... comme tout le reste.

Il arma l'un des pistolets.

Clotilde ne put retenir un cri perçant, mais le percepteur n'y prit pas garde.

— Heureusement, continua-t-il, ajustant un de ces petits papiers collés sur la plaque, et que les habitués d'un tir appellent *mouche*, — heureusement, mon coup d'œil est toujours aussi sûr... Voyez plutôt ?

M. Thomas pressa la détente et la *mouche* fut enlevée immédiatement.

— Quand je le disais ! cria-t-il avec joie. Mais cette épreuve, Clotilde, vous paraît sans doute insuffisante... A une autre !

Il arma le second pistolet.

Un pauvre moineau-franc, qu'avait effrayé le bruit de la première détonation, s'était enlevé des toits et traversait la cour à tire-d'aile. Thomas l'ajusta ; le coup partit, et l'oiseau, frappé à mort vint tomber aux pieds de Clotilde.

— Très-bien ! fit le percepteur ; comme je suis l'offensé, j'ai le droit de tirer avant lui... Peste ! un homme ne vole pas et présente une autre surface qu'un moineau !

Clotilde se traînait à ses genoux, pâle, éperdue, les yeux inondés de larmes.

— Mon frère ! mon frère ! je renonce à ce mariage... mais grâce ! grâce pour lui !

— Pour mon adversaire... Y songez-vous ?

— Je ne veux pas qu'il meure, je renonce à lui, vous dis-je !... et, s'il le faut, je saurai déclarer à tous..., à lui-même ! que c'est de ma propre volonté que je repousse cette union, que j'ai réfléchi... je vous le promets.

— Clotilde, prenez garde, interrompit M. Thomas ; cette promesse est-elle bien sincère ?

— Je vous le jure...

— Allons, vous êtes une bonne fille, et vous comprenez votre devoir. Donc, vous reprocherez à la femme du notaire de vous avoir induite en erreur ; vous lui direz que vous refusez pour époux un homme qui porte au front la tache honteuse de sa naissance... Les grands mots ! ils ne coûtent rien. Ce motif, vous le comprenez, est assez fort, et, dès que vous parlerez avec conviction... ma foi, l'on ne se donnera pas la peine d'en chercher un autre.

— Assez! murmura la jeune fille, mon cœur se brise... Paul aura le droit de me mépriser; n'importe, je lui sauve la vie.

— Ça, par exemple, vous pouvez vous en flatter, Clotilde! Mais j'y songe, tout à l'heure il s'agira d'esquiver ce duel, et je devrai tout naturellement mettre les pouces. Or, c'est établir un antécédent fâcheux. Mon projet,—tôt ou tard il faudra que je me décide,— est de partir pour l'Amérique, afin d'essayer d'y fixer cette femelle volage qu'on nomme la fortune. Alors, Clotilde, je vous rapporterai... c'est à peu près sûr... une autre dot infiniment plus distinguée que la première. Mais, en attendant ce départ, d'autres prétendus arriveront; il nous en pleuvra des masses, — et, dans le nombre, il y en aura bien quelques-uns, mordieu! qui ne seront pas bâtards. Quelle raison voulez-vous que je leur donne? faudra-t-il avouer que vous n'avez plus un centime, et que moi-même... Jamais! Le duel aura lieu, c'est inévitable; il n'y a pas d'autre moyen d'empêcher les poursuites, et vos amoureux reculeront peut-être, quand ils sauront que j'ai le projet bien arrêté de les mettre tous à l'ombre.

— Abordez plus franchement la question, mon frère, dit Clotilde avec un soupir. Dieu me donnera la force de consommer jusqu'au bout sacrifice. La pauvre fille sans dot ira s'enfermer dans une maison religieuse. C'est le plus court désormais, n'est-ce pas, mon frère? et voilà pourquoi vous me parliez, à tant de reprises différentes, de ce couvent de Carmélites qui vient de se fonder à quelques lieues d'ici.

— Quoi! vous consentiriez...

— Je consens à partir aujourd'hui même; je demanderai l'habit de novice à la supérieure, et, dans un an, je prendrai le voile.... Adieu, Paul, adieu!... maintenant, il ne me sera plus permis de te revoir qu'au ciel.

— Du courage, dit le percepteur. Vite une lettre à Mme Poirson; prouvez-lui que vous agissez sous l'influence de votre libre arbitre. Je vais, de ce pas, préparer la carriole, et nous partirons avant que l'heure de ce maudit duel...

— Un instant! cria tout à coup une voix foudroyante qui fit retourner Thomas et tressaillir la jeune fille.

C'était le pâtre; une servante lui avait ouvert. Caché, depuis dix minutes, à la faveur du pilier du hangar, il assistait à tous les détails de cette scène odieuse.

Il continua sur le ton d'un maître qui commande :

— Vous n'entrerez pas aux Carmélites, mademoiselle ; et vous, monsieur, vous allez sur-le-champ renvoyer votre sœur à celle qui, depuis trois mois, lui a servi de mère.

— En vérité, ce mendiant me donne des ordres! cria Thomas, dont la figure était pourpre de rage.

— Il n'y a point ici de mendiant, dit André, qui écarta sa casaque de peaux de chèvres et découvrit son uniforme. Vous avez devant vous un soldat de l'Empereur, un vieux soldat qui a gagné la croix sur les champs de bataille, et que vous avez insulté dans la personne de son fils... Oh! ne vous précipitez pas sur vos armes! elles sont maintenant inoffensives, et celles que vous voyez là pourraient vous faire repentir d'un outrage.

En même temps, il armait les pistolets d'arçon qu'il avait apportés, et comme la jeune fille jetait un cri d'épouvante, il ajouta :

— Simple mesure de prudence, mademoiselle, n'ayez pas peur.

— Misérable, hurla Thomas, sortez... sortez à l'instant! Vous avez dérobé ce costume; je ne vous connais pas !

André croisa les bras de manière à tourner le canon de ses armes vers la terre ; puis il s'avança lentement jusqu'en face de son ennemi, le regardant avec une étrange expression de pitié méprisante.

— Et tu oses le prendre sur ce ton-là... toi, criminel... en présence de moi, ton juge! murmura-t-il presque à voix basse, afin de n'être pas entendu de Clotilde. Avoue que l'audace est grande, et que, pour ne pas te souffleter, ainsi que l'a fait Paul, j'ai besoin de te connaître et de te mépriser, comme je te connais, comme je te méprise! Oublies-tu le vol de la prairie? Penses-tu qu'en chassant Jacques Belmat du hameau, je n'aie pas conservé par devers moi la preuve de ton crime?

— La preuve... dit Thomas balbutiant, vous ne pouvez l'avoir.

— Ah! oui, tu te l'imagines? Certes, il a fallu que tu fusses bien sûr de l'impunité pour oser prendre vis-à-vis de nous le rôle d'agresseur. Tu vivais dans une aveugle et folle confiance; tu te disais: « Voyez donc ce pâtre, voyez cet imbécile qui fait de la délicatesse avec moi, qui me sauve du bagne, qui ne veut pas me perdre pour une première faute... Ah! ah! c'est par trop risible! Et voici que le bonhomme manifeste des prétentions de marier son fils à ma sœur... Oh! oh! s'imagine-t-il que j'aie le talent de retrouver comme lui des milliers de francs disparus? Non pas, ceci n'entre aucunement dans mes habitudes. En conséquence, je repousserai les prétentions susdites... et qu'ai-je à craindre? Celui qui pouvait être mon accusateur a eu la sottise de se taire; au bout du compte, il n'y a pas de preuves! » Voilà quel était ton raisonnement, n'est-ce pas misérable... Oh! reprends-le, ce nom, car il t'appartient comme celui d'infâme! Avec tout cela, je suis fâché de te détromper. La preuve existe... elle existe, te dis-je, et je vais te la mettre sous les yeux! Mais, ajouta André à haute voix et sur un ton d'ironie, puisque vous prétendez, monsieur le percepteur, que je n'ai pas le droit de vous donner des ordres, — opinion, du reste, dont vous reviendrez bientôt, — suivez mon conseil et renvoyez votre sœur dans la maison du notaire. Plus tard... si vous l'osez, vous serez toujours à même d'aller l'y reprendre une seconde fois.

Il serait impossible de peindre le mélange de crainte et de stupeur furieuse qui se lisait, en ce moment, sur les traits bouleversés de Thomas. La parole du pâtre, tantôt grave et sombre, tantôt incisive et brutale, résonnait à ses oreilles comme le glas funèbre qui tinte sur le chemin du condamné à mort, ou comme le sifflement aigu du fouet qui déchire les membres de l'esclave.

Clotilde se tenait à quelque distance, muette, immobile, n'ayant entendu que les dernières paroles du vieillard et frappée de l'ascendant qu'il semblait exercer sur son frère.

Tout à coup elle vit André se tourner vers elle.

— Mon enfant, dit-il, on vous ordonne de rejoindre votre protectrice, chez laquelle je me charge bientôt de vous renvoyer Paul.

— M. Thomas fit un geste de rage; mais André lui dit froidement :

— Soyez donc assez bon pour confirmer l'ordre?

— Allez, Clotilde... murmura le percepteur.

Le visage de la jeune fille se colora des plus vives nuances. Doit-elle en croire cette voix qui retentit au fond de son âme, obéira-t-elle a ces élans joyeux qui la transportent, est-ce l'espérance qui lui revient avec son riant cortége?

En un clin d'œil elle disparut du logis de son frère.

— A merveille, dit le pâtre, qui jouissait du regard plein de gratitude et d'ivresse qu'avant de partir la pauvre victime venait de laisser tomber sur lui, peut-être enfin réussirai-je à rendre ces enfants heureux!

Il désarma les pistolets d'arçon pour les déposer sur une table brute dressée sous le hangar, et qui portait déjà ceux du percepteur.

Celui-ci ne put réprimer un mouvement de joie, dont André, qui le suivait de l'œil, fit aussitôt la remarque.

— Bah!... tu espères t'en emparer?... L'idée ne manque pas de mérite; car enfin je suis chez toi, je viole ton domicile, et tu pourrais m'assassiner, à la rigueur, sauf à invoquer ensuite le droit de légitime défense... Hum! sais-tu que ce serait le moyen le plus expéditif de me fermer la bouche? Mais je te surveille, entends-tu, je te surveille! Comme, à ton aspect, je sens la colère bouillonner dans mon âme, je ne veux pas garder ces armes à la main. Fais un geste, un seul geste pour t'en rendre maître... et tu verras que le vieux pâtre n'est pas énervé, lui, par la débauche!

Il serra, de son poignet de fer, le bras du percepteur, qu'il obligea soudain de ployer sur ses genoux,

— Relève-toi, si bon te semble, lui dit-il ; mais tu ferais mieux de rester ainsi, car cette posture convient au criminel qui va lire sa condamnation.

Ce disant, il tira de sa poitrine un papier, qu'il se mit à déployer avec lenteur. Il le tint à distance, mais de façon néanmoins que Thomas pût en déchiffrer le contenu.

— Voilà, dit André, les détails les plus minutieux du vol, tes propositions à Jacques Belmat, son acquiescement, le motif que tu exploitais pour le faire agir... et, plus bas, la signature de ton complice... oh! tout est en règle! En le forçant de me restituer le sac d'or et quelques autres petites choses, je pouvais être pris moi-même pour un malhonnête homme ou laisser croire que je m'associais à des bandits, — et, morbleu! je n'étais pas d'humeur à laisser de pareils doutes planer sur ma réputation. J'ai voulu des sûretés, comprends-tu? La précaution était excellente, et j'étais loin de songer à tous les services que ce papier devait me rendre un jour. Suppose qu'il soit lu, toi présent sur la sellette, par un greffier de la cour d'assises ; suppose que j'appuie de mon témoignage cette révélation écrite et que je me trouve soutenu par tous nos montagnards, instruits des honorables antécédents de Jacques Belmat.. Voyons, qu'en dis-tu? Sans doute, on admettrait pour toi des circonstances atténuantes... car enfin tu as rendu la somme entière?

— Je n'ai rendu que six mille francs, murmura le percepteur, dont l'ignoble physionomie réflétait toutes les traces de l'effroi ; je suis redevable encore du reste... Oh! ne me perdez pas, André, ne me perdez pas!

— Voici du nouveau, dit le pâtre, et je suis, par cet aveu plein de franchise, — daigne en recevoir mes félicitations! — beaucoup plus fort que je ne croyais l'être. Ainsi, tu es bien convaincu maintenant que je puis te donner des ordres?

— Parlez... qu'exigez-vous?

— Tu devais avoir le duel avec Paul, c'est avec moi que tu te battras.

Le percepteur, croyant avoir mal entendu, jetait sur le pâtre des regards hébétés.

Oui… cela te semble étrange ? Toi, qui n'as dans l'âme aucune idée noble, aucun sentiment de délicatesse et d'honneur, tu ne t'expliques pas que je mette en œuvre un si grand moyen pour obtenir un si petit résultat… Tu devrais pourtant comprendre qu'il m'est impossible de dire à Paul : Regarde cet homme, dont tu te croirais obligé de rougir déjà, si tu épousais Clotilde : eh bien, c'est plus qu'un débauché, c'est un voleur ! sa place est au bagne ; tu ne lui connais que des vices, il est capable de tous les crimes ; ta jeune femme et toi, vous ne pourriez penser à lui, sans que la honte vous montât au front !… Hein ? t'expliques-tu maintenant pourquoi je garde le silence avec Paul, comme je l'ai gardé devant ta sœur ? Ignorant le degré de bassesse où tu es descendu, mon fils, qui t'a rendu hier outrage pour outrage, exigerait le duel, et je ne veux pas qu'il meure… de ta main, surtout ! Moi, c'est différent… j'envisage les choses à ma manière ; je prends que je vais me battre contre une bête féroce quelconque. Je suis vieux, ma vie n'a pas grande valeur. Si je te tue, — et pour cela je compte un peu sur la justice du ciel, — bon débarras ! Si, au contraire, tu me couches sur le carreau, ma foi ! je passerai l'arme à gauche sous ce même frac que je portais en combattant aux côtés de mon colonel… et que je n'ai pas mis pour te faire honneur, au moins, ne va pas le croire ! J'aurai protégé… mon fils jusqu'au bout, et je mourrai content, puisque Paul épousera Clotilde… Oui, cela t'étonne encore ?… que je sois vainqueur ou que je succombe, il l'épousera. Mais j'entends quelqu'un, dit le pâtre en s'interrompant… Ce sont vos témoins, sans doute, monsieur ? Devant eux, devant tous, je dois avoir l'air de vous respecter… ce n'est pas le plus facile de ma besogne.

En effet, deux individus entraient sous le hangar et venaient serrer la main du percepteur.

Au même instant parut le notaire accompagné de l'époux de Rosine.

La figure de M. Poirson gardait les traces du bouleversement affreux que lui causait l'apparente infidélité d'une femme sur laquelle reposaient, depuis vingt ans, ses affections les plus tendres. Dans la crainte de se trouver en face d'elle, il n'avait pas voulu rentrer chez lui. Quant au fermier, qui ne pouvait trahir le secret d'Hortense, il essayait en vain de la disculper. Ses protestations vagues ne faisaient qu'allumer davantage encore le violent courroux du notaire.

— André, dit celui-ci d'une voix brève, nous allons avoir deux duels au lieu d'un.

— Pourquoi cela? dit le pâtre.

— Chemin faisant vous le saurez.

Ils prirent le chemin de la montagne.

Cependant Paul dormait toujours dans la hutte, grâce au soporifique breuvage qu'André lui avait fait prendre.

Fox, couché près de là, soulevait de temps à autre sa grosse et bonne tête, approchant de l'une des mains du dormeur, pendante au bord de la couche, un museau noir et raboteux comme une truffe du Périgord. Le soleil qui pénétrait par l'étroite lucarne éclairait le visage du jeune homme, et ce visage ne se ressentait plus des chagrins de la veille, il était radieux...

Paul rêvait de sa mère.

Depuis trois grandes heures le pâtre avait quitté la cabane.

Après avoir longtemps combattu l'ennui que lui causait le sommeil trop prolongé de son jeune maître, Fox n'y tint plus et s'efforça par tous les moyens qui étaient en son pouvoir de l'arracher à ce repos indéfini. D'abord il lécha doucement la main de Paul. Reconnaissant ensuite l'inutilité de cette première tentative, il appuya deux pattes sur le bord du lit de fougères et jappa de son mieux à l'oreille du dormeur.

Fox avait la voix rauque et peu mélodieuse d'un chien de montagne. Il y allait du reste à pleins poumons. Bientôt, malgré la puissance du narcotique, Paul ouvrit les yeux et se dressa sur son séant.

Ce fut alors de la part de Fox une joie folle, exprimée par mille gambades et par de nouveaux jappements qu'un ordre impérieux de Paul fit cesser soudain.

D'un bond, le jeune homme s'était élancé hors du lit. Une idée terrible avait promptement secoué chez lui la torpeur du réveil. Il frémit en voyant qu'il faisait grand jour et qu'André n'était plus là. Courant au seuil de la hutte, il cria de toutes ses forces pour appeler le pâtre, qui lui avait promis des armes et qui l'exposait au déshonneur, en manquant à la parole, donnée la veille, de le réveiller au point du jour. Mais les échos du voisinage seuls et les gémissements inquiets de Fox lui répondirent.

Alors, désespéré, presque fou, Paul franchit la barricade et courut vers le pont jeté sur le torrent. Fox, qui le suivait, s'arrêta tout à coup, signalant à sa manière l'approche de quelqu'un.

— C'est lui, c'est André! cria le jeune homme.

Il atteignit en deux sauts l'autre bord du ravin. Là se trouvait le sentier qui descendait à la base de la montagne; mais, en cet endroit, les branches touffues des arbres dérobaient les sinuosités du passage, et Paul fit retentir de nouveau le nom du pâtre. Toutefois, s'il eût observé la conduite de Fox, il aurait vu que le chien restait derrière ses talons avec défiance et par conséquent ne flairait pas son maître.

— Paul! Paul! crièrent plusieurs voix de femmes.

Il suspendit sa course et son cœur battit avec violence, car il avait cru reconnaître ces accents. Moins d'une minute après, Mme Poirson, Clotilde et la fermière arrivaient près de lui.

Nous devons retourner sur nos pas, afin d'expliquer la présence des trois femmes sur le Honneck.

La matinée de ce jour s'était annoncée terrible, et le soleil, à peine au début de sa carrière, avait éclairé bien des larmes. Alors même que l'entrevue de Pierre avec Hortense était troublée par l'apparition subite de M. Poirson, Clotilde subissait les tortures que lui imposait son indigne frère. Et, quand ce fut au tour du percepteur à trembler sous les révélations du pâtre, déjà l'arrivée de

Rosine dans le jardin de la ferme avait fait naître d'autres épouvantes et produit une autre scène de désespoir.

Mme Poirson, comme nos lecteurs se le rappellent sans doute, s'était enfuie précipitamment, très-émue de l'erreur fatale causée sur l'esprit de Rosine par le tête-à-tête avec Pierre, mais ne se doutant pas des suites que cette même erreur allait avoir.

Elle rentra chez elle, et bientôt arriva Clotilde, dont elle reçut les vives caresses.

Ce retour de la jeune fille, de son autre enfant chéri, parut de bon augure à Mme Poirson, d'autant plus qu'elle apprit l'arrivée du pâtre chez le percepteur. Quel pouvait être le but de la visite d'André, sinon l'empêchement de ce triste duel ? Déjà M. Thomas renvoie Clotilde, preuve évidente non-seulement qu'il renonce à se battre avec Paul, mais aussi qu'il se décide à ne plus mettre obstacle à l'hymen projeté. Les choses devaient se présenter de la sorte à l'imagination d'Hortense. hélas ! tout n'était pas fini pour elle !

La porte de sa chambre s'ouvrit et Rosine parut.

Que venait chercher la fermière? Avait-elle le projet d'accabler sa rivale et de lui faire entendre les reproches sanglants que l'indignation met dans la bouche d'une femme outragée ? Non, la douleur de la pauvre jalouse changeait de nature. Elle éprouvait alors des transes plus poignantes, s'il était possible, que celles dont jusque-là son incorrigible passion l'avait rendue victime : elle tremblait pour la vie de son époux. N'avait-elle pas entendu la provocation ? Ces paroles de Pierre : « Vous aurez à vous reprocher ma mort ! » retentissaient à son oreille comme une prophétie lugubre. Quand le fermier se fut arraché violemment de ses mains, elle resta quelque temps muette, atterrée, le regard fixe et la poitrine haletante, ne sachant plus si elle devait croire à la réalité de tant de malheurs ou si elle se trouvait sous l'empire d'un affreux rêve.

Puis tout à coup elle se releva, pâle, tremblante encore, mais résolue. Son mari lui a parlé d'un secret... Or, quel secret s'achète ou se conserve au prix de l'existence ?

Rosine traversa l'intérieur de la ferme, franchit l'esplanade et se trouva bientôt devant la femme du notaire.

Elle dit tout, brièvement, avec ce laconisme de la douleur, qui, d'un mot, d'un geste, éveille un monde de pensées, un cortége de souvenirs; elle eut la force de blâmer sa jalousie; elle conjura Mme Poirson de révéler ce secret funeste, — car, à cette heure solennelle, Pierre n'a pu mentir. Et puis, n'ont-elles pas l'une et l'autre un époux à sauver?

— Oui, courons, dit Hortense : entre deux déshonneurs je dois choisir le véritable !

Mais où sont les adversaires? quel chemin ont-ils pris? Ce chemin on le leur indiqua dans la vallée. Rosine et Mme Poirson s'élancèrent, et Clotilde les suivit, car la servante du percepteur avait annoncé que M. Thomas devait également se battre, — et avec qui se battra-t-il, si ce n'est avec Paul? Nouveau désespoir pour Hortense, nouveau sujet de terreur pour la jeune fille. Celle-ci n'est pas la moins à plaindre. Quels vœux doit-elle former? souhaitera-t-elle que son amant succombe? peut-elle désirer que son frère meure?

Elles atteignirent la base du Honneck et s'arrêtèrent indécises.

Vingt sentiers se croisent sur la montagne, serpentent au milieu des bruyères et montent sous la noire feuillée : lequel de ces chemins faut-il suivre? Le pâtre est descendu seul, Clotilde l'affirme encore. D'ailleurs, aucune d'elles n'a reconnu Paul au sein de la troupe qu'elles ont aperçue de loin. Donc le jeune homme a dû rester à la cabane du gardeur de chèvres. C'est là qu'il attend son ennemi, c'est de ce côté que le percepteur et le reste de la troupe ont dirigé eurs pas.

Dans cette persuasion, elles gravirent le sentier du ravin.

La fermière ne songeait plus au talisman du pâtre. Les craintes que ce dernier s'était efforcé de lui jeter dans l'âme avaient perdu toute leur influence, et Satan lui-même, debout sur la porte de la hutte n'aurait pas empêché Rosine d'en franchir le seuil. Bien qu'elle ne connût pas encore le secret d'Hortense, elle comprenait que Pierre avait dit vrai, que cette femme ne pouvait être coupable. Oh! comme elle jurait de combattre sa folle et imprudente jalousie! comme elle s'accusait elle-même, comme elle pleurait amèrement ses torts! Que son époux échappe au péril, qu'elle puisse le ramener sain et sauf, — et plus de soupçons, plus de doutes injurieux; elle ne croira de sa vie à ces apparences maudites!

Rosine précédait Clotilde et la femme du notaire, écartant les branches résineuses des pins et longeant avec intrépidité le bord du précipice. Ses compagnes imitaient son exemple. Elles allaient arriver au terme de cette rude ascension, quand la voix connue du maître-clerc les fit tressaillir. Chacune d'elles se hâta de répondre aux cris du jeune homme et la rencontre eut lieu.

Tout fut oublié pour un instant... Paul se trouvait en présence de sa mère!

Il lui sembla qu'il la voyait pour la première fois. Sa poitrine bondit, ses yeux se remplirent de larmes, et le regard qui s'échappait au travers de ce voile humide portait avec lui tant d'amour, qu'Hortense ouvrit les bras en s'écriant :

— Tu sais tout!... Viens Paul... mon fils!

— Ma mère... ô ma mère!

Et ces deux amours, ces deux délires vinrent se confondre.

Lui ne songeait plus aux conseils du pâtre; elle, la pauvre femme, qui depuis si longtemps réprimait les élans de sa tendresse, oubliait toutes les mesures que la prudence lui recommandait encore. Après l'aveu qu'elle va faire, son mari peut la chasser du toit conjugal... Oh! n'importe! elle emmènera son fils, elle le proclamera hautement à la face du monde.

— Oui, Clotilde, disait-elle, je serai doublement ta mère!... Voilà mon secret, Rosine!... Oh! le baiser filial m'a donné du courage... Marchons!

— Grand Dieu! s'écria le jeune homme, ce duel... On aura le droit de m'accuser de lâcheté!

— Ce duel? en effet... Ils ne doivent pas être loin... tu les as vus?

— Qui donc?

— Mon mari! cria Rosine, le notaire, le percepteur, André... Miséricorde! ils ont pris un autre chemin!

— Je devine tout, dit Hortense, qui se frappa le front; le dévouement du pâtre n'a jamais failli. Je suis sûre...

— Qu'il a voulu prendre ma place!... oui, n'est-ce pas?... Ciel! mais il faut que je le retrouve... Ils sont ensemble, vous les avez vus?... Fox! ici, Fox!

Le chien s'empressa d'accourir.

— Nous cherchons ton maître, Fox... Entends-tu, bon chien?... Le maître.., là, dans la montagne, quelque part... Il faut nous aider à le retrouver... C'est cela, prends le vent, Fox... Bravo!

Paul le voyait dressant le nez, aspirant l'air avec bruit.

Les trois femmes attendaient palpitantes.

Tout à coup le chien prit sa course au milieu des profondeurs de la forêt.

— Doucement, Fox... doucement! nous voulons te suivre.

Ils se mirent sur les traces de l'excellente bête, qui semblait avancer à coup sûr, et qui se retournait de temps à autre comme pour les encourager à presser la marche.

— Oui, nous sommes là, Fox... Va toujours!... Percepteur maudit! se battre avec un vieillard... Double lâche! c'est de ma main que tu recevras ton châtiment.

— Paul! Paul! dit une voix suppliante.

— Oh! Clotilde, pardon!... Que devenir?... Je ne puis cependant laisser assassiner celui qui est mon second père!

Ils avaient parcouru déjà beaucoup d'espace et l'on ne voyait rien encore. Mais enfin leur guide se retourna pour japper avec triomphe et remuer joyeusement la queue. S'élançant ensuite, rapide comme l'éclair, Fox disparut.

— Nous arrivons! cria le jeune homme. Il va nous annoncer à son maître...

A peine avait-il proféré ces paroles qu'une détonation se fit entendre et réveilla tous les échos de la montagne.

Ce fut un moment de solennelle et terrible angoisse. Ils n'eurent plus la force d'avancer ni l'un ni l'autre. Les femmes tombèrent à genoux en poussant un cri de douleur, et Paul murmura d'une voix desespérée :

— Trop tard... Il est trop tard !. . . . .
. . . .

Plusieurs massifs d'arbres leur dérobaient encore la vue des combattants.

C'était M. Thomas qui venait de tirer sur le pâtre. Les deux autres adversaires ne se trouvaient point en présence ; car, à l'annonce du second duel, André se fit donner des explications immédiates et prit sur lui de tout révéler à M. Poirson, qui pâlit plus d'une fois en écoutant ce récit, le même que le gardeur de chèvres avait fait au fils d'Hortense. Le fermier put expliquer alors le véritable motif du rendez-vous, et M. Poirson lui serra tristement la main.

— Je n'ai rien à lui pardonner, murmura-t-il, car elle est restée loyale épouse... Puis-je l'empêcher d'être bonne et tendre mère?

Le percepteur et ses témoins ayant pris l'avance, se trouvaient déjà sur le lieu fixé pour la rencontre. C'était une espèce de clairière, où le sol n'offrait qu'une pente imperceptible et qui se trouvait entourée de toutes parts d'un sombre rideau de verdure.

On mesura le terrain.

Le pâtre et Thomas furent placés à cinquante pas de distance. Ils devaient marcher l'un sur l'autre et tirer à volonté.

Pierre donna le signal.

Rempli de confiance dans son adresse, le percepteur ajusta le pâtre dès le principe; mais, au moment où il pressait la détente, Fox accourait, haletant, et s'élançait pour caresser son maître.

Le malheureux chien reçut la balle au milieu des flancs. Il tomba raide mort.

— Damnation! cria le percepteur.

— Providence du ciel! dirent le notaire et le fermier.

Deux larmes de regret, deux larmes brûlantes descendirent sur les joues d'André, lorsqu'il aperçut, gisant à ses pieds, le cadavre du vieux et fidèle compagnon de sa solitude. Il s'arracha péniblement à ce spectacle pour marcher, l'arme haute, à la rencontre de Thomas, qui celui-ci le voyait approcher avec terreur.

Le pâtre vint lui appuyer sur le front le canon de son pistolet.

— Arrêtez! crièrent tous à la fois les témoins... ce n'est plus un duel! on ne tue pas un homme ainsi!

— Pourquoi donc?... C'est un plaisir que je veux me donner, messieurs; je ne me suis battu que pour cela, répondit le vieillard.

Clotilde accourait enfin, suivie des deux autres femmes et de Paul. Elle s'écria, d'une voix déchirante, en se précipitant, les bras étendus vers le pâtre:

— Grâce! grâce! André!... c'est mon frère!

— Pauvre enfant!... devant elle... Oh! non, je n'aurai pas ce courage!

Il baissa son arme.

— Tu le vois, dit-il au percepteur, celle que ton odieux égoïsme voulait enterrer dans un cloître demande que j'épargne tes jours... Signeras-tu le consentement que j'exige de toi?

— Oui, répondit Thomas d'une voix faible.

— Tu l'aurais signé tout de même, en supposant que j'eusse reçu la balle que tu m'envoyais en pleine poitrine. M. Poirson devait prendre l'écrit de Belmat et en faire usage, sur ton refus... Je te l'avais, du reste, annoncé tout à l'heure. Mais ce que contient mon pistolet vaut quelque chose?... ta signature une fois donnée, tu partiras pour l'Amérique.

— Je partirai...

— Bon voyage!... Tu conçois que nous regretterons peu ta présence et qu'elle n'est pas nécessaire le moins du monde pour dresser le contrat. Je paierai ta dette à la recette particulière et j'irai moi-même, pour plus de sûreté, t'embarquer au Hâvre. Sur ce, que le diable te soit en aide!...

Il lui tourna brusquement le dos pour ouvrir les bras à Paul et à Clotilde, ajoutant avec une émotion profonde :

— Et que Dieu bénisse votre union, mes enfants !

Rosine, encore frémissante, s'était jeté dans les bras de Pierre, et Mme Poirson s'agenouillait devant son époux, comme une coupable. Le brave homme la releva pour l'embrasser avec tendresse. Il ne lui dit que ces mots :

— Paul sera mon fils !

. . . .

Aujourd'hui tous nos personnages, à l'exception de M. Thomas, qu'on suppose mort de la fièvre jaune, continuent d'habiter le hameau.

M. Poirson recouvra toute sa gaîté, qu'il ne perdit du reste que pendant une heure. La sagesse et la raison lui défendaient de demander compte d'un passé qui ne lui appartenait point encore. Et puis ne devait-il pas à Hortense vingt années d'un tranquille bonheur.

Paul lui a succédé dans sa charge, et Rosine se trouve radicalement guérie de sa passion jalouse.

Vers la fin de l'année 18**, nous traversions pour la seconde fois cette pittoresque région des Vosges, et comme nous demandions des nouvelles du gardeur de chèvres, on nous montra, sur l'esplanade de l'église, un beau vieillard vêtu d'une redingote marron fort propre, et portant le ruban rouge à sa boutonnière. Il était assis à l'ombre d'un gros tilleul et faisait danser sur ses genoux trois diablotins d'enfants, tout joufflus et tout rosés. C'étaient les enfants de Paul et de Clotilde.

Les villageois se découvrent respectueusement en présence de ce vieillard, et l'appellent *monsieur André.*

Le sorcier du Honneck, le pâtre de la montagne, n'existe plus.

FIN D'ANDRÉ LE PATRE.

UNE ACTRICE D'UN JOUR.

UNE ACTRICE D'UN JOUR.

Épinal est une petite ville coquette et gracieuse, que le titre de chef-lieu n'enorgueillit pas le moins du monde.

Semblable tout à la fois à une dryade et à une nymphe des fleuves, elle baigne ses pieds dans les flots de cristal de la Moselle et secoue au-dessus de sa tête une couronne de sapins parfumés Jamais paysages plus enchanteurs, jamais horizons plus radieux ne se réunirent autour d'une même cité pour lui faire une ceinture pittoresque et verdoyante.

A quelques rares exceptions près, les habitants de cet Eldorado paisible ont des mœurs douces et hospitalières que l'égoïsme de la civilisation a respectées jusqu'à ce jour. Les furies de la politique n'osent point y rugir, ou du moins elles cherchent l'ombre et cachent leurs chevelures de serpents.

Gardez-vous de conclure de ce qui précède qu'Epinal n'ait pas marché, comme tout le reste de la France, sur la route du progrès; on y respire seulement un air de tranquille philosophie peu commun à notre époque, et dont il ne faut pas chercher la cause ailleurs que dans l'aspect constant de cette riche et splendide nature.

Néanmoins, vers la fin de mai dernier, le calme habituel de la ville parut tout à coup troublé d'une manière étrange.

La population était en émoi.

Des groupes se formaient dans les rues. On s'abordait, on se questionnait, on se livrait à de grands gestes étonnés; puis on se quittait pour aller dans un autre groupe échanger quelques mots rapides.

A quelle circonstance imprévue devait-on ce bouleversement? D'où provenaient ces rumeurs soudaines? Avait-on reçu de Paris des dépêches alarmantes? Non, certes. D'ailleurs, nous l'avons dit, la politique n'aurait pas eu le pouvoir d'agiter de la sorte nos excellents provinciaux.

Il fallait, du reste, que la nouvelle eût quelque chose d'heureux et d'inattendu, car tous les visages étaient épanouis, toutes les bouches étaient souriantes.

Bientôt de fraîches toilettes de femmes se montrèrent aux jalousies entr'ouvertes, et les hommes coururent mettre leur habit noir.

Mais on va nous soupçonner de poser un logogriphe.

Ne prolongeons pas le mystère, et disons bien vite qu'une immense affiche bleu de ciel était collée à la préfecture, à la mairie et à tous les principaux édifices de l'endroit.

On y lisait en lettres triomphantes :

« ROBERT LE DIABLE.

Et plus bas :

« *A la demande unanime des habitants, Mlle X***, artiste du théâtre de l'Académie impériale de Musique, jouera pour la seconde fois le rôle d'*Alice. »

Voilà tout le secret de l'espèce de révolution qui remuait la ville.

Une de nos délicieuses *diva* parcourait la province, et dans leur enthousiasme pour son merveilleux talent, les amateurs l'avaient étourdie de bravos et comblée de couronnes.

Mlle X*** s'était fait prier, avant de promettre une seconde édition de son triomphe. On l'attendait, disait-elle à Strasbourg.

Déjà sa chaise attelée se tenait devant l'hôtel d'Allemagne, lorsque survint une députation imposante, en tête de laquelle marchait Gaston de Lostanges, ex-lion du boulevard Italien.

Notre charmante voyageuse fut obligé d'écouter un discours où la supplication prenait toutes les formes et s'appuyait de la flatterie la plus insinuante.

Gaston était fort bel homme.

Il vit bientôt que cela ne nuisait point au succès de ses manœuvres oratoires, et son éloquence devint si chaleureuse que Mlle X*** congédia le postillon et fit décharger ses bagages.

Moins d'une demi-heure après, la splendide affiche bleu de ciel rayonnait aux murailles.

Fier du succès qu'il venait d'obtenir, M. de Lostanges descendit de la chambre de la cantatrice et regagna son domicile, appuyé sur le bras d'un grand jeune homme, tout frais émoulu de ses humanités.

C'était son beau-frère.

Il faut dire à nos lecteurs que M. de Lostanges, après une jeunesse fort orageuse, avait fini par se ranger de lui-même. Cette conversion datait de son mariage avec une jeune orpheline, dont le père, Anglais de nation, s'était amassé dans les Vosges une fortune considérable, en appliquant la vapeur au sciage des sapins.

Miss Hannah Melburn passait, à dix lieues à la ronde, pour la jeune fille la plus vertueuse, la plus riche et la plus jolie, trois qualités dont la réunion soulève rarement des obstacles à un contrat de mariage. Une teinte d'originalité dans le caractère, produite par une éducation semi-française et semi-britannique, ajoutait encore un attrait de plus aux nombreux attraits qu'Hannah devait à la nature. Arrivée de Londres au sortir de l'enfance, et mise ensuite dans l'un des premiers pensionnats de la capitale, elle unissait par un heureux mélange les grâces aimables de la Parisienne à la poésie vaporeuse des filles d'Albion.

Depuis cinq années bientôt, M. de Lostanges était l'époux de la charmante Anglaise.

Il avait deux enfants.

— Vite ! cria-t-il, en forçant son beau-frère à activer la marche ; il n'y a pas une minute à perdre. Quatre heures sonnent à l'Hôtel-de-Ville, et ma femme, je le gage, n'aura pas eu l'esprit d'avancer le dîner.... Sais-tu qu'elle est adorable ?

— Oh ! oui ! répondit naïvement Edouard.

C'était le nom du collégien.

— Délirante, mon cher !... un pied de Chinoise, de petits doigts effilés, une bouche mutine, et des yeux !... sans compter qu'elle a de l'esprit comme un lutin.

— Eh ! mais, dit Edouard en riant, on croirait que c'est de la nouveauté pour toi ?

— Sans doute. Il y a six ans, à mon départ de Paris, l'Opéra ne possédait pas cette merveille.

Le jeune homme s'arrêta court.

— Ça, voyons, de qui parlons-nous ? Est-ce de ta femme, ou bien...

— De ma femme ! s'écria Lostanges, se tenant les côtes dans un accès de fou rire. Ah ! ah ! le quiproquo me semble du plus haut comique... De ma femme ?... ce cher ami !... Vraiment il dépasse les dernières limites de la candeur, et je finirai par le faire couronner rosière !... Ça, voyons, quelle idée grotesque as-tu du monde ? Est-ce qu'un mari parle de sa moitié avec cet entrain, avec cette verve ?... Ah ! ah ! mon pauvre Edouard, tu as eu beau naître en France, tu restes toujours aussi... Anglais.

Une douloureuse émotion déchira le cœur du jeune homme ; il s'écria d'une voix émue :

— Gaston !

— Mon Dieu, ne nous fâchons pas ! Oui, je l'avoue, ta sœur a des qualités précieuses, des vertus de ménage ; elle est douce, économe, fidèle épouse et bonne mère... Un jour, on l'écrira sur sa tombe en lettres d'or ; mais, en attendant, vois-tu, c'est quelque chose de très-monotone ; c'est de la félicité domestique, du pot-au-feu !

— Oses-tu bien, dit sévèrement Edouard, professer devant moi de pareils principes?

— Bah! tu en reconnaîtras la justesse avec l'âge? En ce moment, tu as encore toutes les idées fausses dont les pédants de collége t'ont bourré le cerveau. Tu prends modèle sur les patriarches de la Bible, et tu raisonnes comme les bergers de Virgile. Mais, va, je saurai te former, sois sans crainte.

— Merci beaucoup, mon cher! Dussé-je éternellement me voir traiter de niais, je repousse la réforme que tu veux introduire dans mon éducation. Jamais tes principes ne seront les miens: je vais plus loin, si tu les avais énoncés aussi hardiment jadis, on aurait, je crois, hésité davantage à te confier la destinée de ma sœur.

— Diable! diable!... voici qui tourne au sérieux... Comment donc? vous me sermonnez, je crois, et vous avez la prétention de me faire de la morale, monsieur le collégien?

Ils entraient alors sous une avenue du Mail. Au bout de cette avenue se trouvait la maison de Lostanges.

Tous les bourgeois de la ville étaient à leur dîner ou à leur toilette. Il n'y avait pas de promeneurs. Le jeune homme prit les mains de son beau-frère. Ses joues étaient pâles et de grosses larmes roulaient dans ses yeux.

— Gaston, murmura-t-il, j'accepte vis-à-vis de toi l'infériorité que me donne mon âge. Sans doute je n'ai pas le droit de la remontrance; mais tu ne me refuseras pas celui de la prière, et c'est une prière que je vais t'adresser. Gaston, mon ami, mon frère... écoute! Il faut d'abord que je te parle d'un souvenir de mon enfance. J'avais sept ans à peine, lorsqu'une épidémie terrible éclata dans les Vosges. Attaqué le premier, mon père succomba. Mais le fléau n'avait pas assez d'une victime, et trois jours après, ma sœur et moi, nous pleurions sur la tombe de ma mère.

— Là! là!... Pourquoi me conter cette sombre histoire? C'est un enfantillage, dit Lostanges.

— Je te supplie de m'entendre! On nous plaça, tristes orphelins, sous la tutelle d'une vieille tante fort dévote, qui passait toutes ses journées en exercices pieux et nous abandonnait aux caprices de ses domestiques. Hannah, plus âgée que moi et revenue de son pensionnat depuis deux ans, me prodiguait des soins assidus. Son amour fraternel prévenait mes moindres désirs. Elle s'est conduite, non-seulement comme une sœur, mais comme une mère : aussi je l'aime avec ce que j'ai de plus saint et de plus dévoué dans le cœur!... Gaston, je t'en conjure, ne la rends jamais malheureuse !

Semblable à tous les coryphées du cynisme moderne, M. de Lostanges avait des prétentions à une insensibilité complète. Il traitait du haut en bas les principes les plus respectables et insultait à la vertu par son scepticisme railleur.

Mais il n'était pas aussi perverti qu'il essayait de le paraître.

Le discours d'Edouard le toucha vivement. Sa paupière devint humide, le remords se glissa sous la cuirasse factice dont il s'enveloppait le cœur, et son esprit envisagea sûrement alors comme un crime l'idée de sacrifier à une affection coupable ses devoirs d'époux et de père. Il pressa la main du jeune homme, et celui-ci put comprendre qu'il n'avait pas vainement évoqué chez Gaston les sentiments généreux.

Au bout d'une minute de marche, ils sonnèrent à la grille d'une fort jolie maison, cachée comme un nid d'oiseau sous les ombrages et les fleurs.

Deux enfants mignons accoururent se jeter dans les bras de Lostanges. Ils lui firent mille caresses ; puis ils le conduisirent dans le salon, où Mme de Lostanges attendait.

Le petit beau-frère alla s'asseoir au fond d'un berceau du parc, Il ne voulait pas troubler par sa présence les épanchements des époux.

Hélas! quand des nuées ténébreuses se sont lentement amassées sur le bonheur conjugal, il est bien rare qu'elles se dissipent au premier rayon de soleil! Il faut que la nuée crève, que l'orage éclate, et, si le calme doit renaître, on ne peut en jouir qu'après les désordres et les bouleversements de la tempête.

Hannah Melburn avait épousé depuis cinq ans Gaston de Lostanges.

Les femmes, par un bizarre entraînement de leur caractère, accordent volontiers la préférence aux hommes qui ont eu le plus de succès en amour. Tranchons le mot, elles éprouvent pour les mauvais sujets un attrait véritable. Les jeunes filles elles-mêmes ne sont pas exemptes de la loi commune, preuve évidente que leur sympathie pour ces amoureux universels ne doit pas être attribuée à la démoralisation, mais à l'amour-propre. Elles regardent comme un triomphe d'enchaîner une nature volage, et de reprendre en détail le cœur de ces messieurs, étalé çà et là par lambeaux à tous les angles de la passion.

Hannah était belle, douce, aimante.

M. de Lostanges devait nécessairement oublier à ses genoux jusqu'au souvenir des folles amours. Les chastes transports de cette gracieuse enfant lui rajeunissaient l'âme et ramenaient une à une ses illusions envolées.

Six mois s'écoulèrent, six mois d'ivresse et de bonheur sans nuage.

Puis tout à coup la jeune femme crut s'apercevoir que son mari n'était plus aussi empressé vis à vis d'elle. En effet, ce dernier sentait l'ennui se glisser au milieu du tête-à-tête. Cette félicité constante, ce perpétuel rayon d'amour et de joie commençaient à lui causer de la fatigue.

A partir de ce moment, il chercha des distractions au dehors.

Mme de Lostanges s'étonna, mais ne s'affligea point. Elle ne pouvait croire que l'indifférence succédât à tant d'amour. D'ailleurs, les douces préoccupations de la maternité vinrent bientôt remplir sa vie et rendre moins sensible le changement de Gaston à son égard.

Chaque jour amenait sur le front de Lostanges de nouveaux ennuis, chaque jour révélait chez Hannah des trésors d'angélique patience. L'inquiétude avait fini par la saisir ; mais elle cachait avec soin ses angoisses et dévorait ses pleurs. Quand elle voyait le front de son époux se charger de tristesse et son regard devenir morne, elle allait prendre ses enfants pour les déposer sur les genoux de Gaston. Elle instruisait ces deux anges blonds et roses à lui bégayer à chaque minute un mot plus tendre, à lui faire une plus délicieuse caresse. Mais elle ne ramenait pas toujours la sérénité sur ce visage sombre, et souvent, en réponse à ses douces avances, elle n'obtenait qu'une parole brusque, un geste brutal.

Une fois le premier enivrement passé, M. de Lostanges s'était pris à secouer avec humeur la chaîne de l'hymen et à regretter son existence d'autrefois, son métier d'homme à conquêtes.

Ce charme intime du ménage, ce bonheur à deux finirent par lui paraître d'une monotonie désespérante. Quelques traits perfides lancés de temps à autre par d'anciens compagnons de débauche achevèrent d'imposer silence aux conseils que lui dictait un reste de pudeur. Il déserta sa maison, renoua de dangereuses amitiés, et se livra, sous prétexte de ressaisir son indépendance, aux fantaisies les plus excentriques et les moins permises.

Quand un homme est aimable, le monde devient indulgent. Il ne s'inquiète pas si le plaisir que cet homme lui procure est payé, non loin de là, par le désespoir et les pleurs.

Mme de Lostanges apprit enfin que Gaston, si maussade auprès d'elle, faisait les délices de certains cercles de la ville, où l'on ne jugeait pas convenable de la recevoir.

Un instant elle crut qu'elle allait mourir.

L'épreuve était trop forte pour cette délicate et frêle nature de femme, toute de dévoûment et d'amour. Néanmoins elle surmonta sa douleur. La fierté prit le dessus chez elle, et Gaston n'essuya pas un reproche, n'entendit pas une plainte.

Il est vrai que la jalousie n'avait pas encore glissé son venin jusqu'au cœur d'Hannah. M. de Lostanges ne l'aimait plus, mais l'idée qu'il pût en aimer une autre ne s'était point encore présentée à l'imagination de la jeune femme.

Dans une petite ville rien ne s'ignore, et l'on déchire bien vite le voile d'une intrigue.

Aucune rumeur inquiétante n'était parvenue aux oreilles de l'épouse, donc l'époux ne peut être accusé que d'indifférence; puisqu'il n'est pas infidèle, il est possible de le ramener encore.

Cette idée rendit presque le bonheur à Mme de Lostanges.

Dès ce jour, elle devint coquette et déploya, pour vaincre la noire humeur de Gaston, les ressources de la diplomatie féminine la plus adroite et la mieux combinée. Sa voix, son regard, tout en elle prit un air de suave langueur et de fine câlinerie, dont le charme pour tout autre eût été vraiment irrésistible.

Mais M. de Lostanges ne parut pas seulement s'en apercevoir.

Hannah eut besoin de tout son courage pour lutter contre cette brutale insouciance. Elle y mit tant d'abnégation, tant de douceur et tant d'amour, qu'elle réussit presque à fondre la couche de glace qui recouvrait l'âme de son mari.

Gaston retrouva près d'elle quelques élans de tendresse; elle en profita pour remporter de nouvelles victoires.

M. de Lostanges n'allait plus dans le monde sans sa femme; elle l'accompagnait partout, à la promenade, au théâtre, et se livrait à des étonnements naïfs, lorsque parfois Gaston secouait avec colère la chaîne rivée de nouveau à son pied.

Il entrait dans le rôle de la jeune femme de ne pas comprendre ces révoltes, et jamais elle ne donnait prise à la moindre explication.

Mais, hélas! en dépit de tous ses efforts et malgré les habiles manœuvres que lui suggérait son amour, la pauvre enfant allait subir le coup le plus fatal et le plus imprévu.

Elle assistait, la veille, avec M. de Lostanges, à la représentation de *Robert-le-Diable*.

Mademoiselle X..., la célèbre *diva*, ne se faisait pas seulement remarquer par son talent musical, elle était d'une beauté fort dangereuse, et nous devons lui rendre cette justice que, devant la rampe, elle manœuvrait aussi habilement de la prunelle que du gosier.

Distinguant M. de Lostanges à une loge d'avant-scène, elle dirigea contre lui l'artillerie de son regard, et Gaston, comme on le devine, fut bientôt incendié des pieds à la tête. Sans respect pour Hannah, que cet impudent manége mettait à la torture, il répondait aux œillades de l'actrice. Chacun put le voir se pencher sur la balustrade et applaudir avec frénésie.

A la fin d'un morceau du quatrième acte, entre Alice et Robert, il poussa l'oubli de lui-même et des convenances jusqu'à prendre le bouquet de sa femme pour le jeter aux pieds de la *diva*.

C'était le comble de l'impudeur.

On murmura hautement dans la salle ; tous les regards se tournèrent avec intérêt vers Mme de Lostanges. Un instant on crut qu'elle allait s'évanouir ; mais, faisant appel à toute sa force d'âme, elle ouvrit la porte de la loge et disparut, sans que son mari daignât lui adresser une parole pour mettre obstacle à sa retraite.

De retour chez elle, la malheureuse femme pleura toutes les larmes de son cœur.

Voilà donc le résultat de son inaltérable patience! On l'offense publiquement, on l'outrage sans honte, on ose la sacrifier à une fille de théâtre!

D'où proviennent chez son mari cet entraînement fatal, ce délire insensé? Attribuera-t-on aux charmes de la cantatrice le vertige qui le saisit? mais rendez à Mme de Lostanges le repos et la joie, nulle autre ne pourra lutter avec elle de gentillesse et de grâce. Alors, par quoi Gaston s'est-il laissé séduire? par le talent de cette créature? mais l'œuvre sublime de Meyerbeer, qu'il accueille aujourd'hui avec des bravos enthousiastes, sa femme, hier encore, lui en déroulait toutes les richesses musicales, sans qu'il eût daigné seulement lui adresser une félicitation ou un sourire.

Elle aussi, cependant, possède une voix de soprano, pure, suave, éclatante; elle vocalise avec art et s'accompagne avec une science parfaite.

La conduite de Lostanges ne s'explique donc pas autrement que par ce dévergondage de mœurs et cette démoralisation honteuse qui portent certains hommes vers les Phrynés de coulisse. Il y avait de quoi mourir de désespoir.

Gaston, l'opéra terminé, courut, avec tous ses amis, féliciter Mlle X... dans sa loge.

Une dernière œillade, décochée à bout portant, acheva de lui embraser le cœur. Il rentra chez lui, la tête perdue, en proie à la passion la plus violente et décidé à la satisfaire, dût-il pour cela marcher à pieds joints sur toutes les considérations et les bienséances.

Il passa la nuit à caresser ce rêve coupable, et le lendemain, sans même avoir une pensée pour sa triste compagne, que la scène de la veille avait anéantie, il envoya porter à Mlle X... les propositions écrites les plus nettes et les plus précises.

La diva jouait serré.

Comprenant qu'un peu de résistance nouerait davantage encore les mailles du réseau dans lequel était venu tomber Gaston, elle répondit qu'il lui était impossible d'accepter ses offres. Le temps lui manquait, disait-elle, et sa chaise de poste devait rouler avant une heure sur la route de Strasbourg.

Il en fallait beaucoup moins pour monter la tête de Lostanges au diapason de la folie.

Sans plus de retard, il se mit à rédiger un second poulet beaucoup plus brûlant que le premier, courut chez un juif des faubourgs et lui paya d'un prix énorme un écrin, que, deux jours auparavant, il avait refusé d'acheter à Mme de Lostanges. Réunissant ensuite au cercle tous les dilettanti d'Épinal, il les engagea vivement à le suivre à l'hôtel d'Allemagne, où il obtint le succès oratoire que nous savons.

Avant de sortir avec son beau-frère, il déposa la seconde lettre et l'écrin sur la cheminée de l'actrice.

Les choses en étaient à ce point, lorsque la voix d'Édouard éveilla le remords chez Lostanges. Le touchant et simple récit du jeune homme, son affection pour sa sœur, la prière qu'il fit à Gaston de ne pas rendre Hannah malheureuse, tout bouleversa profondément le coupable époux.

Peut-être jusqu'à ce jour Mme de Lostanges avait-elle eu tort de mêler autant d'orgueil à sa tristesse et de ne pas essayer de faire vibrer chez Gaston la corde de la sensibilité.

Beaucoup de maris qui marchent intrépidement dans le sentier du désordre, parce qu'ils supposent leurs femmes indifférentes ou aveugles, s'arrêteraient devant le reproche ou la plainte. Hannah ayant caché ses pleurs et dissimulé ses angoisses, Lostanges s'était endurci de toutes les récriminations qu'on lui avait épargnées, de tout le silence qu'on avait gardé sur ses torts.

Maintenant, la jeune épouse n'en est plus aux larmes et aux soupirs; elle a usé dans le secret de sa douleur les cordes précieuses qui pourraient aujourd'hui résonner pour la réconciliation.

Lostanges vient de paraître devant elle, l'œil ému, l'âme repentante.

Elle ne s'aperçoit pas de sa confusion, elle ne devine pas le remords qui le tient au cœur. Après avoir interrogé les domestiques, elle a fait espionner depuis le matin toutes les démarches du coupable. S'abaissera-t-elle à la prière, tombera-t-elle suppliante aux genoux de cet homme? Non! ce serait sacrifier lâchement ses droits de femme légitime, ce serait avilir sa dignité de mère.

Voyant entrer Gaston, elle sonna de toutes ses forces.

Une femme de chambre parut.

— Qu'on emmène les enfants! dit Hannah d'une voix brève.

Puis, restée seule avec son mari :

— Monsieur, murmura-t-elle, le regard fixe et les lèvres frémissantes, vous venez sans doute me faire connaître votre dernier mot et la décision que vous avez prise sur mon sort?

— Permettez, dit Lostanges, très-pâle....

— Oh! je sais tout!... Ne craignez pas que je vous dissuade de vos projets. Il y a des passions dont il est impossible d'être jalouse, la vôtre est du nombre. Chez moi la fierté impose silence à la plainte, comme le mépris et le dégoût me sauvent de la colère.

— Assez! pas un mot de plus! cria Gaston, qui frappa du pied avec violence.

— Eh! monsieur, j'ai déjà eu l'honneur de vous demander si je devais vous laisser le champ libre?

— Ah! vous le prenez ainsi, madame... soit! répondit Lostanges furieux : le sort en est jeté!

Et cet homme, ému l'instant d'auparavant d'un repentir véritable, cet homme prêt à s'humilier et à demander grâce, monta sur les hauteurs de son orgueil pour repousser le blâme qu'il eût accepté sous toute autre forme et avec des ménagements dont par malheur sa victime n'était plus susceptible.

Rendu fatalement à ses mauvais instincts. M. de Lostanges accepta la situation dans ce qu'elle avait de plus étrange et de plus odieux.

Il osa tenter la justification de sa conduite, appuyant cette justification de sophismes pleins d'insolence.

— Par la corbleu! s'écria-t-il, vous me la donnez belle, avec vos mines tragiques et vos allures de reine outragée! Que diable, ma chère, on ne condamnera jamais un mari à roucouler éternellement sur la même note; ce serait absurde! Une femme qui sait son monde, une femme d'esprit, ferme les yeux et n'exagère pas les conséquences d'un caprice.

Mme de Lostanges fut écrasée par cet ignoble cynisme; son courage l'abandonna au premier choc.

— Pitié! vous me brisez le cœur! balbutia-t-elle, en joignant les mains avec angoisse.

— A merveille! vous avez assez de l'insulte, il vous plaît de changer de rôle. Malheureusement toutes ces péripéties de ménage tombent à faux et ne m'impressionnent pas le moins du monde. Continuez d'embellir ces lieux de votre présence, madame, c'est à moi de vous laisser le champ libre.

— Gaston, je vous en conjure.... désavouez ce cruel discours! Quel crime ai-je commis? quel tort avez-vous à me reprocher?

mon cœur n'a-t-il pas toujours été pour vous plein de dévouement et de tendresse?... Pardonnez-moi l'aigreur de mes premières paroles... Gaston! ne repoussez pas la mère de vos enfants!...

Elle venait de tomber à genoux et de saisir la main de Lostanges.

Cette main fut bientôt baignée de larmes, et le coupable époux détourna la tête pour cacher son trouble.

— Oh! répondez-moi!... mon ami, répondez-moi!... Il est impossible que je sois punie pour vous avoir trop aimé!

La pauvre femme éclatait en sanglots.

M. de Lostanges était sur le point de se rendre; le remords criait en lui, sa paupière devenait humide. Il allait relever Hannah, sécher ses pleurs et lui demander pardon, quand tout à coup parut un domestique, apportant une lettre.

C'était la réponse de Mlle X***; elle priait Gaston de venir partager son dîner.

Le malheureux étouffa le dernier cri de sa conscience. Hannah, folle de douleur, se traînait toujours à ses genoux. Il la repoussa durement et sortit.

Quelques heures plus tard, à la fin de la seconde représentation de *Robert-le-Diable*, M. de Lostanges courait avec la cantatrice sur le chemin de Strasbourg.

Le scandale fut effrayant.

Il n'y eut dans toute la ville qu'un cri de réprobation contre l'homme qui venait de se conduire avec cette indécence et cette lâcheté. Chacun voulut consoler la victime d'un aussi cruel abandon; mais Hannah ferma sa porte et s'épargna des visites que la curiosité lui amenait, beaucoup plus peut-être que la sympathie.

Du reste, elle n'avait pas de sentiment de haine pour le coupable.

Une fois le premier accès de désespoir passé, Mme de Lostanges fit un retour sur elle-même et s'accusa d'avoir provoqué par des paroles méprisantes la fuite de son époux. En lui racontant la scène du Mail, le jeune collégien acheva de la convaincre que Lostanges était susceptible de repentir, et qu'elle avait maladroitement heurté par le reproche et le blâme un cœur tout prêt à se soumettre et à revenir à elle.

Les femmes seules ont de ces inappréciables trésors de miséricorde et d'indulgence.

Envisageant les choses de la sorte, l'épouse délaissée finit par se croire plus répréhensible que le fugitif, ce qui augmenta de beaucoup l'amertume de son chagrin.

Bientôt, néanmoins, le bruit circula dans Epinal que Mme de Lostanges avait séché ses pleurs. Elle acceptait, disait-on, son veuvage forcé avec une philosophie plus qu'exemplaire. On espérait la voir reparaître dans le monde, ou du moins on comptait que les visites ne seraient plus repoussées par elle avec autant de rigueur.

On se trompait. La jeune femme continua de défendre l'approche de sa solitude.

Elle habitait pendant l'été un fort joli pavillon, bâti à l'extrémité de son parc.

Là, perdue comme une fauvette sous l'ombrage, elle étonnait tous les échos d'alentours par des roulades continues et une mélodie incessante. Son piano envoyait au travers de la feuillée mille triolets joyeux, et jetait sur les ailes de la brise d'éternelles cadences.

Tant enfin que la première opinion des habitants d'Epinal se modifia singulièrement.

— Pauvre femme ! pensèrent-ils, nous aurions dû le deviner plus vite : elle est folle !

Cependant, trois mois se sont écoulés depuis le scandaleux départ de Gaston. Qu'est devenu le volage époux ? Faut-il dire ses pérégrinations insensées au travers de l'Europe, à la suite de cette éblouissante diva, pour les charmes de laquelle il a tout sacrifié, son épouse, ses enfants, l'amitié de sa famille et l'estime publique ?

Hélas ! les illusions de M. de Lostanges ne devaient pas être de longue durée.

Mlle X*** donna quelques représentations à Strasbourg et se livra, par habitude, à ces œillades provocatrices qui ne manquaient jamais de lui attirer des couronnes ou des cœurs.

Cinq ou six gros papillons alsaciens se laissèrent prendre au jeu de ses prunelles. Ils se seraient approchés infiniment trop près de l'astre, si Gaston n'y eût apporté la plus stricte surveillance.

Furieux de la légèreté de son idole, il lui adressa quelques observations assez brusques.

On lui partit au nez d'un retentissant éclat de rire, et l'on s'écria :

— Sur l'honneur vous êtes fou, mon cher! Est-ce que votre ancien métier de mari vous a gâté le sens? Pensez-vous que j'accepte jamais une chaîne?... par exemple!... Tra la, la, la, la, tra la, la, la, la!

Tyrans, descendez au cercueil!!!

Hein?... ne trouvez-vous pas que je réussis dans les notes basses? J'ai envie de chanter les rôles de Levasseur!

Mlle X*** éclata de rire de nouveau, flagella doucement de ses doigts roses les joues de Gaston et ajouta :

— Voulez-vous prendre un air plus gracieux!... De la jalousie... Fi donc!... vous n'êtes pas à la hauteur des idées artistiques, mon cher!

Lostanges jugea convenable de terminer là cette querelle.

Deux jours après, les œillades recommençaient plus vives à Francfort. Heureusement on ne fit pas long séjour dans cette ville ; mais, avant la fin de la semaine, et dans les coulisses du théâtre de Berlin, les hommages d'un petit conseiller blond furent accueillis par des menées si encourageantes que Gaston furieux provoqua son rival et reçut un coup d'épée en pleine poitrine.

La cantatrice ne pouvait décemment attendre que cette blessure fût guérie.

Elle se dirigea vers Moscou, emmenant par distraction dans sa chaise de poste le petit conseiller de Berlin, qui occupait la place de Lostanges.

Gaston faillit périr, moins de sa blessure que de l'accès de rage dont il fut saisi à la nouvelle de cette fuite audacieuse.

Il passa quinze jours dans son lit, à formuler les plus terribles serments de vengeance. Enfin la locomotion lui fut permise. Il acheta une berline, et courut à grandes guides sur le chemin de Moscou.

Mais déjà mademoiselle X... avait quitté la ville sainte et le conseiller blond, pour suivre en Autriche un opulent boyard, qui jetait les roubles par milliers au devant de chaque caprice et se faisait aimer au poids de l'or. Gaston jura de tuer ce Crésus hyperboréen; mais il apprit que la dame l'avait abandonné au bord du Danube, et s'était ensuite portée sur Venise, en compagnie d'un Anglais beaucoup plus aimable que le boyard au point de vue métalique : il prononçait *guinées* partout où l'autre disait *roubles*, et agissait en conséquence.

Peu importait à Gaston de se venger sur un sujet du czar ou sur un fils de la Grande-Bretagne.

Il arriva à Venise à onze heures du soir.

Sa perfide maîtresse jouait dans la magnifique salle de la *Fenice*. Il y courut tout poudreux; mais la représentation était finie, le théâtre fermait ses portes. Lostanges manqua de quelques secondes l'Anglais et la cantatrice. On lui indiqua le chemin qu'ils devaient suivre pour regagner leur hôtel ; il put les rejoindre sur le pont Rialto, et commença l'explication par briser les glaces du carrosse.

— Goddem ! s'écria l'Anglais, qui descendit et retroussa gravement ses manches.

C'était le boxeur le plus intrépide de Londres et des trois royaumes. Il se mit au plus vite à exercer sa science sur les épaules de son adversaire. En vain Gaston se récria contre l'absurdité de ce duel britannique. Milord n'entendait pas un mot de français. Quant à Mlle X..., elle trouvait la rencontre originale et riait de tout cœur.

Le malencontreux jaloux fut littéralement assommé par un grêle de coups de poings, distribués avec la conscience la plus scrupuleuse et l'art le plus parfait.

Milord s'approcha de son adversaire, étendu sans mouvement sur le pavé de marbre du pont Rialto, et dit froidement à deux grands laquais juchés derrière sa voiture :

— *It è dead... At the water!* Il est mort... A l'eau !

Les domestiques se mirent en devoir d'obéir à cet ordre. Ils soulevèrent Gaston, et le précipitèrent par dessus le parapet dans les flots de l'Adriatique, sans égard aux cris de Mlle X..., qui commençait à trouver la plaisanterie un peu forcée.

Heureusement la fraîcheur de l'eau rendit au pauvre vaincu l'usage de ses sens.

D'une gondole voisine on le vit se débattre, et l'on accourut à son aide, juste assez à temps pour empêcher son histoire de finir au fond des lagunes.

Or, ceci se passait dans les premiers jours d'août, et Lostanges fut aussi lent à se guérir des coups de poings de l'Anglais que de la blessure dont l'avait gratifié le petit conseiller blond.

Décidément, il jouait une partie folle et malheureuse.

Il comprit que, s'il voulait égorger tour-à-tour les adorateurs de la diva, ce serait, à part la liste des mécomptes, une besogne par trop fatigante et qui le mettrait en guerre éternelle avec toutes les nations et tous les peuples.

Ces réflexions fort sages le décidèrent à regagner la France.

Mais il était loin d'y être ramené par la honte de ses désordres, et l'idée ne lui vint pas de demander le pardon de sa femme. Il essaya de se consoler à Paris avec d'autres héroïnes de coulisses et continua de jeter dans le gouffre de la débauche sa fortune et l'héritage de ses enfants.

En moins de trois mois Lostanges avait dépensé cinquante mille écus.

Il était, un beau soir, en train d'écrire à son banquier pour lui demander un nouvel envoi de fonds, lorsqu'il se sentit frapper sur l'épaule, et reconnut un personnage qui venait d'entrer sans se faire annoncer.

Lostanges devint très-pâle. Il se leva précipitamment de son fauteuil.

— Édouard! s'écria-t-il.

— Moi-même, répondit avec un sourire le jeune provincial. Ah! çà, mort diable, est-ce qu'il y a dans ma physionomie quelque chose de la tête de Méduse?... Ta main, mon cher!... Sois tranquille, je ne viens pas en censeur : foin de la morale, et vive la joie!... Sais-tu que je me suis donné un mal inouï pour avoir ton adresse?

Gaston n'était pas encore revenu de sa surprise. Il avait la mine honteuse et déconfite d'un renard pris au piége; ce fut avec une hésitation visible qu'il pressa la main de son beau-frère.

— Peste! quel accueil!... On dirait, Dieu me pardonne, que tu es fâché de me voir. Est-ce que je te dérange?... Attendrais-tu par hasard quelque visite mystérieuse?... Ne te gêne pas, mon cher, il faut me renvoyer.

— Non, non, reste! dit Lostanges, rassuré par l'air de franchise du jeune homme, et très-intrigué de lui voir de pareilles allures.

— A la bonne heure, ton visage s'éclaircit. Je me figurais... Dame! après tout, c'eût été fort simple; tu pouvais me garder rancune.

— Rancune... et de quoi?

— Parbleu! du sermon stupide que je t'ai jadis débité sous le Mail. Etais-je bête?... Ah! ah! ah!... Mais je me suis déniaisé lestement. J'avais des dispositions admirables... Tiens, regarde!

Edouard pirouetta plusieurs fois sur lui-même, étalant aux yeux de Gaston une toilette sans reproche, et se donnant des mines de dandy tout-à-fait de bon aloi.

— Hein! mon cher? on n'est plus ce petit grimaud de collégien, à la tournure grotesque, aux idées patriarcales? Nous avons du monde et de l'expérience.

Est-ce que tu arrives d'Épinal? demanda Gaston d'une voix qu'il s'efforçait de rendre calme.

— D'Épinal, tu plaisantes! J'ai eu soin de me faire émanciper par mon tuteur, et j'ai pris ma volée presque en même temps que toi. Là-bas, on se figure que je suis les cours de la Faculté de médecine... Ah! ah! Dieu m'en préserve! ne serait-ce pas de la duperie, et ne vaut-il pas mieux manger gaîment et largement quinze belles mille livres de rentes, sauf à prélever plus tard sur le capital? J'ai deux chevaux et trois rats pur sang, une petite maison divine rue Saint-Lazare, et ma loge à l'Académie impériale de musique. Mais au fait, j'y songe... il y a, ce soir, un début dans *la Juive*... une femme céleste, un talent hors ligne!

— Ah! fit Lostanges, entièrement remis de sa première inquiétude, et ne craignant plus de trouver chez Edouard le Caton maussade et grondeur d'autrefois... tu la connais?

— Beaucoup; c'est une de mes amies intimes. Je la protége.

— Oh! oh! ceci devient très-grave, monsieur le protecteur.

— Je te devine... Eh bien! non là... parole sacrée... tu t'abuses complètement. C'est une amie, une bonne et sincère amie... rien de plus, je t'assure. Qui t'empêche de me suivre au théâtre? Le spectacle fini, nous pourrons souper avec la débutante, et tu verras en quels termes elle est avec moi.

— Va pour le souper! dit Gaston, qui jeta sa robe de chambre et passa vivement un gilet et un habit.

Ils sortirent ensemble.

Le cabriolet d'Edouard brûla le pavé jusqu'au péristyle de l'Opéra.

Une foule immense encombrait la salle. On pouvait admirer sur le triple rang des loges une infinité de toilettes ravissantes, les pierreries étincelaient partout comme des myriades d'étoiles.

— Allons au balcon, dit Edouard; il est probable que l'un ou l'autre de mes *pur-sang* aura disposé de ma loge.

On avait déjà joué trois actes.

La toile était baissée. Tous les spectateurs s'entretenaient du talent de la débutante, et les nouveaux venus entendirent dans leur voisinage le concert d'éloges le plus unanime et le plus pompeux.

— Chut!... Le rideau se lève. Tu vas juger, mon cher, du mérite de ma protégée.

Le quatrième acte de la *Juive* commence par un duo plein d'émotion et de larmes entre Rachel et la nièce de l'empereur ; la débutante jouait le rôle de Rachel.

— Eh mais!. quelle mouche te pique? dit Édouard, voyant Gaston tressaillir et s'agiter dans sa stalle.

M. de Lostanges ne répondit pas.

Il se leva, l'œil égaré, le front pâle, se pencha vivement du côté de la scène, et se montra sourd aux réclamations de ses voisins, qui se plaignaient avec raison de ne plus voir le spectacle.

— En vérité tu es absurde, lui dit son beau-frère. Demeure en place, ou sors!

Gaston se rassit et pressa convulsivement la main d'Édouard.

— Cette femme, murmura-t-il, regarde cette femme?...

Il désignait la débutante.

— Eh! morbleu, sois donc plus sobre de gestes!... Je la vois bien cette femme, je ne suis pas aveugle.

— Mon Dieu! mon Dieu! c'est une hallucination, c'est un rêve!

— Qu'est-ce que tu dis?

— Ne trouves-tu pas qu'elle ressemble.... à ta sœur.

— Heu!... c'est selon. Oui, en effet.... il y a de faux airs. Mais, je t'en prie, ne l'agite pas de la sorte. Deux cents lorgnettes sont braquées sur nous, et tu vas nous faire prendre pour des gardes nationaux de la rue aux Ours.

Gaston essaya de recouvrer du calme.

En ce moment la voix de la juive éclatait, solennelle et vibrante. Elle chantait ces deux vers :

> Pas coupable!... sais-tu qu'il avilit mes jours ?
> Sais-tu que je l'aimais... que je l'aime toujours?

M. de Lostanges n'y tint plus. Il se leva pour la seconde fois et un cri s'échappa de sa poitrine. Heureusement cette clameur se perdit au milieu d'un tonnerre de bravos.

— Édouard! Édouard!... j'en suis sûr, c'est elle!

— Tu es fou... cela n'a pas l'ombre de bon sens. Mais j'admets que ce soit ta femme : est-ce une raison pour troubler le spectacle et nous faire mettre à la porte?

Gaston laissa tomber sa tête entre ses mains frémissantes.

Il crut que son cerveau allait se briser.

Peut-il s'en rapporter au témoignage de ses yeux? est-il vraisemblable que madame de Lostanges soit là, qu'elle excite cet enthousiasme et reçoive les applaudissements de la société la mieux choisie et la plus artiste?........ C'est impossible. Il est sous l'empire d'une illusion. La fièvre lui brûle le sang, elle évoque devant lui des fantômes trompeurs. Hannah sur les planches, en face d'un public parisien, débutant avec triomphe, avec gloire?... allons donc, c'est de la folie, c'est du vertige! Douce et craintive, jamais elle n'aurait eu le courage d'affronter cette rampe, ce lustre, ces regards. Et d'où lui seraient venus cette voix sublime et puissante, ces trésors de science musicale, ces ressources d'harmonie?..... Non, ce ne peut être Hannah! Aurait-il jamais abandonné sa femme si elle avait possédé ce miraculeux talent, cette beauté céleste, ces grâces infinies, qui font éclater la salle en bravos et attirent tous les cœurs vers la débutante.

Gaston resta jusqu'à la fin du spectacle, la tête entre ses mains, au milieu d'un orage de pensées tumultueuses qui lui faisaient craindre pour sa raison?

— Veux-tu coucher ici? lui dit Édouard, en lui montrant la salle presque vide.

M. de Lostanges releva le front et regarda le jeune homme d'un air éperdu.

— Je t'ai dit que nous souperions avec notre délicieuse Rachel... Il s'agit de tenir ma parole.

Gaston manqua de tomber à la renverse.

Son beau-frère le soutint et l'entraîna.

D'abord il le fit promener sur le boulevard devant Tortoni,

afin de laisser à la fraîcheur du soir le temps de le calmer. Puis il l'introduisit dans une somptueuse habitation de la rue Laffitte. Il sonna doucement à l'entresol. On vint ouvrir, et on avertit ces messieurs que Madame les attendait dans son boudoir.

Gaston crut qu'il ne franchirait pas le seuil sans mourir.

La débutante vint au devant de lui, blanche et gracieuse sous un simple peignoir de batiste. Elle souriait avec amour et tenait par la main ses deux enfants.

— Oh! pardon! pardon! s'écria Lostanges.

Il tombait à deux genoux, suffoqué par les pleurs.

— Oui, mon ami... je vous pardonne, répondit Hannah ; mais souvenez-vous qu'une pauvre femme légitime peut avoir les brillantes qualités des syrènes qui vous séduisent, tout en conservant des vertus qui ne sont jamais leur partage ! . . . .
. . . .
. . . .

Beaucoup de nos lecteurs assistaient peut-être, le 15 septembre dernier, à la représentation de *la Juive*.

S'ils nous demandent pourquoi l'Opéra n'a pas conservé cette jolie débutante qui avait gagné tous les suffrages, nous répondrons qu'il n'en faut point accuser l'administration du théâtre ; on a fait à Mme de Lostanges les offres les plus merveilleuses. Mais regagner le cœur de son époux était l'unique ambition de la jeune femme.

Elle a refusé la gloire, après avoir retrouvé le bonheur.

FIN D'UNE ACTRICE D'UN JOUR.

Charles n'avait pas trois sous (page 150).

HÉLÈNE DE MONTROSE.

HÉLÈNE DE MONTROSE.

I

Trois personnes se trouvaient assises dans un riche salon de la rue de Lille.

Mᵐᵉ la marquise de Noircastel, bas-bleu très-connu du noble faubourg, était en train de lire une pièce de théâtre de sa composition. La lecture du chef-d'œuvre se faisait en présence de M. Théodore Dervillers, homme de lettres célèbre, et de Mˡˡᵉ Hélène de Montrose, nièce et pupille de la marquise.

Hélène travaillait auprès d'un guéridon de palissandre, et cachait un malicieux sourire derrière la gaze qu'elle était en train de broder.

L'homme de lettres, pour étouffer des bâillements impolis, contractait ses lèvres d'une façon comique et murmurait tout bas :

— Attirer les gens sous prétexte d'un repas splendide, et leur faire avaler cinq actes avant le potage... quelle infamie! C'est un vrai guet-apens.

Quant à Mᵐᵉ de Noircastel, nous devons le dire, elle déclamait avec un enthousiasme digne d'une meilleure pièce.

Mais, avant tout, révélons à nos lecteurs comment Dervillers, homme de tact et d'un esprit subtil, a pu tomber dans un guêpier semblable. Des truffes expédiées en ligne directe du Périgord, un chevreuil tué sur les terres de la marquise, et deux superbes truites saumonées, fournies par Chevet, ne représentent certes pas une somme de raisons suffisante pour expliquer la patience de l'auditeur, et surtout les éloges qu'il ose accorder aux passages les plus suspects de mauvais goût et de conception niaise.

Ah! si Mme de Noircastel avait eu des charmes moins surannés, un embonpoint moins prosaïque; si les rides indiscrètes de son front, le duvet quasi-masculin qui flottait au-dessus de sa lèvre supérieure, si tout cela n'eût pas fait depuis longtemps surprendre la marquise en flagrant délit de cinquantaine, nous pourrions soupçonner l'écrivain illustre d'être guidé près d'elle par un sentiment tendre.

Mais la chose n'était pas possible.

Dervillers, jeune encore, passait pour un fort beau cavalier. Ses victoires littéraires, au feu de la rampe, à l'éclat des bravos, lui en avaient rapporté de moins bruyantes et de plus douces. Il ne pouvait songer décemment à mettre aux pieds de la marquise ses palmes et ses myrtes : l'anachronisme n'eût pas été pardonnable.

Or, si la tante n'est déjà plus femme, la nièce commence à le devenir.

Changez à Mme de Noircastel les vêtements de son sexe, vous aurez un superbe major, à la voix rauque, à la prestance colossale; ne changez rien à Hélène, vous aurez un ange.

Donc, nous sommes bien près de connaître le véritable motif de la conduite de M. Théodore Dervillers. Il avait, dès l'année précédente, rencontré dans le monde cette charmante enfant, qui s'abritait craintive derrière la vaste corpulence de son chaperon. Pour arriver jusqu'à Hélène, il fallait cajoler le Cerbère; pour respirer le parfum de cette fleur de jeunesse, il fallait se déchirer aux épines du bas-bleu. Mlle de Montrose était si jolie, sa petite bouche vermeille avait une grâce si parfaite dans son sourire, de ses grands yeux noirs s'exhalaient des rayons si doux et si puissants tout ensemble; ses cheveux, dans leur cercle d'ébène, encadraient si bien son front pur, que Dervillers n'hésita pas.

Il flatta les prétentions littéraires de Mme de Noircastel, déclara sa plume académique et se voua bravement à d'assommantes lectures, le tout dans l'agréable espoir que le roucoulement de la colombe succéderait un jour au cri de l'orfraie.

Cette étrange résignation, cette ridicule flatterie furent précisément ce qui perdit l'écrivain dans l'esprit d'Hélène.

Douée d'un jugement précoce, d'un sens droit et d'une lucidité de jugement admirable, la jeune fille appréciait le génie de sa tante à sa juste valeur ; elle ne comprenait pas qu'un homme du mérite et du talent de Dervillers péchât contre les lois de la franchise au point d'approuver, dans ses excès de plume, dans son éternel griffonnage, une femme dont on eût brisé le cerveau sans en faire jaillir la moindre étincelle du feu sacré.

Le traître, Hélène en était sûre, devait se moquer intérieurement des prétentions qu'il encourageait.

Du reste, elle ne devinait pas le moins du monde le but réel de ces manœuvres. Les assiduités, les politesses, les prévenances de Dervillers à son égard tombaient à faux, et l'homme de lettres semait sur une terre stérile : nous verrons bientôt pourquoi.

Mme de Noircastel lisait donc une pièce de théâtre.

Sa voix, qui passait du grave au doux, du plaisant au sévère, avait des intonations si folles, des saccades si rudes, des élans si boursouflés qu'Hélène réprimait difficilement son envie de rire. Pour Dervillers, il bâillait en sourdine ; mais il dissimulait de son mieux ce désastreux résultat de la lecture au moyen de ses exclamations et de ses gestes approbateurs.

Aussi la marquise avait le front dans les nuages.

— Eh bien ! dit-elle en s'interrompant, que pensez-vous de la manière dont j'ai conduit cette scène ?

— Parfait ! délicieux !

— Vraiment ? vous parlez en conscience ?

— En toute conscience. Je soutiens que l'ouvrage est digne de la Comédie-Française.

— Ah ! monsieur ! fit Mme de Noircastel, baissant la paupière avec la candeur d'une ingénue.

— Vous êtes fatigué, sans doute? ajouta vivement l'aristarque, et s'il vous convenait de remettre à une autre fois...

— Non, s'écria la marquise, écoutez la péripétie!.. Deux lignes, et je termine l'acte.

Tournant l'une des pages du cahier monstrueux qu'elle avait entre les mains, elle continua sa lecture par la déclamation éplorée du passage suivant :

« LOUISE. (*Elle tombe à genoux.*) Seigneur, prenez pitié de mes larmes ! rendez-moi celui que j'aime... (*Se relevant avec menace.*) ou je suis capable de vous blasphémer dans mon désespoir ! (*Retombant à genoux.*) Non, Seigneur! non... Pardonnez-moi, je suis folle... Comme je souffre! comme je souffre! (*Elle arrache le médaillon de sa poitrine et fait jouer le ressort.*) Lui! mon Albert !... Oh! la même tombe doit nous réunir, et j'irai le rejoindre !

« ALBERT. (*Paraissant au fond.*) Tu n'iras pas loin, Louise, car me voici.

« LOUISE. *(Se précipitant à sa rencontre avec un élan sauvage.)* Toi !... grand Dieu !... C'est un rêve! (*La toile tombe.*).

— Fin du quatrième acte, dit la marquise avec triomphe.

— Permettez, ma tante, dit Hélène, de l'air le plus grave qu'elle put donner à sa railleuse physionomie : votre héros, Albert de Ferville, si j'ai bien entendu tout à l'heure, était mort, très-mort; son extrait mortuaire a même été présenté à Louise. La résurrection n'est-elle point un peu risquée?

— Taisez-vous, petite sotte! répondit avec dédain Mme de Noircastel.

— Il me semble que la remarque de mademoiselle n'est pas tout-à-fait dénuée de justesse, hasarda Devillers, qui, malgré son système de louange, ne pouvait cependant pas outrepasser les bornes du bon sens.

— Vous aussi, monsieur?... Bien, très-bien! cela prouve que j'ai trouvé du neuf, de l'imprévu, du sublime. Le spectateur sera saisi, terrassé... Oui, cette fin d'acte est ravissante. Mais, avant de lire la suite, je tiens à vous communiquer une proposition que vous accepterez avec empressement, j'en suis convaincue.

— Parlez, madame.

— Vous comprenez, ajouta la marquise, en caressant l'homme de lettres de son sourire le plus flatteur, qu'une femme de mon rang peut écrire... par caprice... par distraction; mais elle se résignerait difficilement à traîner sur les planches d'un théâtre vingt quartiers de noblesse, à jeter à la foule un titre glorieux, un nom respecté.

— Votre nom, madame, ne pourrait qu'être accueilli par des applaudissements.

— Sans doute, mais le public est fantasque; il a parfois des lubies singulières. *Athalie*, monsieur, le chef-d'œuvre des chefs-d'œuvres, a été sifflée.

— Diable, pensa l'aristarque, où veut-elle en venir?

— Et puis, il faut tout avouer : vos femmes de lettres ont des allures si excentriques ; elles jettent leur bonnet par dessus les moulins avec un aplomb si étourdissant, que pour tout au monde je ne voudrais pas être classée parmi elles. Bref, je désire, monsieur, puisque la pièce vous semble digne de la représentation, puisque vous me présagez le succès... je désire, dis-je, que vous y mettiez la dernière main; que vous imprimiez à cette œuvre pleine d'inexpérience encore, le cachet votre beau talent ; que vous la fassiez, en un mot, recevoir sous votre nom. Dans la société qui m'entoure, on saura que vous m'aurez jugée digne de collaborer avec vous..., et cela, joint au plaisir de me voir jouer, suffira, je vous le jure, à mon amour-propre d'auteur.

— Elle n'est pas dégoûtée ! pensa l'homme de lettres, dont l'embarras était au comble, et qui ne voyait pas d'issue à la position ridicule que ses éloges lui avaient faite.

— Voyons, monsieur, dit la marquise, est-ce convenu?

— Oui, madame... certainement, répondit-il en regardant Hélène. Toutefois, permettez que je pose à mon tour une condition.

— Je l'accepte d'avance, dit avec feu Mme de Noircastel.

— Mais cette condition ne dépendra pas de vous seule, ajouta Dervillers, qui regarda de nouveau la jeune fille.

En ce moment, la porte du salon s'ouvrit, un valet annonça :

— M. Charles Bernard !

— Allons donc, j'ai cru qu'il n'arriverait pas, se dit Hélène, dont les joues se couvrirent d'une charmante rougeur.

— Charles Bernard... murmura l'homme de lettres avec étonnement, serait-ce mon nouveau secrétaire?

— Oh! c'est le fils du régisseur de ma propriété de Meudon, dit la marquise, un petit bonhomme auquel je m'intéresse... Je suis occupée, qu'il attende.

— D'un geste superbe, elle congédia le valet.

— Ce pauvre Charles, mon frère de lait, mon ami d'enfance!... permettez que j'aille le recevoir, dit Hélène.

— Va, petite, je n'y vois aucun inconvénient. Tu le retiendras à dîner. Nous avons encore près d'une heure avant de nous mettre à table, et, d'ici là, nous terminerons avec monsieur l'affaire dont il s'agit.

Ces mots étaient à peine prononcés, que déjà la jeune fille avait franchi le seuil et courait comme un sylphe dans la riche galerie qui menait au salon d'attente.

Là se trouvait un jeune homme qu'on venait d'introduire et dont le cœur battait avec violence, car il allait revoir Hélène, l'ange de ses rêves, la fée gracieuse qui traînait après elle un riant cortége d'illusions et de souvenirs.

Ainsi que l'avait annoncé la marquise, Charles était le fils du régisseur d'un château qu'elle possédait sur la rive gauche de la Seine, dans le voisinage de Meudon. Hélène, orpheline dès le berceau, recueillie par sa tante et confiée à des soins subalternes, avait couru plus d'une fois avec Charles sous les grands arbres du parc aristocratique. Petite fille rieuse et folâtre, elle lutinait son compagnon d'enfance, le tyrannisait, l'agaçait et l'appelait son mari. Plus âgé qu'elle de quelques mois, le fils du régisseur lui rendait ses caresses et l'appelait sa femme. Arriva le jour où ces jeux durent cesser. Charles partit pour le collége, Hélène fut conduite en pension. Mais ils se revoyaient pendant les vacances, mais chaque année les ramenait en face l'un de l'autre.

Charles lisait des vers qu'il avait composés pour Hélène, et mademoiselle de Montrose payait ces premiers essais poétiques d'une bourse en broderie de perles, où leurs initiales étaient entrelacées.

Tout cela, nous l'avouons, était fort vulgaire; tout cela s'est vu mille fois et se verra mille fois encore. Le monde est vieux, l'amour est du même âge. Il se trahit constamment sous les mêmes formes et pousse toujours de la même manière, comme le blé des champs, comme la fleur des bois. Les pères et mères, les oncles, les tantes, les surveillants donnés par la nature ont oublié leurs premières impressions, leurs premiers rêves, leurs premiers battements de cœur. Ils dorment en paix, ils sont aveugles.

Jamais Hélène, jamais Charles n'avaient calculé la distance qui les séparait; jamais ils n'avaient envisagé les obstacles qui devaient s'opposer à leur hymen. Dans ces beaux jours de l'adolescence, on s'aime d'abord, sauf à pleurer ensuite, quand le monde avec ses exigences vient vous désunir et vous briser l'âme.

Il arriva qu'un soir, à la suite d'un dîner qu'elle donnait à ses voisins de campagne, Mme de Noircastel déclara qu'elle ne marierait sa nièce qu'à un homme capable de partager ses travaux favoris, à un littérateur.

Aussitôt Hélène prit note de cette déclaration de la marquise, et, le lendemain, pas plus tard, il fut décidé solennellement que Charles suivrait la carrière des lettres.

Deux ans lui furent accordés pour devenir un grand homme.

Les amoureux seuls, habitués à vivre dans les régions fantastiques, peuvent caresser, par le temps qui court, une pareille espérance.

Charles avait fini toutes ses études. Son père, qui le désignait déjà pour son successeur, se faisait aider par lui dans les travaux de l'intendance. Mais tout à coup le jeune homme se prit à déclarer qu'il était dans l'intention de vouer sa plume à de plus nobles exercices qu'à des additions et à des comptes de fermage.

Le régisseur ouvrit de grands yeux et regarda son héritier dans un ébahissement inexprimable.

M. Quentin Bernard, dont nous allons en deux coups de pinceau tracer la silhouette, est un petit homme trapu, rond comme une outre et rouge comme une pivoine, grâce aux fréquentes libations qu'il se permet au milieu de ses courses journalières.

Depuis vingt ans bien comptés, il administre les domaines de Mme de Noircastel.

Jamais le père Quentin, c'est ainsi que le nomment les paysans d'alentour, n'a fait à qui que ce soit l'impolitesse de refuser le petit verre de l'amitié ou le *canon* de la reconnaissance. Obligeant de son naturel, il a rendu beaucoup de services, et les remercîments qu'on arrose de vin du cru lui semblent toujours les plus flatteurs. Quand il se présente chez les fermiers de la marquise pour toucher quelque terme échu, ou pour discuter les clauses d'un bail, on s'empresse d'aller quérir, selon l'expression consacrée en pareil cas, une bouteille *derrière les fagots*, et le sourire de béatitude qui s'épanouit sur les lèvres du père Quentin prouve combien il est sensible à cette prévenance de ses administrés.

Toutefois, disons bien vite qu'il ne s'aventure dans les vignes qu'après y avoir introduit d'abord le personnage dont il aurait une surprise à craindre.

Picard de naissance et fin matois, il n'oublie, malgré ses rasades, ni les devoirs de sa charge ni les intérêts de Mme de Noircastel. Le calme précieux qu'il conserve à cet égard est tellement connu de la marquise, qu'elle montre pour les faiblesses bachiques du régisseur la plus entière indulgence. Quand il se présente à elle sur des jambes qui ont perdu le sentiment de l'équilibre, elle se contente de lui dire :

— Retirez-vous, Bernard, vous sentez le vin, mon cher !

Et le régisseur de répondre avec un salut périlleux, vu l'occurrence ;

— Madame n'ignore pas que c'est mon parfum de prédilection.
— C'est bien, Bernard... allez vous coucher.

La marquise avait rarement d'autres colloques avec l'homme à qui elle confiait la manutention de son immense fortune. Cet entraînement du père Quentin vers la bouteille datait de la mort de sa compagne.

Rose Vallier, femme Bernard, était un parfait modèle de toutes les vertus conjugales, disait l'épitaphe inscrite en lettres d'or sur l'une des plus belles tombes du cimetière de Meudon. Contre la coutume, l'épitaphe ne mentait pas. Le régisseur avait contracté ce mariage à une époque où il n'était plus de la première jeunesse ; mais, après cinq ans d'un hymen comme on n'en voit guère, il aimait encore son épouse avec passion. Les fleurs d'automne sont les plus durables.

En perdant sa ménagère bien-aimée, Quentin crut tout perdre, et déclara qu'il voulait en finir avec la vie.

On lui montra son enfant, le seul qui lui restât de trois que lui avait donnés Rose. Le brave homme comprit que ce lien sacré l'attachait à l'existence. Il embrassa Charles, il embrassa la petite Hélène, qu'il appelait sa fille, car la défunte l'avait nourrie de son lait ; puis, comme les jeux de ces innocentes créatures, leurs gambades sur une tombe à peine fermée, leurs rires bruyants lui fendaient le cœur, il but une première fois pour endormir son chagrin, une seconde pour avoir le courage de jouer avec les marmots, une troisième pour s'exciter à reprendre ses travaux, une quatrième par habitude... bref, le père Quentin but toujours.

Ses plus nobles exploits, en ce genre, avaient lieu pendant le séjour qu'il faisait régulièrement, trois mois de l'année, à l'hôtel de la rue de Lille.

Quand, l'hiver venu, M. Bernard avait en caisse le second trimestre de ses fermages, il cadenassait toutes les portes du château de Meudon, puis le confiait à la garde d'un vieux serviteur et de trois monstrueux boule-dogues. Il sellait ensuite un cheval et prenait le chemin de Paris. Ses comptes une fois rendus à Mme de Noircastel, il prenait ce qu'il appelait ses vacances et sablait fort agréablement tous les vins de la marquise, tantôt à l'office en compagnie du maître d'hôtel, tantôt à la loge du concierge, gros ivrogne d'Alsacien, nommé Groffmann, qu'il avait un plaisir extrême à voir rouler sous la table.

Toutefois, cette familiarité du régisseur avec la valetaille n'empêchait pas qu'on le respectât en toute circonstance. Cela tenait à ce que les libations les plus excentriques n'avaient jamais fait commettre une sottise à M. Bernard. Il conservait, pour ainsi dire, sa dignité dans l'ivresse.

Quand Charles déclara sa nouvelle vocation, le régisseur, qui avait considérablement absorbé, ce jour-là, lui répondit néanmoins avec un air fort sérieux.

— Ne venez plus, monsieur mon fils, m'entretenir de pareilles balivernes.

— Pourtant, mon père...

— Homme de lettres! joli gagne-pain!... je t'en fais mon compliment sincère. Les hommes de lettres sont des va-nu-pieds qui meurent à l'hôpital : c'est connu, morbleu! Et je te verrais prendre un métier dans lequel il n'y a pas même de l'eau à boire!... Ah! fi donc!

Bientôt, en dépit de ces paroles désespérantes, Charles allait gagner sa cause.

Le jour suivant, au milieu d'une discussion nouvelle et plus animée entre le père et le fils, Hélène, par le plus grand des hasards, se montra tout à coup à la fenêtre du régisseur.

— Papa Quentin, dit-elle, vous avez tort!

— Ces mots : *papa Quentin*, dans la bouche d'Hélène, avaient toujours un résultat infaillible. *Papa Quentin*, c'était la clé miraculeuse qui ouvrait jadis la porte du fruitier, le tiroir au sucre, le buffet aux confitures. On s'ennuyait des jeux du parc, des poupées du salon.... *Papa Quentin!* ces deux paroles magiques attelaient à la carriole Cocotte, la jument la plus douce de l'écurie, et on s'en allait à la fête des hameaux d'alentour par des chemins bordés d'ombrages. A mesure qu'Hélène grandissait, le *papa Quentin* devenait plus rare, mais son influence n'en était que plus certaine; il levait toutes les difficultés, aplanissait tous les obstacles. Quand le régisseur avait trop bu, *papa Quentin*, rivalisant avec le *fiat lux* de la création, illuminait les ténèbres d'un autre chaos.

Après un si grand nombre de prodiges, rien de plus simple que le *papa Quentin* fît un homme de lettres.

Donc Charles, au comble de ses vœux, enfourcha de plus belle son dada poétique. Il se lança dans l'espace, en prononçant le nom d'Hélène.

Ainsi partaient les anciens chevaliers; ainsi don Quichotte, Amadis et autres invoquaient leur dame avant d'entrer dans la lice où ils devaient se casser le cou.

Cependant notre poète daignait parfois descendre des sublimes escarpements du Pinde, pour envahir le domaine du roman, traverser la frontière de la nouvelle et s'arrêter sur le terrain plat du feuilleton. Il voyait Hélène au bout de sa course littéraire; cette charmante perspective lui donnait du courage. D'ailleurs il avait déjà obtenu quelques succès; deux ou trois petits journaux ayant accueilli ses débuts, Mme de Noircastel daigna jeter les yeux sur les élucubrations du fils de son régisseur

— Eh! mais, dit-elle, ce petit bonhomme a du style!

Qu'on veuille bien ici se remettre en mémoire la déclaration de la marquise relativement au genre d'époux qu'elle destinait à sa nièce, et l'on devinera combien nos amoureux devaient élever de châteaux en Espagne sur cette simple phrase approbative.

Charles se remit à travailler avec plus d'ardeur encore.

L'hiver approchait. La jeune fille accompagna sa tante à Paris, car nos châtelaines ressemblent aux hirondelles et plient bagage à la chute des feuilles. Mais le poète songeait avec délices qu'Hélène reparaîtrait en même temps que les premières pousses printanières. Malheureusement il fut trompé dans son attente. Les journaux annonçaient que George Sand devait prendre les eaux de Bade, et tous les bas-bleus de la capitale se précipitaient sur les traces de leur chef de file, curieux de l'examiner de près et de lui faire la cour au milieu de la charmante intimité du bain. Mme de Noircastel suivit l'exemple général, bien qu'elle ne fût, au bout du compte, qu'un bas-bleu honteux, enfoui sous la poudre des préjugés aristocratiques et n'osant la secouer de ses ailes, pour les déployer sous le soleil éclatant de la publicité.

La marquise emmena sa nièce, au grand désespoir de Charles, qui se crut perdu : l'ange de ses inspirations passait la frontière.

Pour surcroît d'infortune, il éprouvait alors, au sujet du placement de ses œuvres, une foule de difficultés imprévues. Comme il prenait la littérature au sérieux, et que la chose devenait notoire, les coteries jetaient le cri d'alarme ; les portes qu'il avait ouvertes se refermaient, les obstacles qu'il avait écartés se dressaient plus menaçants. On l'humiliait, on le décourageait, on l'abreuvait d'amertume. Ses allées et venues à Paris n'aboutissaient à rien ; d'un voyage à l'autre on l'oubliait, ou, pour mieux dire, on feignait de l'oublier.

Charles comprit qu'il ne pouvait plus habiter Meudon.

L'intérêt de son avenir exigeait sa présence dans l'arène. Il fallait qu'il fût là, toujours debout, la hache à la main, pour couper les broussailles et se frayer passage. Il fallait commencer avec ses rivaux une lutte corps à corps, lutte violente, acharnée, lutte de bêtes féroces, où l'on se griffe, où l'on se déchire avec la plume, où l'on se couvre d'encre et de bave.

Car voici, Dieu me pardonne, où en est l'intelligence.

Elle patauge dans la matière et traîne sa robe dans la fange commerciale. Les muses se transforment en demoiselles de comptoirs ; elles chantent pour de l'or, elles se vendent à la criée. Ces vierges autrefois si pures, ne sont plus que des vierges folles qui font métier de leurs charmes, se haïssent entre elles, les méchantes sœurs, et se battent au besoin.

Notre peinture n'est pas longue, mais nous la certifions véritable.

Charles éprouve déjà toutes les nausées du dégoût ; néanmoins il avance toujours, car il s'agit d'obtenir Hélène. Pour vivre à

Paris, il est essentiel que son père lui vienne en aide. Le jeune homme insinue quelques mots à cet égard ; mais la jolie bouche qui sait dire *papa Quentin* d'une façon si gracieuse n'est plus là. M. Bernard serre impitoyablement les cordons de l'escarcelle. Il prétend, — voyez comme raisonnent les pères ! — que chacun ici-bas doit vivre de son travail : le commerçant de son négoce, le prêtre de sa messe, l'écrivain de sa plume. Il a permis à son fils d'embrasser la carrière des lettres ; il lui permet, si tel est son bon plaisir, de séjourner dans la capitale ; mais il ne lui donne que sa bénédiction.

Charles croit indigne de sa fierté d'insister pour obtenir autre chose et quitte la demeure paternelle avec ce trop léger bagage.

Le voilà donc à mener, lui aussi, cette existence de l'homme de lettres sans fortune, existence odieuse, âge de fer, tombeau du génie, gouffre qui dévore le talent. Le voilà seul à écrire dans une chambre borgne, une chambre qui sue la misère, une chambre que n'habiterait pas un laquais de bonne maison. Travaille, pauvre serf de l'intelligence, misérable esclave de la pensée ! Ton âme souffre et pleure, n'importe, il faut la monter au diapason de la joie : sèche tes larmes et fais-nous rire ! Tes entrailles crient la faim, mange de l'enthousiasme ! Amuse l'opulence, toi qui vis dans les privations ; chante-nous le plaisir, toi que la douleur oppresse ; accorde ton instrument, ménestrel !... et nous daignerons peut-être te jeter une louange pour aumône, et nous enverrons dans ton réduit les usuriers de la plume, les négociants de la littérature, frêlons qui vivent aux dépens de l'abeille, vampires qui s'engraissent de sang jeune et chaud. Tu les verras toiser tes poèmes, peser ta prose, escompter les espérances et te laisser juste de quoi mourir de faim.

C'était l'agréable destinée qui s'offrait à Charles Bernard.

Mais l'amour, qui l'avait conduit au bord de l'abîme, l'amour, son étoile radieuse, dont alors il n'entrevoyait presque plus la lueur consolatrice, tant son horizon s'était chargé de ténèbres, l'amour d'Hélène devait le sauver.

Charles vit entrer un matin, dans sa mansarde, un petit billet tout rose, tout coquet, tout parfumé d'ambre, un amour de billet, tenu par une main jaune et couvertes de rides.

Le jeune homme frémit, car il venait de reconnaître l'écriture sur l'adresse, au moment où la portière, sans lâcher la missive, proférait ces mots formidables :

— Trois sous !

Charles n'avait pas trois sous ; il devait déjà d'autres ports de lettres. Il fut obligé de cajoler cette femme, de l'amadouer du regard, de répondre à ses grognements par de douces paroles, tout cela pour obtenir la permission de lire une lettre d'Hélène.

— Au fait, on vous envoie peut-être de l'argent, dit la vieille avec humeur : prenez et payez-moi !

Charles fit sauter le cachet de cire verte, heureux cachet qui disait bien haut Espérance, et qui ne mentait pas, — car un billet de 500 francs s'échappa de l'enveloppe.

Il en croyait à peine ses yeux ; son cœur battait avec force.

Toutefois, il reprit assez de calme pour se relever de l'humiliation qu'il venait de subir. De la main qui tenait le billet de banque, il désigna la porte au Cerbère en jupon, ce qui signifiait clairement.

— Vous serez payée ; laissez-moi !

Cette revanche prise, Charles approcha de ses lèvres l'écriture de son ange aimé, puis il lut religieusement ce qui suit :

« Vous m'avez rendue bien inquiète, monsieur... c'est mal, très-mal ; je ne vous aime plus, je vous déteste,—ou plutôt non, je vous plains, mon ami, car je devine tout... Pauvre Charles ! J'ai grondé papa Quentin, je l'ai grondé très-sévèrement, je vous assure, et il a fallu qu'il me donnât le plus vite possible ce que contient cette lettre. Toutes vos instances n'avaient rien obtenu, moi j'obtiens de prime-abord : les hommes, en vérité, sont d'une maladresse !... Enfin, je vous pardonne, puisque vous avez souffert. Je l'ai su, non par vous, méchant ; voilà pourquoi je vous disais que c'était bien mal. Ne suis-je plus votre sœur, votre amie ? Vos joies sont les miennes ; vos chagrins, je les partage, et cela doit être ainsi dès que je vous aime... Souvent je vous l'ai dit, je puis bien vous l'écrire. Mais non, monsieur fait de l'égoïsme, monsieur veut être seul malheureux ! Depuis quinze grands jours, nous sommes revenues des eaux de Bade. J'ai recours à mille câlineries pour entraîner la marquise à sa terre de Meudon, pour aller revoir mon frère, mon ami d'enfance, et je ne trouve personne; on n'a pas même daigné m'instruire adroitement de la demeure qu'on occupait à Paris. Comme c'est gracieux! comme c'est aimable! Je suis obligée de cacher ma tristesse, de ruser comme un vieux diplomate... non que j'aie cru mal faire en essayant de vous découvrir ; mais le monde a l'esprit si mal tourné, ma tante est si gothique avec ses préjugés de souche et de blason, qu'il vaut mieux ne pas publier trop tôt nos espérances.

« Enfin Thérèse, ma femme de chambre, qui m'est entièrement dévouée, s'est mise en course. Grâce à cette excellente fille, je sais où vous êtes, monsieur. Thérèse, après avoir fait bavarder votre concierge, est revenue m'apprendre de jolies choses : que vous ne sortiez pas, que vous étiez triste, que vous avez des dettes, qu'on se disposait à vous donner congé.... Fi! que c'est vilain tout cela !

« Vous allez apprendre combien je me suis rendue coupable pour vous.

« J'ai failli crever les chevaux de ma tante et faire chasser ce pauvre Lafleur, le cocher.... oui, pourtant. La marquise travaille nuit et jour à une pièce de théâtre qu'elle annonce comme un chef-d'œuvre, ce que j'ai peine à croire ; elle ne quitte pas son cabinet. je l'ai priée de me permettre une promenade au bois de Boulogne avec Thérèse, et j'ai dit à Lafleur de prendre une autre route, de nous conduire ventre à terre à Meudon.... Jugez de la hardiesse ! j'aurais voulu voir après un coup semblable, que papa Quentin s'avisât de me refuser le billet de banque. A notre retour, l'attelage suait, soufflait, était rendu. La marquise au travers de la gaze de ses rideaux, vit avec indignation ses nobles bais bruns tout ruisselants. Lafleur, interpellé, jugea convenable de battre en retraite et de chercher refuge au fond de l'écurie. J'avais supplié le pauvre homme de ne rien dire, et j'eus une peine terrible à obtenir sa grâce. Mais il ne faut plus que de pareilles choses se renouvellent.

« Charles, la Providence est pour nous. Dorénavant, vous n'aurez plus à craindre la gêne.

« Hier au salon de ma tante, M. Théodore Dervillers, un beau génie, — tel que vous serez un jour, il le faudra bien, — M. Dervillers, dis-je, annonce qu'il a besoin d'un secrétaire, d'un jeune homme lettré.... Quelle heureuse chance ! Impossible de vous recommander moi-même, impossible de vous faire appuyer par ma tante : je me serais trahie, tant j'éprouvais de joie. Alors j'avise dans un coin la vicomtesse de Certigny, qui raffolle de ma petite personne. Je l'embrasse, je la taquine, je l'obsède, je lui fabrique une histoire, en découvrant çà et là quelque chose de la vérité ; mais n'importe, on m'a promis le secret. Je vous ai gagné la vicomtesse. Elle a dû ce matin même, écrire à Dervillers. Présentez-vous rue Taranne, 16, dans votre toilette la plus splendide.

« Au revoir, mon ami, à bientôt... car le secrétaire d'un grand homme est un personnage trop important pour qu'on ne le reçoive pas à bras ouverts chez un bas-bleu.

« Hélène. »

II

Nous demandons humblement pardon à nos lecteurs de les avoir entraînés dans notre récit, loin du sentier que nous commencions à suivre. Faire mine de s'éloigner du but afin de mieux l'atteindre, se livrer à mille détours et revenir ensuite au point d'où l'on est parti, c'est une vieille ruse commune aux écrivains et aux renards.

Charles est introduit dans le salon d'attente de Mme de Noircastel. Il vient annoncer à Hélène que la recommandation de la vicomtesse a été toute puissante, et que la place de secrétaire est conquise.

Sans être irréprochable au point de vue de la régularité des lignes, la figure de Charles porte l'empreinte de toutes les distinctions de l'âme. Ce jeune homme n'est certes pas à même de rivaliser d'élégance et de prétentions *léonines* avec Dervillers, son patron; il ne possède pas la hardiesse de l'acteur exercé, du comédien parfait, qui brûle audacieusement les planches et joue les premiers rôles sur le grand théâtre social. Mais il a beaucoup mieux que tout cela : vingt ans, un air timide et modeste, de beaux yeux et l'amour d'Hélène.

La jeune fille qui avait obtenu de Mme de Noircastel la permission de se rendre auprès de Charles, accourut toute rayonnante.

Ils ne s'étaient pas vus depuis le départ pour les eaux de Bade, quatre mortels mois : jugez de leur ivresse! Charles, pendant cette absence, avait eu pour compagne la misère, et la misère s'était enfuie au coup de baguette de la fée charmante qui prenait soin de ses destins. Comme Hélène était encore embellie, mon Dieu ! comme les boucles brunes de sa chevelure descendaient mollement sur ses joues veloutées, sur son cou frais, sur la naissance arrondie de ses blanches épaules! Comme son grand œil noir accueillait avec joie la précieuse larme de gratitude qui brillait à la paupière de Charles! Comme elle se montrait heureuse des remercîments qu'il lui prodiguait, des transports qu'elle faisait naître, comme elle était fière de son ouvrage !

Les trouvera-t-on coupables de s'aimer et de se le dire?

Nous ne le pensons pas. Leur amour est aussi pur que la première goutte de rosée qui tombe du calice des fleurs. Ils s'aiment avec naïveté, sans chercher à s'en rendre compte, sans remonter à la source de leurs émotions; ils s'aiment tout naturellement, comme l'enfant sourit, comme l'oiseau chante. Ils ont joué dans le même berceau, sur le giron de la même nourrice; ils ont uni leurs mains pour faire ensemble le premier pas dans la vie.

Mais, nous demandera quelque grave censeur, pourquoi couvrent-ils de mystère leur mutuelle affection? Pourquoi la dérobent-ils à l'œil expérimenté de la marquise?

Par instinct plutôt que par hypocrisie. Le monde, avec le despotisme de ses lois et l'entrave de ses convenances, donne bientôt l'éveil aux âmes les plus candides. Hélène, tout en ne croyant pas qu'on pût la forcer jamais à être la femme d'un autre, sentait qu'il y avait une distance à combler entre elle et Charles; de son côté, le jeune homme comprenait qu'il devait gravir plus d'un échelon pour atteindre Hélène, et l'on a pu voir qu'ils agissaient en conséquence. La riante mémoire du passé, les douces préoccupations du présent ne les empêchaient pas de se frayer le chemin de l'avenir. Charles suivait la carrière des lettres, pour flatter les idées de Mme de Noircastel et l'amener un jour à merci. Secrétaire de Dervillers, il a dorénavant un protecteur, un modèle, un homme qui lui aplanira les obstacles et lui donnera le secret du métier.

Tout s'enchaîne au mieux dans le plan de nos amis, et leur combinaison ne manque pas de mérite; mais ils ne se doutent guère des obstacles qui doivent surgir du fait de la marquise.

Celle-ci, nous le savons, a la passion d'écrire, passion qu'elle n'avoue qu'à ses plus intimes connaissances, — mais passion qui la ronge, passion qui a pris racine et dont elle ne guérira de sa vie.

Or, pour concilier sa faiblesse avec des scrupules *gothiques*, — nous nous servons ici de l'expression juste, mais légèrement irrespectueuse, employée déjà par Hélène dans son épître au fils du régisseur — pour concilier, disons-nous, sa fausse honte avec la vénération qu'elle croyait devoir à son titre, Mme de Noircastel rêvait pour sa nièce un homme de plume, et, pour elle-même, un brave garçon qui accepterait la paternité de sa progéniture littéraire, lui laisserait, aux yeux du noble faubourg, la gloire des triomphes, et prendrait vis-à-vis du public la responsabilité des chutes. Le cas était scabreux ; mais Hélène était jolie, mais on savait la jeune fille unique héritière d'une fortune considérable. Mme de Noircastel désespérait si peu d'arriver à ses fins, qu'elle osa lancer à brûle-pourpoint l'étrange proposition que nous l'avons entendue faire à Dervillers, dans le chapitre qui précède.

La clairvoyante marquise avait compris, il faut le dire, le sens mystérieux des regards décochés à sa nièce par l'auteur dramatique : elle avait deviné d'avance la condition dont il s'agissait.

Depuis un quart-d'heure à peine, Hélène et Charles se trouvaient l'un près de l'autre, heureux, souriants, pleins d'espoir, quand Mme de Noircastel entra.

D'abord elle n'aperçut pas les jeunes gens, retirés dans l'embrasure d'une fenêtre, et cachés par d'épais rideaux de damas de Venise, à crépines d'or. La joie qu'elle éprouvait, à la suite de son colloque avec Dervillers, lui tournait la tête à tel point, que, se croyant seule, elle oublia son énorme corpulence et la gravité prescrite à son âge, pour se donner l'air évaporé d'une sylphide. Les témoins de cette exorbitante prétention pensèrent tomber de leur haut, quand ils virent la noble dame, si pesante et si majestueuse d'habitude, pirouetter sur le parquet glissant et se livrer à des chassés incroyables, à des jetés battus miraculeux.

— Mon Dieu, prenez-garde ! cria la jeune fille véritablement effrayée de ces allures, et quittant la fenêtre pour accourir vers Mme de Noircastel.

— Tu étais là, ma nièce? dit le bas-bleu qui reprit son équilibre. Ah ! je suis à moitié folle de joie !.. Mon enfant, ma chère Hélène, viens sur mon cœur !.. je te dois le plus doux moment de mon existence.

Et, comme Hélène la considérait avec surprise :

— Oh ! sois tranquille, tu vas me comprendre, dit-elle en se jetant tout d'une pièce sur une causeuse de satin.

Puis, avisant Charles, qui lui adressait un salut profond, elle ajouta :

— Bonjour, petit, bonjour... comment te portes-tu?... Très-bien, à ce que je vois. Tu écris, tu rimes de temps à autre?... A merveille! J'ai lu quelques-unes de tes bluettes ; c'est joli, cela ne manque pas de fraîcheur. A propos, Dervillers m'annonce à l'instant qu'il t'a choisi pour secrétaire... Je t'en félicite, petit... Qui sait? le passereau peut monter aux nues sur les ailes de l'aigle.

— En tout cas la comparaison n'est pas à l'honneur de Charles, dit Hélène.

— Pourquoi donc? reprit Mme de Noircastel. On possède un talent de pacotille..... demain ce talent peut grandir, — n'est-ce pas, mon garçon? Je n'ai pas voulu t'humilier, je te prie de le croire; mais, comme jusqu'à ce jour tu n'as rien fait... d'important...

— Je termine deux volumes, dit Charles, excité par le regard d'Hélène, et très-mécontent pour son propre compte du ton léger que la marquise prenait à son égard.

— Deux volumes! te voilà sur le grand chemin de la postérité... deux volumes! Mais laisse-nous, petit, laisse-nous ; j'ai besoin d'être seule avec ma nièce. Fais un tour de galerie, tu nous retrouveras tout à l'heure dans la salle à manger.

— Ma tante! murmura la jeune fille.

Lorsqu'elle entendit ces deux mots, qui tenaient à la fois du reproche et de la prière, Mme de Noircastel daigna s'apercevoir enfin de son inconvenance. Elle examina plus attentivement le fils de Bernard et comprit, au rouge qui lui envahissait le front, combien il souffrait de se voir traiter ainsi de toute la hauteur de vingt quartiers. La colère grondait dans l'âme de Charles. Malgré son amour pour Hélène, et en dépit des motifs qui l'exhortaient à la patience, il allait éclater peut-être, quand le bas-bleu se leva pour lui tendre la main.

— Réflexion faite, mon garçon, ne t'éloigne pas. Tu es sans conséquence... ou plutôt je te regarde comme faisant partie de la famille. Je t'ai vu si longtemps pas plus haut que la botte de ton ivrogne de père, que je suis sans gêne avec toi... N'est-ce pas tout simple? Allons, allons, viens t'asseoir : il s'agit d'une affaire grave, du mariage d'Hélène.

— De mon mariage! s'écria la jeune fille avec épouvante.

Elle échangea rapidement un regard avec Charles, et tous les deux frissonnèrent.

— Oui, mon enfant, je m'occupe de ton bonheur, dit Mme de Noircastel, qui fit à sa nièce une foule de cajoleries inaccoutumées. Pourquoi trembler ainsi, pourquoi pâlir?... Ah! ces petites filles, elles sont toutes les mêmes. En cachette, on rêve d'un époux ; on l'habille à sa manière, soit au physique, soit au moral. — Il sera blond; je veux qu'il ait de belles moustaches bien taillées, avec bonne tournure; qu'il soit gai, qu'il soit brave, qu'il soit aimable : prononcez le mot de mariage, et voilà ces gracieux fantômes en déroute! On se trouble, on gémit, on pleure... car tu pleures... Voyons, ne me cache pas tes larmes... Je te certifie, Charles, mon garçon, qu'il y aurait quelque chose d'admirable à écrire, en prenant pour sujet cette inconséquence apparente des jeunes filles. On intitulerait cela... l'*Aurore de l'hymen*... non... le *Cri de l'innocence*... trop vulgaire... les *Terreurs d'une Vierge*.... Ah! délicieux, ravissant! c'est une bonne fortune qu'un pareil titre, et je le conserve pour mon usage... Entends-tu, petit? ne le prends pas : c'est mon bien, ma propriété, ma découverte.

En parlant de la sorte, Mme de Noircastel, penchée vers Hélène, dont elle caressait la jolie tête éplorée, ne regardait pas le fils du régisseur, et fort heureusement pour celui-ci, car elle eût tout deviné.

L'émotion foudroyante qui avait saisi le cœur du jeune homme se trahissait sur son visage.

— Hélène... calme-toi, mon enfant, reprit la marquise avec un ton de voix affectueux. Ce que tu éprouves est parfaitement naturel... Mon Dieu, nous avons toutes passé par-là! mais encore faut-il causer raison: Dervillers me demande ta main, Dervillers t'aime. Il attend avec anxiété ta réponse, qu'il espère devoir être favorable. C'est à cette condition seule qu'il fera jouer ma pièce.

La jeune fille essuya ses larmes et regarda sa tante.

— Bien ! c'est ainsi que j'aime à te voir, dit le bas-bleu, qui lui prodigua de nouvelles caresses. J'étais sûre que ce grand chagrin ne serait que passager... Comment donc, tu souris, je crois, espiègle ?

En effet, un revirement étrange s'opérait chez la nièce de la marquise.

D'abord il avait été impossible à Hélène de vaincre un premier accès de désespoir; mais presque aussitôt un éclair illumina son intelligence. Faisant appel à toute sa force d'âme, elle réussit à reprendre du calme, à sécher ses pleurs, à sourire. Dans le cerveau de la jeune fille germait un plan sublime de ruse et de finesse.

A l'insu de sa tante, elle trouva moyen de jeter à Charles un coup-d'œil que le jeune homme comprit sans doute, car immédiatement eut lieu chez lui une transformation analogue.

— Pardonnez-moi, dit Hélène à la marquise; mais vous m'avez annoncé si brusquement ce projet d'union, j'étais si loin de m'attendre... Certes, j'ai eu tort, car enfin M. Dervillers me fait beaucoup d'honneur; je suis on ne peut plus flattée de sa recherche, et si vous consentez, ma bonne tante, à m'accorder quelques minutes de réflexion, je ne doute pas que ma réponse ne soit conforme à vos désirs.

— Tu parles comme un ange ! s'écria la marquise avec transport. Je ne craignais de ta part aucune espèce de résistance, et néanmoins ce que tu viens de me dire double mon ivresse. Il sera donc joué ce drame auquel j'ai consacré tant de veilles ! Je me sentirai vivre, palpiter sous les yeux du spectateur. De ma loge d'avant-scène, j'entendrai les applaudissements, je verrai la salle entière en extase; je pourrai m'écrier dans un juste orgueil : C'est moi qui provoque cet enthousiasme, c'est moi qui excite cette admiration, c'est moi qui fais couler ces pleurs! Hélène, Charles, mes enfants, comprenez-vous ma fièvre, mon délire?

Mme de Noircastel s'était levée de nouveau pour se promener de long en large de la pièce avec une vivacité singulière.

— Oh! ma tante, dit Hélène, je vous en conjure, n'allez point recommencer vos entrechats. Une chute, en ce moment où vous parlez de votre drame, serait d'un triste présage.

— Mauvaise! dit la marquise, attirant à elle la jeune fille et la dévorant de baisers. Je crois, en effet, que tout à l'heure j'ai eu certaines velléités de papillon, qui ne sont permises qu'à la Cerrito... Miséricorde! ai-je pu me livrer à des excentricités semblables? Dieu me pardonne, la gloire me trouble l'esprit, et la joie me descend dans les jambes! Tu dînes avec nous, Charles, c'est convenu. Bientôt la cloche du maître d'hôtel va se faire entendre : je rejoins mon illustre collaborateur.

— Oui, dit Hélène; je vous autorise à lui laisser l'espérance.

Mme de Noircastel eut une sortie parfaitement digne et dégagée de toute prétention chorégraphique.

Charles et la jeune fille restèrent seuls.

— Eh bien! mon ami, que pensez-vous de tout cela?

— Je ne comprends pas, Hélène, que vous ayez eu le courage de plaisanter dans un pareil moment, dit Charles avec tristesse.

— Là! s'écria-t-elle en frappant le parquet de son pied mignon, donnez-vous la peine d'avoir de l'esprit pour deux, voilà comme on vous récompense.

— De grâce, expliquez-moi....

— Que je vous explique.... vraiment? il faut des explications à monsieur! Je dois me laver peut-être du reproche de légèreté, d'indifférence? Il fallait persévérer jusqu'à la fin dans le système tragique, me déclarer en révolte ouverte, braver ma tante, et lui dire :

— Vous voyez-bien *ce petit*.... le fils de cet ivrogne de Bernard, ce jeune homme que vous traitez avec tant de délicatesse et de bienveillance, avec un tact si parfait? c'est lui que j'aime, et non M. Dervillers, votre homme de lettres, votre illustre collaborateur, je l'abhorre. Vous m'avez élevée, vous avez recueilli la pauvre orpheline, elle vous doit obéissance et respect, peu importe. Si vous avez la manie d'écrire, j'en suis au désespoir. Que votre drame reste enfoui dans les profondeurs d'un portefeuille, ou gémisse dans les ténèbres d'un carton, ceci n'est plus mon affaire. J'aime Charles, et je n'aurai pas d'autre époux. — En joignant à cette belle harangue les pleurs, les gémissements, les sanglots, et, au besoin, quelques attaques de nerfs, j'aurais fini par décider la marquise...

— Au nom du ciel, ne m'accablez pas, Hélène !

— J'aurais fini par la décider, je vous le jure.... à vous mettre à la porte...

— Hélas! oui, dit Charles.

— Et Dervillers n'eût pas manqué de suivre l'exemple de ma tante, en congédiant son secrétaire.

— Vous avez raison, cent fois raison.

— Que seriez-vous devenu, monsieur, dit Hélène attendrie, que serais-je devenue moi-même? Nous étions séparés sans retour. Et vous ne comprenez rien, et vous me jugez sans m'entendre. A cette fatale nouvelle qu'on nous apporte, je rassemble toute mon énergie, je surmonte ma douleur, je songe au moyen de sauver nos espérances du naufrage ; je me garde bien de heurter de front la volonté de la marquise, afin de l'amener le plus vite possible, — ce soir peut-être, — à renverser le projet d'hymen qu'elle a conçu.... Car j'y réussirai, monsieur, j'y réussirai, vous dis-je, sans blesser ma tante, en restant vis-à-vis d'elle respectueuse et soumise. Et, quand je croyais avoir été devinée, le premier mot que j'entends sortir de votre bouche est un reproche!

— Pardonnez-moi, dit Charles; oh! pardonnez-moi ma chère Hélène!

Elle lui tendit sa main blanche, que le jeune homme, approcha de ses lèvres.

— Voyons, dit-elle, que pensiez-vous?... car enfin vous deviez penser quelque chose, monsieur?

— J'en doute : mes facultés se trouvaient anéanties, j'avais la tête perdue.

Comme c'est gentil! Je suis parfaitement secondée, j'aurais mauvaise grâce de me plaindre.

— Encore de la rancune?

— Oui... Pourquoi serais-je seule à tout prévoir et à tout combattre? Vous espériez devenir un grand homme... je vois qu'il faut y renoncer.

— Quand vous le voudrez, Hélène. Si je vous obtiens, je suis prêt à répudier la gloire. Mais ce plan, qui doit vous conserver à ma tendresse, ne puis-je le connaître?

— Non, vous ne saurez rien, dit la jeune fille en souriant, et remerciez-moi de ne vous imposer que cette punition. Vous allez promettre de m'obéir sans réserve, sans murmure, avec la docilité d'un esclave.

— Je vous le promets, jolie despote! dit Charles, qui plia le genoux.

Hélène se pencha gracieusement jusqu'au front du jeune homme et lui donna le baiser d'une sœur.

On sonnait le dîner.

III

Les truffes de Périgord, le filet de chevreuil et les truites mentionnés plus haut figuraient sur la table de Mme de Noircastel.

Dervillers oubliait l'insipide lecture du drame, et faisait honneur au festin. De temps à autre, il jetait un coup-d'œil sur la gracieuse physionomie d'Hélène; alors il pensait que cette belle jeune fille, avec cinq cent mille francs de dot, l'aiderait à prendre son mal en patience. Il se décidait sans trop d'efforts à embarquer son nom sur le drame de la tante, et à confier le tout aux brises capricieuses du théâtre.

— Bah! se disait-il, quelques sifflets de plus ou de moins ne me feront pas mourir.

Cependant il se promettait de façonner l'enfant difforme dont il acceptait la paternité. Peut-être réussira-t-il à le sauver de l'orage, à lui faire donner le baptême de fleurs, à obtenir des couronnes en guise de bourrelets. La scène a vu plus d'un exemple de ce genre.

Donc, en dernier ressort, l'homme de lettres ne regrettait pas son marché.

Charles était assis à la droite d'Hélène. Pendant que la marquise et l'écrivain causaient métier, les jeunes gens s'entretenaient à voix basse et sans affectation. Ils avaient l'air très-calmes, très-indifférents en apparence, et l'on n'eût jamais cru qu'ils tramaient un complot dans toutes les règles.

Nous l'avons dit ailleurs, les parents sont aveugles; mais les fiancés, comme les maris, réclament un coin du bandeau.

Dervillers et Mme de Noircastel ne s'étaient point aperçus des manœuvres employées par nos deux conspirateurs pour se trouver côte à côte. L'idée qu'il avait un rival dans son secrétaire ne pouvait venir à l'esprit de l'orgueilleux écrivain. D'autre part, la marquise était à cent lieues de croire que ce petit Charles, ce morveux, osait ambitionner la main de sa nièce et régnait en monarque absolu dans le cœur de la jeune fille.

Au dessert, le fils du régisseur, échangeant un dernier regard avec Hélène, déclara qu'il allait se rendre au cabinet de son patron, pour mettre en ordre certains papiers et s'occuper des écritures laissées en souffrance par le secrétaire, son prédécesseur. Dervillers, surpris, le félicita de son goût pour le travail, et lui prédit gravement qu'avec de telles dispositions il irait fort loin.

Charles sortit, emportant les secrètes confidences d'Hélène.

Quelque temps après ce départ, la jeune fille sollicita de la marquise un entretien particulier, sous prétexte de lui donner réponse définitive. Ce disant, elle baissait la paupière avec une grâce piquante, et Dervillers, comprenant un signe très-intelligible du basbleu, déclara qu'il allait attendre les dames au salon.

— Tu es folle, dit Mme de Noircastel, quand l'homme de lettres les eut quittées : ce soir, ou demain matin, nous aurions eu tout le loisir de causer de nos affaires. La rigoureuse politesse blâme cette solitude où nous laissons ton prétendu.

— Je suis poursuivie par une crainte qui m'ôterait toute espèce de repos, si je ne vous la communiquais à l'heure même, dit Hélène.

— Une crainte.... et laquelle?

— Êtes-vous bien sûre de la franchise de M. Dervillers, ma tante?

— Je ne te comprends pas. Au sujet de quoi le soupçonnes-tu, mon enfant, du péché de dissimulation? tu t'imagines, je le parie, que l'amour, dont il m'a déclaré son âme éprise pour toi, n'est pas sincère.

— Là-dessus, il est bien un peu coupable de mensonge.... car enfin je n'ai jamais eu de preuves de cette belle tendresse. Ou je ne suis rien moins que perspicace, ou ce monsieur m'adore avec une discrétion rare.

— N'accuse ici que ton défaut de clairvoyance. J'avais deviné, moi, quels étaient ses vœux les plus chers.

— En vérité!

— Cela ne doit pas te surprendre. À ton âge, on a beaucoup de candeur et très-peu de finesse.

— Vous croyez, ma tante?... Du reste détrompez-vous, ce n'est point là le sujet de ma crainte.

— Explique toi.

— Mon Dieu, dit Hélène, je m'étais pourtant promis d'avoir du courage, et voici que je n'ose plus rien vous dire.

— Ah! ça, demanda la marquise avec inquiétude, c'est donc une révélation grave?

— Très-grave.

— Et... qui te concerne, mon enfant?

— Qui vous concerne.

— Moi? fit Mme de Noircastel.

— Oui, vous seule, ma tante, ma petite tante... Il faut me promettre de ne pas vous fâcher, dit la jeune fille qui s'accroupit comme une chatte, appuyant ses deux mains sur les genoux du bas-bleu, quelle câlina doucement du regard.

— Allons, tu as ma promesse.

— Eh bien! j'ai remarqué chez votre homme de lettres.... mais, croyez-le, cette confidence est tout-à-fait dans vos intérêts.

— Parle-vite.

— J'ai remarqué, dis-je, certaines façons peu naturelles... certain air d'hypocrisie... certain je ne sais quoi... Sans doute je puis être dans l'erreur. Je ne suis pas douée de cette pénétration qu'avait Mlle Lenormand pour lire au fond des âmes; la sybille défunte n'a pas jugé convenable de me léguer sa science... Mais c'est égal, je crois deviner... D'ailleurs, on a vu des choses bien autrement singulières.

— Bonté divine! quel entortillage nous fais-tu là?

— Vous avez raison, dit Hélène, plus de détours, je brûle mes vaisseaux : Dervillers se moque de vous.

— Mademoiselle! cria le bas-bleu, qui se leva d'un air indigné.

— Voyez, ma tante, comme vous tenez votre parole.

— Mais enfin, petite niaise, où allez-vous pêcher des imaginations semblables?

— Je ne vous ai point affirmé que j'eusse une certitude entière.

— Et sur un doute qui se forme dans votre tête sans cervelle, sur un simple doute, vous venez me jeter à la face une injure?

— Une injure! dit la jeune fille.

— Oui, ma nièce, une injure sanglante. En m'insinuant que Dervillers se moque de moi, c'est me dire que j'ai le plus grand tort de manier la plume, que je ne possède pas le moindre génie, la plus légère bribe de talent; que je griffonne en pure perte, que je ferais mieux de distribuer aux pauvres l'argent que je dépense chez mon papetier. C'est me laisser entendre que ce drame, sur lequel j'ai passé des nuits à pâlir, est mauvais, détestable, absurde.

— Oh! ma tante!

— C'est me déclarer qu'après tous mes soins, toutes mes veilles, tous mes travaux, toutes mes fatigues, je n'ai réussi à mettre au jour qu'une œuvre sans nom, une rapsodie odieuse, un enfant mort-né, quelque chose d'analogue au monstre d'Horace... *corps de femme, queue de poisson*... c'est me dire tout cela, ma nièce.

— Et si Dervillers le pensait, ma tante?

— Décidément, la malheureuse me rendra folle!

— Calmez-vous, de grâce, calmez-vous, dit Hélène en essuyant avec un mouchoir de fine batiste la sueur qui ruisselait à larges gouttes sur les joues empourprées du bas-bleu. Raisonnons sans colère. Je veux que votre drame soit parfait, admirable, qu'on y reconnaisse le cachet du vrai talent; mais Dervillers ne pense pas un mot de tout cela.

— Comment expliqueras-tu ses éloges?

— Il mentait.

— La preuve, s'écria la marquise, la preuve!

— Il a bâillé pendant toute la lecture.

— Il a bâillé... c'est impossible!

— Vingt-cinq fois, j'ai compté, dit Hélène.

— Tu me l'affirmes sur l'honneur?

— Sur l'honneur.

La noble dame fit entendre un soupir douloureux et s'affaissa sur elle-même dans un découragement profond. Néanmoins elle ressaisit une lueur d'espérance et s'écria :

— Mais il consent à faire jouer ma pièce, à la signer!

— Oui... en y mettant une condition, très-flatteuse pour mon amour-propre, mais qui ne donne pas la mesure de son estime pour l'ouvrage.

Mᵐᵉ de Noircastel se leva furieuse.

— Il s'expliquera ! dit-elle, je ne vivrais plus avec un pareil doute. Bâiller, l'indigne ! quand je m'identifiais avec mes personnages, quand je parlais tour à tour la langue de chaque passion, quand je m'exténuais à faire ressortir les contrastes, à lui montrer l'habile agencement des scènes, l'imprévu des péripéties, le nerveux du style, des beautés incontestables après tout... bâiller à cette lecture !

— Vingt-cinq fois, ma tante ; mais, à la rigueur, ces bâillements ne prouveraient pas encore...

— Cela prouve tout, mademoiselle ! cela prouve qu'il m'exploite ; cela prouve, ainsi que vous le disiez fort bien, qu'il se moque de moi. Je vais le trouver, je vais lui soutenir en face que sa conduite est odieuse, déloyale, méprisable.

— Prenez garde, ma bonne tante ; n'agissez pas avec autant de précipitation, vous pourriez vous en repentir, et je serais au désespoir de mériter un jour vos reproches.

— Sois tranquille... tu m'as ouvert les yeux, je t'en conserverai la plus vive gratitude.

— Enfin, dit Hélène, il est possible que je me trompe, après tout. Puisque M. Dervillers consent à signer le drame...

— Signer le drame ! signer le drame ! cria la marquise, il devait accepter sans condition d'abord. Maintenant que j'y réfléchis, cette condition-là même est un outrage. Oh ! que je devine bien son plan ! toucher la dot et lever le masque ; louer en premier lieu, dénigrer ensuite ; épouser la nièce et dire à la tante : « Croyez-moi, n'écrivez plus... vous n'avez pas assez de vigueur de style, assez de hardiesse de conception... Mangez vos rentes, bonne femme, et jetez la plume ! » Oui, le traître serait capable de me tenir ce discours... Jalousie de métier ! petitesse de concurrence !

Hélène avait touché la corde sensible. Le courroux du bas-bleu prenait un magnifique accroissement.

Jamais il n'était venu à l'esprit de la noble dame que l'homme dont elle ferait choix pût se permettre vis-à-vis de ses œuvres un autre sentiment que celui de l'admiration la plus sincère. Elle voulait bien donner sa nièce à cet homme, elle consentait à se l'attacher par des nœuds de famille, pour l'avoir à sa disposition, pour le tenir sous la main, pour le diriger à sa guise. Mais ne pas être sur un pied d'égalité parfaite en matière de talent, mais subir un patronage, une critique, un blâme quelconque; mais soupçonner la franchise d'un éloge, la probité d'une manœuvre, la pureté de motifs d'un acquiescement; mais ne devoir la représentation de sa pièce qu'au minois d'une jeune fille, entourée de cette auréole qu'une dot de cinq cent mille livres ajoute à des charmes féminins, voilà ce que Mme de Noircastel ne tolérait en aucune sorte, voilà ce qui l'exaspérait, ce qui la froissait dans toute la profondeur de son orgueil!

Entre elle et Dervillers, elle n'établissait d'autre différence que celle d'une renommée conquise. Au point de vue du bas-bleu, l'homme de lettres devait être excessivement flatté de signer le drame. On a vu l'effet produit sur la marquise par un premier doute à cet égard : que résultera-t-il, hélas! d'une désillusion complète?

— Le misérable! criait-elle en serrant avec force le bras d'Hélène. Et j'allais te sacrifier, ma pauvre enfant, te sacrifier à un pareil monstre? Chez lui tout est calcul, balance de compte, commerce, agiotage... Donner d'une main, recevoir de l'autre, et recevoir au centuple. — Combien votre signature, monsieur l'écrivain célèbre? — Un demi-million tout au juste, madame, et votre nièce par-dessus le marché. — Quoi! vos prétentions se bornent là? mais c'est pour rien, monsieur; c'est parfaitement modeste, et nous allons conclure. Viens, Hélène, viens! ajouta-t-elle avec une résolution fougueuse.

— Arrêtez, ma tante... votre indignation s'exerce sur des chimères, et vous n'avez jusqu'à présent, je le répète, aucun motif plausible de rupture.

— Peu m'importe! dit Mme de Noircastel, qui prit le chemin du salon.

— Faire du scandale, ma tante, ma petite tante...

— Oui, du scandale, je veux du scandale! J'appellerai mes laquais pour mettre cet homme dehors.

— Eh bien, non, dit Hélène, cela ne sera pas. Vous oubliez votre dignité, madame la marquise, et je dois en avoir pour vous.

— Qu'est-ce à dire, mademoiselle?

— Il s'agit d'obtenir une certitude, mais une certitude entière, de la sincérité de l'homme de lettres ou de sa perfidie. Toute la question repose là-dessus. Ne renoncez pas si légèrement à votre plus douce espérance. Que Dervillers sorte pur et sans tache de l'épreuve à laquelle nous allons le soumettre, je l'accepte pour mari, votre drame est représenté; que nos doutes se confirment, que la trahison devenue palpable nous saute aux yeux, j'abandonne mon futur à votre juste colère.

— Mais de quelle épreuve parles-tu?

— Vous n'avez point achevé de lire le drame; il ne connaît pas le cinquième acte?

— Non, dit la marquise.

— Où est le manuscrit?

— Chez moi.

— Veuillez me le confier, ma bonne tante, et restez, dix minutes au plus, dans le voisinage de la portière de velours qui, du salon communique à votre appartement. Je me présenterai seule à Dervillers. Fiez-vous à mon adresse pour lui tendre un piège et gardez-vous de prendre au sérieux mes discours. Afin de le mettre en verve, je ferai mine d'abonder dans son sens. Vous nous écouterez, et vous paraîtrez lorsque bon vous semblera.

— Donne-moi d'abord quelques détails...

— Inutile, courons chercher le manuscrit.

Elle entraîna Mme de Noircastel.

Pendant ce colloque entre les deux femmes, Dervillers, étendu sur l'un des fauteuils du salon, humait avec délice le vrai café musulman qu'on venait de lui servir dans une tasse de vieux Sèvres. La poitrine de l'homme de lettres éprouvait certain battement inusité qui lui semblait de bon augure. Il avalait une gorgée de moka, fermait les yeux et se renversait sur son siége, afin d'évoquer la douce figure d'Hélène, dont il se croyait déjà l'époux tendrement aimé. La jeune fille lui apparaissait avec tous ses charmes, au sein d'un vaporeux nuage, d'où s'échappaient en légers tourbillons une infinité de billets de banque, pluie non moins agréable que celle envoyée jadis par l'amoureux Jupin sur Danaé prisonnière.

Il fut tiré de cette attrayante préoccupation par le frôlement d'une robe glissant sur le tapis moelleux.

Tournant la tête, Dervillers aperçut devant lui l'objet de son rêve. Il se leva précipitamment pour s'incliner devant Hélène avec toute la galanterie dont il était susceptible.

— Monsieur, dit la jeune fille dont la voix tremblait légèrement, ma tante vous supplie d'agréer ses excuses. Elle s'est trouvée prise d'une migraine affreuse, à l'heure même où elle se disposait à vous rejoindre.

— Vraiment?... Pauvre dame!... Comme c'est fâcheux! dit l'homme de lettres du ton le plus hypocrite qu'il lui fût possible de prendre, car il ne devait pas décemment témoigner toute la joie qu'il ressentait de l'aventure.

Cette bienheureuse migraine lui procurait, contre tout espoir, un adorable tête-à-tête.

— Oui, répondit la jeune fille, c'est d'autant plus fâcheux que la marquise espérait vous achever, ce soir, la lecture de son œuvre.

— Mon Dieu! je vous certifie, mademoiselle, que la chose est entièrement inutile.

— Pardonnez-moi, la marquise regarde cette lecture comme nécessaire, dit Hélène, en montrant sous son bras le plus formidable des manuscrits.

— Quoi! s'écria Dervillers, vous n'avez pas craint de vous charger d'un pareil fardeau?

— Non, répondit-elle avec un sourire plein de malice; je porte toute la gloire de ma tante, et je vous jure, monsieur, que le poids de cette gloire ne m'incommode nullement.

— Divin! cria Dervillers... Ah! ah! l'épigramme est parfaite et le trait de bon aloi... Vous avez de l'esprit comme un ange!

— Monsieur, je ne vous comprends pas. Souffrez que je m'acquitte de la mission qui m'est confiée, répliqua la jeune fille dont le visage présentait alors un sérieux de glace.

— Diable! pensa l'homme de lettres, aurait-elle dit sans intention la plus divine méchanceté?... Mais enfin, poursuivit-il à haute voix, vous devez comprendre qu'une lecture, toute attrayante qu'elle puisse être, aura pour moi beaucoup moins de charme que votre entretien.

— Je vous en offre autant, dit Hélène avec un soupir, et je vous renvoie à plus juste titre ce que vous daignez m'adresser de flatteur. Mais l'obéissance avant tout... Je vais entamer le cinquième acte.

— Comment donc! s'écria Dervillers, qui nous force de lire?

— J'ai promis à ma tante...

— Bah! je lui dirai que je connais la fin du chef-d'œuvre, que cet acte est infiniment supérieur aux autres, que le dénoûment est miraculeux, imprévu, solennel, foudroyant, sublime.

— Oserez-vous... mentir à ce point? dit Hélène, qui appuya sur le mot. S'il en est ainsi, poursuivit-elle avec son délicieux et perfide sourire, vous ne ferez, j'imagine, que joindre un complément à vos premiers... mensonges?

— Sans doute, fit Dervillers en riant, j'ai bien un peu parlé contre ma pensée... Il y a quelque chose... Mais la politesse, mais les convenances, mais l'usage! Il est, en ce monde, des nécessités de situation vraiment terribles. La mienne, vous conviendrez, était des plus délicates.

— Vous avez raison, répondit la jeune fille. Cet aveu vous réhabilité entièrement dans mon esprit, car je ne m'expliquais pas comment un homme de goût...

Elle s'interrompit et s'écria :

— Mais c'est mal, ce que nous disons, monsieur !

— Pourquoi, mademoiselle ?

— C'est très-mal, de ma part surtout, car je manque au respect que je dois à ma tante.

— Non pas ; je la respecte infiniment pour mon propre compte, je vous l'affirme. La marquise est une fort estimable personne, qui fait les honneurs de son hôtel avec beaucoup de grâce et d'amabilité. Je ne lui connais qu'un défaut... celui d'écrire.

— Alors, monsieur, ce drame...

— Est tout ce qu'il y a de pire dans le genre.

— Miséricorde ! et vous le ferez jouer ?

— Entendons-nous, mademoiselle ; votre tante a dû vous communiquer certain projet...

— Elle m'a recommandé de vous lire le cinquième acte.

— C'est beaucoup d'habileté de sa part. Elle ne pouvait choisir un organe plus capable de donner du relief à sa prose. Je soutiens qu'en passant par votre bouche les périodes les plus mal sonnantes doivent acquérir immédiatement l'harmonie du plus beau style.

— Ah ! monsieur, dit Hélène.

— Ce n'est pas une fadeur, un compliment que je vous débite, c'est une vérité que j'énonce. Mais je tiendrais beaucoup à savoir si Mme de Noircastel a bien voulu, comme elle me l'a promis, vous expliquer mes respectueuses espérances.

— Oui, monsieur, dit Hélène.

— Suis-je assez heureux pour que ces mêmes espérances ne vous aient point déplu ?

La jeune fille réussit à vaincre l'embarras inévitable en pareille occurence, et répondit sur un ton dégagé :

— Je dois vous apprendre que jusqu'alors j'ai eu l'habitude, en toute occasion, d'obéir aux ordres de ma tante. Or, prenez garde, monsieur! vous m'empêchez de lire ce manuscrit... une première désobéissance peut en provoquer une autre.

— Charmant! charmant! s'écria Dervillers avec enthousiasme. Impossible de répondre avec plus de tact et plus d'à-propos.

— Vous me flattez, dit Hélène.

— On ne vous flattera jamais; car toutes les fois qu'un de vos admirateurs essaiera de faire votre éloge, il restera nécessairement au-dessous de son sujet.

L'homme de lettres prit son air le plus spirituel pour éditer cette phrase prétentieuse.

— Assez, monsieur, dit la jeune fille, et lisons ce cinquième acte.

— Sérieusement, vous exigez...

— Ma conscience ne serait pas en repos. Je dois revoir ma tante la première, et je ne suis pas décidée, comme vous l'êtes, à me tirer d'embarras par l'exagération de la louange.

— Eh bien, soit, lisons! s'écria Dervillers, qui rapprocha son fauteuil; nous allons rire.

— Du tout, nous serons très-graves.

— Je parie que vous manquerez vous-même à cette résolution?

— Hélas! monsieur, j'en suis capable, et vous devez me trouver bien répréhensible.

— Non, non, souffrez que je vous aide à supporter le manuscrit, car il est d'un lourd... Avec une massue pareille, on peut assommer son lecteur d'une infinité de manières. Là, je soutiens l'édifice... prions le ciel de ne pas être écrasés sous sa chute.

— Trêve de plaisanterie; je commence... mais ne bâillez plus comme tantôt.

— C'est vrai, dit l'homme de lettres; ai-je bâillé, grand Dieu!

— Vingt-cinq fois.

— Plus que cela, oh! beaucoup plus que cela! Mais à présent je ne me rendrai plus coupable d'une telle irrévérence. Grâce à vous, je suis sûr que le cinquième acte sera... très-comique.

— Y songez-vous, le cinquième acte d'un drame?

— Oui, nous allons y trouver du poignard, du meurtre, des trépignements, des sanglots, toutes les monstruosités d'usage... N'importe, ce sera fort drôle.

— Enfin, monsieur, dès que je dois renoncer à vous arracher des larmes, riez à votre aise... ne vous gênez pas, je vous prie.

— Soyez tranquille.

— Ecoutez, dit Hélène : « — (*Décor de l'acte précédent, ruines du cloître. — Le ciel est sombre, la nuit est sans étoiles...* »)

— Parbleu! puisque le ciel est sombre, il est certain que la nuit...

— Mais, si vous m'interrompez déjà, monsieur, nous n'en finirons plus.

— J'écoute.

— « *Le ciel est sombre, la nuit est sans étoiles, les ténèbres sont profondes...* »

— Décidément, apportez des flambeaux! s'écria Dervillers.

— Le fait est, dit Hélène, que tout cela n'est pas clair.

— A merveille! le mot est joli! voilà qui vaut mieux que le cinquième acte de notre pauvre marquise. Je m'amuse énormément... continuez.

— Avec plaisir, car le début promet : « — *Les ténèbres sont profondes. Au milieu de cette obscurité lugubre...* »

— Encore! Dieu, que ce drame est noir!

— « *Au milieu de cette obscurité lugubre, Louise s'avance, par la droite, à peine vêtue...* »

— Permettez, Mme de Noircastel, permettez... Vous oubliez la censure : elle enverra votre Louise au magasin de costumes.

— Eh! monsieur, laissez-moi donc poursuivre : — «*A peine vêtue. Ses genoux se dérobent sous elle, et ses bras tremblants cherchent dans l'ombre la direction qu'elle doit prendre.* »

— Casse-cou! murmura l'homme de lettres.

— « *Elle arrive de la sorte jusqu'à moitié de la scène. Le marquis paraît à gauche et ses éperons résonnent sur les dalles.* »

— Pardon!... sur les planches.

— Soyez indulgent, dit Hélène. « SCÈNE PREMIÈRE. LOUISE, LE MARQUIS. — LOUISE, *d'une voix émue.* Qui va là? — LE MARQUIS *prêtant l'oreille et à lui-même.* J'entends une voix de femme (*Haut*). Ne craignez rien, beauté timide! le marquis de Verneuil est un galant chevalier qui honore votre sexe et le protège. — LOUISE. Le marquis de Verneuil, est-ce possible! En effet, ces accents que je ne puis méconnaître... Mon père! — LE MARQUIS. Ciel! est-ce toi, Louise? — LOUISE. Oui, mon père, mon bon père! Enfin je vous vois de retour... Comment vous portez-vous? »

— Ah! bravo! bravo! s'écria Dervillers, qui se leva de son fauteuil et se tint les côtés en proie à toutes les convulsions d'un fou rire, le *comment vous portez-vous* est impayable... Ah! ah! je donnerais tout au monde pour être l'auteur de ce *comment vous portez-vous*?

— Quoi? monsieur, vous trouvez étrange qu'une fille respectueuse...

— Non, je trouve cela tout simple... trop simple!... Ah! ah! ah! certainement que cette excellente Louise devait s'informer d'abord si la santé de l'auteur de ses jours continuait d'être aussi florissante... Chère enfant! quelle tendresse filiale!

— Et comme c'est beau de naïveté, dit Hélène, comme il y a peu de recherche dans cette phrase, comme c'est naturel!

La sournoise riait aux larmes; l'homme de lettres s'enferrait de plus en plus.

— Victor Hugo, pends-toi! s'écria-t-il avec emphase, tu n'as pas trouvé celui-là! Ton *laisse-moi tranquille* des *Burgraves* se prosterne devant ce *comment vous portez-vous?*

— N'est-ce pas, monsieur? je suis charmée de vous voir enfin rendre justice à ma tante.

— Non, mais c'est inouï, c'est pyramidal! on n'a pas vu d'exemple d'une pareille hardiesse de style. Ah! marquise! marquise! je veux reconnaître par une croix blanche le jour mille fois heureux où vous m'avez jugé digne de votre collaboration. Dès à présent, je vous choisis pour modèle, je me déclare votre prosélyte, votre plus chaud admirateur... « Comment vous portez-vous!... Ah! ah! ah!... Ça va bien?—Mais oui, pas mal, et la vôtre? Tout doucement, vous êtes trop bon... » Je vous signale ce précieux dialogue, marquise : n'oubliez pas de l'insérer quelque part, il sera d'un effet délirant. Se figure-t-on tout un parterre, toute une salle, se tordant sur les banquettes, comme je me tords en ce moment sur mon fauteuil! Quel beau succès! quelle pluie de couronnes! quel orage de bravos! Pourquoi diable aussi n'as-tu pas cultivé le drame, ô Molière!... tu n'aurais point aujourd'hui le désagrément de te voir surpasser par Mme de Noircastel... Ah! ah! merci de moi! j'étoufferai, c'est sûr!

Il en était là de sa folle tirade, quand un vacarme effroyable se fit entendre à deux pas de lui.

Quelque chose comme un ouragan vint heurter le guéridon qui portait le service de vieux Sèvres, et la porcelaine brisée roula sur le tapis.

— Sortez, monsieur, cria tout à coup une voix qui n'avait plus rien d'humain, sortez à l'instant! Je vous chasse de mon hôtel!

Dervillers ne manquait pas de courage, l'énergie de son caractère avait brillé dans plus d'une circonstance; mais en face de cette femme outragée, devant ce bas-bleu furibond, sous le regard étincelant de cette redoutable marquise, il trembla comme l'enfant surpris par un sévère pédagogue, et son visage se couvrit de pâleur.

Hélène venait de jeter le manuscrit et de s'enfuir en donnant des signes d'effroi.

— M'avez-vous compris? cria de nouveau Mme de Noircastel, dont le bras, impérieusement levé, désignait à l'homme de lettres la porte du salon...

— Réfléchissez, madame... Ce n'est pas à moi que s'adresse un pareil ordre.

— Et à qui, s'il vous plaît?

— A l'un de vos domestiques, sans doute, lequel reste invisible à mes yeux.... car une femme du monde ne peut s'oublier à ce point, répondit Dervillers, qui retrouvait du calme, et qui, sentant que tout était perdu, ne voulait pas, malgré ses torts, accorder au bas-bleu les honneurs de la guerre.

— Quelle impudence! dit la marquise, en levant au plafond ses deux mains crispées. Mais j'étais là, monsieur, derrière ce rideau... J'ai tout entendu.

— C'est possible; vos oreilles ont obtenu la récompense de leur indiscrétion.

— Vous avez l'audace...

— De me justifier? Non, certes.

— Il me brave.

— Nullement, je vous assure.

— Un homme de rien, que j'élevais jusqu'à moi...

— Madame!

— A qui j'avais eu la faiblesse de confier le secret de mes loisirs, faiblesse dont je rougis maintenant... car, vous autres, despotes de la littérature, autocrates au petit pied, vous n'avez garde d'admirer les autres; c'est bien assez de vous admirer vous-mêmes, de vous placer sur un piédestal, de humer à plein cerveau l'encens que vous brûlez sur vos propres autels. Heureusement cette admiration ne se propage guère. Le sens commun du public renverse les dieux usurpateurs et vous rend tôt ou tard la justice qui vous est due. Voyez-vous ces beaux messieurs, qui se placent dans les nuages! ces écrivassiers, qui prétendent nous donner pour des plumes d'aigle...

— Leurs plumes d'oie, madame? je complète le trait d'esprit... Mais lorsque vous descendez de la sorte en pleine basse-cour, ne m'autorisez-vous point à croire que vous-même y cherchez des armes?

— Oh! raillez tant qu'il vous plaira! s'écria-t-elle en venant se placer jusque sous le regard de l'homme de lettres : vous n'avez pas le beau rôle, et j'ai lieu d'être étonnée de vous voir depuis si longtemps affronter mon mépris.

— C'est un mot très-dur, marquise... un mot que la politesse et le respect me défendent d'appliquer à votre personne, mais que je réserve pour vos œuvres.

— Insolent!

— J'ignore qui de vous ou de moi peut se plaindre d'un outrage. Il vous a plu d'écouter aux portes, et je ne vous conseille pas de publier ce que vous avez recueilli dans cette honorable occupation. Le plus court, madame, sera de garder le silence.

— Encore une fois, sortez, sortez!

— Un instant, de grâce.... Si jamais je vous rencontre dans le monde, vous me permettrez, je l'espère, de vous adresser de temps à autre cette phrase, qui a reçu le baptême de votre talent, cette phrase désormais sublime : *Comment vous portez-vous?*

C'en était trop, Mme de Noircastel tomba sur un siége, en poussant une sourde exclamation de désespoir.

Dervillers craignit pour elle une attaque d'apoplexie foudroyante. Il se repentait presque d'avoir été trop loin, quand tout à coup la noble marquise, ayant réfléchi sans doute que l'emportement lui faisait perdre beaucoup de ses avantages, se releva plus calme et se rapprocha majestueusement de son ennemi.

— Je ne conçois vraiment pas, dit-elle d'une voix brève et dédaigneuse, pourquoi je prendrais au sérieux soit votre critique, soit vos éloges. Entre monsieur Dervillers et moi, la distance est trop grande pour que je m'inquiète du jugement que lui ou ses pareils portent sur mes travaux.

— Mes pareils, madame...

— Vos pareils, monsieur, je crois vous l'avoir dit déjà, sont des gens de rien, de petites gens, qui se croient du génie et n'ont que l'aplomb de la sottise.

— Quoi! s'écria Dervillers avec indignation, vous ne craignez pas....

— Vos pareils n'ont d'autre mérite que celui d'être venus dans un siècle de roture et de mauvais goût, un siècle de manants. Allez, mon cher, allez vous adresser à d'autres... ce n'est point ici votre place... fi donc! vous êtes du peuple.

Et la marquise de Noircastel accompagna ces paroles d'un geste et d'un regard qu'eût enviés Georges, la grande tragédienne, dans ses plus beaux jours de triomphe scénique.

L'homme de lettres, atterré par cette incroyable sortie, ne trouva pas un mot à répondre, et le bas-bleu rentra dans ses appartements.

IV

Si nos lecteurs veulent bien nous suivre, nous les conduirons au troisième étage d'une maison située rue Taranne, et nous ouvrirons la porte du cabinet de Dervillers.

C'est un véritable pandémonium artistique, où la peinture, la sculpture, l'aquarelle, ont des représentants; où les mille et une variétés du crayon et du pinceau, les fantaisies du plâtre, les originalités du bronze se heurtent, se mêlent, se confondent. Devéria, Gavarni, Daumier, le parfum, le sourire et la grimace viennent se tendre la main; Charlet sabre ou grogne, Dantan charge, Canova pleure, Horace Vernet obtient le triomphe du cadre gigantesque. Toutes ces illustrations modernes se sont données là rendez-vous pour écrire leurs noms sur la muraille et pour déposer leur carte de visite aux belles-lettres, sœurs des arts.

En face de la fenêtre, devant laquelle tombent de lourdes draperies frangées de soie, se trouve une table ronde recouverte d'un tapis de l'Inde. Cette table, qui tient lieu du trop vulgaire bureau, porte les papiers de l'écrivain.

C'est là qu'il travaille.

Une bacchante accroupie présente l'encrier; deux respectables guenons, à la Granville, ont des plumes derrière les oreilles; des satyres au pied fourchu s'étendent sur le scenario d'un drame ; de monstrueux lézards dorment sur des plans de vaudevilles; une jolie levrette croise les pattes sur des billets d'orchestre et des coupons de loge. Bacchante, guenons, satyres, lézards et levrette ne jouissent pas, comme bien on se l'imagine, du privilége de l'existence : ils sont coulés en airain, sculptés en bronze, et sortent des magasins de Susse.

Au fond de la pièce, sur le côté du parallélogramme qui n'est pas envahi par les tableaux, les dessins et les statuettes, une riche panoplie déroule ses capricieux arrangements, ses mélanges bizarres. L'antique et le moderne, la rouille et la damasquinure, la hache d'armes et le yatagan, la carabine à mèche et le pistolet de Lepage se marient, s'entrelacent et fraternisent. A droite et à gauche de deux magnifiques-portières à lambrequins dorés, le moyen-âge a croisé ses lourdes hallebardes ou pendu ses glaives gigantesques. L'une de ces portières ouvre sur le reste de l'appartement ; l'autre conduit à une espèce de succursale du cabinet, où se tient le secrétaire, en compagnie des livres.

Une bibliothèque est la seule chose que bon nombre d'écrivains n'étalent pas à tous les regards. Les ouvriers parfois montrent de la coquetterie : le menuisier cache son rabot, le maçon prend soin de secouer le plâtre de ses vêtements.

Charles, après avoir quitté l'hôtel de la marquise, est venu se réfugier dans cette seconde pièce.

Depuis une heure, il n'a pas écrit une ligne, rangé la moindre paperasse. Son unique occupation consiste à se promener de long en large et à se frotter joyeusement les mains; car il est sûr de la réussite du plan conçu par Hélène. Les instructions qu'elle lui a données sont claires et positives. Sans doute il ne prévoit pas encore où se dénouera l'intrigue; il ne saisit pas au juste le motif des ordres qu'il a reçus, mais il exécutera ces ordres avec une précision scrupuleuse.

Le jeune secrétaire éprouve néanmoins un léger battement de

cœur, à la pensée qu'il va falloir rivaliser de ruse et d'astuce avec un homme de la force de son patron.

Ce battement de cœur devient de plus en plus inquiétant à mesure que l'heure s'écoule. Dervillers peut rentrer d'une minute à l'autre. Comment Charles va-t-il s'y prendre pour entamer une question délicate? Saura-t-il assez adroitement dissimuler ses craintes et cacher son amour? Le doute s'empare de lui; sa première confiance dans le complot d'Hélène reçoit une pénible atteinte. Si Dervillers avait éventé la mine, s'il allait revenir victorieux? Où est l'apparence qu'un homme du monde, un vaudevilliste, un fabricant d'intrigues, puisse donner ainsi tête baissée dans le piége? La terreur qui avait envahi l'âme du pauvre amoureux, au moment où Mme de Noircastel annonçait devant lui les prétentions de Dervillers à la main d'Hélène, se renouvela plus cruelle et plus instante. Il tomba sur un siége, pencha douloureusement la tête sur sa poitrine et versa des larmes amères.

Perdre l'objet aimé, n'est-ce pas toujours, et surtout à cet âge, le plus affreux des chagrins? Perdre Hélène, la douce compagne de son enfance; Hélène, son unique trésor, son rayon de soleil, sa joie, son bonheur, son espoir.

— Jamais, s'écria-t-il, non jamais! elle ne peut être qu'à moi, nous avons échangé des promesses : malheur à celui qui viendrait se jeter à l'encontre de notre amour !

Il essuya ses larmes et se redressa d'un air menaçant.

— Qui m'empêche de provoquer mon rival? en présence d'une affection commune, les distances s'effacent, les rangs s'égalisent ; deux hommes qui se rencontrent aux côtés de la même femme sont à la même hauteur. Et de quel droit viendrait-il me briser l'âme et me voler ma seule espérance de félicité dans ce monde? S'il refuse de se battre... je le provoquerai devant témoins, je lui jetterai l'insulte et le mépris; je dirai que Théodore Dervillers, le grand écrivain, l'homme illustre, est un lâche. Je le crierai sur la voie publique, je le signerai dans la presse, je le publierai dans les coulisses, dans les salons, partout!

Il en était là de ce monologue échevelé, quand un bruit de pas se fit entendre sur l'escalier voisin.

C'était une marche masculine. Il n'y avait pas d'étage supérieur ; par conséquent, il devenait très-possible que ce fût le patron.

Soudain l'effervescence du jeune homme se calma, non qu'il eût peur, ou que le discours qu'il venait de se tenir à lui-même dût être considéré comme une fanfaronnade, mais l'approche de l'ennemi donne toujours de la circonspection au plus brave. D'ailleurs, le secrétaire ignorait encore s'il devait s'affliger ou se réjouir, s'emporter contre un rival triomphant ou plaindre un antagoniste désarmé.

Bientôt ses doutes à cet égard se changèrent en une consolante certitude.

Dervillers entra dans son cabinet de travail. Il était pâle ; ses lèvres contractées dénotaient une irritation profonde. Il envoya sa canne et son chapeau dans un coin de la pièce, et tomba sur les coussins d'un divan.

— Battu ! s'écria-t-il, je suis battu ! Son incroyable tirade m'a trouvé sans réplique ; elle m'a jeté, sans dire gare, une tuile à la tête. Devant ces phrases ronflantes, ces mots creux de la sottise nobiliaire, je suis resté bouche béante et muet comme une huître... Vieille muse ! affreux bas-bleu !... va toujours, va, chante victoire ! je trouverai moyen de prendre ma revanche et d'écraser ton orgueil. Ah ! je suis du peuple, madame la marquise ? oui, certes, et je m'en fais gloire... Je suis du peuple ? Mais vos trente-six quartiers de noblesse ne vous donneront pas le génie qui vous manque ; mais vous avez beau vous retrancher sous votre blason, vous entendrez proclamer à son de trompe que votre pièce est une œuvre indigeste et malsaine. Tiens, je parle à présent !... oui, Dieu me pardonne... Il est trop tard, morbleu ! c'est du réchauffé. Ma défaite n'en sera pas moins positive, quand même je ferais ici de l'éloquence pour ma satisfaction personnelle. Ah ! cette petite Hélène, cette petite... Pourtant rien ne prouve qu'elle ait été d'accord avec sa tante, et sa frayeur, au moment du coup de théâtre... Où avais-je l'esprit, pour m'aviser d'en faire si mal à propos? Perdre en un quart d'heure tout le fruit de mes habiles combinaisons, tous les résultats de mon angélique patience; me voir... congédié de cet hôtel, où j'avais conquis la position d'un phénix, d'un oracle, quelle école!... Je me vengerai, marquise, et cruellement. Tenez-vous sur vos gardes, veillez sur vos remparts. La guerre est déclarée... une guerre à mort!

Dervillers, en achevant ces mots, tourna brusquement la tête.

Charles venait de soulever la portière et s'inclinait devant lui.

— Qui diable vous savait là, monsieur? cria l'homme de lettres sur un ton rogue. On ne prend pas de la sorte les allures d'un fantôme; on tousse, on trouve un expédient pour annoncer sa présence. J'ai, ce soir, les nerfs extrêmement susceptibles, et vous m'avez presque effrayé.

— Vous auriez pu, balbutia le jeune homme, avoir à réclamer mon service.

— Non... mais restez également. Je profiterai de votre apparition pour vous signifier un ordre... un ordre, entendez-vous, monsieur? C'est de ne plus remettre les pieds...

Il s'arrêta pour réfléchir.

— J'attends, dit Charles, qu'il vous plaise de m'apprendre...

Dervillers l'interrompit.

— Depuis quelle époque fréquentez-vous l'hôtel de la marquise? Au fait, je me le rappelle à présent, vous êtes le fils de son régisseur de Meudon; c'est impossible que vous rompiez en visière à celle qui tient sous le joug votre famille. Alors, monsieur, je suis au désespoir; mais il faudra nous séparer.

— Nous séparer? dit Charles avec stupeur.

Cette déclaration, parfaitement inattendue, lui enleva son assurance et le démoralisa de la façon la plus complète.

Le soliloque de Dervillers, qu'il avait saisi de la pièce voisine, lui avait fait comprendre que l'heure était venue de suivre les instructions d'Hélène. Invoquant le génie de la ruse, il résolut de se montrer le digne émule de la jeune fille et de joindre un nouveau succès à celui qui venait d'être obtenu déjà. Sa première démarche avait été magnifique de courage. Lever intrépidement un rideau, s'avancer d'un pas ferme, adresser à l'homme de lettres un salut sans gaucherie, ne pas trembler sous un regard furieux, c'était quelque chose sans doute; mais qu'il y avait loin de cette escarmouche à la grande bataille expressément recommandée par Hélène! Si l'ennemi décampe, contre qui se battra le secrétaire? Or, Dervillers ploie déjà sa tente, ou plutôt il force Charles à ployer la sienne. En conséquence, plus d'engagement, plus de victoire possible. La nièce de la marquise a eu les honneurs du triomphe, son complice aura l'ignominie de la défaite.

Cependant Charles, malgré le trouble où le jetait la voix brève et sentencieuse de l'homme de lettres, eut la force de lui dire :

— En quoi vous ai-je déplu, monsieur ? Veuillez m'expliquer la cause d'une pareille rigueur.

Dervillers se leva sans répondre, et, faisant jouer le ressort d'un meuble d'ébène incrusté d'arabesques précieux, il en tira dix louis, qu'il présenta cavalièrement au jeune homme.

— Vous êtes entré depuis trois jours, dit-il ; voici vos honoraires d'un mois.

— Je les refuse, monsieur, dit Charles, qui repoussa les pièces d'or avec un geste d'indignation.

— Oh ! oh ! se dit l'écrivain, le petit bonhomme, ainsi que l'appelle cette absurde marquise, ne manque pas de dignité.

— Seulement, continua Charles, j'ai le droit, ce me semble, de connaître les griefs que vous avez contre moi.

— Des griefs ! je n'en ai pas l'ombre, fit Dervillers sur un ton de légèreté charmante. Vous entretenez avec Mme de Noircastel des relations fort amicales ; elle vous admet à sa table, elle vous tutoie comme un sapajou,—c'est on ne peut mieux ; je vous prie d'agréer là-dessus mes félicitations sincères. Mais comme, à partir de ce jour, la marquise est ma bête noire ; comme j'ai résolu de la couvrir de ridicule, de l'accabler de sarcasmes, vous devez comprendre qu'il me répugne de garder près de moi l'un de ses défenseurs. Je ne veux pas d'un homme qui aurait nécessairement des intelligences dans la citadelle dont je forme le siége. Vous êtes un charmant garçon, je ne dis pas le contraire ; votre assiduité me prévenait beaucoup en votre faveur.... Pourquoi diable connaissez-vous cette marquise? Je veux l'abîmer, vous dis-je, l'abîmer sans miséricorde ! et vous pouvez lui communiquer mes intentions formelles à cet égard. Allons, sans rancune ; prenez et séparons-nous.

— Mais, objecta le jeune homme, à quoi bon me rendre victime de cette inimitié soudaine, dont j'ignore, du reste, le motif? Qui peut vous faire croire, monsieur, que je sois plus disposé à prendre les intérêts de Mme de Noircastel que les vôtres?

— Bah ! vous seriez de mon parti !

— Pourquoi non? dit Charles.

Sa figure devenait rayonnante. Il trouvait une issue large et facile pour entrer enfin dans cette lice où Hélène l'avait sommé de combattre.

— Ayez donc la bonté de vous asseoir ! s'écria Dervillers, qui indiqua gracieusement au jeune homme une place sur le divan. Vous fumez, n'est-ce pas?

Il tira de sa poche un de ces étuis dorés et flexibles que la Chine a la galanterie d'envoyer aux lions les plus civilisés du boulevard de Gand.

— Prenez un cigare, et allumez à la bougie... très-bien ! Maintenant, causons. Vous n'aimez pas cette chère marquise, à ce que je vois?

— Pas beaucoup, répondit Charles.

Il retrouvait assez de hardiesse pour se renverser sur les coussins et diriger vers le plafond certaines bouffées passablement nourries.

— J'aurais dû le deviner, riposta vivement l'homme de lettres, car elle vous traite avec un sans-façon...

— Qui me déplaît à l'excès, je vous l'affirme sur l'honneur, dit

Charles, qui eut, en proférant ces mots, un accent de véritable franchise.

Dervillers, ravi, lui serra la main.

— Vous ne sauriez croire comme vous gagnez dans mon estime! Et moi qui avais peur d'une trahison, moi qui vous soupçonnais... Oublions tout cela. Vous ne me quittez plus; je vous associe à ma vengeance... car vous la détestez cette femme; oh! vous le nieriez inutilement! Quel service en espérez-vous d'ailleurs? Je vous appuierai mieux que jamais elle ne pourra le faire.

— Une seule chose me retient, dit Charles, qui marchait à grands pas vers son but, tant les chances lui étaient propices, tant son patron lui-même écartait divinement les obstacles.

— Voyons cela, dit l'écrivain.

Il venait de prendre lui-même un cigare et se penchait familièrement pour l'allumer à celui du jeune homme.

— La marquise, dit celui-ci, aura bientôt les preuves de ma complicité; je tremble qu'alors elle ne rejette sur mon père tout le poids de sa rancune.

— Pauvre garçon! s'écria Dervillers avec un imperceptible mouvement d'épaules, vous n'êtes pas fort! Ah! ça, croyez-vous bonnement que nous allons communiquer nos projets à Mme de Noircastel? du tout, mon cher. Dès que vous vous rangez sous mon drapeau, la thèse change. Vous continuerez à voir la noble dame, à vous asseoir à ses banquets, à subir son tutoiement aristocratique. Vous lui direz de moi tout le mal possible : ceci, ne le perdez pas de vue, est très-important. Ce sera le moyen d'attirer le bas-bleu dans nos eaux pour le harponner.

— Le rôle que vous me destinez, dit Charles, ne me semble pas de la première noblesse.

— Des scrupules avec un bas-bleu, mon cher, y songez-vous? Mais le bas-bleu est le fléau, la peste, le choléra de la littérature! Le bas-bleu nous déborde, c'est le déluge... Et les hommes de lettres, vous, moi, tous nos frères de la presse, nous devons nous entendre pour opposer une digue à cet envahissement. Le bas-bleu, c'est le frelon qui bourdonne autour de la ruche pour manger nos rayons de miel. Il pille sans pudeur, il vole avec effronterie. Toutes les femmes de cinquante ans, parvenues à l'extrême limite de l'amour, se font bas-bleus. Tristement assises dans les steppes désolées du regret, elles pleurent de souvenir, et versent une effroyable quantité d'encre et de larmes. Ces cotillons vieillis emploient leur désœuvrement à coudre la phrase, à broder l'histoire, à filer le drame, à tricoter le feuilleton. J'ai vu des ouvrières de ce genre m'offrir leurs services en essayant sur moi les séductions d'un sourire édenté. Leur robe s'accroche à tous les angles du journalisme, traîne dans le couloir des théâtres, balaie les imprimeries et se froisse éternellement contre la direction des Beaux-Arts. Insatiable de sa nature, le bas-bleu grignotte le budget des encouragements, palpe les prix académiques, vend la prose au mètre et les vers au boisseau. Parlez *bas-bleu* devant le rédacteur en chef d'une feuille périodique, vous lui donnerez des spasmes et des convulsions ; proférez ce mot chez un libraire, il vous appellera sur le terrain. Sauf deux ou trois femmes de mérite, qui ne doivent leur sexe qu'à une étourderie de la nature, on doit crier haro sur tout le reste de ces écrivains sans barbe et sans vigueur ; on doit chasser du temple ce débit scandaleux de pacotille, exiler du harem ces eunuques lettrés, renvoyer à leur pot-au-feu ces ménagères vagabondes.

— O madame de Noircastel ! dit Charles, consentirez-vous jamais à descendre à la cuisine ?

— La marquise ! s'écria Dervillers, je l'appliquerais au régime cellulaire, comme les grands coupables, comme les fous furieux. Chez elle, l'orgueil de la plume dégénère en hydrophobie. Vous ne savez pas qu'elle a failli me dévorer ce soir, et que je suis encore tout saignant de ses morsures.

— Voilà qui est étrange. Pendant le dîner, vous étiez au mieux avec elle, et, si j'ai bonne mémoire, on a parlé devant moi d'un projet de mariage entre vous et Mlle Hélène.

Cette phrase traîtresse fut glissée le mieux du monde. Si la jeune fille eût pu l'entendre, elle aurait admiré sans contredit les progrès de son élève.

— Vraiment! s'écria Dervillers, la marquise a touché la corde en votre présence?

— Oui, monsieur, dit Charles, et je ne m'explique pas une rupture, après la joie que manifestait Mme de Noircastel au sujet de cet hymen en perspective.

— Et... la jeune fille? murmura l'homme de lettres d'un air passablement embarrassé.

— Mlle Hélène?

— Oui... qu'a-t-elle répondu?

— Que vos prétentions lui semblaient fort honorables; elle a pleinement autorisé la marquise à vous porter des paroles d'espoir.

— Animal que je suis! cria Dervillers.

Il bondit sur le divan, se frappa le front et jeta son cigare, qui alla friser les hanches d'une Vénus Callipyge et tomber fort irrévérencieusement sur le nez de Madeleine de Canova.

— Non, mais tout amour-propre à part, je me suis conduit comme une brute, poursuivit Dervillers. Le premier collégien venu n'aurait pas donné dans la trappe avec une niaiserie plus admirable. Figurez-vous, mon cher... Eh, parbleu! j'aurais dû le deviner cent fois pour une! Il est tout simple qu'on ne livre pas une jolie fille et une plus jolie dot sans garanties sérieuses. On voulait éclaircir un dernier doute; on avait feint une migraine, on s'était caché sous la portière... Ah! marquise, marquise! une fois dans votre vie vous aurez eu plus d'esprit que moi.

— Veuillez m'excuser, dit Charles, mais je ne saisis pas entièrement...

— Vous ne saisissez pas? je le crois pardieu bien! Jusqu'à ce jour, il n'y a point d'exemple qu'un vaudeville ait fait une école semblable. Et, quand toute la sottise est de mon côté, je me livre à des transports de fureur, je parle de vengeance, je déblatère contre les bas-bleus... Allons donc, Dervillers, mon ami; tu montres le bout de l'oreille! Le bas-bleu te rendrait des points, le bas-bleu t'a vaincu. Je chante la palinodie, m'objecterez-vous? pourquoi non, s'il vous plaît! Je reconnais mes torts et l'impertinence de mes attaques. Le bas-bleu est une femme, c'est assez dire. Femme et chatte, n'en déplaise aux naturalistes, voilà deux êtres parfaitement analogues. Cela vous connaît tous les détours de la ruse, toutes les finesses de l'intrigue; cela vous caresse d'une patte et vous griffe de l'autre. Respectez le bas-bleu, n'offensez pas le bas-bleu! la chatte aurait bientôt fini de se métamorphoser en tigresse. — Mais voici l'histoire en deux mots.

— J'écoute.

— Sous prétexte d'une indisposition subite qui la retenait chez elle, votre marquise a chargé sa nièce de me lire le cinquième acte d'un drame dont j'avais fait jusqu'alors les plus grands éloges.

— Bon Dieu! dit Charles, — pardonnez-moi si je vous interromps, — mais je prévois l'orage.

— Ah? fit l'homme de lettres.

— Sans doute. Mme de Noircastel était cachée sous une portière, vous venez de le dire à l'instant. Comme, d'un autre côté, je n'ignore pas que la demoiselle professe pour les œuvres de sa tante une admiration très-restreinte...

— Juste,, vous y êtes! Cette jeune fille a de l'esprit comme un diable. Elle s'est moquée du drame avec une gentillesse, avec un piquant....

— Vous avez fait chorus.

— Mieux que cela, j'ai broché sur le tout.

— Ciel! et l'auteur de la pièce....

— N'a pas échappé la moindre syllabe.

— Quand je vous disais que je prévoyais l'orage!

— Une tempête, mon cher, un véritable cataclysme. J'ai cru par un moment que l'hôtel s'écroulait. La marquise m'a foudroyé, c'est le mot.

— Il me semble la voir, dit le jeune homme.

— Représentez-vous Tisiphone, la sœur aînée des furies. Cherchez dans vos souvenirs mythologiques tout ce qu'il y a de plus effroyable, de plus vengeur, de plus coiffé de serpents : la tête de Méduse, Némésis, les Gorgones, et vous n'aurez qu'une idée très-faible et très-imparfaite du visage que m'offrit Mme de Noircastel en ce moment terrible. D'abord j'essayai de lutter contre cette fougueuse colère. Tant qu'elle me combattit avec les armes du bas-bleu, j'eus en quelque sorte l'avantage; mais tout à coup elle monta sur les hauteurs de sa noblesse, et fit descendre sur moi, comme un rocher, son blason qui m'écrasa. C'était me prendre en traître. Qui pouvait s'attendre à ce coup de massue?

Dervillers quitta le divan pour se promener de long en large du cabinet.

— Me venger, s'écria-t-il, me venger! ce serait fort agréable sans doute; mais quel chemin prendre, à quoi me résoudre? Ainsi que le déclarait fort bien la marquise, je n'ai pas le beau rôle, il s'en faut même beaucoup. Plus je réfléchis, mieux j'envisage les conséquences de ma défaite. Je perds, en fin de compte, une jeune fille charmante... et quelle dot!

— Cinq cent mille livres, dit Charles. Joignez-y les espérances d'héritage...

— Assez là-dessus.

— La marquise est extrêmement riche. Mon père, qui sait le chiffre exact de cette fortune, m'a dit un jour....

— Mais taisez-vous donc, mon cher, cria l'homme de lettres, vous me faites mourir de honte! J'ai tout sacrifié, jeune fille, dot, héritage, pour fabriquer du prétendu sel attique. On rira de l'aventure, et les rieurs ne seront pas de mon côté. Quand je décrierai bien Mme de Noircastel, quand je lui ferai sentir le fouet du ridicule, quand je répéterai jusqu'à extinction que sa pièce est une monstruosité littéraire, il n'en est pas moins avéré que j'ai fait l'éloge de cette pièce et que je change de langage parce qu'on m'a dit : Vous n'aurez pas la dot.

— C'est vrai, dit le secrétaire.

— D'ailleurs, tout le résultat de ma vengeance, — il faut en convenir, — serait d'élever entre Hélène et moi l'obstacle le plus infranchissable... N'est-ce pas votre avis ?

Le jeune homme eut un tressaillement intérieur ; néanmoins il réussit à montrer un sang-froid superbe et à répondre :

— J'en conviens avec vous.

— Il serait mille fois plus sage, ajouta l'homme de lettres, de manœuvrer de manière à amener la marquise à composition... Mais le moyen, je vous le demande ?

— Attendez donc, fit Charles, qui se posa le doigt sur la tempe et leva le nez en l'air.

— Auriez-vous une idée? s'écria l'écrivain.

— J'en ai deux, répondit le jeune homme. La première... Non, c'est impossible... des excuses répugneraient à votre dignité. La seconde... Ah ! la seconde est la meilleure.

— Parlez vite.

— Eh bien, à votre place, je ferais jouer le drame de la marquise.

Dervillers regarda son secrétaire avec une stupéfaction profonde.

Charles avait une peine inouïe à dissimuler le tremblement de sa voix. Il venait de lâcher le grand mot et de jeter dans la mêlée sa troupe de réserve. Les instructions d'Hélène étaient jusqu'alors parfaitement suivies.

Revenu de sa surprise, l'homme de lettres s'écria :

— Grand merci, mon cher ! J'attendais beaucoup mieux de votre imaginative. Si vous appelez cela une idée, je ne vous en fais pas mon compliment.

— Laissez-moi poursuivre, il faut que je m'explique.

— A d'autres !

— Est-il vrai, demanda Charles, que la marquise n'ait qu'à produire son œuvre pour tomber sous le coup du ridicule ?

Dervillers dressa l'oreille.

— Est-il vrai, reprit le jeune homme, que ce drame, lancé sur les planches, soit destiné à une chute honteuse ?

— Oui, morbleu !

— Alors je n'en démords pas, faites-le jouer.

L'homme de lettres vint se rasseoir aux côtés du secrétaire.

— Entendons-nous bien, dit-il, car je crois m'apercevoir que vous n'envisagez pas la situation sous son véritable point de vue. Je suis brouillé avec Mme de Noircastel, brouillé à mort. Jamais il ne sera possible de la décider à me confier les cinq actes...

— Vous n'y êtes pas, vous n'y êtes pas ! interrompit Charles avec un léger accent de compassion qui démonta Dervillers.

— Ma foi, s'écria celui-ci, dès que vous tranchez du sphynx, j'avoue franchement que je ne suis pas un OEdipe... Brisons là.

— Non, dit le secrétaire, ce serait en vérité dommage de ne pas mûrir une conception pareille.

— Eh ! que diable, on parle, monsieur !

— J'arrive au fait. Ainsi que nous le disions tout à l'heure, je continue de fréquenter l'hôtel de la rue de Lille. On vous met sur le tapis, je blâme énergiquement votre conduite.

— C'est cela, bravo ! lardez-moi d'épigrammes, allez toujours.

— Je me fais lire la pièce, et je vous déclare coupable d'injustice....

— De mauvais goût, s'écria Dervillers, de basse jalousie, de tout ce qu'il y a de plus ignoble en fait de sentiment littéraire. Vous m'accablez, vous marchez à pieds joints sur ma réputation, vous m'assassinez moralement, vous traînez mon cadavre à de nouvelles gémonies... Très-bien, très-bien ! Mme de Noircastel triomphe, elle est dans le ravissement, elle nage en plein enthousiasme.

— Enfin, dit Charles, je me pose comme un traître de premier ordre ; car je reste également votre secrétaire, et je profite de mon emploi pour arriver, sous vos auspices, à un théâtre quelconque. Je réussis à me mettre au mieux avec la direction.

— Vous êtes l'ami le plus intime du régisseur.

— Je suis distingué par l'ingénue.

— La grande coquette vous fait l'œil..

— Et je suis adoré par la mère noble! s'écria Charles en éclatant de rire.

— Finissons de plaisanter, dit l'homme de lettres, et voyons où tout ceci nous mène.

— A la représentation du drame.

— Halte-là, mon cher! il ne sera point reçu.

— Mais, dit Charles, quand la marquise est venue, ce soir, parler mariage à sa nièce, je me rappelle on ne peut mieux que le consentement de Mlle Hélène...

— M'engageait d'une manière positive à faire jouer le chef-d'œuvre? Oui, sans doute, et même à le signer... car on a, Dieu merci, la pudeur de vouloir garder l'incognito. Mais vous sentez que j'aurais poli cette masse informe et débarbouillé cette horreur, autant que me l'eût permis toutefois l'amour-propre forcené du bas-bleu. Ces modifications, jointes à mon influence, eussent été suffisantes pour gagner le comité de lecture; mais à moins de refondre l'ouvrage, il est certain que le public...

— Eût sifflé, s'écria Charles. Allons donc, nous y sommes!

— Comment, nous y sommes?

— Oui.., car dans toute cette affaire, et bien que je doive paraître aux yeux de Mme de Noircastel un personnage important, je ne suis, à dire vrai, que la mouche du coche. Vous débarbouillez l'horreur, vous faites recevoir, vous activez la mise en scène, la pièce est jouée, le public siffle.

— Un instant! Qui signera, je vous prie?

— Je conseillerai le pseudonyme à la marquise. Elle se laissera d'autant plus facilement prendre à cet hameçon, qu'elle ne vous devinera pas à son tour derrière le rideau. Vienne la première représentation, vous paraissez brusquement à ses yeux. Roi des coulisses, ne serez-vous pas le maître dans votre empire? Le régisseur ne jettera-t-il pas au parterre le nom qu'il vous plaira de proclamer? Songez à toute la puissance de cette épée de Damoclès que vous tiendrez suspendue sur Mme de Noircastel.

Dervillers prit les deux mains du jeune homme entre les siennes et lui dit solennellement :

— Mon cher, vous avez du génie !

Charles baissa les yeux d'un air candide.

— Je ne vous regarde plus, dès ce jour, comme un subalterne ; vous êtes le compagnon de mes travaux, mon frère d'armes... Demain, pas plus tard, mettons-nous à l'œuvre.

Minuit sonnait à Saint-Sulpice.

— Hélène ! Hélène ! où marchons-nous ? se dit Charles, en quittant le cabinet de son patron.

V

Deux mois se sont écoulés. L'hiver a jeté son manteau de neige sur le toit des maisons parisiennes. Une brume glaciale envahit les rues, coupe la perspective, trouble les rayons du gaz et fait grelotter les passants.

Il est cinq heures du soir.

Un cavalier descend au petit trot la rue du Bac, tourne bride à la hauteur de la rue de l'Université, prend la rue de Beaune, tourne encore à droite et s'arrête en face d'un hôtel de somptueuse apparence.

— Enfin, nous y sommes, dit-il, en dégageant de l'étrier ses larges bottes garnies de peau de mouton. Ce n'est pas malheureux, car il fait un froid du diable... et j'ai besoin de me rafraîchir.

A ces mots, le voyageur mit pied à terre. Il frappa trois petits coups sur la croupe de sa jument, qui secouait d'un air assez mélancolique ses oreilles chargées de givre.

— Frileuse ! dit-il.

S'approchant ensuite de la porte cochère, il souleva le lourd marteau de bronze et le laissa retomber avec un bruit formidable. La porte s'ouvrit. Une espèce de colosse, doré sur tranche et faisant l'office de concierge, passa la tête au vasistas de la loge et cria avec un accent tudesque très-prononcé :

— Gue foulez-fous?

— Tiens, tiens... ce n'est donc plus le père Groffmann?

— Le bère Groffmann, il est mort.

— Ah bah! de quelle maladie?

— T'une pouteille te rhum.

— Qu'il a bue?

— Ya, meinheer, répondit le colosse en sortant tout-à-fait de sa loge.

— C'est une chose étonnante que tous les suisses de Paris soient allemands, dit le voyageur qui se débarrassa d'une énorme houppelande grisâtre et la jeta cavalièrement au nez du concierge.

— Tu porteras cela dans ma chambre. Mais d'abord fais entrer Cocotte et dis au valet d'écurie de lui donner une bouteille... un picotin, je me trompe. — Va! cria-t-il en le poussant du côté de la rue.

— Est-ce gue fous seriez bar hasard le bère Guentin? demanda l'autre : on m'a barlé te fous.

Le visage du voyageur se contracta d'une manière inquiétante, et le bâton-cravache noué autour de son poignet par un cordon de cuir se leva graduellement à la hauteur des épaules du colosse.

— Père Quentin, maraud! je vais t'apprendre une façon plus respectueuse de prononcer mon nom... Répète un peu cela?

— Chai foulu tire M. Pernard.

— Tu fais des progrès.

— Soyez dranguille, on aura soin te fotre pête.

— Cet animal me déplaît, grommela le régisseur ; je ne l'inviterai jamais à boire. Groffmann baragouinait beaucoup plus agréablement... Cher homme, une bien belle mort! — Où est la marmarquise? ajouta-t-il à haute voix.

— Tans le garosse.

— Elle est sortie? Et Mlle Hélène?

— Aussi tans le garosse ; mais le foilà qui rentre.

Une voiture s'arrêtait effectivement devant l'hôtel. M. Bernard vint en aide au suisse, afin de soulever la barre et de pousser les battants de la porte contre la muraille ; puis il s'approcha du coupé splendide qui pénétrait sous la voûte.

Hélène se trouvait seule dans l'intérieur, la tête cachée sous la cape soyeuse d'une pelisse élégante et les mains enfouies dans son manchon. La jeune fille avait la petite moue hérissée d'une alouette surprise par la neige ; mais, apercevant celui qui abaissait le marchepied, elle jeta ses fourrures et cria d'une voix joyeuse :

— Papa Quentin ! quel bonheur !

— Foyez-vous, dit le suisse qui passait alors près de là, tenant Cocotte par la bride et se dirigeant du côté des écuries, che savre pien qu'on fous abelait....

Un coup de bâton, sournoisement appliqué dans les jambes, lui coupa la parole et le fit activer sa marche.

— Oui, ma fille, répondit M. Bernard, je viens, comme de coutume, passer ici mon quartier d'hiver.

Il offrit le bras à Hélène pour monter l'escalier d'honneur.

— Vite ! s'écria-t-elle, Charles est au salon. Vous lui direz bonsoir en courant, car il faut qu'il parte. Nous avons aujourd'hui des affaires terribles, et vous nous serez peut-être utile.

— Est-ce qu'il s'agit encore d'un billet de 500 francs ? demanda le régisseur d'une voix alarmée. Vous n'êtes pas raisonnable, Hélène ; je ne suis pas riche, mademoiselle.

— Mademoiselle... comme ce mot-là jure dans votre bouche ! Appelez-moi votre fille, car bientôt je vous appellerai tout de bon papa Quentin. Du reste, calmez votre effroi, je ne vous demande pas la bourse ou la vie. Ce qu'il faut que vous sachiez, c'est qu'on nous joue, ce soir, au théâtre... une pièce admirable... Vous verrez !

Le régisseur fixa sur Hélène des yeux pleins de surprise ; mais, quand ils eurent atteint le seuil du salon, son étonnement ne connut plus de bornes.

Ainsi que l'avait annoncé la jeune fille, Charles était là, Charles en habit noir, en bottes vernies, en gant paille, en cravate de satin retenue par deux perles fines. Son chapeau Gibus et son paletot-loup se trouvaient jetés sans façon sur un tête-à-tête; sa canne à pomme d'or s'appuyait contre une console. Il portait, du reste, cette toilette avec une aisance admirable et donnait des instructions à trois escogriffes galonnés, qui s'inclinaient à chaque geste et se courbaient à chaque parole. Il n'aperçut pas d'abord les arrivants et cacheta trois enveloppes, dans chacune desquelles il venait d'emprisonner un coupon de loge.

— Pour Mme la comtesse d'Etanges, rue de Varennes. — Pour M. le duc de Monvallier. — Pour Mme la baronne de Courbeville... Qu'on se dépêche, il est tard.

Les valets s'éloignèrent avec leurs messages.

Charles, se croyant seul, s'accouda sur la table où il essaya d'écrire et fit entendre un soupir douloureux.

— Eh! eh! mon garçon, tu me fais l'effet d'un notaire, dit le régisseur, qui vint lui frapper rudement sur l'épaule.

— Vous? s'écria le jeune homme, vous ici dans un pareil jour! C'est le dernier coup.

— Tu me reçois joliment, je t'en félicite.

— On a voulu vous rendre témoin de ma honte... Retournez à Meudon, mon père... Oh! pourquoi jadis n'ai-je pas écouté vos conseils?

M. Bernard se tourna du côté d'Hélène et l'interrogea du regard avec inquiétude.

— Est-ce qu'il est timbré? murmura-t-il.

— Je ne crois pas, dit en souriant la nièce de la marquise. L'émotion, la joie, le bonheur occasionnent ce trouble où vous le voyez, et je réclame pour lui votre indulgence.

— Ne raillez pas, Hélène, dit Charles. Il me faut une explication, je vous la demande sur-le-champ... car, après tout, j'en ai bien le droit. Jamais on n'a vu mettre un homme dans une situation plus désespérante. Apprenez, mon père...

— Chut! fit la jeune fille en portant un doigt sur ses lèvres. Je vais, en deux mots, expliquer la chose. Figurez-vous, papa Quentin, que monsieur m'a juré l'obéissance la plus entière, et qu'il se révolte aujourd'hui contre mon autorité.

— Du tout, s'écria Charles, j'obéis! voilà ce qu'il y a de plus absurde dans ma conduite. On m'ordonne de me jeter dans un abîme, et j'y cours, en me plaignant sans doute.... mais enfin, j'y cours.

— Quel abîme? demanda le régisseur. Parle donc!

— Moi, je lui défends de parler, dit Hélène.

— Vous entendez, mon père?

— Il paraît que je suis de trop, dit M. Bernard. Au fait, en attendant que Mme la marquise revienne et que je puisse lui rendre mes comptes, je tiens à m'assurer que l'office n'a point changé de place. Vous voyez un homme qui, depuis Meudon, n'est pas descendu de cheval une seule fois pour se rafraîchir.

— C'est fabuleux! dit Hélène en jetant sur le régisseur un coup-d'œil plein de malice.

— N'est-ce pas, ma fille? nous ne reconnaissons plus là papa Quentin... méchante! Allons, mes enfants, je vous laisse; querellez-vous, querellez-vous bien fort; je n'ai pas le droit de vous en empêcher : ceci ne rentre plus dans mes attributions.

Et M. Bernard s'éloigna, laissant les jeunes gens en tête-à-tête.

— Hélène, dit Charles, je vous ai promis obéissance, je l'avoue; mais, au nom du ciel, expliquez-moi le motif des nouveaux ordres que vous m'avez donnés tantôt.

— Qu'est-ce à dire, monsieur? Depuis quand le soldat s'avise-t-il d'interroger son général et de vouloir connaître les raisons d'une manœuvre?

— Mais, Hélène...

— Mais vous devez vous taire et courir au feu.

— C'est-à-dire aux sifflets! riposta le jeune homme avec amertume.

— Alors vous êtes bien sûr, mon ami, que le drame sera sifflé?

— A outrance, dit Charles.

— Tant mieux, car autrement toutes mes combinaisons se trouveraient détruites. La circonstance ne se présenterait jamais aussi favorable ; nous serions perdus.

— Il y a de quoi devenir fou ! s'écria le secrétaire, qui se frappa le front avec un geste de désespoir. Écoutez, Hélène...

— Je n'écoute rien. D'ailleurs, ce n'est point ici votre place, et vous devriez être au théâtre.

— Le drame ne commence qu'à sept heures ; on joue la petite pièce en premier. J'ai le temps de vous dire ce qui m'afflige et ce qui me tourmente. Lorsque nous étions enfants, Hélène...

— Arrêtez... vous me faites l'effet de l'avocat des *Plaideurs*, et vous remontez à l'origine du monde... Passez au déluge !

— Écoutez-moi, je vous en supplie. En nous livrant à notre douce amitié d'enfance, vous ne songiez pas que vous étiez une riche héritière, et moi, j'oubliais mon obscure extraction.

— Mais à quel propos venez-vous me parler de cela, monsieur ?

— Vous êtes riche, et je suis pauvre.

— Encore une fois, d'où vient cette remarque ? Pensez-vous que je vous croie capable de m'aimer uniquement pour ma fortune ?

— Si vous aviez une idée pareille, je ne vous reverrais de ma vie ! s'écria le jeune homme, dont les yeux se remplissaient de larmes.

— C'est une querelle que vous me cherchez, dit Hélène ; vous avez l'intention de m'humilier, de me faire du chagrin.

— Pouvez-vous le croire ?

— Supposons que la médiocrité soit de mon côté, monsieur, et l'opulence du vôtre.

— Oui, dit Charles, supposons cela : m'auriez-vous donné des ordres ? m'auriez-vous interdit toute espèce de réflexion, m'auriez-vous tyrannisé comme vous le faites ?

— Cent fois davantage.

— Merci ! merci, ma chère Hélène ! vous ne savez pas toute la joie que vous répandez dans mon âme.

— Et vous ne savez pas, vous, monsieur, combien vous venez de blesser la mienne. Maintenant, je ne veux plus que vous m'obéissiez en aveugle ; j'entends et je prétends que vous m'expliquiez vos répugnances. Il faut éclaircir vos doutes. C'est honteux, en effet, qu'une petite fille vous mène de la sorte ; à votre place, je ne l'eusse jamais souffert. Voyons, monsieur, reprenez votre dignité d'homme !... Allons, esclave, brisez vos chaînes !

— Oh ! dit le secrétaire, vous savez combien je les porte avec bonheur.

— C'est vrai, je m'en aperçois.

— Mais enfin, s'écria Charles, voilà mon premier signe de révolte contre ce rôle d'obéissance passive, — et c'est bien naturel, quand je ne devine pas où je marche. Il y a deux ans, nous convenons ensemble que je suivrai la carrière des lettres, afin de me rendre digne de vous...

— C'est-à-dire afin de nous rapprocher des idées de ma tante, interrompit Hélène. Envisageons les choses, je vous prie, sous leur aspect véritable. Or, avant que vous ayez conquis un nom célèbre, vous êtes prévenu par un rival, qui vous écrase de tout le poids de sa supériorité littéraire.

— Et vous écartez ce rival avec une adresse inouïe, j'en conviens, dit le jeune homme.

— Vous en convenez, c'est heureux !

— Mais, depuis la rupture de Mme de Noircastel avec mon patron, je ne me reconnais plus au milieu des ténèbres de nos intrigues ; je n'avance qu'en tremblant, et j'ai une peur horrible de tomber dans les trappes que je creuse pour les autres. Comment, Hélène, vous ne frémissez pas de la noirceur de notre complot ? Dervillers s'imagine qu'il va se venger de la marquise. Il débarbouille le drame... — Je me sers ici de ses propres paroles ; mais le directeur, auquel il le présente, repousse le manuscrit avec effroi.

— Malgré d'innombrables corrections, dit Hélène, comme c'est flatteur pour le génie de ma tante !

— Alors, continua Charles, que fait Dervillers ? Il avait au même théâtre une pièce charmante, une pièce que la direction se promettait d'exploiter comme une mine d'or. « Ou vous jouerez les deux pièces, a dit l'auteur, ou je retire celle dont le succès est assuré. » Voilà comment *Louise de Verneuil* paraît aujourd'hui sur l'affiche. Il y a deux mois que je trompe mon patron, la marquise, tout le monde. Votre tante refuse de prendre un pseudonyme; elle veut....

— Bien, bien, dit Hélène, n'allons pas plus loin : c'est moi qui lui ai conseillé cette exigence.

— Ce dont je vous remercie grandement! s'écria Charles. Dieu sait tout ce que cela m'a valu de louanges. Depuis trois semaines que durent les répétitions, chaque acteur m'adresse des coups de chapeau suspects; chaque actrice se livre, sur mon passage, aux révérences les plus ironiques... Et les quolibets, et les saillies, et les épigrammes! le tout sous la forme de compliments. Quand je songe que Mme de Noircastel a revu scrupuleusement les rôles et qu'elle a rétabli les endroits supprimés.... jusqu'à ce fatal : *Comment vous portez-vous ?* qui fera rire les banquettes! Quand je songe que cette affreuse comédie, laquelle, — je le croyais du moins, — devait se terminer, ce soir, à mon avantage, m'accablera jusqu'au dénoûment!

— Vous devez être ravi, monsieur.

— Quoi! même après vos nouveaux ordres de ce matin? Non, c'est impossible, je ne puis obéir.

— Comme il vous plaira, dit la jeune fille avec froideur. Je vous laisse entièrement libre de vos actions.

— Hélène... vous êtes cruelle.

— Parce que je ne vous donne pas le mot de l'énigme. J'allais le faire, mais vos doutes m'offensent. Ou vous me soupçonnez assez perfide pour vous tendre à vous-même un piége odieux, ou vous me croyez capable d'une maladresse. Dans l'un et l'autre cas, c'est une injure.

— Ne vous éloignez pas, Hélène, je vous en supplie! murmura le jeune homme, qui la voyait se diriger vers une pièce voisine.

Elle revint et lui dit avec émotion :

— Pourquoi me retenir? tout est fini désormais entre nous.

— Mon Dieu! quand la crainte de la perdre est l'unique cause de ma résistance...

— Ne dites pas cela, Charles. Depuis que vous écrivez, des idées de gloriole vous sont venues, et vous manquez du courage nécessaire pour les sacrifier à notre amour.

— Vous êtes loin de le croire, Hélène. Si je tiens à une faible renommée littéraire, c'est pour me rapprocher de vous. J'observe nos conventions; vous seule y manquez aujourd'hui. Que je vous écoute, et je ne me relèverai pas du ridicule qui tombera sur moi.

— Mais si le changement que j'apporte dans nos premiers projets doit nous obtenir, ce soir même, le consentement de la marquise.

— Que dites-vous?

— Allez, vous ne méritez pas que je me donne autant de soin pour assurer notre bonheur.

— Hélène, j'obéirai! s'écria Charles en tombant aux genoux de la jeune fille, j'obéirai sans murmure.

— Le beau mérite que vous aurez là, monsieur!... Juste ciel! relevez-vous, s'écria-t-elle vivement, j'entends quelqu'un.

Charles, qui avait saisi la main d'Hélène, n'eut pas la force de laisser retomber cette main sans y imprimer un baiser rapide. La tentation, sans doute, était irrésistible. Ce baiser ne dura pas une seconde, ce fut une ombre, un éclair; mais le génie protecteur des amours les servit si mal en cette occasion, que ce court intervalle suffit pour donner le temps à Mme de Noircastel d'ouvrir la porte.

Elle surprit aux genoux de sa nièce le secrétaire de Dervillers.

— Qu'ai-je vu! s'écria la noble marquise avec un accent d'indéfinissable stupeur.

Se dégageant d'un riche mantelet d'hermine, et jetant sur un fauteuil son chapeau garni de plumes flottantes, elle vint se placer entre les amoureux, qui se trouvaient alors debout l'un et l'autre, et dont l'embarras, comme bien on se le figure, était à son comble.

La marquise resta quelque temps à les considérer, sans prononcer une parole.

Hélène était pourpre et baissait les yeux ; le secrétaire ôtait ses gants-paille et les remettait, pour les ôter encore, manége assez connu des gens qui perdent contenance. Du reste, Mme de Noircastel était elle-même fort embarrassée de la découverte qu'elle venait de faire. L'irritation grondait dans son âme, et l'orgueil aristocratique avait été si loin de prévoir une telle aventure, que peu s'en fallut que les intérêts les plus chers du bas-bleu ne fussent sacrifiés à la gloire du parchemin.

— Comment donc, s'écria définitivement la marquise, on a tort de ne pas rentrer toujours en voiture ! Le bruit des roues donne l'éveil, et l'on s'épargne ainsi des surprises peu flatteuses. Jugez plutôt ! Ma charmante nièce et moi, nous dînons chez Mme de Norlingues, et, de là, nous devons nous rendre au théâtre. Le dîner fini, mademoiselle prétend que, pour assister à la première représentation de mon drame, il faut une toilette plus soignée. — Va, mon enfant, prends le coupé, retourne à l'hôtel, et tu viendras nous rejoindre dans la loge. Elle part, je reste. Mais, l'heure venue d'aller au spectacle, je songe que, plus d'une fois, on a vu des chefs-d'œuvre être mal compris d'abord par un public prévenu. La peur me prend. Je conjure Mme de Norlingues de me laisser regagner l'hôtel à pied ; car j'avais besoin d'air, je me sentais défaillir... Et que trouvé-je en arrivant ici ? le fils de mon régisseur aux pieds de ma nièce ! M. Charles Bernard portant à ses lèvres la main de Mlle de Montrose ! C'est du meilleur goût ; la conduite est au-dessus de tout éloge... Voyons, qu'allez-vous me répondre, péronelle ? ajouta la marquise, en secouant avec force le bras d'Hélène.

— Ma tante...

— Silence ! je vous défends d'essayer la moindre justification.

— Quant à vous, monsieur, reprit-elle, en se retournant vers Charles, j'ai le droit de vous reprocher sévèrement d'avoir pu vous oublier à ce point.

— Madame...

— Taisez-vous ! c'est reconnaître au plus mal les bontés dont je vous honore. Dorénavant, je vous prie, réfléchissez davantage à l'énorme distance qui nous sépare.

Le jeune homme tressaillit péniblement. La réponse qu'il allait faire eût redoublé sans doute l'indignation de Mme de Noircastel, quand Hélène, enfin revenue de son trouble, s'approcha de la marquise, et lui dit :

— Maintenant, j'espère que vous nous avez assez grondés, ma tante.

— Je vous trouve bien osée, mademoiselle...

— De grâce, laissez-moi poursuivre. Sommes-nous si coupables d'avoir essayé de répéter une des plus jolies scènes de votre drame ?

Le bas-bleu fit un bond de surprise et regarda Charles, qui s'empressa d'ajouter :

— Ce que dit votre nièce est exact. En conséquence, rien ne justifie l'humiliation que je viens de subir.

On nous fera sans doute observer qu'Hélène et le fils de Bernard perdent beaucoup de leur candeur primitive. Nous partageons entièrement là-dessus l'opinion de nos lecteurs. L'intrigue est mauvaise conseillère, et, quand l'amour se voit obligé de l'appeler à son aide, il se passe nécessairement des choses répréhensibles. Toutefois, nous aimons à croire qu'on aura l'extrême bonté de pardonner à nos amis ce petit mensonge, lequel, au bout du compte, les sauvait d'une position très-désagréable.

— Vraiment ! s'écria Mme de Noircastel, vous répétiez une scène...

— Du second acte, ma tante. Monsieur la trouvait un peu risquée, — continua-t-elle en désignant Charles, — et, pour lui prouver qu'il n'avait pas raison, j'ai fait un instant le rôle de *Louise*, et j'ai prié de prendre celui d'*Albert*.

— En effet, dit le bas-bleu, dans cette scène Albert de Ferville se jette aux genoux de Louise de Verneuil et lui baise la main, c'est très-juste; — et tu trouves cela risqué, petit?

— Certainement, dit Charles.

— Voilà qui est trop fort! s'écria la marquise.

Froissée dans son amour-propre d'auteur, elle devait nécessairement faire bon marché de tout ce qui pouvait lui paraître invraisemblable dans l'assertion des jeunes gens.

— Tu vas m'expliquer, reprit-elle en s'adressant à Charles, pourquoi tu persistes dans une erreur aussi grave.

— C'est tout simple, répondit le secrétaire. Vous-même, tout à l'heure, ignorant que nous fussions en train de répéter la scène dont il s'agit, ne l'avez-vous pas trouvée tellement... inconvenante, que vous ayez cru nécessaire de nous adresser des reproches? Pourquoi le public jugerait-il autrement que vous?

— Le public, le public... ah! ça, mais tu déraisonnes, petit! Ce qui se passe au théâtre peut fort bien être déplacé dans la vie réelle. Et puis Louise de Verneuil ne dérogeait pas; Albert était noble... Tu comprends?

— Oui, madame, répondit Charles, vos paroles sont très-intelligibles.

— Oh! je ne veux pas t'offenser! Je te connais, du reste, assez de bon sens pour croire que tu envisages l'abîme qui s'ouvre entre l'extrême roture et la haute aristocratie. Ce serait de ta part une sottise d'autant plus grande d'aimer Hélène, que je ne consentirais jamais...

— Mon Dieu! ma tante, Charles ne sollicite point l'honneur de notre alliance, interrompit la jeune fille, qui voyait la figure du secrétaire s'empourprer jusqu'au cramoisi.

— Non, sans doute, répondit Mme de Noircastel; le fils de Bernard connaît trop le respect qu'il nous doit pour oublier une seule minute qu'Hélène de Montrose descend en ligne directe des Rohan, des Guémenée, des Montbazon, des Soubise.

— Est-ce que M. Dervillers descend de la souche des Montmorency? ma tante.

La noble dame se pinça les lèvres, et ne jugea pas convenable de répondre à ce trait perfide.

— Voyons, dit-elle, oubliez mes reproches. Ils étaient parfaitement injustes, je me plais à le reconnaître. Va faire toilette, ma chère Hélène, car le moment solennel arrive, — je le sens aux pulsations précipitées de ma poitrine. On doit commencer le drame à sept heures. En passant près de l'office, j'ai vu Bernard : dis-lui que je le demande, il vous accompagnera, mes enfants. Pour moi, je reste ici, l'émotion me tuerait. Vite, Hélène, vite!... Il n'y a pas une seconde à perdre.

Mme de Noircastel, à ces mots, poussa la jeune fille hors du salon.

— Je suis enchantée, dit-elle ensuite à Charles, que ton père se trouve ici pour assister à ton triomphe.

— Mon triomphe... dit le secrétaire, qui hocha la tête avec un air de doute assez blessant pour la marquise; il n'est pas sûr que je l'obtienne aussi brillant qu'il vous plaît de le dire. D'ailleurs, votre refus d'assister à la représentation ne me rassure guère à cet égard, ajouta-t-il malignement; car il avait encore sur le cœur les dédaigneuses paroles de Mme de Noircastel, au sujet de la distance *énorme* qui le séparait d'Hélène.

— Quoi! s'écria le bas-bleu, qui devint très-pâle, tu douterais à présent du succès de la pièce?

— Mais, dit Charles, vous en doutez vous-même.

— Non, certes. J'ai pu manifester quelques craintes, bien naturelles en pareille circonstance; mais ces craintes disparaissent, dès que le calme et la raison reprennent le dessus. Pourquoi faut-il que j'aie la faiblesse d'organe et les nerfs irritables de mon sexe? Tu ne l'ignores pas, mon ami, les meilleurs ouvrages, au théâtre, ne passent jamais sans une espèce de lutte, et voilà ce dont je n'aurais pas la force d'être témoin, bien que cette lutte ne soit que le prélude de la victoire et des applaudissements.

— Puisse le ciel vous entendre! dit Charles avec un profond soupir.

— Ça voyons, petit, tu es un homme, toi, — du courage! Quelques traits pleins de hardiesse ne seront peut-être pas saisis de prime-abord par l'intelligence du public; mais il reste un assez grand nombre de beautés incontestables pour enlever le succès. Oui, mon drame est une œuvre hors ligne, et ce début te posera bien haut dans le monde des lettres. Grâce à moi, tu vas faire du premier coup un pas de géant.

— Mais voici ton père, ajouta la marquise, en désignant le régisseur qui rentrait au salon.

M. Bernard était parfaitement et même une peu trop rafraîchi. Lorsqu'il salua Mme de Noircastel, il eut beaucoup de peine à conserver les lois d'un stricte équilibre.

— Vous avez bien fait de nous arriver aujourd'hui, Bernard.

— N'est-ce pas, madame la marquise? Je me disais aussi, depuis quinze jours : Il est temps d'aller rendre mes comptes et de porter le montant des fermages. D'après les ordres de madame, j'ai déposé 30,000 fr. chez le notaire de Meudon; voici le reste en billets de banque.

— Il s'agit bien de cela, Bernard! Posez-moi ce portefeuille sur la cheminée.

— Voilà, dit le régisseur, en obéissant à l'ordre de la marquise. Madame veut-elle me permettre de prendre un siége?

— Oui, jusqu'au retour de ma nièce.

— Oh! les comptes sont en règle! il vous suffira d'y jeter un coup-d'œil.

— Mais, encore une fois, je ne veux pas de comptes ce soir.

— Permettez, il y a trois semaines que les termes sont échus. Je dois vous expliquer la cause d'une inexactitude qui ne m'est pas habituelle.

— Allons, Bernard, vous avez bu, mon cher. Laissez-nous tranquille avec vos explications.

— J'ai bu, c'est vrai, dit le régisseur; madame a toujours de ce fameux bourgogne avec lequel je renoue facilement connaissance. Mais je voulais vous annoncer que l'aîle droite du moulin de Jacques a été renversée par l'inondation dernière.

— Vous l'avez fait reconstruire?
— Oui, madame.
— N'en parlons plus, alors.
— N'en parlons plus... C'est-à-dire qu'il y a eu bien d'autres malheurs. Votre fermier Nicole a perdu presque tout son gros bétail. Madame n'ignore pas sans doute que les pluies qui sont tombées à l'époque de la fenaison, vers la fin de juillet, sont cause de la mauvaise qualité du fourrage, de sorte qu'il règne, depuis l'automne, une maladie terrible chez les vaches.

— Oh! pour le coup, c'en est trop, Bernard, et vous allez vous taire! cria la marquise en frappant du pied.

— Mais enfin ce pauvre Nicole n'a pu me payer qu'aujourd'hui, madame.

— Eh! que m'importe à moi?

— Le dernier terme reçu, j'ai fait seller Cocotte, et j'arrive. Ce n'est pas ma faute si les vaches meurent, et si l'inondation renverse le moulin. Voici le relevé de mes comptes.

A ces mots, il déploya sous les yeux de la marquise une longue pancarte, que la noble dame lui arracha des mains avec colère, et mit aussitôt en pièces, à la plus grande stupéfaction de M. Bernard.

— Ils sont réglés vos comptes! cria-t-elle en lui jetant les morceaux à la figure.

— Oui, ma foi, dit le brave homme, qui regardait d'un œil consterné toutes ses additions détruites.

— Comment, vous viendrez m'entretenir de moulin, d'inondation, de... gros bétail? Vous ne savez donc pas ce qui se passe, malheureux? vous ne voyez pas que votre fils est sur les épines.

— Bah! dit le régisseur, est-ce vrai, mon garçon?

— Trop vrai, mon père.

— Vous entendez, Bernard, — et vous nous assommez de balivernes quand il s'agit d'un drame en cinq actes, d'un chef-d'œuvre dont Charles est l'auteur, et qu'il faut aller applaudir sur-le-champ, car il vous reste à peine vingt minutes. Hélène doit être prête. Dites à Lafleur de brûler le pavé jusqu'au théâtre. Charles, mon ami, tu reviendras dans les entr'actes m'annoncer la disposition du public. Ne me laisse pas languir... tu emportes mon âme tout entière !

Comme la marquise achevait ces mots, Hélène parut avec une toilette ravissante.

— Venez, papa Quentin, dit-elle en se cramponnant au bras du régisseur ébahi. Nous allons assister à une terrible bataille : puissions-nous rentrer vainqueurs.

— Je te le promets ! s'écria la marquise.

— Vous entendez, monsieur? dit Hélène à Charles ; c'est ma tante elle-même qui le déclare, et nous devons en accepter l'augure. Partons.

VI

Mme de Noircastel les suivit du regard et s'écria :

— Qu'ils sont heureux ! combien j'envie leur sort ! Ils peuvent assister à la solennité d'une première représentation, sans être en butte à ces transes foudroyantes, à ces horribles angoisses, contre lesquelles se débat en vain la paternité littéraire. O mon drame, ô mon chef-d'œuvre, ô le fils de mes veilles, te voilà donc lancé sur la mer périlleuse du théâtre ! Noble vaisseau qui porte mon orgueil, vogueras-tu, majestueux et tranquille? te verrai-je toucher au port du dénoûment? Et toi, public toujours sévère et trop souvent injuste, si tu pouvais apprendre quels efforts inouïs, quels immenses travaux réclame l'œuvre de l'intelligence; si tu voyais pâlir l'écrivain sur la tâche qu'il s'impose; si tu devinais ce qu'il lui faut déployer d'ardeur et de volonté puissante pour soumettre la pensée rétive, pour courber la phrase sous le joug d'une langue ingrate,— tu serais alors un juge impartial et bienveillant, tu ne porterais la sentence qu'avec crainte. Oh! que je comprends bien aujourd'hui l'inévitable émotion qu'éprouvent, en pareil cas, nos auteurs les plus illustres! Exposer son génie, son talent, son âme, ce qu'on a de plus cher au danger d'une flétrissure ; pour cueillir une palme, braver l'opprobre! entendre le bruit aigu des sifflets, là même où vous espériez un tonnerre d'applaudissements!... car j'essaierais en vain de me le dissimuler, mon drame est au-dessus de la portée du vulgaire; il s'écarte des sentiers battus et se fraie une route intrépide dans les champs de l'avenir. Que de rivalités entraveront ce noble essor! Je suis sûre que la haine dramatique a tramé contre moi quelque machination ténébreuse. Dervillers, ce misérable jaloux, ne me pardonne pas d'avoir franchi des hauteurs qu'il ne lui sera jamais permis d'atteindre. Il connaît tous les mystères de la cabale ; il a sans doute organisé la chute de ma pièce, — mais j'en appelle à la postérité!

La marquise, en proférant ces derniers mots, eut un geste magnifique ; elle tomba sur un siége et porta son mouchoir à ses tempes inondées de sueur.

— Après tout, se dit-elle, mes amis peuvent déjouer les indignes manœuvres de cet homme. Quelques-uns sont initiés à mon secret; j'ai dit aux autres combien la réussite m'était chère, et ces derniers comprennent à merveille que je m'intéresse vivement au fils de mon régisseur. Mais si le parterre se met à hurler, grand Dieu ! ses cris tumultueux seront-ils couverts par les bravos des galeries et des loges?... Oh! n'avoir pas le courage de braver cette tempête!

Mme de Noircastel se livra dans son isolement à une foule d'autres exclamations curieuses, passant tour à tour de l'espérance à l'effroi, tantôt se perdant au milieu des nuages dorés de la gloire, tantôt redescendant jusqu'au fond de l'abîme du doute.

Trois heures s'écoulèrent de la sorte, et pas la moindre nouvelle du théâtre.

Charles a promis de revenir pendant les entr'actes. Pourquoi manque-t-il à sa parole? quelle considération peut le détourner de ce devoir? Sans doute il oublie, dans l'enivrement du succès, le véritable auteur du drame; ou peut-être, hélas! il recule pour ne point annoncer un résultat funeste.

Enfin, des pas se font entendre dans la galerie qui précède le le salon. La marquise s'empresse d'aller ouvrir elle-même. Ses terreurs vont se dissiper, déjà son œil rayonne; elle s'attend à voir paraître Charles.

C'est Dervillers qui entre.

La tête de Méduse, de formidable mémoire, n'eût pas produit sur Mme de Noircastel un effet plus désastreux que la vue de ce visage ennemi, dans un moment aussi critique. Elle revint s'accouder, pâle et tremblante, sur le coin de la cheminée, s'efforçant en vain de maîtriser son trouble.

— Vous, monsieur... vous ici? balbutia-t-elle. J'étais loin de m'attendre à votre visite... et j'ai lieu d'être surprise de l'audace étrange...

— Arrêtez, madame, interrompit l'écrivain, qui se confondait en révérences profondes. Je viens, aujourd'hui, m'accuser de mes torts. C'est un courage dont très-peu de personnes ici-bas sont capables, et vous m'en saurez gré, je l'espère. Mademoiselle votre nièce, que j'ai eu l'honneur de saluer dans sa loge, m'a dit que je vous trouverais à l'hôtel, et j'accours.

Il prit, pour débiter ces phrases, un ton de solennité révérencieuse dont le bas-bleu faillit être la dupe.

— Enfin, poursuivit Dervillers, je vous conjure de mettre en oubli la critique outrageante dont je me suis rendu coupable vis-à-vis de votre œuvre. La lecture m'avait abusé, la représentation de ce soir a détruit mon erreur. J'ai quitté le théâtre pour venir vous adresser le premier les éloges dont vous êtes digne.

Mme de Noircastel se trouvait dans un embarras inexprimable; la voix de l'homme de lettres était grave et sa contenance polie.

— J'avoue, monsieur, dit-elle, que je vous croyais, à l'heure qu'il est, occupé à tout autre chose qu'à réparer ces torts, dont vous me témoignez un si touchant repentir. De semblables discours me surprennent; je dirai plus : ils ne peuvent être sincères, mais je compte prouver victorieusement à mes ennemis que la cabale n'a jamais de prise sur le vrai mérite.

— La cabale?... Ah! madame, elle serait impuissante contre tant d'esprit, tant de finesse, tant de mots heureux, tant de savoir faire. Votre pièce est charmante.

— Oui... je pense n'en bientôt plus douter, répondit le bas-bleu, qui sentait enfin la pointe traîtresse de l'ironie.

Mais il répugnait à son orgueil de convenir de la blessure.

— Certes, je partagerais votre opinion, madame, et je répondrais sur ma tête du succès de l'ouvrage, si le public...

Dervillers s'arrêta pour regarder la marquise.

— Allez, monsieur, vous pouvez poursuivre.

— Si le public n'était pas absurde.

— Vraiment?

— Oui, madame. Il ne paraît pas avoir saisi le moins du monde... Ce malheureux public est tellement dépourvu d'intelligence! Vos plus nobles inspirations le trouvent rempli de froideur; il refuse de se laisser gagner par votre enthousiasme; il s'ennuie... et, chose incompréhensible... il siffle.

— Monsieur! cria la marquise en se redressant avec fougue, prenez garde aux expressions dont vous osez vous servir en ma présence!

— Il siffle, je le répète. Le premier acte n'a pas produit le moindre effet.

— Cela n'a rien qui doive vous surprendre, dit Mme de Noircastel, qui recouvra suffisamment d'empire sur elle-même pour répondre, cette fois, avec calme. Une exposition renferme des longueurs inévitables. L'action ne marchant pas encore, il est tout simple que l'intérêt ne soit que médiocrement excité dès le début.

— J'en conviens avec vous, dit l'homme de lettres; mais l'action marchait au second acte, et le public n'a pas eu l'air de s'en apercevoir.

— C'est impossible.

— Le public est si injuste! il a bâillé de toutes ses forces d'un bout à l'autre. Ceci, rigoureusement, se tolère à une lecture, mais devient dangereux à une représentation.

— Vous exagérez, dit la marquise avec un sourire de dédain.

— Nullement je vous l'affirme... le public est si stupide! Au troisième acte, les bâillements se sont changés en murmures, puis les murmures en clameurs, puis les clameurs en... ce que vous savez.

— Mensonge!

— Vous devez me croire incapable de vous déguiser la vérité dans une aussi triste circonstance. Il me semble encore l'entendre, ce bruit odieux, contre lequel refuseront éternellement de s'aguerrir les oreilles d'un auteur dramatique. Pour achever, marquise, on trouve la pièce détestable. Vous m'en voyez indigné; mais, avec le public, il faut s'attendre à tout.

— Bien, monsieur, dit Mme de Noircastel, dont les lèvres étaient agitées par un tremblement convulsif. Je devine à présent pourquoi vous êtes venu. Vous deviez, en effet, résister difficilement à la tentation de prendre une revanche aussi belle; vous trouvez gracieux de blesser mon amour-propre, de m'accabler de railleries, de me jeter le sarcasme en plein visage. Par malheur, vous avez jugé trop vite. Il fallait attendre, pour chanter victoire, que la défaite fût certaine, et rien ne me prouve jusqu'ici que vous ayez raison; je n'accepte pas vos sinistres présages. Mal reçue d'abord, la pièce peut se relever au dénoûment, car la péripétie est de toute beauté.

— Hélas! dit le cruel écrivain, je tremble qu'à l'heure où nous discourons, le parterre ne soit en train de siffler cette admirable péripétie.

— Tu vas être confondu, vil détracteur! s'écria la marquise, à laquelle il devenait difficile de réprimer plus longtemps la violence de son courroux.

Elle s'élança de nouveau vers la porte du salon, fit quelques pas au dehors et ramena brusquement M. Bernard, dont elle avait distingué la lourde marche sur les dalles de la galerie.

Le régisseur, qui préférait une séance bachique à toutes les représentations théâtrales possibles, ayant aperçu le maître-d'hôtel au mo-

monter en voiture, lui promit à voix basse qu'il saisirait une occasion propice de s'esquiver du théâtre, afin de vider avec lui quelques nouveaux flacons de ce *fameux bourgogne* dont la cave de Mme de Noircastel se montrait si prodigue. Retenu dans la loge d'Hélène, le père Quentin n'avait pu que tardivement mettre son projet à exécution ; mais il brûlait de se venger des quatre heures d'avant-scène qu'il avait subies, et de passer sa rancune sur un égal nombre de bouteilles couronnées du cachet vert.

Il fut donc assez désagréablement affecté de se voir saisir au collet par le bas-bleu, quand il ne lui restait plus qu'une trentaine de marches à gravir pour gagner sa chambre, où le bourgogne et son compagnon l'attendaient.

— Pardon, madame la marquise, dit Bernard, en essayant une légère résistance, je dois monter là-haut pour affaire pressante, et si vous aviez la bonté de lâcher mon habit...

Sa prière fut inutile. On l'entraîna d'autorité jusqu'auprès du siége où se trouvait assis l'homme de lettres.

— Bernard, vous allez raconter à monsieur tout ce qui se passe au théâtre, tout ! ne cachez rien.

— Ma foi, répondit le régisseur, il y a d'abord une chose très-claire, c'est qu'on étouffe dans votre diable de cassine, — et puis on rit tant que cela dessèche le gosier.

— On rit, Bernard ; y songez-vous ?

— Allez, allez, madame, on s'en donne ! et j'ai fait comme les autres; voilà pourquoi je vous prie de m'accorder la permission de me rafraîchir, je ne suis revenu que pour cela.

Le père Quentin fit un demi-tour à droite, et se mit en devoir d'opérer un mouvement de retraite ; mais la marquise lui dit sur un ton très-impérieux :

Restez ! je vous l'ordonne.

Elle frémissait, néanmoins, en interrogeant le régisseur, car elle voyait le sourire sardonique de l'homme de lettres.

— Je vous félicite, dit-elle, de l'intérêt que vous prenez à la pénible position de votre fils ; vous deviez moins que tout autre quitter le spectacle. Mais laissons les reproches. Vous dites qu'on rit? c'est difficile à croire.

— La chose est pourtant exacte. Je tremblais d'abord pour le succès de la pièce, madame la marquise ; ces gaillards du parterre se fâchaient tout rouge. Après cela, quand je les ai vus rire, je me suis dit : Bon! l'affaire marche à présent toute seule, et ce pauvre Charles est sauvé. Moi, ne pas m'intéresser à lui... par exemple! Au résumé, puisque je mourais de soif, il est assez naturel...

— Enfin, pourquoi rit-on? demanda le bas-bleu d'une voix presque éteinte.

— Je serais bien embarrassé de vous le dire. Ils éclatent à chaque parole, ils se tordent à tout propos, — c'est un succès foudroyant.

Mme de Noircastel tomba sur un fauteuil et fit un geste de désespoir.

— Lorsque vous êtes sorti du théâtre, quel acte jouait-on? demanda Dervillers, interrogeant à son tour le régisseur.

— Je ne sais plus... c'est-à-dire, minute... oui, nous y voilà ! Vous savez, madame la marquise, quand cette jeunesse s'échappe, en jupon court, des ruines du cloître? La chère petite s'imagine tout bonnement qu'elle va rencontrer son amoureux.... ah ! bien oui ! elle se trouve nez à nez avec l'auteur de ses jours, ce gros marquis de Verneuil, qui n'est pas mignon, Dieu le sait.... car, dès qu'il apprend que la pauvrette est séduite, il vous roule des yeux...

— Mais vous parlez de la scène la plus pathétique de la pièce ! cria la marquise en se tordant les mains avec angoisse.

— Comment dites-vous cela? fit le régisseur.

— Je dis que la situation est palpitante.

— Ah !... bon !... sans doute, on rit à gorge déployée.... C'est très-amusant, je vous assure, et je retournerai là-bas, si toutefois il en est temps encore, pour apprendre le reste de l'histoire... En attendant, je vas me rafraîchir.

Et le père Quentin disparut, satisfait de ne plus rencontrer d'obstacle à ses projets d'intempérance.

— Vous le voyez, dit l'homme de lettres, qui rapprocha son siége de celui de la marquise, je n'avais pas tort de vous prédire un désastre : vous espériez un succès de larmes, cette gaîté du public n'a rien de flatteur ; elle est même beaucoup plus injurieuse que.... les autres manifestations.

Il jouissait de l'accablement dans lequel se trouvait plongée la victime. Tout à coup Mme de Noircastel releva fièrement la tête.

— A la fin, dit-elle, je suis trop bonne de me tourmenter pour une chose qui ne me concerne en aucune sorte. Cette pièce, monsieur, je ne la connais pas, je ne dois pas la connaître ; c'est le début de ce petit Charles Bernard, votre secrétaire, le fils de ce brave homme qui nous quitte à l'instant. Je serais désolée qu'il lui arrivât malheur, mais je n'accepte aucune responsabilité.

— Ah! bravo! l'aventure est impayable; d'honneur, madame, je trouve le trait ravissant!

Dervillers, à ces mots, se rapprocha davantage encore de la marquise.

— Vous me croyez donc bien discret? reprit-il, pour me parler avec cette assurance.

— Quoi! monsieur, vous auriez l'indélicatesse de mêler mon nom...

— D'abord, madame, il faut nous entendre. La vie est un échange de procédés mutuels et de services rendus. Pourquoi vous témoignerais-je de l'indulgence, si vous n'en manifestez pas l'ombre à mon égard? Je vous ai dit tout à l'heure que je me repentais de mes torts, et je vous adresse de nouveau les plus humbles excuses,— bien que le parterre ait pris à tâche de me justifier, ce soir. Mais enfin ma critique aurait dû ménager la femme du monde, celle qui daignait m'accueillir dans son intimité. Rire du drame, en présence de votre nièce, était surtout une chose inconvenante. Il résulte de tout ceci qu'on peut être une personne très-aimable et ne pas savoir écrire. Lorsqu'on possède tous les avantages réunis de la fortune et de la naissance, pourquoi s'exposer au ridicule, pourquoi se créer des chagrins et des déboires? Allons, madame, que la guerre finisse entre nous.

— Jamais! s'écria la marquise.

— Vous avez tort.

— C'est possible.

— Vous oubliez que votre salut est entre mes mains.

— Mon salut? vous vous trompez, monsieur; c'est le salut de Charles que vous voulez dire.

— Je puis tout dire, je puis me taire.

La marquise haussa les épaules.

— Est-ce que vous auriez la prétention de mettre un prix à votre silence?

— Oui, madame, certainement. Je suis l'un des rois de la publicité, vous ne l'ignorez pas, et mon sceptre peut vous frapper comme il peut vous soutenir.

— En tout cas, monsieur, la métaphore ne prouve guère qu'au nombre de vos belles qualités on doive inscrire la modestie.

— Trêve de mots piquants, marquise, et venons au fait. La pièce tombée sera, si bon vous semble, un chef-d'œuvre malgré le public; mais votre nièce sera ma femme.

— Allons donc, monsieur, vous perdez l'esprit! vous raisonnez comme un échappé de Bicêtre.

— Madame!

— Que m'importe votre colère? Vous effacez trop vite le souvenir de ce qui s'est passé entre nous : vous m'avez accablée d'outrages, vous m'avez blessée jusqu'au fond du cœur.

— Eh! s'écria Dervillers, vous avez besoin que j'oublie; je vous conseille de me donner l'exemple.

— Je n'oublie rien, monsieur.

— Tant pis pour vous, madame?

Au milieu de cette altercation, les deux ennemis n'entendirent pas le bruit du carrosse qui rentrait à l'hôtel, ramenant du théâtre Charles et la jeune fille.

— Réfléchissez, marquise, dit l'homme de lettres, et ne me poussez point à une extrémité fâcheuse. Songez que ce drame, sifflé par le public, peut être applaudi demain par la presse. Vous n'avez plus que cette ressource pour vous sauver du ridicule. Accordez-moi la main de mademoiselle de Montrose, et je m'engage...

— Ce serait une lâcheté dont je ne me rendrai point coupable; je vous défends de me faire plier sous le joug de la crainte.

— Je n'ai pas cette prétention, répondit Dervillers. Toutefois, que penseriez-vous si, par la puissance que j'exerce dans les coulisses, le nom du véritable auteur était jeté, ce soir, aux huées du parterre?

— Monsieur, s'écria Mme de Noircastel éperdue, ce serait une infâme action!

Pourquoi cela, marquise? Le plus galant homme du monde ne peut combattre qu'avec les armes dont il dispose. Encore une fois, m'accordez-vous ma demande?

— Non! mille fois non!

— Je n'insiste plus, dit l'écrivain.

Il s'inclina froidement et se mit en devoir de sortir.

— Arrêtez! cria le bas-bleu. Que résoudre? juste ciel!... Cette conduite est d'une violence...

Dervillers revint sur ses pas et tira sa montre.

— Onze heures! dit-il. Votre notaire demeure ici près; nuit et jour il doit être à vos ordres. Qu'on dresse le contrat sur-le-champ, je cours ensuite à la rédaction de tous les journaux : on remplacera par des éloges les comptes rendus défavorables, et votre talent, madame, sera complétement réhabilité.

— Mon talent... mais il n'est pas en cause.

— Quel enfantillage! Vous devinez à merveille qu'en ce moment même, ce n'est point le nom de mon secrétaire qui est prononcé devant le public... c'est le vôtre.

— Non pas, dit Charles, qui entrait alors avec Hélène... c'est le mien!

Mme de Noircastel fit entendre une exclamation de joie.

Si on lui eût demandé laquelle lui semblait préférable, ou de la péripétie de son drame ou de cette autre péripétie, préparée de longue date par la jeune fille, elle eût, sans contestation, malgré tout son amour-propre d'auteur, accordée la palme à sa nièce.

Dervillers courut à Charles dont il serra le bras avec force.

— Comment? s'écria-t-il, n'étions-nous pas convenus...

— Je suis loin de soutenir le contraire, dit le jeune homme, sans permettre à l'écrivain d'achever sa pensée.

— Donc vous m'avez trahi, monsieur?

— Permettez...

— Vous vous êtes joué de ma confiance et de votre parole. C'est très-spirituel; mais, enfin, j'ai le secret de la marquise.

— Secret dont vous n'abuserez pas.

— Qui m'en empêchera?

— Moi!

— Vous? ceci devient curieux. Avant une heure, tous les feuilletonistes sauront que Charles Bernard n'est qu'un pseudonyme.

— Je vous en défie.

— Mais, je vous jure, monsieur, que je ne comprends plus...

— Si vous l'exigez, je me ferai mieux comprendre.

— Oh! c'est bien, Charles, c'est très-bien! dit la marquise, en s'élançant vers le jeune homme.

Elle le pressa contre sa poitrine avec transport; mais celui-ci se dégagea bientôt de cette énergique étreinte, et se rapprocha de Dervillers, qui n'était pas encore revenu de sa stupeur.

— C'est une partie que j'ai jouée contre vous, lui dit-il : je la gagne; vous avez trop d'esprit pour m'en garder rancune.

— Quel était l'enjeu? demanda l'homme de lettres.

— Mais, dit Hélène en s'avançant, je suis tentée de croire que c'est moi.

— Pas de ces plaisanteries! ma nièce, cria Mme de Noircastel : je les trouve de mauvais goût.

Dervillers se frappa le front et parut sortir des nuages d'un rêve. Il regarda la jeune fille, envisagea de nouveau le secrétaire, se tourna vers la marquise et partit définitivement d'un immense éclat de rire.

— Parfait! s'écria-t-il, adorable! Je n'avais pas deviné cela, moi, fabricant de vaudevilles. En vérité, j'entasse école sur école! Dervillers, mon cher, vous vous êtes laissé prendre au panneau: ceci prouve, si je ne me trompe, que vous n'êtes plus de première force sur l'intrigue. Bah! résignons-nous, c'est le parti le plus simple.

— Ainsi, continua-t-il en allant serrer la main du jeune homme, vous étiez mon rival?

— Mademoiselle et moi, répondit le fils de Bernard en désignant Hélène, nous nous... connaissons depuis le berceau.

— C'est-à-dire que vous vous... aimez toujours depuis la même époque... Avouez-le, c'est plus clair.

— Eh bien oui! répondit Charles en souriant.

— Qu'est-ce que je viens d'entendre là? dit une voix rude, en réponse à ces dernières paroles.

On aperçut le régisseur, dont le visage se trouvait empourpré d'une manière inquiétante. Ce n'était pas seulement le bourgogne qui donnait ce vif éclat aux joues de M. Bernard. Plusieurs domestiques de l'hôtel, revenus à leur tour du théâtre, avaient troublé ses chères libations, en lui annonçant, avec un peu de malignité peut-être, la chute complète du drame. Le premier mouvement du régisseur fut de les houspiller d'importance et de les accuser de mensonge. Déjà légèrement ému, comme on le sait, à son départ pour le spectacle, il avait pris pour de la gaîté de bon aloi les trépignements et les rires moqueurs de la salle. Hélène s'étudia, pendant trois actes, à l'entretenir dans cette illusion, de sorte que M. Bernard était de très-bonne foi lors de l'entretien qu'il eut avec la marquise.

On vint donc lui annoncer la fatale nouvelle à l'instant même où il trinquait en réjouissance du succès.

Le père Quentin n'était pas de ces philosophes d'Epicure qui oublient, au milieu des douceurs d'une rasade, leurs propres chagrins et les chagrins des autres. Il voulut descendre pour s'assurer par lui-même si Charles avait eu réellement la honte d'une chute. De la porte du salon, restée entr'ouverte, il put entendre les aveux téméraires de son fils, et le bonhomme frémit de tous ses membres, car il vit en même temps l'indignation qui prenait sur le visage de Mme de Noircastel la place de la reconnaissance.

— Comment, blanc-bec! s'écria-t-il, tu oses te déclarer amoureux de notre jeune maîtresse?... Pardonnez-lui son audace, madame la marquise,—il a complétement perdu la tête, à ce que je vois; mais je vous promets de vous débarrasser de ce morveux-là. Demain je retourne à Meudon... demain, pas plus tard, et je l'emmène.

— Mon père...

— Taisons-nous! je viens d'en apprendre de belles : on dit que ta pièce est détestable... Et moi qui croyais avoir un garçon d'esprit... Donnez-vous donc la peine d'éduquer les enfants!

Ravie de se voir appuyée d'une manière aussi directe par le régisseur, Mme de Noircastel jugea qu'il était inutile d'en venir à un éclat scandaleux. Elle s'approcha du jeune homme, et lui dit sur un ton câlin :

— Ton père a raison, petit, parfaitement raison : tu dois sentir qu'un mariage entre Hélène et toi...

— Devient inévitable! s'écria Dervillers, en interrompant la marquise.

— A merveille! se dit Hélène, voilà où je l'attendais,— autrement, il n'eût été qu'un sot.

Le bas-bleu jeta sur l'homme de lettres un œil courroucé.

— Oh! vous ne m'intimidez pas, marquise! Tout ce qui s'est passé jusqu'alors entre nous est un charmant vaudeville, où l'esprit de votre nièce ne m'a pas fait jouer le plus beau rôle, — ni à vous non plus. Mais, pour mon propre compte, je tiens à me relever au dénoûment.

— C'en est trop, monsieur! cria Mme de Noircastel, vous êtes d'une impertinence...

— Ne nous fâchons pas, je vous prie. Ce jeune homme a tué son avenir pour vous ; il faut lui rendre un autre avenir. Tout-à-l'heure j'entrevoyais la nécessité de me couper la gorge avec lui ; mais à quoi bon confectionner du drame? J'aurais peut-être le même sort que vous, marquise. Achevons plutôt le vaudeville, achevons-le croyez-moi. Marions ces jeunes gens, c'est de la justice, et cet hymen dédommagera mon secrétaire de la chute d'une pièce... qu'il n'a pas faite.

— Comment, ce n'est pas toi qui as fait la pièce, mon garçon? dit Bernard attendri ; ce n'est pas toi... bien vrai? Pauvre enfant! je te rends mon estime... A propos, quel est donc l'auteur?

— Silence! fit la marquise avec un geste d'effroi.

— Voyons, madame, dit l'homme de lettres en se penchant à l'oreille du bas-bleu, ne vous laissez pas prier davantage ; le dénoûment traîne en longueur. Achevons, vous dis-je !... mon entière discrétion est à ce prix.

— Mais enfin, monsieur, je doute que ma nièce consente...

— S'il ne faut que mon consentement, dit la jeune fille, je le donne.

— Ainsi vous dérogez, mademoiselle?

Hélène répondit, en tournant vers Charles ses grands yeux noirs, qui rayonnaient de bonheur :

— Je l'aime, ma tante.

— Miséricorde, et moi, je tombe des nues! s'écria Bernard. Quoi! mon garçon, tu épouserais... ma fille, ma petite Hélène... c'est un rêve!... Avec tout cela, qui donc a fait cette bête de pièce?

— C'est moi, mon père, c'est bien moi, dit le jeune homme en regardant la marquise.

— Eh bien! je te félicite... de ton mariage... mais voilà tout.

Dervillers prit alors la main d'Hélène et celle de Charles, puis, se tournant vers Mme de Noircastel, il lui dit, avec un sourire où se trahissait encore une légère ironie :

— Madame, vous avez fait un chef-d'œuvre.

— En collaboration avec vous, monsieur, dit la jeune fille.

— Collaboration... forcée.

— Sans doute, puisque votre réputation d'homme d'esprit ne vous permettrait pas d'agir autrement.

— Elle a frappé juste! se dit l'écrivain célèbre, qui la regarda pour la dernière fois avec un soupir de regret.

Si le hasard a conduit nos lecteurs, le 25 janvier dernier, dans les environs de la petite église de Saint-Thomas-d'Aquin, ils ont pu voir une file de somptueux équipages stationner en face du portail. On célébrait, ce jour-là, l'union de Mlle de Montrose avec le fils du régisseur. Tout à l'enivrement de la lune de miel, Charles oublie les sifflets du parterre, ou,— si parfois il y songe,— c'est pour renouveler aux lettres et au théâtre son éternel adieu. Maintenant il possède vingt-cinq mille livres de rente, une femme jeune, spirituelle et jolie...

Par le temps qui court, on se corrigerait à beaucoup moins de la passion d'écrire.

FIN D'HÉLÈNE DE MONTROSE.

Deux Élèves
DU CONSERVATOIRE.

Deux Élèves
DU CONSERVATOIRE.

Des équipages stationnaient, à la file, le long du faubourg Poissonnière et dans les rues adjacentes. Une assemblée nombreuse était réunie dans la grande salle du Conservatoire, où l'on distribuait, ce jour-là, les prix de musique instrumentale.

Chérubini, le grand-prêtre de ce temple harmonieux, n'avait pas encore abandonné son poste, ici-bas, pour aller diriger, là haut, le concert des anges.

Il venait de couronner Paul Derville, jeune pianiste du plus bel espoir, et lui adressait des éloges flatteurs.

Le jeune homme retourna prendre place au piano et se mit à exécuter une sonate, qui souleva les applaudissements de la salle entière.

Mais Paul n'aurait pas joui de son triomphe si, parmi toutes ces voix élogieuses, une voix n'eût pas frappé son oreille; si, parmi tous ces regards plein d'encouragement et de bienveillance, un seul regard n'eût pas rencontré le sien. Que lui font ces bruyants témoignages d'intérêt? Que lui importe la foule? Il n'entend et ne voit que Marie, sa douce camarade de classe.

Elle est là, confondue dans les rangs des élèves de son sexe, belle entre toutes les roses de ce parterre fleuri de jeunes visages et d'attraits naissants. Une larme brille sous sa noire paupière, un vif incarnat couvre ses joues et sa poitrine bat avec force.

Tout cela, c'est du bonheur !

Depuis longtemps ils ont échangé ces mystérieuses paroles qui, de deux existences, n'en font qu'une. Si Paul et Marie se regardent, toute leur âme passe dans leurs yeux; l'un n'a pas une pensée qu'il puisse dérober à l'autre.

Quand l'ivresse de l'ovation fut dissipée, quand les spectateurs furent sortis de la salle, Paul devint triste et le front de Marie se couvrit d'un nuage. A partir de ce jour, Paul quitte le Conservatoire, et Marie doit y rester pour achever ses études.

L'artiste s'approcha de la jeune fille et murmura d'une voix tremblante d'émotion :

— Marie, nous allons nous séparer.

— Oui, répondit-elle en poussant un soupir.

— Et vous ne m'oublierez pas?

— Vous oublier! dit-elle avec un accent de tendre reproche; est-ce possible? Vous savez bien que je vous aime!

— Oh! soyez bénie pour ces douces paroles!... Mais ne plus vous voir, passer tous mes instants loin de vous, travailler ailleurs que sous vos yeux, sans qu'un mot, un sourire viennent me donner du courage....

— Mon ami, souffrirez-vous donc seul?

— J'y songe, continua timidement Paul, nous pouvons nous écrire.

— Oui, dit-elle avec une candeur charmante.

— Et vous me répondrez, Marie?

— Je vous répondrai.

— Tous les soirs, lorsque votre tante viendra vous chercher, au sortir des classes, je serai là, près de la porte du Conservatoire ; je vous glisserai ma lettre dans la main, et vous laisserez tomber dans la mienne la réponse de la veille.

— Je vous le promets.

En ce moment, on vint les séparer.

Les deux élèves échangèrent un dernier signe de tendresse, et le jeune homme, radieux d'espérance, regagna sa mansarde, au cinquième étage d'une maison de la rue Saint-Georges.

Paul commençait sa vie d'artiste. Il entrait dans cette carrière aride, hérissée d'obstacles sans nombre, dans ce chemin périlleux où chaque pas rencontre un piége, où l'on aperçoit en perspective la gloire et la fortune, trompeuses apparitions toujours prêtes à vous échapper au moment où vous croyez les saisir, feux follets menteurs dont l'éclat vous trompe et vous jette au milieu de sentiers arides et difficiles. Quelquefois sans doute ils se laissent atteindre; mais, pour la plupart de ceux qui les poursuivent, que de peines, que de travaux perdus, que d'ennuis, de déceptions et de déboires!

La vocation du jeune homme le poussait impérieusement vers cette lice, dont les athlètes, pour lutter avec avantage, ont souvent besoin de recourir à la ruse et à l'intrigue. Il savait toutes les difficultés qu'il avait à vaincre, et ne se décourageait pas d'avance. Son unique ressource était dans ce ferme vouloir qui brise les entraves et marche droit au résultat.

Parmi les souvenirs de ses jeunes années, Paul en avait de nature à exciter ses regrets. Jadis, sa famille était opulente; mais, un jour, la ruine vint s'asseoir au foyer paternel. Ses parents moururent de chagrin; il se trouva seul au monde, sans appui, sans protecteur, obligé de sortir du collège avant que ses études fussent complètes, et n'ayant, pour tout moyen de se préserver de la misère, qu'un faible talent sur le piano.

Il donna des leçons pour subvenir à son existence, et réussit à se faire admettre au Conservatoire de musique.

Ce fut là qu'il connut Marie.

Les deux jeunes gens furent bientôt attirés l'un vers l'autre par la sympathie du malheur. Ils se confièrent leurs peines, leurs espérances, leurs projets d'avenir. Marie était orpheline aussi. La tante, chez laquelle elle demeurait, pouvait offrir le véritable type de ces vieilles filles acariâtres et grondeuses, toujours à charge à elles-mêmes et aux autres, et sans cesse occupées à répandre sur leur entourage le fiel qui déborde de la coupe amère du célibat.

Mlle Aubert avait quarante ans, une figure labourée par la petite vérole et trois mille livres de rente.

Elle était loin de s'imposer le moindre sacrifice pour sa nièce. Marie était entrée gratuitement au Conservatoire, et la pauvre jeune fille se voyait obligée de prendre sur ses heures de sommeil pour gagner de faibles sommes qui suffisaient à peine à son modeste entretien.

Cependant, il faut le dire, cette bonne tante surveillait Marie comme un avare surveille son trésor.

Était-ce dans l'intérêt de la jeune personne? était-ce plutôt par cette malignité d'esprit qui porte certaines gens à défendre aux autres des plaisirs dont ils sont privés eux-mêmes? Nous laissons à nos lecteurs le soin de vider cette question délicate.

Toujours est-il que Mlle Aubert descendait, le matin, les quinze marches de son entresol, pour aller conduire sa nièce aux leçons de chant. Le soir, elle se livrait au même exercice pour la ramener au logis.

Le caractère maussade de la vieille fille n'était pas de nature à captiver la confiance de Marie. Cette dernière n'avait eu garde de lui parler de Paul : elle conservait précieusement le secret de son amour. Quand, après ses longues veilles, elle se retirait dans sa chambre, c'était pour dévorer les lettres du jeune artiste et relire vingt fois ces pages naïves, où Paul mettait son âme tout entière. Marie s'abandonnait sans crainte aux émotions qu'éveillait en elle cette éloquence du cœur. Pouvait-elle être coupable de répondre au jeune homme, n'avait-elle pas acquis la conviction de sa pure et loyale tendresse? Elle s'endormait au milieu d'adorables pensées. Les rêves secouaient sur son front leurs ailes brillantes et murmuraient à son oreille des paroles célestes.

Ainsi que Paul l'avait promis, il se trouvait chaque jour à la sortie des classes.

Durant un mois entier, le mode de correspondance convenu entre eux eut tout le succès désirable.

Mais, un soir, Paul ne vint pas.

La jeune fille interrogea vainement la place où il se tenait d'habitude ; elle porta les yeux vers l'angle des rues voisines, examina toutes les personnes qui la coudoyaient sur le trottoir : aucune d'elles ne ressemblait à Paul. Son ancien camarade de classe a-t-il été victime d'un accident? Elle espéra que, le lendemain, Paul se trouverait à son poste, vain espoir! Marie passa toute la nuit dans les larmes, accusant l'artiste d'ingratitude et se croyant abandonnée.

Enfin, le troisième jour, un brave Auvergnat se trouvait, à la place de Paul, devant le Conservatoire. Il fit un signe à la jeune fille. Bientôt Marie put sentir une main qui déposait une lettre dans la poche de son tablier; puis le commissionnaire disparut.

De retour chez sa tante, elle s'enferma pour lire ce que lui écrivait Paul.

Hélas! elle accusait le malheureux jeune homme, et celui-ci gémissait, depuis trois jours, sur un lit de souffrance! Les quelques lignes qu'il avait tracées étaient à peine lisibles, on voyait qu'une fièvre ardente avait fait trembler sa main.

Paul dangereusement malade! et personne pour lui prodiguer les secours que réclame son état, personne! si ce n'est une garde, indifférente peut-être, une de ces femmes habituées au cri de la douleur, calmes et froides devant l'agonie.

Oh! qui viendra conseiller la pauvre enfant? qui lui dira ce qu'elle doit faire dans cette circonstance imprévue, terrible? Si Paul allait expirer loin d'elle... Non! Dieu ne peut leur réserver une semblable infortune. Elle ira s'asseoir au chevet du malade, comme un ange libérateur, et saura le rappeler à la vie.

Sa résolution est prise; elle cache ses larmes à sa tante.

Quand vient l'heure du repos, elle attend avec anxiété que Mlle Aubert soit endormie, traverse, en retenant son souffle, la chambre de la vieille fille, sort de l'appartement, frappe à la loge du concierge et s'élance rapidement dehors.

La voilà seule, à minuit, dans les rues de la capitale.

Des bruits inaccoutumés retentissent à son oreille ; des hommes à figure sinistre la heurtent au passage : elle n'a d'autre crainte que celle d'arriver trop tard ; elle ne marche pas, elle vole. Les chemins lui sont inconnus, son cœur la guide.

Elle arrive rue Saint-Georges. C'est là que demeure Paul ; mais elle ignore le numéro de la maison. Marie frappe à vingt portes. On la congédie grossièrement, on fait d'ingénieux commentaires sur sa visite nocturne. Enfin elle a trouvé le véritable domicile de Paul, monte cinq étages et pénètre dans sa mansarde.

— Me voici ! dit-elle en s'agenouillant près de la couche du malade.

Paul fit un effort pour se mettre sur son séant ; il prit la main de la jeune fille dans ses mains brûlantes, et murmura d'une voix presque éteinte :

— Oh ! Marie... je vous attendais !

— Vous avez eu raison de compter sur moi, dit-elle en collant ses lèvres au front pâle de l'artiste.

Elle le força doucement à replacer sur l'oreiller sa tête affaiblie, puis elle essaya de sourire malgré l'appréhension mortelle qui venait de la saisir au cœur. Le mal avait déjà fait sur l'organisation de Paul de funestes ravages ; la fièvre creusait ses tempes et colorait vivement les pommettes de ses joues. Son regard offrait cette teinte vitreuse que l'on remarque presque toujours chez les malades en danger.

La jeune fille jeta les yeux autour d'elle, et Paul comprit le geste de douloureuse surprise qu'elle ne put retenir.

— Vous le voyez, Marie... je serais mort sans être secouru.

— A présent, je suis là ! s'écria-t-elle avec une inspiration sublime ; je vous sauverai !

Paul voulait parler encore : elle mit un doigt sur ses lèvres pour lui faire signe de garder le silence, et procéda sur-le-champ à l'examen de la mansarde. Elle aperçut plusieurs papiers épars sur une table voisine. C'était une ordonnance de médecin. Rien autre chose ne prouvait qu'on se fût occupé du malade. Seule à garder sa loge, la portière de la maison n'avait pu monter près de lui. Le médecin n'était pas venu faire d'autres visites, et le pauvre artiste, trop faible pour descendre ses cinq étages, s'était mis, le jour même, à sa fenêtre, afin d'attirer par des signaux l'attention d'un commissionnaire du voisinage. Il était parvenu de la sorte à faire connaître à Marie sa pénible situation; mais l'air extérieur devait nécessairement exercer sur ses organes une fâcheuse influence. Le mal avait redoublé d'intensité.

Marie pleurait à chaudes larmes en examinant ce papier, qu'une froide philanthropie avait laissé là pour l'acquit de sa conscience, — le médecin ayant sans doute, au premier coup-d'œil, jugé trop médiocres les ressources du client. Celui-ci gagnait à peine, en effet, de quoi suffire à ses premiers besoins, et la maladie le trouvait au dépourvu.

Au point du jour, Marie détacha ses boucles d'oreille, ôta de son cou la croix d'or qu'elle tenait de sa mère, et courut vendre ces bijoux pour acheter les remèdes indiqués par l'ordonnance.

Ce premier argent épuisé, elle trouva de l'ouvrage et travailla nuit et jour au chevet du malade, sacrifiant tout à Paul... tout, jusqu'à sa réputation, — car pourra-t-elle jamais convaincre le monde de la pureté de son dévouement? Qu'elle ose, aujourd'hui, se présenter chez sa tante, Mlle Aubert la chassera comme une fille perdue. Marie se livrait parfois à de tristes et décourageantes réflexions; mais lorsqu'elle vit Paul entrer en convalescence, la joie de l'avoir arraché à la mort ne laissa plus dans son cœur de place à d'autres sentiments.

L'artiste venait de se lever pour la première fois et se promenait dans sa mansarde, appuyé sur le bras de la jeune fille.

Après quelques tours, il la fit asseoir, et, se mettant à genoux devant elle, il la regarda longtemps sans pouvoir proférer une parole. Toutes les émotions de la reconnaissance faisaient battre son cœur. Marie, calme et souriante, l'enveloppait d'un regard de tendresse. Son beau visage portait la trace de bien des nuits privées de repos. Elle allait peut-être tomber malade à son tour; mais elle était trop heureuse pour ne pas oublier, en ce moment, toutes ses fatigues.

— Marie, dit enfin le jeune homme, ma douce et bonne Marie, tu ne me quitteras plus !

— Y songez-vous? répondit la jeune fille tremblante, car ce peu de mots venaient de lui faire envisager le point critique de sa position.

— Ainsi tu veux m'abandonner, tu veux retourner chez ta tante?

— Chez ma tante... jamais ! s'écria-t-elle avec angoisse.

— Il est également impossible que tu suives désormais les classes du Conservatoire; l'école de musique touche à la demeure de celle dont tu redoutes les reproches et la méchanceté.

— C'est vrai... Que résoudre ?

— Eh bien, reste avec moi !... Tu seras ma femme... je le jure devant Dieu !

La jeune fille joignit les mains et leva les yeux au ciel pour le prendre à témoin de la promesse de Paul.

Dès ce jour elle ne quitta plus l'artiste.

. . . .

Un an s'est écoulé. Dans un brillant salon de la rue de Provence, plusieurs hommes conversent entre eux, et la médisance se charge uniquement des frais de l'entretien.

— Je t'assure, cher vicomte, qu'Hyacinthe de Verneuil est amoureux, mais amoureux fou ! La petite Stradella des Bouffes est furieuse.

— Mais pour qui donc a-t-il abandonné Stradella?

— Chut !... ne parlez pas en mal du fils de la maison, — voilà sa mère, Mme la comtesse de Verneuil, qui vient recevoir ses invités.

— N'importe, reprit en baissant la voix le premier interlocuteur, écoutez tous : l'anecdote est curieuse.

— Parle! dit celui qu'on avait appelé vicomte, espèce de lion débraillé, étendu sur le divan dans une pose excentrique, et tranchant du jeune homme, bien que ses cheveux gris annonçassent au moins la quarantaine.

— Voici l'histoire : il y a huit mois environ, Hyacinthe, passant rue Saint-Georges, effleura de la roue de son tilbury le bras d'une jeune femme, qui poussa des cris aigus et finit par s'évanouir. Croyant l'avoir blessée grièvement, il s'empressa de descendre de voiture, de voler à son secours et de la faire transporter chez elle, au cinquième étage, messieurs!... Voilà, certes, un trait digne de louange. Or, devinez quel était le mari de la jeune femme? — un ancien camarade de collége d'Hyacinthe, Paul Derville.

— Quoi! s'écria le vicomte, Paul Derville est marié?

— Tout ce qu'il y a de plus marié.

— C'est impossible.

Il n'avait pas achevé ces mots que la porte du salon s'ouvrit et un domestique annonça :

— Monsieur et madame Derville!

— Bon! voici qui arrive à propos pour te convaincre.

— Par le diable, ce petit pianiste me le paiera cher! je lui couperai les oreilles, aussi vrai que je suis le vicomte Ernest de Rochebrune.

— Pourquoi cela?

— C'est une histoire que je te raconterai peut-être un jour. En attendant, fais-moi le plaisir d'achever la tienne.

— L'héroïne est devant vous, messieurs, continua le narrateur en montrant Marie, que la maîtresse de la maison venait de recevoir avec une amabilité charmante. Il faut vous dire qu'elle n'avait pas, à l'époque dont je vous parle, une toilette aussi splendide : Paul Derville était loin de rouler sur l'or comme aujourd'hui. Son père, ayant spéculé sur les fonds d'Espagne...

— De grâce, mon cher, point de divagation.

— Je reviens au fait. La jeune femme n'avait qu'une simple égratignure, et la peur seule avait été la cause de son évanouissement. Donc les deux camarades de classe purent se livrer sans trouble à la joie de se revoir. Frappé de la gêne qui se trahissait dans le jeune ménage, Hyacinthe résolut de prôner son ami dans le monde. Au bout de huit jours, Paul avait dix leçons à vingt francs le cachet; plus tard, il donna de brillants concerts, qui lui valurent une réputation colossale. Enfin, tout récemment, il fit un voyage en Allemagne, et rapporta de cette mère-patrie de la musique de nombreuses couronnes, et, ce qui vaut beaucoup mieux, une très-raisonnable quantité de sacs de florins. Pendant ce voyage, il avait laissé sa femme à Paris, et ce diable d'Hyacinthe faisait de fréquentes visites rue Saint-Georges, non plus au cinquième étage, mais au premier. Le pianiste, en devenant célèbre, avait quitté la mansarde. A la première de ces visites, Stradella vit déserter son boudoir; à la seconde, Hyacinthe perdit de vue ses amis; à la troisième, il négligea ses chevaux : s'il n'est pas amoureux de Mme Derville, je jette ma langue aux chiens.

— Silence! firent les auditeurs, voici le mari.

Paul se montrait en effet à l'autre extrémité du salon.

Le vicomte de Rochebrune alla lui frapper sur l'épaule et l'entraîna dans l'embrasure d'une fenêtre.

Mais, avant d'initier nos lecteurs à la conversation qu'ils eurent ensemble, il est essentiel d'entrer dans certains détails qui doivent la rendre intelligible.

Le comte Hyacinthe de Verneuil était un jeune homme de vingt-deux ans, doué de qualités éminentes. Son extérieur offrait un mélange de noblesse originelle et de modestie craintive. Il avait un cœur excellent, des manières parfaites. Joignez à cela tous les avantages de la naissance et de la fortune, vous comprendrez sans peine qu'il était l'idole de tous les cercles aristocratiques. La comtesse douairière de Verneuil, sa mère, avait de bonne heure formé son âme à toutes les hautes conceptions de la pensée, à toutes les délicatesses du sentiment. Retrouvant Paul, son ami de collége, dans un état voisin de la misère, Hyacinthe ne lui offrit pas sa bourse; mais il trouva moyen de lui être utile sans lui faire sentir cette supériorité de la richesse, toujours humiliante pour le pauvre.

La médisance avait trouvé moyen de flétrir cette noble conduite.

On supposait au jeune homme un intérêt caché sous le manteau du dévouement; on lui prêtait d'indignes manœuvres de séduction qui se trouvaient à cent lieues de son caractère. Le monde avait deviné juste en disant qu'il éprouvait de l'amour pour Marie; mais, dès qu'elles n'étaient pas justifiées, ces insinuations devenaient par cela même calomnieuses.

Jamais Hyacinthe n'avait franchi la limite des plus strictes convenances; jamais une parole, jamais un regard n'avaient fait connaître à Marie le secret de son cœur. L'artiste lui ayant présenté celle-ci comme sa femme, il ne voyait aucun motif de mettre en doute la sincérité de cette déclaration, et il eût cru descendre dans sa propre estime, en faisant la moindre tentative pour renverser le bonheur conjugal de Paul.

L'affection de Marie pour ce dernier devenait chaque jour plus vive et plus tendre.

Confiante en la promesse sacrée que Paul lui avait faite, elle attendait qu'il lui plût de la rendre irrévocable, hâtant de tous ses vœux cette heure bienheureuse qui devait la mettre en paix avec sa conscience. Mais l'artiste ne lui parlait plus de mariage,— et, par cette délicatesse exquise que l'on ne trouve que dans le cœur des femmes, elle cachait le plus ardent de ses désirs, dans la crainte, en le manifestant, de faire à celui qu'elle aimait un reproche tacite d'indifférence.

Marie avait partagé les mauvais jours de Paul; elle l'avait soutenu dans les transes pénibles du découragement. Quand l'heure du triomphe eut sonné pour lui, elle trouva de délicieuses paroles et de charmants sourires pour le féliciter du succès.

Alors Paul enivré tombait aux genoux de la jeune fille, et lui jurait que ses plus belles inspirations étaient puisées dans son regard.

Pouvait-elle soupçonner ces doux élans de la tendresse? pouvait-elle croire qu'elle serait jamais victime d'une trahison?

Cependant vint un jour où Paul trompa Marie.

A son retour d'Allemagne, il avait fait la connaissance du vicomte de Rochebrune et de la baronne Héloïse de Châteauneuf, sa sœur. Ces deux personnages, qui portaient un nom sonore et menaient un train splendide, accablèrent Paul d'attentions et de prévenances.

Le vicomte voulut qu'il acceptât une place dans sa chaise de poste pour revenir à Paris, et la baronne l'attira chez elle, sous prétexte de prendre des leçons de piano.

C'était une femme jeune encore, mais qui possédait au suprême degré l'art de la coquetterie. Elle était veuve, position à laquelle certains hommes trouvent des attraits irrésistibles. On l'eût prise pour une Espagnole, à sa chevelure noire et brillante comme l'aile du corbeau. Son visage avait la pureté de lignes et le noble profil d'une Italienne. Elle était Anglaise pour la flexibilité de la taille, le vaporeux de la tournure, et Parisienne pour le caractère.

Cette beauté cosmopolite fit essuyer à Paul le feu roulant de ses œillades et ne tarda pas à l'attirer à ses pieds.

Un jour, cédant au délire de la passion, l'artiste s'oublia jusqu'à faire à la baronne une déclaration brûlante. Mais tout à coup la jolie veuve s'entoura des retranchements de la plus farouche vertu. Elle joua la grande dame outragée, priant Paul de mettre un terme à ses visites et à ses leçons.

Fort heureusement, le vicomte apaisa le courroux de sa sœur. Héloïse de Châteauneuf consentit à pardonner à l'audacieux artiste, et quelques mots adroits de M. de Rochebrune firent comprendre à celui-ci que la baronne ne donnerait son cœur qu'avec sa main.

Plus épris que jamais, Paul saisit avidement l'espoir qui brillait à ses yeux. Sans doute, il n'avait pas de titres à offrir à la sœur du vicomte; mais l'illustration du talent vaut bien celle de la noblesse. D'ailleurs, il marche à grands pas sur le chemin de la fortune. L'ingrat oubliait Marie, la jeune fille qui lui avait prodigué tant de preuves de dévouement, Marie qu'il adorait autrefois comme l'ange du premier amour ! Il maudissait la folie qu'il avait commise en la présentant pour sa femme dans les réunions qu'il fréquentait. Doit-il aujourd'hui s'accuser de mensonge ? Ne blessera-t-il pas les lois rigoureuses des convenances en rétractant ses premières déclarations ? Si la haute société, dans laquelle il est reçu, revenait un jour de son erreur, elle ne lui pardonnera jamais sa fraude et le chassera honteusement.

D'abord, il essaya de sequestrer Marie et de la faire oublier ; mais on avait pris en affection la gracieuse enfant ; il fallut la produire de nouveau.

Le matin même, Hyacinthe lui annonçait que la comtesse, sa mère, comptait sur Mme Derville, comme sur le plus bel ornement de sa fête. Paul tremblait de rencontrer Héloïse dans les salons de Mme de Verneuil : la veuve n'y était pas, mais son frère s'y trouvait. Nos lecteurs se rappellent que le vicomte vient d'entraîner Paul à l'écart.

— Je suis désolé, mon cher, dit M. de Rochebrune avec une ironie mordante, que vous n'ayez pas encore présenté votre femme à la baronne ; elle n'aurait pu qu'être infiniment flattée de voir ce joyaux précieux. Peste ! pourquoi donc avez-vous eu le singulier caprice de le dérober jusqu'alors à nos regards ?

— Mais, dit Paul en balbutiant, je vous jure, vicomte...

— Assez, monsieur, ne cherchez pas à justifier votre conduite. Vous saviez que Mme de Châteauneuf eût refusé d'accueillir l'homme qui ne pouvait devenir son époux, et cependant vous avez continué vos poursuites. Je ne veux pas trancher ici du don Quichotte ; mais la baronne est ma sœur : c'est vous dire que l'injure que vous lui avez faite m'est personnelle. Vous devez me comprendre ?

Paul jeta des yeux égarés autour de lui ; son visage était couvert de pâleur. Il s'approcha de l'oreille du vicomte, et murmura ces mots que l'autre entendit à peine :

— Je ne suis pas marié !

— Voulez-vous m'échapper par un subterfuge, monsieur?

— Ah! dit l'artiste en se redressant, je vous prie de croire que je ne suis pas un lâche! Le plus ardent de mes vœux est d'épouser la baronne. Trouvez un moyen de me sortir de la situation difficile où je me trouve, sans me perdre aux yeux du monde, et je l'emploie sur-le-champ.

Rochebrune se frappa le front, réfléchit quelques secondes et dit à Paul :

— C'est bien! vous allez, ce soir, annoncer votre prochain départ pour l'Italie. Faites entendre surtout que vous emmenez votre femme.

o o o o o o o o o o o o o o o o o o o

Un mois après, toutes les personnes chez lesquelles le pianiste avait conduit Marie recevaient une lettre, sous cachet de deuil, datée de Florence. Cette lettre annonçait la perte douloureuse que venait de faire M. Paul Derville dans la personne de Marie Aubert, femme Derville, son épouse.

Hyacinthe se trouvait dans l'appartement de sa mère, lorsqu'un domestique vint présenter, sur un plateau d'argent, la lettre de faire part.

Le jeune homme la prit pour en faire lecture à la comtesse; mais à peine eut-il vu la première ligne, qu'il porta la main sur son cœur, fit entendre un gémissement sourd et perdit connaissance.

Mme de Verneuil s'empressa de sonner ses gens; elle parvint avec leur secours à rendre à son fils l'usage de ses facultés. Hyacinthe ouvrit les yeux, et le premier regard qu'il jeta sur sa mère était si rempli d'égarement que la comtesse craignit qu'il n'eût perdu la raison. Dans son trouble, elle avait oublié la lettre, qui gisait entr'ouverte sur le tapis. Elle la ramassa, voyant que ses questions n'obtenaient aucune réponse, et la parcourut, en poussant à son tour une exclamation douloureuse.

— Morte! dit enfin le jeune homme avec un accent impossible à rendre.

— Pauvre jeune femme! si jeune, si belle, si remplie de qualités adorables! ajouta Mme de Verneuil.

Hyacinthe pressa convulsivement contre ses lèvres la main de sa mère, et fondit en larmes.

— Tu l'aimais! s'écria la comtesse, éclairée d'une lueur soudaine et jetant ses bras au cou de son fils.

— Hélas! hélas! murmura-t-il au milieu de sanglots déchirants.

— Voyons, mon ami... du courage!

— Penser que la tombe s'est refermée sur elle... O mon Dieu! rendez-la-moi, ne fût-ce que pour une heure... que je puisse au moins lui dire combien elle était aimée!... Marie! pauvre Marie!... Ses yeux sont éteints, son cœur a cessé de battre... Elle est morte!

Devant ce désespoir toutes les consolations devaient échouer.

La comtesse pleura longtemps avec son fils. Quand elle le vit plus calme, elle ne chercha pas à le distraire brusquement de ses regrets. Elle lui parla de Mme Derville; elle évoqua la sainte et pure image de cet ange adoré. La religion seule offre un asile contre de pareilles douleurs, et Mme de Verneuil rappela son fils aux divines croyances dont elle avait entouré son berceau.

Un jour, Hyacinthe dit à la comtesse :

— Allons prier sur la tombe de Marie!

Et la bonne mère fit à l'instant même les préparatifs du départ.

La santé du jeune homme était altérée; les médecins ne connaissent pas de remèdes à ces souffrances de l'âme qui minent les organisations les plus fortes et finissent par les détruire. La comtesse de Verneuil espéra que les voyages et le doux climat de l'Italie rétabliraient son fils.

Ils prirent la poste et bientôt ils entrèrent dans cette ville d'où se trouvait datée la lettre de faire part.

Le premier soin du comte fut de visiter les hôtels. Il s'informa de Paul Derville, pianiste distingué, et parla d'une jeune Française morte récemment. Chacun ignorait ce qu'il voulait dire. On se rappelait que Paul Derville avait donné plusieurs concerts très-courus, mais personne ne connaissait sa femme. Les registres de l'État civil prouvaient que, depuis trois ans, aucune Française n'était morte à Florence. Hyacinthe apprit, en outre, que le pianiste ne paraissait pas éprouver le moins du monde le chagrin d'un homme qui vient de perdre une épouse chérie. Compagnon de voyage du vicomte de Rochebrune, il menait joyeuse existence et courtisait très-assidûment la sœur de ce dernier.

Tous ces détails firent au jeune homme un mal affreux.

D'après les renseignements qu'il venait d'obtenir, il conclut que Mme Derville, selon toute vraisemblance, était morte dans un autre lieu de l'Italie. Son coupable époux, en venant l'oublier à Florence près de la baronne de Châteauneuf, s'était empressé de remplir un dernier devoir, pour ne plus songer ensuite qu'à ses plaisirs.

Et lui, — lui, Hyacinthe, qui seul conserve encore le souvenir de celle qui n'est plus, — il ne peut même pas trouver sa tombe !

De nouvelles recherches à Naples, à Palerme, à Rome, à Pavie, en un mot dans toutes les villes où les étrangers s'arrêtent de préférence, n'amenèrent aucun résultat.

Mme de Verneuil revint à Paris avec son fils plus malade qu'il n'était avant le départ.

En proie à une mélancolie sombre, il paraissait fuir la comtesse, et s'absentait pendant des journées entières. Où allait-il ? Hyacinthe n'en savait rien lui-même. Il sortait seul, à pied, — un crêpe à son chapeau, car il portait le deuil de Marie, — parcourant les rues tumultueuses de la capitale, se heurtant à la foule, ne voyant rien n'entendant rien, tout à sa douleur.

Au milieu de l'une de ces promenades sans but, il fut accosté par un homme dont la vue le fit tressaillir, et auquel il refusa de tendre la main.

C'était Paul.

— Tu me boudes, mon ami ? dit l'artiste. Je suis coupable, en effet, de ne t'avoir pas encore rendu visite depuis mon retour d'Italie; mais des affaires sérieuses... Tu as su le malheur qui m'a frappé?

— Oui, dit froidement Hyacinthe.

— C'était une excellente femme, poursuivit Paul. Eh! que veux-tu, mon cher? Après tout, la douleur ne peut pas être éternelle. Je sors de la mairie du deuxième arrondissement... Peut-être devines-tu la cause de cette démarche?

— Non.

— Regarde, dit Paul.

Les deux anciens camarades de classe s'étaient rencontrés rue Grange-Batelière, non loin du boulevard, et l'artiste montrait à Hyacinthe son nom et celui de la baronne de Rochebrune placardés à la porte de la mairie.

— Que penses-tu de ce mariage? demanda-t-il ensuite d'un air phant.

— Oh! tais-toi!... tais-toi! s'écria Hyacinthe.

Il s'enfuit et rentra chez sa mère, pâle, hors de lui, presque fou. La comtesse effrayée vint à la rencontre. Son fils lui raconta l'épisode de sa promenade, en donnant les marques du plus violent délire.

— Que veux-tu, mon pauvre enfant? dit Mme de Verneuil en essuyant la sueur qui découlait, à gouttes pressées, sur le visage amaigri du malade; il n'y a que certaines âmes d'élite qui puissent comprendre la sainteté de la douleur.

— Deux mois à peine!... il n'y a que deux mois qu'elle est morte!

— En effet, ce nouveau mariage, si rapproché d'une tombe, est un scandale; mais il est une chose qui doit adoucir tes regrets: puisque Marie ne pouvait être à toi, Dieu n'a-t-il pas bien fait de l'enlever de ce monde, plutôt que de la laisser au pouvoir d'un homme indigne d'elle?

— Oh! oui, vous avez raison, ma mère! dit le jeune homme en sanglotant avec amertume.

Les chevaux de la comtesse étaient attelés pour la conduire au bois ; elle décida Hyacinthe à monter en voiture avec elle.

On était à la fin d'avril.

Tous les arbres des Champs-Elysées et du bois de Boulogne étaient en fleur. La brise, en passant au travers du jeune feuillage, apportait au pauvre malade tous les parfums du printemps, et l'aspect de cette belle nature rendait un peu de calme à son imagination souffrante.

Tout à coup Hyacinthe, qui venait de mettre la tête à la portière, jeta un cri terrible.

— Ciel !... oh ! c'est impossible !... Ma raison s'égare !

— Arrêtez ! cria la comtesse avec effroi ; car le jeune homme se penchait sur les roues, et la chute était imminente.

Le cocher retint la bride à ses chevaux. Hyacinthe, sans répondre aux questions empressées de sa mère, s'élança hors de la calèche et se mit à la poursuite de deux femmes, qui venaient de prendre une avenue voisine. Dans l'une de ces deux femmes, il avait cru reconnaître Mme Derville.

En effet, c'était Marie.

Le lendemain de la fête que Mme de Verneuil avait donnée au milieu de l'hiver, le vicomte de Rochebrune, après une longue conférence avec Paul, s'était transporté, rue de l'Echiquier, au domicile de Mlle Aubert. Entendant frapper à la porte de son entresol, celle-ci courut ouvrir et fit une profonde révérence à ce monsieur bien mis, qu'elle ne connaissait en aucune façon, mais qui se présentait avec une politesse et des manières auxquelles les hommes ne l'avaient pas habituée.

Le vicomte amena, sans préambule, la conversation sur Marie.

Mais à peine eut-il prononcé le nom de la jeune fille, que Mlle Aubert se prit à dérouler un effrayant chapelet de malédictions contre sa nièce, et déclara formellement qu'elle ne la reverrait sous aucun prétexte.

Ceci n'était point l'affaire de Rochebrune.

Il laissa passer la tempête et n'essaya pas d'opposer une digue à ce violent courroux. Au contraire, il excita la rancune de la tante, blâma sévèrement la conduite de Marie, ne trouva pas de termes assez forts pour qualifier son ingratitude, enchérit, en un mot, sur les récriminations de Mlle Aubert, et lorsqu'il eut provoqué chez elle, par cette adroite manœuvre, une confiance sans réserve, il lui fit comprendre qu'une occasion se présentait de reprendre sur sa nièce une pleine et entière surveillance.

Un méchant sourire parut sur les lèvres de la vieille fille : Rochebrune avait touché le point saillant de son caractère.

Il lui prodigua les éloges les plus ridicules et broda sur les relations de Marie avec Paul, sur les projets de ce dernier pour l'avenir, une histoire pleine de vraisemblance. Comme rien ne lui coûtait pour arriver à son but, il joignit à tout ce verbiage quelques phrases d'une galanterie surannée qui firent bondir le cœur de Mlle Aubert. Enfin, le vicomte surmonta tous les obstacles. Il fut décidé que la tante habiterait dorénavant avec sa nièce une petite maison de campagne à Passy. Derville pouvait rester assez longtemps en voyage ; il voulait qu'un Argus sévère eût continuellement les yeux sur les actions de Marie. Pendant l'absence de Paul, cette dernière ne devait parler à personne. Jamais d'excursions au dehors. Un petit parc attenait à la maison de campagne : tout était prévu. Ces dames n'auraient besoin d'emporter que les choses indispensables à leur toilette. Enfin, le vicomte termina sa mission diplomatique et salua gracieusement Mlle Aubert, en lui annonçant que, le soir même, un équipage serait à ses ordres pour la conduire à Passy.

De son côté, Paul employait, rue Saint Georges, toutes les ressources honteuses de la ruse et du mensonge.

Il fit comprendre à Marie qu'un rapprochement entre elle et sa tante devenait inévitable. Il lui cita l'article du Code qui lui défendait de contracter mariage sans l'autorisation d'un conseil de famille. Mlle Aubert aura dans ce conseil la plus grande influence.

Marie n'hésita pas à accepter les propositions de retraite qui lui étaient faites : n'entrevoyait-elle pas au bout de tout cela l'objet de ses vœux les plus chers, la réalisation de ses plus douces espérances, son mariage avec Paul? Elle se laissa conduire dans la maison solitaire qui lui était assignée, et l'artiste partit pour l'Italie.

En se retrouvant sous le même toit que sa tante, la jeune fille devait compter sur des reproches pleins d'aigreur, des humiliations continuelles, des avanies sans nombre. Mlle Aubert la torturait impitoyablement; mais la douce créature supportait les outrages avec une angélique patience. Jamais une plainte, jamais la moindre parole de révolte contre le despotisme odieux qui pesait sur elle.

La résignation de la victime finit par lasser le bourreau.

Trouvant Marie toujours calme, toujours respectueuse, quelles que fussent les injures dont elle l'accablait, la tante se vit enlever le plaisir de la méchanceté. Bientôt l'ennui de la solitude la gagna. Marie n'était pas seule captive, et, décidément, le séjour de l'entresol, entre les murs duquel Mlle Aubert amassait de la bile depuis vingt ans, était plus agréable encore que cette campagne muette et solitaire, où toute espèce de société lui était interdite. Elle avait cent fois parcouru la maison de la cave au grenier; tous les détours du parc lui étaient connus.

Une grille s'ouvrait sur le bois de Boulogne; Mlle Aubert la franchit un jour et permit à sa nièce de l'accompagner dans cette excursion défendue. Le retour de la belle saison rendait au bois tous ses promeneurs habituels. De riches équipages sillonnaient les avenues. La vieille fille prenait goût au spectacle animé qui se déroulait sous ses yeux, et les sorties devenaient de plus en plus fréquentes, lorsque le hasard jeta Hyacinthe sur les traces de Marie et de la duègne à laquelle on avait confié sa garde.

Le jeune homme venait de disparaître dans une allée étroite, où la calèche de sa mère ne pouvait le suivre : les deux femmes avaient pris ce chemin. Quelques pas encore, il allait les atteindre.

Au bruit de sa course, Mlle Aubert se retourna brusquement, et sa compagne, à l'aspect du comte, poussa un cri de surprise joyeuse.

— Marie !... je ne suis pas le jouet d'un rêve !... c'est elle !... c'est elle, mon Dieu !

Hyacinthe tombait à deux genoux et soulevait vers la jeune fille des mains suppliantes, comme s'il eût craint de voir s'évanouir une apparition céleste. Son visage, si pâle, avait repris un éclat subit et ses yeux exprimaient à la fois l'angoisse et le bonheur.

— Va-t-on m'expliquer une scène aussi ridicule ? cria la duègne en secouant avec colère le bras de Marie.

— En vérité, je n'y comprends rien moi-même, répondit-elle tout émue.

— Mais c'est odieux ! c'est intolérable ! reprit la tante, qui voyait Hyacinthe saisir avec transport la main de Marie et la presser contre ses lèvres. Tout à l'heure vous aurez à me rendre compte de votre conduite... Rentrons, mademoiselle !

Ce mot de mademoiselle fut pour Hyacinthe un trait de lumière.

Il se leva précipitamment et s'écria :

— Marie ! vous n'êtes pas la femme de Paul !

— Que vous importe, monsieur ? dit la duègne furieuse.

Elle se mit en devoir d'entraîner sa nièce, et poursuivit, en se retournant vers le jeune homme :

— Si elle ne l'est pas encore, elle ne tardera pas à le devenir.

— Mensonge ! indigne mensonge !... Arrêtez, il faut m'entendre. Il le faut, vous dis-je !

En même temps, Hyacinthe forçait Mlle Aubert à lâcher le bras de Marie.

— Monsieur le comte... c'est ma tante !

— Eh bien ! dit Hyacinthe, si elle n'est pas d'accord avec l'infâme qui vous trompe, elle sera la première à me remercier tout à l'heure. Tenez, continua-t-il en tirant un papier de sa poitrine, lisez cette lettre.

Au moment où il la présentait à la jeune fille, Mlle Aubert voulut s'en emparer ; mais elle recula devant le regard impérieux d'Hyacinthe.

L'avenue dans laquelle ils se trouvaient n'était pas fréquentée des promeneurs : la duègne eut beau regarder aux alentours, elle ne vit personne qu'elle pût appeler à son aide.

C'était la lettre de faire part que le comte venait de placer entre les mains de Marie; cette lettre ne le quittait plus depuis le jour où elle était arrivée de Florence. Après avoir lu cet odieux papier, Marie jeta sur Hyacinthe un regard indéfinissable, où le doute se mêlait encore à la douleur et à l'effroi.

— Vous le voyez, dit-il, je portais votre deuil... car je ressentais pour vous la sainte amitié d'un frère... En recevant cette lettre infâme, j'ai cru que j'allais mourir!... Oh! venez, Marie, venez!... Ne devinez-vous pas la raison pour laquelle cet homme a fait répandre le bruit de votre mort?

— Dites-la-moi! murmura-t-elle, en le regardant avec ce calme qui fait peur et qui touche à la dernière limite du désespoir.

— Paul se marie avec la baronne de Châteauneuf.

— Est-ce vrai, cela?

— Je suis prêt à vous en donner la preuve. Voulez-vous me suivre, Marie?

— Oui, je le veux.

Et Hyacinthe l'entraîna malgré les cris et la résistance de la duègne.

Un instant après, la jeune fille se jetait, éperdue, dans les bras de la comtesse. La voiture partit ventre à terre et ne s'arrêta qu'à la porte de la mairie du deuxième arrondissement.

Ce fut là que Marie acquit la certitude du parjure de Paul.

. . . .

A quelque temps de là, M. de Rochebrune se dirigeait, un matin, du côté de la rue Saint-Georges.

Un violent coup de sonnette ne tarda pas à résonner à la porte de l'artiste.

— Je vous attendais, monsieur, dit Paul au vicomte.

— Et tu avais raison de m'attendre, mon petit musicien de malheur ! s'écria Rochebrune, dont les yeux étincelaient. Je vais t'apprendre à chanter une gamme que tu ne connais pas encore.

Il s'élança, les poings serrés, vers celui que, la veille, il nommait par anticipation son beau-frère ; mais Paul, reculant d'un pas, prit sur une table voisine un pistolet de poche qu'il arma froidement.

— Je puis écouter vos paroles injurieuses, dit-il au vicomte, car on ne doit pas s'attendre à trouver autre chose dans votre bouche ; seulement, comme je n'ai pas envie de me livrer à une lutte de crocheteur, vous êtes prévenu que je vous fais sauter le crâne au moindre geste de menace.

La vue du pistolet sembla rendre un peu de calme au frère de la baronne. Il prit place sur un siége que Paul lui indiquait du doigt.

— Je serai bref, continua celui-ci. Vous venez me demander pourquoi je refuse d'épouser Mme de Châteauneuf ? mes raisons sont claires et positives : d'abord la baronne n'est pas votre sœur.

— Qui vous l'a dit ? s'écria Rochebrune, dont la figure se couvrit d'une teinte livide.

— Peu vous importe... je le sais ! Depuis cinq ans, vous êtes l'amant de cette femme ; vous l'étiez avant son veuvage. Après avoir dissipé sa fortune, vous avez eu recours au jeu pour lui conserver une apparence de luxe et la mettre à même de trouver un époux aussi riche que le premier. Les salons de Bade vous offraient, pendant la saison des eaux, des dupes en assez bon nombre, et vous pouviez briller, tout l'hiver, à Paris. Comme vous le voyez, je suis au courant, monsieur le vicomte, ajouta Paul en appuyant sur cette qualification. Mais, comme les choses les plus secrètes finissent par ne plus être un mystère, on devina bientôt l'honorable industrie que vous exerciez. Les partis devinrent de plus en plus rares, — et voilà pourquoi vous avez jeté les yeux sur ma modeste personne ; je commençais à gagner de l'or et vous ne teniez pas au titre. Après tout, je pouvais suivre votre exemple et m'en fabriquer un.

— Misérable ! s'écria Rochebrune, qui se leva, tout écumant de rage.

— Avez-vous oublié mon avertissement? dit l'artiste, étendant la main vers la table. Vous êtes un ancien élève en droit, natif de Marseille. Les femmes aiment les beaux, — vous l'étiez jadis, et vous avez déserté l'école pour exploiter le boudoir. Si le vicomte de Rochebrune se trouve blessé par quelques-unes de mes paroles, je suis prêt à donner toute satisfaction possible à M. Ernest Flicoteau.

— Sur-le-champ, sans plus de retard!
— Vos armes?
— L'épée.
— Marchons! dit Paul, après avoir pris deux fleurets accrochés au-dessus de son piano. Nous trouverons des témoins à la caserne voisine.

Le duel ne fut pas favorable à l'artiste.

Il reçut une blessure grave, et resta près de six semaines cloué sur un lit de douleur, se félicitant d'échapper à ce prix à Mme de Châteauneuf et à son prétendu frère. Paul se rappelait le noble et candide amour de Marie, sa douce élève du Conservatoire; il se demandait, avec des larmes de repentir, s'il avait pu songer sérieusement à la remplacer par une femme aussi méprisable que la baronne.

Oh! qu'il lui tarde de revoir la jeune fille! Pourquoi n'ose-t-il pas l'appeler près de lui, comme autrefois?

Marie le croit en voyage; elle est sous la garde sévère de sa tante. Rien de sa fatale erreur n'a pu transpirer jusqu'à elle. Il ira bientôt se jeter à ses pieds, — et si jamais elle apprend ses torts, il les rachètera par toute une vie d'amour!

Il attendit avec anxiété que son chirurgien fixât le jour de sa première sortie.

Ce jour arriva.

Mais, au moment où Paul allait monter dans un cabriolet de place, qui devait le conduire à la maison de campagne voisine du bois de Boulogne, sa portière lui remit une lettre ainsi conçue:

« Paris, 15 juin.

« Monsieur,

« Mme la comtesse Hortense de Verneuil a l'honneur de vous annoncer le mariage qui a été célébré, hier, dans l'église Notre-Dame-de-Lorette, entre Félicie-Marie Aubert et le comte Jules-Hyacinthe de Verneuil. »

FIN DES DEUX ÉLEVES DU CONSERVATOIRE.

LA ROSE DE LA VALLÉE.

La foudre tombant aux pieds d'Ernest ne lui eût pas causé plus d'effroi que cette apparition subite (page 285).

LA ROSE DE LA VALLÉE.

Vers la fin d'avril de l'année 1833, un jeune homme de fort bonne mine traversait, le fusil sur l'épaule, une de ces vastes forêts de sapins qui prennent naissance à la base des Vosges et vont couronner d'un diadème de verdure les pics les plus ardus de la montagne. Notre promeneur, — car l'éclat de ses bottes vernies est à peine altéré par une légère couche de poussière, preuve évidente que sa course n'a pas été longue, — atteignit bientôt la lisière du bois et se dirigea vers une petite maisonnette, assise au fond de la vallée.

C'était la demeure du capitaine Morizot, vieux grognard de l'Empire, débris de nos victorieuses phalanges, ruine vivante d'une époque rapprochée de nous, et dont les héros ont déjà la taille des géants, bien qu'on ne les aperçoive pas encore au travers du microscope des siècles. M. Morizot avait cinquante ans accomplis, mais ses cheveux grisonnaient à peine; son front, légèrement dépouillé dans les environs des tempes, n'offrait pas une ride. On devinait une de ces natures de bronze, qui résistent à la fatigue et au chagrin; — car, nous devons le dire, le capitaine avait essuyé de terribles épreuves. Une femme, qu'il aimait de toutes les forces de son âme, l'avait indignement trahi. Le soldat, à son retour des camps, espérait retrouver cette femme comme il l'avait connue jadis, aimante et pure. Il voulait en faire sa compagne; mais, ainsi que tant d'autres, il fut sacrifié lâchement à l'absence. Depuis dix-neuf ans que cette trahison lui avait déchiré le cœur, le capitaine souffrait comme au premier jour, et souvent il lui arrivait de repousser les caresses de sa fille, aimable et douce enfant, qui essayait de le calmer par un sourire; quand elle voyait son front devenir sombre et de grosses larmes s'échapper de sa paupière.

— Laisse-moi, Louise, laisse-moi! disait alors le capitaine d'une voix rude et emportée : tu lui ressembles, et ta vue me rappelle d'odieux souvenirs!

Mais se repentant bientôt de ces paroles, que lui arrachait une implacable douleur, le vieux soldat rappelait Louise, qui s'était reculée, toute tremblante.

La jeune fille essayait alors de connaître la cause de ces brusqueries imprévues.

— Non, non, lui répondait M. Morizot, ne m'interroge pas... Tu es ma fille... oh! oui, tu es ma fille, et je t'aime!

A part ces légers nuages, la vie de la maisonnette était paisible et pleine de charmes. Le capitaine avait une pension de quinze cents francs, qui était plus que suffisante à ses besoins modestes et à ceux de Louise. Par une originalité fort singulière, M. Morizot avait voulu que la jeune fille fût élevée comme la plus simple des paysannes. Il veillait lui-même à lui donner l'éducation du cœur ; mais, pour l'éducation de l'esprit, il ne paraissait y songer en aucune sorte. Chez le vieux soldat, cette conduite était le résultat d'un système bien arrêté; nous croyons même qu'il eût été médiocrement satisfait d'apprendre qu'un autre se chargeait de réparer cet oubli volontaire.

Pourtant c'est ce qui avait lieu, depuis deux mois.

Lorsque le capitaine s'absentait de la maisonnette, Louise avait soin d'éloigner une vieille domestique, qui l'aidait dans les travaux du ménage. Alors elle montait à sa chambre, s'approchait de la fenêtre et agitait, en dehors, un voile blanc. La jeune fille était sûre que le signal serait aperçu de M. Ernest Forestelle, neveu du plus riche fabricant de planches des environs.

Aussitôt que le bienheureux voile paraissait dans l'air, Ernest quittait la demeure de son oncle, située à quelque distance sur la pente inclinée de la montagne. C'est lui que nous venons de voir traverser la forêt de sapins qui sépare le château du fabricant de la maisonnette du capitaine.

Ce dernier venait de partir pour aller à Raon-l'Etape toucher le trimestre de sa pension.

Joyeuse et souriante, Louise attendait Ernest sur le seuil de la porte. A l'approche du jeune homme, elle courut à sa rencontre, et tous deux se dirigèrent du côté d'un petit jardinet, fermé d'une haie vive et cultivé par M. Morizot lui-même, lequel n'avait plus que deux passions, celle de la chasse et celle du jardinage. D'une imperceptible portion de terrain, qui avoisinait sa demeure, le capitaine avait fait une espèce d'Eden en miniature. Toutes les plantes de la montagne, le térébinthe aux grappes odorantes, la bruyère aux fleurs d'or, la pervenche aux corolles d'azur et la famille entière des myrtes et des seringas se trouvaient là réunies, mariant leurs branches flexibles et mélangeant leurs parfums. Des berceaux de chèvrefeuille et de vigne sauvage étaient disposés aux quatre coins de ce gracieux parterre, et ce fut sous l'un de ces berceaux que Louise conduisit son jeune professeur.

Ils s'assirent l'un et l'autre devant une table formée par deux planches de sapins, clouées solidement sur quatre pieux enfoncés dans le sol. Il y avait là des livres et un cahier d'écriture, que la jeune fille plaça triomphalement sous les yeux d'Ernest.

— Voyez, dit-elle, comme j'ai bien travaillé ce matin?

— En effet, répondit le jeune homme, vous serez bientôt plus habile que votre maître, Louise.

— Oh! que non, monsieur Ernest! Songez combien de choses il me faut encore apprendre. Je sais lire couramment, j'écris un peu; mais l'histoire! mais la géographie! Je suis honteuse d'être aussi ignorante, et quand je pense que vous avez eu la bonté de m'instruire, moi, pauvre fille, —je ne pourrai jamais vous exprimer toute ma reconnaissance.

— Ne parlons pas de cela, Louise. Dites-moi, votre père ne se doute de rien encore?

— Non, mais je me trahirai bientôt, c'est inévitable. Comme je vous le disais tout à l'heure, près de vous, monsieur Ernest, je suis honteuse de mon ignorance : vous êtes si savant! Mais avec mon père, c'est autre chose ; je suis fière du peu que je sais, et, à chaque instant, je meurs d'envie... Tenez, hier, encore, M. Joseph Cornu, — vous savez, le secrétaire du juge de paix de Raon? — lisait au capitaine les *Fastes de la gloire*... eh bien, j'étais sur le point de m'emparer du livre pour lire à mon tour.

— Quelle imprudence! ne faites jamais une pareille chose, Louise, je vous en conjure!

— Mon Dieu, monsieur Ernest, cela vous contrarierait donc, si j'apprenais à mon père combien vous êtes bon, combien vous êtes obligeant pour moi?

— Non, Louise, répondit le jeune homme avec embarras ; mais je veux attendre que ma tâche soit accomplie, que vous soyez savante, bien savante.

— Et cela durera-t-il longtemps encore?

— Oh! non, vous avez des dispositions admirables, et je suis sûr qu'avant un mois...

— Vrai? dit-elle en frappant joyeusement ses mains l'une contre l'autre ; alors je vais travailler avec courage, — ne perdons pas une minute.

— La surprise que vous ménagez au capitaine sera bien plus grande, lorsque vous pourrez lui raconter l'histoire de son empereur, poursuivit Ernest en taillant la plume de Louise.

— Vous avez raison, dit la jeune fille. Mon père vous aime déjà beaucoup, monsieur Ernest ; mais il vous aimera bien davantage, quand je lui dirai tout ce que je vous dois.

— Peut-être sera-ce tout le contraire, Louise ; peut-être M. Morizot me blâmera-t-il.

— Et pourquoi donc? fit-elle avec une candeur charmante.

— Mais... je ne saurais trop vous dire... Le capitaine est parfois si original! Ainsi, par exemple, il n'a jamais voulu, malgré les invitations réitérées de Mme Forestelle, ma tante, vous amener aux réunions du château.

— Mme Forestelle est bien bonne et bien aimable, répondit la jeune fille; mais que ferait une pauvre paysanne au milieu d'un si grand nombre de dames élégantes? Bonté divine! je tremble rien que d'y songer. Voyez-vous, monsieur Ernest, il faut que chacun demeure à sa place, comme dit mon père. Je suis bonne à soigner mon petit ménage et à vous préparer à souper, lorsque vous revenez tous les deux de la chasse, harassés de fatigue. Sortez-moi de là, je ne suis plus capable de rien... Mais vous ne finissez pas de tailler cette plume : je n'écrirai donc pas aujourd'hui?

— Pardonnez-moi, Louise. Convenez pourtant que le capitaine a tort de vous laisser ainsi avec des vêtements de paysanne. Sous un costume de ville, vous seriez charmante.

— Vous croyez, monsieur Ernest?

— Si je le crois, Louise! Ah! pourquoi M. Morizot n'a-t-il pas voulu vous laisser venir, ce soir, au bal du château? Je suis persuadé qu'avec la plus simple des parures, vous auriez éclipsé Mlle Victorine de Fontanges.

— Quelle folie! dit la jeune fille.

— Et puis votre présence m'aurait soutenu, m'aurait donné du courage... car je suis bien malheureux, Louise.

— Sainte Vierge! vous pleurez! s'écria-t-elle en se levant tout émue et en s'approchant du jeune homme. Ce n'est pas moi qui vous ai causé du chagrin, n'est-ce pas? ce serait bien involontairement; je vous le jure, car je vous aime. Il me semble que vous êtes mon frère.

— Oh! oui, Louise, vous êtes bonne, sensible, vous avez toutes les qualités d'un ange.

Puis il reprit à voix basse, en se parlant à lui-même :

— Frédéric me conseille de la séduire... Non, jamais! je serais un lâche!

— Écoutez... dit tout à coup la jeune fille en prêtant l'oreille. il me semble... comment, déjà de retour?

— C'est la voix du capitaine, dit Ernest, qui se leva précipitamment : je ne veux pas qu'il me rencontre... Au revoir, Louise, au revoir!

Prenant son fusil, qu'il avait déposé dans un coin du berceau, il sortit en toute hâte, après avoir serré la main de son élève, et sauta lestement par-dessus la haie de la clôture du jardin. Quelques secondes après, il avait disparu derrière les arbres de la vallée, pendant que Louise se disait, en cachant ses livres et ses cahiers sous une touffe de chèvrefeuille :

— Allons, voilà que je ne prendrai pas de leçon aujourd'hui... Et ce pauvre M. Ernest qui est malheureux! s'il avait pu seulement me dire ce qui le chagrine, je l'aurais consolé peut-être.

— Louise! Louise! cria la grosse voix du capitaine.

— Me voici, mon père, répondit-elle en accourant avec la légèreté d'un oiseau.

— Tu ne m'attendais pas encore, n'est-ce pas, mon enfant? Figure-toi que je rencontre, à moitié chemin de Raon... devine qui? le receveur particulier lui-même, qui se promenait en char-à-bancs, tandis que j'allais à son bureau pour toucher mon trimestre. En vérité, ces messieurs-là sont sans-gêne! Après tout, j'en serai quitte pour retourner demain à la ville. Mais j'ai fait une autre rencontre, ajouta le capitaine en montrant un gros garçon joufflu qui se tenait planté comme un terme sur le seuil de la maisonnette. C'était aujourd'hui le tirage, et ce poltron de Joseph Cornu a pris le numéro *cent vingt*.

— Comme vous le dites, capitaine, répondit le secrétaire du juge de paix, en ôtant, pour saluer Louise, son castor orné de rubans aux couleurs nationales, et je m'en félicite, palsambleu!... Ne vous effrayez pas, mademoiselle : palsambleu est un très-joli mot dont j'ai fait la découverte dans un roman moderne.

— Quoi! monsieur Joseph, vous lisez des romans? demanda Louise.

— Si je lis des romans, vertubleu!... Vertubleu, mademoiselle, est encore un autre mot, parfaitement distingué, que l'on veut, à ce qu'il paraît, remettre en vigueur. Si je lis des romans? mais j'en fais ma nourriture, je les dévore : c'est l'expression la plus convenable, dont je puisse me servir.

— Des romans, dit la jeune fille avec naïveté, ce doit être une lecture bien amusante.

— Oui, par la corbleu! je vous l'affirme... Par la corbleu, mademoiselle, était le juron favori de sa majesté Louis XV, et je suis enchanté de pouvoir, en ce moment, vous parler la langue de ce grand roi. Les romans, voyez-vous, les romans...

— Qui parle ici de romans? s'écria M. Morizot, qui, pendant le dialogue rapporté ci-dessus, avait été déposer dans la salle voisine sa canne et son chapeau.

— Eh! ventrebleu! c'est moi, capitaine!... Ventrebleu, vous le saurez, est un autre juron que les seigneurs du siècle de Louis XV...

— Pourquoi parles-tu de romans devant ma fille? cria M. Morizot d'une voix de tonnerre, en se précipitant sur le malencontreux conscrit.

— Dame, capitaine... Aïe! si vous avez envie de m'étrangler, dites-le.

— Mon père, s'écria Louise, que vous a donc fait ce pauvre garçon?

— Au fait, j'ai tort, dit M. Morizot en lâchant Joseph, qu'il venait de saisir à la gorge. Conviens avec moi que tu es un imbécile.

— Je conviendrai de tout ce qu'il vous plaira, capitaine, pourvu... Palsambleu! quel poignet vous avez pour votre âge!

— Les romans... se dit le vieux soldat, qui se parlait à lui-même, ce sont les romans qui l'ont perdue!... Mais, encore une fois, j'ai tort de m'alarmer, continua-t-il en s'adressant à Louise; car, Dieu merci, mon enfant, tu ne sais pas lire, et c'est une chose dont je me félicite chaque jour. Comme te voilà pâle et tremblante! c'est pourtant moi qui viens de t'effrayer de la sorte... Allons, je suis un brutal, c'est convenu. Joseph, es-tu d'avis de souper avec nous?

— Par la corbleu, capitaine, j'accepte.

— Ah ça, qu'est-ce qu'il a donc, cet animal, avec ses vertubleu, ses corbleu? Je ne lui ai jamais connu ce baragouin.

— Mais, capitaine, c'est une manière de jurer très-innocente : autant celle-là qu'une autre.

— Et pourquoi jurer, je te le demande? est-ce que tu m'entends jurer, moi, qui suis un vieux soldat? Tu ne te figures pas comme tu es bête quand tu affiches de pareilles prétentions.

— Merci, capitaine.

— Il n'y a pas de quoi. C'est décidé, tu soupes avec nous, et, pour fêter ton numéro, nous décachèterons une bouteille de vin du Rhin. Ça voyons, Louise, va bien vite aider Magdeleine, et fais-nous souper de bonne heure. Tu sais que je suis invité ce soir au château.

— Eh! mais, s'écria Joseph, je dois y aller aussi, moi! Le juge de paix ayant reçu sa lettre d'invitation, M. Forestelle ne pouvait se dispenser de m'envoyer la mienne.

— C'est parfaitement juste. Et tu vas te présenter avec cette bigarrure à ton chapeau?

— Non, capitaine; Mlle Louise aura la bonté de me découdre les rubans, — n'est-ce pas, mademoiselle Louise? Tiens, elle est partie! Alors, tant mieux, j'ai quelque chose à vous dire.... qui la concerne.

— Ah! ah!

— Chemin faisant, j'ai eu vingt fois la bouche ouverte pour vous communiquer mes aveux, et je n'ai pas osé, capitaine. A la fin du compte, vous ne me mangerez pas, et je me risque.

— Parle, dit M. Morizot, qui prit place sur un banc de pierre adossé contre le mur de façade de la maisonnette. Viens t'asseoir là, près de moi. Tu ne m'en veux donc plus de ma brutalité de tout à l'heure?

— Vous en vouloir, par exemple! Toutes les fois que vous aurez des bourrasques de cette nature, ne vous gênez pas, capitaine... Allez toujours !

— Brave garçon ! dit M. Morizot, qui serra vivement la main du jeune homme. C'est que, vois-tu, lorsque j'entends parler de ces livres infâmes, il me prend comme des accès de frénésie. Les romans m'ont coûté tout le bonheur de mon existence.

— Eh bien ! capitaine, je n'en lirai plus, je vous le jure.

— Oh ! pour toi, je suis sans crainte. S'il y a du ridicule dans ce genre d'ouvrages, tu le prendras sur-le-champ ; mais le venin n'aura pas d'influence sur ta bonne et franche nature. Voyons, qu'as-tu de si pressant à me communiquer ?

— Dame, répondit Joseph Cornu, qui faisait tourner son feutre entre ses genoux, je ne sais trop par quel bout m'y prendre. Vous savez que je gagne 600 francs chez le juge de paix de Raon : c'est un beau denier, capitaine ! Il est vrai que je ne suis ni logé, ni nourri, ni blanchi ; mais c'est égal, je mets toujours une vingtaine de francs de côté tous les mois, et lorsque ma grand'tante s'avisera de trépasser... ce que je ne désire pas, au contraire ! j'hériterai d'une petite somme assez ronde, et je pourrai bien acheter le greffe. Vous comprenez, capitaine ?

— Oui, mais achève.

— Ah ! diable ! je n'ai pas commencé par le plus difficile.

M. Morizot souriait dans sa barbe. Il voyait bien où le pauvre garçon en voulait venir et s'amusait beaucoup de l'embarras de sa contenance. Le secrétaire de la justice de paix continuait de broyer son feutre, et le capitaine espérait que Joseph finirait par transformer ledit feutre en un claque de la plus belle espèce. Comme ils devaient aller ensemble au bal du fabricant de planches, M. Morizot ne jugea pas convenable de s'opposer à la métamorphose.

— Voyons, as-tu perdu le fil de ton discours ?

— Non, capitaine... mais j'ai tellement peur d'un refus... Bah ! je suis un imbécile !

— C'est toi-même qui le dis.

— Depuis deux ans que je vous connais... Oui, capitaine, voilà deux ans que je vous rends visite presque tous les soirs. Pour venir de Raon-l'Etape, il y a tout au plus une demi-heure de marche, et, l'été, quand il ne fait pas d'orage, l'hiver, quand il gèle, j'accours après la fermeture du bureau ; je viens vous lire les *Fastes de la Gloire...* un ouvrage bien intéressant, mais que je sais par cœur !

— Après?

— Dame, capitaine, j'ai usé pas mal de chaussures, et je dois vous le dire, ce n'était pas uniquement à votre intention.

— Eh bien ! c'est poli, ce que tu me dis là.

— J'étais sûr que vous alliez vous fâcher... N'importe, je lâcherai le grand mot, j'en aurai le cœur net : j'aime Mlle Louise !

— Ah ! vraiment?

— Oui, capitaine. Si mon audace vous offense, voilà ma tête, je vous autorise à la prendre.

— Garde-là, mon garçon, dit M. Morizot en souriant.

— Vous ne vous fâchez donc pas capitaine? demanda Joseph Cornu, dont la figure était rayonnante.

— Tu le vois bien, ce me semble. Écoute : tu viens me prier de te donner la main de ma fille...

— Et vous me l'accordez? fit le secrétaire.

— Peste ! comme tu y vas ! il nous faut au moins le consentement de Louise.

— Ah ! mon Dieu ! voilà que je tremble à présent. Si elle allait refuser d'être ma femme...

— Et pourquoi refuserait-elle? n'es-tu pas un brave, un honnête garçon, dont le modeste avenir est à peu près assuré? Tu es un peu naïf sans doute, mais le mariage te dégourdira.

— Je l'espère bien, capitaine.

— Ah ! ah! fit M. Morizot, voici justement Louise qui vient nous annoncer que la table est servie.

En effet, la jeune fille se montrait au seuil de la porte. Tous les jours à l'heure du repas, elle ajoutait quelques détails à sa toilette et, sous le costume original et gracieux des montagnardes, elle était ravissante. Un béret de velours, coquettement placé sur sa jolie tête, dégageait son front pur et laissait tomber en bandeaux ses cheveux d'un noir d'ébène. Elle portait au cou la petite croix d'or, bénie au contact des reliques de la *Sainte-du-Rocher*. Son corsage, également de velours, dessinait sa taille légère, et sa jupe courte, en simple toile grise des montagnes, était rehaussée par un tablier d'indienne, d'une couleur éclatante. Rien de naïf, de candide et de virginal comme cette belle jeune fille, ornée de sa pudeur et de son innocence : aussi l'appelait-on dans le village la Rose de la Vallée. Louise était brune ; ses joues, un peu hâlées par le soleil des Vosges, avaient l'éclat velouté de la pêche ; ses grands yeux bleus, voilés de longs cils noirs, eussent fait tressaillir les pinceaux de Raphaël et du Corrége, et deux adorables fossettes, creusées à chacun des angles de sa bouche vermeille, rendaient son sourire aussi doux que celui des anges.

En ce moment, le visage de Louise était éclairé par les derniers rayons du jour, qui filtraient doucement au travers des sapins de la montagne. Le secrétaire, en la voyant si belle, tremblait d'espoir et de bonheur.

— Approche, Louise, dit M. Morizot : tu ne te douterais jamais de la confidence que Joseph vient de me faire.

— Oh ! non, capitaine, pas à présent ! murmura le jeune homme avec un air de supplication craintive. Si j'étais refusé, je n'aurais plus le moindre appétit, je vous assure. J'aime beaucoup mieux que vous entamiez la chose au dessert, entre deux gorgées de votre excellent vin du Rhin. Supposons qu'un malheur m'arrive, j'aurai plus de force pour le supporter.

— Diable ! fit M. Morizot, tu es un gaillard de précautions. Va pour le dessert.

Il rentra. Louise et Joseph Cornu le suivirent.

La maisonnette n'avait qu'un seul étage. Au rez-de-chaussée se trouvait la salle à manger, suivie d'une autre pièce qui servait à la fois de cuisine et de logement à la vieille Magdeleine. L'étage au-dessus était pris tout entier par la chambre de M. Morizot et par celle de Louise. Sur le derrière de la maisonnette s'alignaient plusieurs huttes, couvertes en chaume, et destinées, les unes au bétail, les autres aux poulets et aux canards de la basse-cour.

Tout cela respirait un air de rustique simplicité qui faisait plaisir à voir. Çà et là, des fontaines d'une eau limpide jaillissaient de leurs tuyaux mousseux, nettoyaient le pavé de la cour et entretenaient la salubrité des étables. Les murailles étaient tapissées de lierre, et, quand, après une pluie d'orage, le soleil faisait briller les gouttes d'eau suspendues à cette verdure, on eût dit que la pauvre et modeste demeure du capitaine étincelait, comme le palais des fées, d'émeraudes et de saphirs.

Mais revenons dans la première pièce de la maisonnette, où nous avons laissé nos personnages en train de prendre le repas du soir.

Cette pièce était celle où l'on recevait les étrangers, bien qu'elle n'eût pas la moindre apparence de luxe. Les Vosges touchent de près à l'Allemagne, et le caractère de nos montagnards a plus d'un rapport avec le caractère germanique : même l'hospitalité franche et sincère, — mais aussi même réserve, même défense à l'indiscrétion de pénétrer dans le mystérieux sanctuaire de la famille. La salle dont nous parlons était vaste et spacieuse. Au fond, se trouvait une immense cheminée, dont le vaste chambranle pouvait abriter dix personnes pendant les veillées d'hiver, et, à droite de ce foyer patriarcal, se dressait un lit, aux rideaux de serge verte, où couchaient les amis de la maison, lorsqu'un de ces orages si fréquents dans les Vosges interceptait tout à coup les communications, changeait les ruisseaux en torrents et défendait au visiteur de regagner son domicile sans danger pour ses jours. Ernest Forestelle et Joseph Cornu avaient dormi plus d'une fois sur cette couche hospitalière, et rêvé de la jeune fille qu'ils aimaient, — car le lecteur intelligent n'a pas été jusqu'ici sans comprendre que le secrétaire du juge de paix et le neveu du fabricant sont rivaux, bien qu'ils ne s'en doutent guère encore. Les autres côtés de la salle étaient envahis par les planches chargées de vaisselle. Sur ces mêmes planches, on voyait rangés à la file des pots de lait, des terrines de beurre et des boîtes de sapin, contenant ces fromages mous dont les baigneuses de Plombières sont si friandes. Ces petites industries champêtres avaient le double avantage d'occuper les journées de Louise et d'augmenter les revenus de M. Morizot. Tous les samedis, la vieille Magdeleine chargeait le dos d'un âne du surcroît de ces provisions domestiques et allait vendre le tout au marché de Raon.

Cependant le souper tirait à sa fin. Le capitaine venait d'allumer sa pipe et de déboucher cette fameuse bouteille dont il a été question plus haut. Joseph Cornu portait alternativement ses regards inquiets du père à la fille. Morizot, voyant l'embarras du secrétaire, souriait doucement dans sa barbe et lançait au plafond d'épaisses bouffées de tabac d'Alsace.

Tout à coup il s'écria sans autre préambule :

— Dis-moi, Louise, est-ce que tu voudrais te marier, mon enfant?

La jeune fille regarda le capitaine avec surprise.

— Mon père, dit-elle, si vous le jugez convenable, vous savez bien que je n'aurai jamais d'autre volonté que la vôtre.

— Voilà ce qui s'appelle répondre. Toutefois, je serais au désespoir de forcer ton inclination, ma chère petite. Que penserais-tu d'un mari de cette espèce-là? poursuivit-il en frappant sur l'épaule de Joseph Cornu.

— Il me semble, mon père...

— Allons, parle sans crainte.

— Que M. Joseph serait un bon mari, qui rendrait sa femme heureuse.

— Oh! oui, mademoiselle, s'écria le secrétaire, qui se leva de son siége et courut se jeter aux genoux de la jeune fille : ma vie tout entière sera consacrée à votre bonheur. O mon Dieu! ce n'est pas un rêve! elle consent à être ma femme! Vous m'aimez donc, Louise?

— Mais, répondit-elle avec un doux sourire, on n'accueille avec joie que ceux qu'on aime, et toutes les fois que vous êtes venu nous voir...

— Je suis aimé, capitaine! je suis aimé, comprenez-vous? s'écria Joseph en se relevant et en faisant sauter son feutre en l'air. Et je suis quitte de la conscription! deux bonheurs en un jour! Il y a de quoi devenir fou!

— Je te reconnais bien là, poltron, dit Morizot qui essuyait une larme d'attendrissement. Tu avais une peur atroce d'aller combattre les Bédouins et de laisser ta peau dans les environs de l'Atlas.

— Dame, capitaine, je voudrais vous y voir.

— Qu'entends-tu par ces paroles?

— Pardon... je dis une bêtise. Un vieux dur à cuir comme vous, ça ne demande que plaie et bosse. Enfin, convenez-en, ce sera beaucoup plus agréable pour vous de nous voir là tous les deux, ma petite femme et moi, vous câliner du matin au soir. Et puis, nous aurons des enfants, capitaine, des chérubins d'enfants qui ressembleront à Louise...

— Ah ça! veux-tu bien te taire? dit M. Morizot, se levant à son tour et prenant l'oreille de Joseph Cornu, qu'il secoua rudement. Fais-moi le plaisir de garder ces discours-là pour un peu plus tard. Voyons, à quand la noce?

— Le plus tôt possible, capitaine.

— On ne te parle pas, à toi. Réponds, Louise.

— Quand il vous plaira, mon père.

— Va, tu es une bonne fille, dit Morizot en l'embrassant avec tendresse. Brosse mon habit et découds les rubans du chapeau de ton futur, car nous allons partir.

— Faudra-t-il vous attacher votre croix, mon père?

— Certainement, dit Joseph.

— De quoi te mêles-tu?

— Ecoutez donc, à présent je suis de la famille; j'ai voix délibérative.

— C'est clair, et je dois obéir, dit le capitaine, ouvrant un petit coffret de nacre placé sur la cheminée.

Il en tira une croix de la Légion-d'Honneur et dit, en la montrant à Louise et à son prétendu :

— Voilà le seul héritage que je vous laisserai, mes enfants. Ma pension n'est pas lourde : nous la mangerons presque tout entière, et vous savez qu'elle s'éteint avec moi.

— Bon! s'écria Joseph, qui fit de nouveau sauter au plafond son castor, que la jeune fille venait de lui remettre après l'avoir débarrassé de tout ornement superflu, j'oubliais de vous parler d'une chose. Ma parole d'honneur, la joie, me rend stupide! Sachez donc, beau-père, sachez donc, mademoiselle Louise, que nous allons être riches peut-être, que nous allons rouler sur l'or!

— Es-tu fou? demanda M. Morizot.

— Non pas, je possède en ce moment toute mon intelligence. Vous savez, capitaine, que M. Forestelle a mis son château en loterie, — son château, celui-là même où nous allons ce soir.

— Eh bien?

— Voici... j'avais trois cents francs dans ma tirelire et j'ai pris deux billets avec mes économies de deux ans.

— Double nigaud! Ne comprends-tu pas que ce vieil avare de M. Forestelle qui, je crois, a l'intention de se retirer à Paris, car il a fait une fortune colossale en ruinant avec sa mécanique toutes les industries de nos pauvres scieurs de planches, — ne comprends-tu pas, dis-je, que, désespérant de trouver un acquéreur pour sa maison de campagne, son château, si tu l'aimes mieux, il l'a mis en loterie, dans le seul but d'en obtenir un prix plus élevé?

— Je ne dis pas le contraire, capitaine.

— C'est une indignité que ces loteries! continua M. Morizot, car elles n'ont d'autre résultat que de faire naître l'avidité dans l'âme du pauvre et de le priver de ses dernières ressources, en excitant en lui la soif du gain. Le gouvernement, je l'espère, les défendra tôt ou tard. Combien de malheureux vont se repentir, d'avoir jeté leurs économies dans ce gouffre!... Et toi-même, imbécile, toi-même...

— Ah! moi, c'est différent! j'ai de la chance, et j'en appelle au numéro *cent vingt*, le plus haut du tirage, et que j'ai pincé du premier coup sous le nez du maire... à preuve que ce respectable magistrat m'a dit, avec un accent de bonté paternelle : « Cet animal de Cornu ! Dieu me pardonne, il est né coiffé ! » Là, voyez-vous, capitaine, chacun s'en rapporte. Et puis, il faut tout vous dire, j'ai pris les billets au nom de Mlle Louise. Un ange d'innocence comme elle, ça doit gagner partout et toujours...

— Comment, dit la jeune fille, vous avez fait une pareille folie?

— Mon Dieu oui, ma chère Louise, et, bien plus, j'ai choisi les chiffres correspondants à votre âge et au mien, dix-huit et vingt-un. Si nous ne gagnons pas, il y aura de la malice.

— Tais-toi, dit Morizot, car tu finiras par me mettre en colère.

— Bah ! s'écria Joseph, si le sort ne nous est pas favorable, ce sera trois cents francs de perdus, et il me restera toujours ma petite femme, un vrai trésor, n'est-ce pas, capitaine ? Mon Dieu, les plus heureux en ce monde ne sont pas les plus riches, et je gage que M. Ernest Forestelle est moins satisfait d'épouser Mlle Victorine de Fontanges que je ne le suis d'épouser Louise. La réunion de ce soir m'a tout l'air d'une fête de fiançailles.

— Quoi ! dit la jeune fille d'une voix émue, M. Ernest va se marier?

— Oui, mon enfant, répondit Morizot, et j'ai bien peur, en effet, que son grippe-sou d'oncle ne le force à ce mariage, parce qu'il voit au bout quatre cent mille francs de dot. J'en serais désolé pour M. Ernest, car c'est un brave et digne jeune homme.

— Certes oui, capitaine ! et qui vaut mieux dans son petit doigt que son ami Frédéric d'Ormeuil dans toute sa personne. Vous savez, ce godelureau, qui veut conter fleurette à toutes les paysannes d'alentour ? Si je le trouvais jamais rôdant autour de ma future... sacristi !

— Allons, bavard que tu es, dit Morizot, voici l'heure de partir, et chemin faisant nous causerons de nos affaires. Bonsoir, Louise, bonsoir, mon enfant... mais comme te voilà triste !

En effet, la jeune fille s'était assise à l'écart et des larmes brillaient aux cils de sa paupière.

— Laissez donc, capitaine, dit Joseph Cornu à l'oreille de M. Morizot, le mariage fait toujours rêver les jeunes filles. Vous savez cela, j'espère.., à votre âge! Au revoir, Louise, ma petite femme.

— Au revoir, monsieur Joseph, répondit-elle tristement.

— Hum! grommela Morizot, ceci me paraît bien étrange! — Allons, Louise, reprit-il à haute voix, tu vas, j'espère, t'enfermer soigneusement avec Magdeleine... J'ai ma clef... ne sois pas inquiète, je reviendrai de bonne heure,

Le capitaine, accompagné de Joseph Cornu, sortit de la maisonnette et prit le chemin du château de M. Forestelle. Louise les suivit lentement du regard, et lorsqu'ils eurent disparu sous les premiers arbres de la forêt, elle leva les yeux au ciel et se dit avec un accent de douleur :

— Pauvre monsieur Ernest! Voilà pourquoi sans doute il me disait tantôt qu'il était malheureux!

II

Depuis longtemps déjà le soleil avait disparu derrière la montagne, et la lune, qui montait à l'autre extrémité de l'horizon, envoyait de tremblantes lueurs sous le rideau noir des sapins et caressait la cîme des vertes yeuses et des bouleaux flexibles. On entendait au loin les chants du rossignol et le murmure des cascades qui, tombant d'une source aérienne, clapotaient sur la surface des rochers et couraient ensuite, en petits ruisseaux d'argent, sous les bruyères fleuries.

— Je t'ai prévenu que nous parlerions d'affaires, dit Morizot qui s'appuya familièrement sur le bras de Joseph Cornu. Tu as tes papiers, j'ai ceux de Louise; il faut, ainsi que tu le disais, que votre mariage soit conclu le plus vite possible; d'ailleurs, j'ai des raisons pour le presser.

— Quelles raisons, capitaine ?

— Cela ne te regarde pas.

— Pourtant il me semble...

— Est-ce que tu aurais de la défiance ?

— Pas l'ombre, capitaine, — par exemple !

— A la bonne heure. Tu es averti : les motifs que je puis avoir ne regardent que moi.

— Cela suffit, beau-père.

— Te crois-tu lié vis-à-vis de nous par ce qui s'est passé ce soir ?

— Certainement, ventrebleu !... Pardon, capitaine, j'oubliais...

— S'il en est ainsi, je te délivre de tout engagement.

— De tout engagement ? Je vous avoue que je ne saisis pas...

— C'est facile à comprendre : je veux dire que tu es libre encore ou d'épouser Louise ou de refuser sa main.

— J'épouse, capitaine, j'épouse !

— Un instant ; peut-être vas-tu changer d'avis : Louise n'est pas ma fille.

— Hein ?... Je vous demande mille excuses, — j'ai mal entendu.

— Je te répète que Louise n'est pas ma fille.

— Ah ! capitaine, pouvez-vous faire d'aussi mauvaises plaisanteries... à votre âge ?

— A mon âge, à mon âge ! On dirait, sur ma parole, que je suis un barbon du premier calibre. A mon âge, monsieur Joseph Cornu, les hommes de ma trempe ont bon pied, bon œil, et pourraient, à la rigueur, donner du fil à retordre aux conscrits de votre espèce. Mais parlons sérieusement. Je t'ai dit que je n'étais pas le père de Louise, et j'ai dit vrai. C'est une pauvre jeune fille que j'ai recueillie, quelques jours après sa naissance, et que j'ai fait élever comme un enfant à moi, — car aussi bien ce devait être mon enfant ! Louise a grandi dans cette persuasion, sans se douter qu'elle n'était que ma fille adoptive.

— Et son véritable père, le connaissez-vous ?

— Je n'ai jamais pu mettre la main dessus, sacrebleu!... Oh! puissé-je le rencontrer un jour, et... par le diable! il ne m'échappera pas.

— Bon, je vous y prends, capitaine, voilà que vous jurez comme un sapeur.

— Oui, je jure, tête et sang! je jurerai plus d'une fois encore, si je ne réussis pas à trouver l'infâme.... Assez là-dessus! Tu viens d'entendre un aveu que me dictait ma conscience : à présent, je te demande si tu restes toujours dans les mêmes dispostions?

— Toujours, monsieur Morizot, toujours! Peu m'importe, à moi, que Louise soit votre fille ou celle du roi de France; je n'y tiens pas, je vous assure. C'est elle que j'épouse, et non son père. Je serais bien fâché, ma foi, d'épouser son père!

— Bien, fit Morizot : nous arrivons... silence!

Ils débouchaient de l'avenue de sapins, qu'ils avaient suivie jusqu'alors, et se trouvaient en face de la demeure de l'oncle d'Ernest.

C'était effectivement une riche et somptueuse habitation, dominant la vallée dans toute son étendue. A droite et à gauche s'avançaient en vedettes deux pavillons, qui laissaient en arrière le corps principal du logis et formaient une espèce de cour d'honneur, fermée par une grille dont les barreaux se terminaient en fer de lance.

Le fabricant Forestelle, ainsi que nous l'a déjà fait connaître le vieux soldat, est un de ces hommes sortis en ligne directe de la souche d'Harpagon, moins franc que lui peut-être dans leur rapacité sordide, mais plus dangereux, en ce qu'ils possèdent l'art, si développé dans notre siècle, de semer l'or pour le récolter au centuple. L'oncle d'Ernest était natif des Vosges. Il avait quitté le pays, assez jeune encore, par suite d'un scandale dont il craignait les résultats. Commis dans une maison de banque de la capitale, ayant au bout de dix années réalisé quelques économies, et persuadé d'ailleurs que la cause de son départ était oublié, M. Forestelle revint dans les montagnes avec sa femme, dont il n'avait pas eu d'enfants. Bientôt il eut amassé plus d'un million. Nous devons convenir qu'il gagna cette fortune en ruinant cinquante pauvres familles ; mais le moyen qu'il mit en œuvre était légal, et, comme le disait souvent lui-même l'ancien commis de banque, il était parfaitement dans son droit.

Chacun sait que la plus grande industrie des montagnards des Vosges consiste dans la scierie des planches.

Or, jusqu'à l'arrivée de M. Forestelle, cette industrie s'exerçait d'après des habitudes fort routinières. Les paysans avaient leur modeste usine, que mettait en mouvement le ruisseau de la vallée. Les flots faisaient tourner une roue, la roue faisait manœuvrer la scie ; enfin, les bras aidant, le montagnard avait, au bout de sa journée, vingt ou vingt-cinq planches, et son travail lui donnait du pain noir, une robe de bure pour sa femme, un fichu pour sa fille ; tous ensemble pouvaient aller, le dimanche, entendre la messe à l'église du hameau, puis, les devoirs religieux accomplis, se reposer des fatigues de la semaine à l'ombre des sapins.

Mais arriva le jour où ces pauvres gens furent obligés de se croiser les bras auprès de leur usine muette. M. Forestelle avait fait venir d'Angleterre une mécanique admirable, fonctionnant par la vapeur, et qui abattait plus de besogne à elle seule que toutes les scieries d'alentour.

Cependant, disons-le bien vite, Mme Forestelle était une excellente femme, dont la vie était consacrée à réparer, autant que possible, le tort causé par son époux aux petites industries de la localité. Chaque jour, à l'insu du fabricant, elle visitait les chaumières et venait au secours du malheureux sans ouvrage. Non contente de pourvoir aux nécessités du moment, elle s'occupait de l'avenir. Une somme annuelle était remise entre les mains du curé du hameau ; cette somme devait payer un médecin pour traiter les malades et un instituteur chargé de l'instruction des jeunes montagnards. De cette manière, tous ces pauvres enfants, arrivés à un certain âge, pouvaient être placés à la ville au service du riche, et l'on venait en aide à ceux qui préféraient apprendre un état. Mme Forestelle était, en un mot, aux yeux de toute la contrée, l'ange de la bienfaisance; elle seule put empêcher son mari d'être victime de la haine qu'on lui avait généralement vouée.

Comme on le devine déjà, le caractère de M. Forestelle ne lui suggérait pas souvent l'idée d'une bonne action, et ce fut sa femme qui le força, pour ainsi dire, à prendre soin de l'éducation d'un neveu à lui, le seul héritier probable qu'il dût avoir.

Ernest était alors âgé de vingt-quatre ans. Il avait fait son droit à la faculté de Strasbourg, et son nom se trouvait sur la liste des avocats au barreau de Saint-Dié; mais il n'exerçait pas, attendu que sa tante, qui l'aimait comme s'il eût été son propre fils, voulait continuellement l'avoir auprès d'elle. Depuis un mois environ, le fabricant avait résolu de marier Ernest, et Mme Forestelle, ayant deviné la répugnance du jeune homme pour ce mariage, essaya vainement de changer la détermination de son époux. Chaque fois qu'elle aborda ce terrain, la phrase suivante lui fut invariablement donnée pour réponse : « Mlle Victorine de Fontanges est la plus riche héritière des environs : quatre cent mille francs de dot et plus encore en espérance! » Le fabricant prétendait qu'il n'y avait pas à cela de réplique possible; il poursuivit son projet, malgré les observations de sa femme et la tristesse évidente de son neveu. L'avare décida qu'une dot aussi belle valait bien la peine de se mettre en dépense. Il envoya des lettres d'invitation aux dames de Fontanges, ainsi qu'à toute la société de Raon-l'Etape et de Saint-Dié. Le mariage une fois conclu, M. Forestelle avait le dessein de se retirer à Paris. Ne trouvant pas à vendre convenablement sa maison de campagne, ainsi que les propriétés adjacentes, il les avait mises en loterie pour une somme de deux cent vingt-cinq mille francs, représentée par quinze cent billets de cent cinquante francs chacun. Joseph Cornu, notre estimable connaissance, en a pris deux, si nos lecteurs veulent bien s'en souvenir.

Cependant le capitaine Morizot, toujours accompagné du secrétaire du juge de paix de Raon, s'approchait, comme nous l'avons dit, du château de M. Forestelle.

Les deux battants de la grille étaient ouverts et des lampions brûlaient de distance en distance pour éclairer l'entrée des voitures. Le plus grand nombre des invités manquaient encore. Morizot et Joseph Cornu ne trouvèrent dans les salons que cinq ou six jeunes gens venus à cheval et qui avaient précédé les calèches ou devancé les tilburys.

Ernest, qui se trouvait au milieu d'eux, accourut à la rencontre du capitaine.

— Bonsoir, mon intrépide chasseur! dit Morizot qui pressa cordialement la main du jeune homme. Quand on a comme vous un oncle qui possède une bonne partie des forêts de nos montagnes, on peut brûler de la poudre en temps prohibé. Ça voyons, contez-nous vos exploits.

— Hélas! mon cher monsieur Morizot, je laisse en paix les sangliers et les chevreuils.

— Et pourquoi cela, morbleu? Nous avons martel en tête, ce me semble. Allons, allons, je viendrai vous prendre un de ces matins pour faire une battue, et, tout en envoyant des balles au gibier, vous me conterez vos peines de cœur, mon ami, — car je gage que vous avez des peines de cœur?

— Eh bien! oui, capitaine. Mon oncle veut me faire épouser Mlle Victorine de Fontanges, et je la déteste!

— Chut! prenez garde, Ernest : nous avons là des oreilles autour de nous.

— Que m'importe? s'écria le jeune homme : j'ai déclaré tout à l'heure à mon oncle que je n'obéirais pas à ses ordres tyranniques. Il a cru m'effrayer par la menace de me priver de son héritage... Eh! mon Dieu, qu'il me déshérite! je ne veux pas acheter la fortune au prix du malheur.

— Diable! fit le capitaine, vous m'apprenez là, mon ami, des choses fâcheuses et qui me chagrinent véritablement, car je vous aime. Et tenez, continua-t-il, en montrant Joseph Cornu, debout au milieu du salon dans la posture la plus effarée qui se puisse voir, je souhaiterais que vous fussiez aussi heureux que ce gaillard-là. Bientôt il sera mon gendre, et, je vous le jure, il adore sa fiancée.

M. Morizot n'avait pas achevé ces paroles, qu'Ernest lui saisit le bras avec force et le regarda d'un air profondément désespéré.

— Qu'avez-vous, au nom du ciel? demanda le capitaine.

Voyant approcher les curieux, au nombre desquels se trouvait le secrétaire, il reprit à voix basse :

— Je ne vous ai pourtant rien dit qui pût vous causer pareil trouble.

— En effet, balbutia le jeune homme... pardonnez-moi... Je suis si malheureux que le bonheur des autres me paraît incroyable. Voici les invités... Nous nous reverrons, mon ami, nous nous reverrons !

Ernest s'éloigna.

Morizot se frappa le front avec inquiétude. L'entretien qu'il venait d'avoir avec le neveu de M. Forestelle donnait plus de consistance encore à un doute qu'avait fait naître dans son esprit la tristesse soudaine de sa fille, au moment où il allait s'éloigner de la maisonnette.

— Ah ça ! morbleu ! se dit-il en se parlant à lui-même, je suis donc aveugle, à présent !... J'ai beau chercher dans mes souvenirs, jamais un mot, jamais un regard... Eh ! mes craintes sont absurdes ! je n'ai pas la moindre preuve à l'appui de mes soupçons. Quoi qu'il en soit, je presserai le mariage : c'est une mesure de prudence à laquelle je ne veux pas renoncer, — car, après tout, on aurait vu des choses plus singulières ! Bien certainement, ce vieux ladre de Forestelle ne consentirait jamais à ce qu'il appellerait une mésalliance... Hum ! une mésalliance... en fait d'écus, c'est possible !

Le capitaine en était là de ses réflexions, lorsqu'il fut accosté par M. Forestelle en personne. Le visage du fabricant était pourpre de colère, et Morizot dut passer la majeure partie de la soirée à écouter les doléances de l'avare et ses récriminations contre Ernest. Il connut alors une chose qui le rassura complètement sur les suites de la rébellion du jeune homme aux volontés de son oncle : c'est que Mme Forestelle avait pris avec feu le parti d'Ernest. En conséquence, il n'était pas probable que le fabricant, malgré ses menaces, dût jamais se décider à déshériter son neveu.

Nous connaissons trop les convenances pour ennuyer ici nos lecteurs de la description d'une fête provinciale.

Il suffira de leur dire que la société qui se pavanait dans les salons du parvenu se composait de personnes vivant dans les montagnes à cent lieues de Paris, et les rafraîchissements se ressentaient du caractère de l'amphitryon.

La plupart des danseurs étaient venus à franc étrier : qu'on juge après cela de leur toilette. Les femmes croyaient se distinguer en se montrant prétentieuses, et les hommes, en affichant une fatuité ridicule, se figuraient atteindre les limites de l'esprit et du bon ton. Toutefois, on aurait tort de croire que nous voulons diriger une attaque spéciale contre les réunions de province : beaucoup de cercles parisiens peuvent revendiquer la meilleure part de notre critique.

Ernest, au milieu de cette foule, réussit à cacher ses tortures secrètes et fut sans contredit le seul homme irréprochable du bal. Il ne quitta la fête qu'un instant, pour avoir avec Frédéric d'Ormeuil et quelques autres amis une conférence mystérieuse dans les jardins du château. Un quart d'heure après, il était à faire les honneurs du salon de son oncle. Il fut à l'égard de Mlle de Fontanges d'une politesse froide et réservée, l'invitant sans affectation pour les contredanses et ménageant avec un tact parfait la délicatesse de sa situation vis-à-vis de cette jeune fille. En voyant cette conduite d'Ernest, le fabricant eut l'espoir du triomphe, et Morizot lui-même crut sincèrement que le jeune homme lui avait exagéré ses répugnances.

Vers minuit, le capitaine, songeant à la retraite, chercha dans les salons le secrétaire de la justice de paix.

Joseph Cornu ne se trouva pas, et M. Morizot, visitant les jardins en désespoir de cause, le rencontra sous une avenue de tilleuls, assis, la tête entre ses mains, et sanglottant avec amertume.

— Ah! ça pourquoi pleures-tu, mon pauvre garçon? lui dit-il.

— Je pleure... Oui, c'est vrai, je pleure... au lieu d'aller me battre avec eux et de les souffleter en plein salon! Je n'ai pas d'âme, je n'ai pas de sang dans les veines...

— Mais explique-toi, que diable! De qui parles-tu?

— De qui je parle... des amis de M. Ernest. Oh! je ne les ai pas assommés pourtant, ce Frédéric d'Ormeuil surtout!

— Allons, reprends du calme, dit Morizot, qui lui frappa sur l'épaule.

Du calme... cela vous est facile à dire, à vous... du calme! quand j'aurais dû les broyer sous mes talons. De beaux chenapans qu'il a pour amis, M. Ernest!... je l'en félicite de tout mon cœur. Figurez-vous qu'ici même, en cet endroit, ils complotaient pour enlever Louise.

Enlever Louise! s'écria Morizot, qui sentit le rouge lui monter au visage : les misérables! mais non, tu as mal entendu, je ne puis te croire.

— Bon! vous voilà comme eux, ils me soutenaient aussi que j'avais mal entendu... Soit, ventrebleu! je n'ai pas d'oreilles, je suis une buse, un concombre, une marmotte en vie, — je suis tout ce que voudrez.

Le pauvre secrétaire redoublait de sanglots et se meurtrissait le front avec désespoir.

— Viens! s'écria tout à coup le capitaine, suis-moi! nous allons les confondre et les forcer de s'expliquer en ma présence.

— A la bonne heure, je comprends cela! dit Joseph, poussant un cri de joie.

Il s'élançait vers le château, lorsque Morizot le retint.

— Non... toutes réflexions faites, un pareil éclat n'occasionnerait que du scandale. Sans doute ils nieraient encore, et chacun blâmerait notre violence. Il vaut mieux que tu me racontes tout ce qui s'est passé, tout ce qui s'est dit. Enlever Louise, mais c'est horrible ! On voudrait aussi déshonorer la fille, on lui réserve le même sort qu'à sa malheureuse mère...

— Tenez, capitaine, dit Joseph, qui s'essuya rapidement les yeux, nous ferions bien de courir à la maisonnette, car ce damné Frédéric d'Ormeuil et les autres disaient que la chose aurait lieu peut-être demain matin ; toutefois, comme j'ai découvert la mèche, il serait possible que cette nuit... pendant votre absence...

— Oui, partons ! s'écria Morizot. Malheur à eux, s'ils avaient l'audace... Oh ! je les tuerais !

Bientôt ils eurent quitté le château de M. Forestelle.

Ils arpentaient rapidement cette même avenue de sapins que la lune éclairait à travers le feuillage. Sans ralentir sa marche, Morizot dit au secrétaire :

Tu ne m'as pas donné le moindre détail. Ernest se trouvait-il avec ses amis quand tu as entendu leur complot ?

— Par exemple ! pour qui le prenez-vous, capitaine ? Oh ! non, je ne l'accuse pas ; c'est un honnête jeune homme, et je suis bien certain que s'il eût été là... Voici comment j'ai découvert le pot aux roses : j'avais quitté le bal, où je n'étais pas à mon aise. Tous ces petits messieurs me regardaient de leur hauteur, et les femmes étaient toujours invitées quand je les priais pour une contredanse, — de vraies bégueules, capitaine ! — parce que je n'ai pas de bottes vernies et de gants jaunes. Enfin, je me suis dit : Prenons l'air ! et c'est alors que j'ai eu l'idée de faire un tour dans les jardins. En pénétrant sous l'allée de tilleuls, j'aperçus M. Ernest qui regagnait les salons ; vous voyez bien qu'il n'était pas du complot. Les autres avaient attendu son départ pour arrêter le plan de leur infamie.

— Hum ! dit Morizot en hochant la tête : n'importe, va toujours !

— Un instant après, j'entendis à deux pas de moi des chuchotements, des éclats de rire étouffés. Je m'approche et j'écoute une conversation qui me fait frémir. — Tu sais bien, la charmante Louise, disait Frédéric d'Ormeuil à un nouvel arrivant, celle qu'on a surnommée la Rose de la Vallée ? — Oui, répondait l'autre. — Eh bien, l'affaire est dans le sac; nous n'avons plus de scrupule et nous l'enlevons. — Quand cela? — Peste! le plutôt possible... demain, si l'occasion s'en présente; car il paraît qu'on veut la donner à ce butor de Joseph Cornu, — c'est comme cela qu'on m'arrangeait capitaine!

— Ne t'arrête pas à si peu de chose, voyons la fin.

— L'enlever? disait un autre : ce n'est pas facile, et vous pourrez bien vous piquer au sabre du grognard... Du grognard! c'est de vous qu'ils parlaient, beau-père, — du grognard! les insolents!

— Continue, dit Morizot.

— Frédéric d'Ormeuil se permit alors d'avancer une chose... mais je n'en crois pas une syllabe. Soupçonner Mlle Louise, la candeur et la vertu même... allons donc! J'aurais la tête sur le billot, que je soutiendrais encore qu'il en a menti.

— Tu me feras mourir d'impatience avec tes lenteurs! s'écria le capitaine.

— Bref, à celui qui le menaçait de votre sabre, Frédéric d'Ormeuil a répondu : — Laisse donc! la petite est d'accord avec nous. Depuis deux mois, nous avons avec la jolie Rose les plus délicieux tête-à-tête, nous lui apprenons à lire... quand le père est absent, bien entendu! C'est l'affaire d'un petit signe télégraphique, et demain, si le bonhomme quitte la maisonnette, nous ferons en sorte d'attirer la jeune fille dans le voisinage de la route de Strasbourg. La diligence passe à huit heures du soir... deux places de coupé, fouette postillon! nous sommes au point du jour à la frontière, et c'est bien le diable si, de l'autre côté du pont de Kehl et sous les ombrages de la Forêt-Noire, on vient troubler nos amours!... Voilà, capitaine. En ce moment, je me suis précipité, comme un furieux, au milieu du cercle, et croiriez-vous qu'ils ont eu l'audace de se moquer de mes reproches et de ma colère? — Eh! mais, d'où sortez-vous, monsieur Cornu? — Quelle mouche vous pique? vous rêvez, on n'enlève personne. — Où prenez-vous une pareille histoire? — Messieurs, vos dénégations deviennent une lâcheté de plus! — Oh! oh! dit Frédéric d'Ormeuil, je crois que M. Cornu nous insulte ! — Dame, le pauvre diable a peur qu'on ne lui cueille sa rose. — On lui en fournira des roses ! — Ainsi donc, monsieur Cornu, vous allez prendre femme ? Le nom que vous portez est de fâcheux augure. — Au revoir, monsieur Cornu ; nos respects à Mme Cornu. — Tâchez, monsieur Cornu, de ne pas l'être en ménage !... et mille autres plaisanteries indécentes qu'ils me jetèrent à la face. Ils disparurent l'un après l'autre, et moi, capitaine, je restai là, muet de stupeur et versant des larmes de désespoir.

Morizot marchait toujours, plongé dans une sombre rêverie. Par intervalles, il portait son mouchoir à son front pour essuyer la sueur qui découlait de ses tempes à gouttes pressées.

— Voyons, beau-père, ajouta le jeune homme d'une voix tremblante, que pensez-vous de tout ceci ?

— Je pense, mon garçon, que la Providence, en te permettant de découvrir le dessein de ces misérables, a voulu sauver Louise, et sois tranquille... je suis là !

— Ainsi vous partagez mon opinion ? ce Frédéric d'Ormeuil a fait un mensonge odieux. Je ne puis croire que mademoiselle Louise...

Morizot l'interrompit en lui prenant la main, qu'il serra de toutes ses forces.

— Si Louise était coupable, vois-tu, je ne croirais plus à rien en ce monde ; je ne croirais plus à la parole d'un ange, je ne croirais plus même en Dieu.

— Oh ! capitaine !

— C'est blasphémer, je ne l'ignore pas... Eh bien ! je blasphémerais et je maudirais le ciel, si le ciel pouvait permettre qu'un visage où rayonne l'innocence ne fût qu'un masque trompeur.

— C'est impossible ! s'écria Joseph.

— En effet, tu as raison, mon ami, c'est impossible. Louise, pauvre enfant, je n'ai garde de soupçonner tes pures et douces vertus ! Nous arrivons, continua le capitaine. Maintenant écoute :

la nuit est belle, tu n'as rien à craindre ni des loups ni des voleurs, ainsi tu vas retourner à la ville.

— Oui. Ma vieille tante ne me voit pas revenir ; je suis sûr que la brave femme est dans une inquiétude...

— Ce n'est pas tout, mon garçon ; tu dois comprendre qu'il m'est désormais impossible de m'absenter.

— Gardez-vous-en bien, capitaine !

— Je devais aller à Raon prendre l'argent de mon trimestre chez le receveur : tu me feras le plaisir de toucher toi-même les fonds et de donner en échange ce reçu que j'avais préparé.

— Suffit, beau-père. Demain, à la fermeture de mon bureau, j'accours vous apporter le sac d'écus.

— Bonsoir, mon garçon, dit le capitaine.

Joseph prit un sentier, qui se trouvait en face de la maisonnette. Quant au vieux militaire, il ouvrit la porte, alluma sa lampe et monta doucement l'escalier qui conduisait au premier étage. Arrivé près de la chambre de Louise, il prêta l'oreille. Tout était calme, et l'on n'entendait que la respiration de la jeune fille endormie.

— Elle dort, pensa-t-il, elle dort du sommeil des anges. O ma fille ! car j'éprouve un indicible bonheur à te donner ce nom, puissent tous les songes de l'innocence entourer ton chevet ! Repose, cher enfant, repose : je veille sur toi !

Le capitaine entra dans sa chambre, qui était voisine de celle de Louise.

Mais il ne put dormir ; des réflexions pénibles se présentaient obstinément à sa pensée.

D'après le récit de Joseph, le capitaine avait deviné parfaitement une chose, qui devait échapper à la simplicité du prétendu : c'est que Frédéric d'Ormeuil n'était dans toute cette affaire que le conseiller d'Ernest Forestelle. Le neveu du fabricant aimait Louise, M. Morizot n'avait plus aucun doute à cet égard, et c'était là tout le secret de la répugnance du jeune homme à contracter le brillant mariage que lui avait ménagé son oncle. Oubliant les principes d'honneur et de délicatesse, auxquels il s'était jusque-là montré soumis, Ernest n'écoutait plus que la voix de la passion. Jamais le fabricant ne lui permettra d'épouser une pauvre fille sans fortune : alors il enlèvera Louise, il exécutera le plan que lui trace un ami débauché. Le capitaine frémissait en songeant que cette douce et virginale créature, qu'il avait entourée d'une affection toute paternelle, eût été perdue sans retour, si le hasard n'avait pas fait découvrir une trame odieuse. Mais comment l'amour d'Ernest a-t-il pris naissance? Serait-il possible que Louise eût accueilli les visites mystérieuses du jeune homme? Le capitaine ne pouvait le croire. Si le cœur de la jeune fille avait parlé pour un autre, elle aurait sans contredit repoussé Joseph Cornu : donc elle n'aime pas le neveu de M. Forestelle. Cependant les assertions de Frédéric d'Ormeuil avaient été positives. On profite de l'absence du capitaine, on fait un signal; si Louise n'est pas coupable, elle est du moins abusée.

Morizot réfléchit à tous les moyens qu'un jeune homme comme Ernest pouvait avoir à sa disposition pour entraîner dans de fausses démarches une enfant crédule et sans expérience. Il résolut d'éclaircir ses soupçons, et voici le moyen qu'il employa : laissant croire à Louise qu'il allait retourner à la ville pour cette même affaire, qui n'avait pu se terminer, le jour précédent, il sortit de la maisonnette et prit le chemin de Raon ; mais, retournant bientôt sur ses pas, il fit un assez long détour et vint se mettre en observation dans le voisinage.

Il ne tarda pas à voir Louise agiter à sa fenêtre le voile blanc qu'Ernest apercevait du château de son oncle.

Au bout d'un quart d'heure, la jeune fille et le neveu du fabricant se trouvaient assis sous ce même berceau qui les avait abrités la veille. S'approchant sans bruit, et caché par l'épaisseur du feuillage, le capitaine put tout entendre sans être vu.

— Monsieur Ernest, dit Louise avec émotion, ma conduite jusqu'à ce jour a été coupable, et je n'aurais pas dû accepter l'offre bienveillante que vous m'avez faite de m'apprendre à lire et à écrire. Je sais à présent que je désobéissais à la volonté de mon père, et quels que soient les motifs qui l'engagent à me laisser dans l'ignorance, ces motifs, je dois les respecter.

— Ainsi, Louise, je ne vous verrai plus! s'écria le jeune homme avec angoisse.

— Mais, toujours, comme de coutume. Seulement, puisque vous cesserez de me donner des leçons, il sera tout-à-fait inutile de faire un signal, et vous viendrez sans mystère, quand il vous plaira.

— Louise! Louise! vous me désespérez!

— Je vous désespère... Mon Dieu, comme vous êtes pâle!... Ah! vous avez raison, j'oubliais que bientôt vous ne serez plus libre... Vous vous mariez, monsieur Ernest.

— On vous a donc appris cette nouvelle? demanda le jeune homme d'une voix frémissante en regardant Louise.

— Oui, j'ai su par mon père que vous épousiez Mlle de Fontanges.

— Détrompez-vous, jamais elle ne sera ma femme. Mon oncle me déshéritera, me chassera de chez lui, soit. Je ne lui reconnais pas le droit de tyranniser mon cœur et d'empoisonner le reste de mon existence, en me forçant à m'unir à Mlle de Fontanges, que je n'aime pas, que je ne puis aimer.

Le capitaine avait grande envie de paraître. Néanmoins, rassuré par le naïf langage de Louise, il prit le parti d'attendre et d'écouter encore.

— Et voilà pourquoi vous m'avez dit hier que vous étiez malheureux? reprit la jeune fille.

— Mais vous, Louise, vous êtes heureuse...

— Heureuse! dit-elle, quand vous souffrez!

— Mes chagrins ne doivent pas jeter le trouble dans votre âme, répondit Ernest avec un sourire plein d'amertume. Joseph Cornu, peut-être, en sa qualité de votre futur époux, aurait le droit de vous demander compte d'une pareille compassion.

— C'est singulier, dit la jeune fille en levant sur Ernest ses grands yeux tout remplis de surprise, vous me dites cela d'un air que je ne vous ai jamais vu prendre avec moi. Si mon mariage ne vous fait pas plaisir, je prierai mon père de le rompre.

— En vérité, Louise! vous n'aimez donc pas celui qu'on vous destine?

— Pardonnez-moi, répondit-elle, Joseph serait un bon mari. Cependant, s'il faut tout vous dire, cela me serait égal de rester comme je suis.

— Pauvre enfant! s'écria le jeune homme, dans votre innocente candeur, vous ne comprenez pas vous même la nature de vos impressions. Non, Louise, vous n'aimez pas votre fiancé, vous ne l'aimez pas, je vous l'affirme... Oh! si vous pouviez savoir combien cette pensée me donne de bonheur!

— Ainsi, vous ne serez plus malheureux, à présent? dit-elle d'une voix tremblante; car Ernest venait de lui saisir la main qu'il portait à ses lèvres, et Louise, à cette action du jeune homme, éprouva dans tout son être un tressaillement inconnu.

Morizot fit un pas en se rapprochant du berceau : pourtant il ne se montra pas encore. Nos lecteurs trouveront qu'il y met beaucoup de longanimité : nous répondrons à cela que le capitaine, homme de sens, avait évidemment, pour laisser se prolonger un pareil entretien, des raisons que nous serons appelés à connaître plus tard.

— Louise, écoutez-moi, reprit Ernest, et jugez vous-même si je pouvais obéir à mon oncle en épousant Mlle de Fontanges. C'eût été le malheur de toute ma vie, car j'en aime une autre dont les simples vertus et les grâces naïves ont charmé mon cœur. Mais celle que j'aime est pauvre, et l'on ne voudra jamais consentir à me la donner pour femme, — jugez de mon désespoir. Oh! si je pouvais être sûr qu'elle daignât répondre à ma tendresse! si dans un de ses regards, dans un de ses sourires, je lisais l'espérance!

— Et pourquoi ne vous aimerait-elle pas, monsieur Ernest, vous si bon, si généreux?

— Pourquoi, Louise?... ah! c'est que je n'ai jamais osé lui

parler de mon amour ! c'est qu'elle est si calme et si belle dans son innocence, que jusqu'à présent je me suis fait un scrupule d'éveiller en elle un sentiment qui causerait son infortune peut-être, comme il a causé la mienne.

— Est-ce que je la connais ? demanda la jeune fille en levant sur Ernest un regard timide.

— Oui, Louise, reprit-il d'une voix émue en tirant un papier caché dans sa poitrine. Et tenez... cette lettre vous dira son nom ! Vous trouverez là tous les aveux auxquels mes lèvres se refusent... car je tremble en sa présence, et je n'exprimerais qu'imparfaitement ce que mon âme éprouve. Dans cette lettre, je vous demande une grâce... une grâce de laquelle dépend ma félicité tout entière... Oh! promettez-moi de me l'accorder, Louise !

A ces mots, il tendit la lettre à la jeune fille; mais le capitaine parut, en ce moment, à l'entrée du berceau.

La foudre, tombant aux pieds d'Ernest, ne lui eût pas causé plus d'effroi que cette apparition subite, à l'heure même où il essayait de consommer une séduction contre laquelle s'étaient révoltés jusque-là tous ses principes de droiture et d'honneur. Quant à Louise, elle s'était levée, rouge et palpitante, du banc de chêne où elle était assise. Morizot, sans paraître remarquer son trouble, s'approcha et l'embrassa tendrement au front, comme d'habitude; puis, se retournant vers le neveu de M. Forestelle :

— Si je ne me trompe, mes enfants, dit-il, vous étiez en train de vous faire des confidences, et le hasard a permis que j'entendisse une partie de vos discours. Mais je n'imagine pas, monsieur Ernest, que Louise ait le pouvoir de vous être utile, et je crois que vous serez plus sage en vous mettant sous ma tutelle. Ainsi donc, mon ami, donnez-moi cette lettre, qui sans doute indique la nature du service que vous réclamez.

Tout en parlant Morizot s'empara de l'écrit qu'Ernest tenait encore à la main, sans que le jeune homme osât opposer la moindre résistance.

— Au fait, s'écria tout à coup le capitaine, vous serez beaucoup moins timide avec moi. D'homme à homme, tous ces ménagements deviennent superflus, — au diable le griffonnage !

Et il déchira la lettre.

— Merci, capitaine, merci! s'écria le jeune homme. Une pareille générosité...

— Dis-moi, Louise, interrompit Morizot, sais-tu que ce n'est pas gentil de m'avoir laissé partir sans déjeûner? Je me suis aperçu de cet oubli en gravissant la montagne : mon estomac criait comme un beau diable et mes jambes refusaient nettement le service. Ma foi, je me suis dit : Retournons! ventre affamé n'a pas... d'affaires. Prépare-moi bien vite une côtelette, une tranche de jambon, la moindre des choses... Va, ma fille, va, ne me laisse pas jeûner plus longtemps.

Il poussa Louise hors du berceau.

Resté seul avec Ernest, Morizot lui jeta un regard si plein de reproche et de douleur, que le jeune homme tomba suppliant à ses genoux et s'écria :

— Pardonnez-moi, capitaine, oh! pardonnez-moi!

— Votre faute est bien grande, Ernest... Vous le voyez, je sais tout. Je n'ignore pas même le contenu de cette lettre que je viens de déchirer, pour vous épargner la honte de la lire en votre présence : vous vouliez attirer Louise dans les environs de la route de Strasbourg; vous vouliez m'enlever mon enfant, ma seule joie, ma seule consolation sur la terre! Vous m'eussiez sans regret déchiré le cœur, à moi, qui vous témoignais tant d'amitié, tant de confiance! Ecoutez, mon ami... je vais vous raconter mon histoire, une terrible histoire, et qui vous fera comprendre tout ce qu'une séduction peut occasionner de malheurs.

Morizot fit asseoir le jeune homme à ses côtés.

Celui-ci eût préféré la colère du capitaine à cette bonté touchante, qui lui faisait sentir plus vivement l'indignité de sa conduite.

— Il y a longtemps de cela, reprit le vieux militaire, et pourtant mon cœur saigne toujours. C'est une blessure qui ne se fermera jamais. J'habitais ce pays, Ernest, et j'aimais une jeune fille, pure et vertueuse, comme celle que vous aviez aujourd'hui l'intention de séduire ; elle se nommait Clémence, nous étions promis l'un à l'autre, et je voyais approcher le jour où le prêtre allait bénir notre hymen, quand un décret de l'Empereur me sépara de ma fiancée, pour m'entraîner, le sac sur le dos, dans les steppes glacés de la Russie. Au moment de me séparer de Clémence, comme elle fondait en larmes, à cette heure suprême des adieux, je lui dis : Attends-moi ! garde précieusement mon souvenir, et je reviendrai bientôt, la poitrine ornée de l'étoile des braves. Elle me le promit, hélas ! et j'allai me battre, — car je voulais tenir ma parole, moi ! Sur le champ de bataille de Moscou, Napoléon me nomma capitaine et me décora de sa propre main.

Le vieux soldat, en prononçant le nom de l'Empereur, découvrit sa tête chauve. Une larme coula lentement sur sa joue brunie, et, pendant quelques secondes, il garda le silence.

— Vous savez, reprit-il ensuite, combien fut désastreuse la fin de cette campagne. Harcelé par des hordes barbares, exténué de fatigues, traité presque partout en ennemi, je fus deux ans à regagner la France. Mais le souvenir de celle que j'aimais soutenait mon courage. Enfin, j'arrive ! Je cours à l'habitation de Clémence, qui restait à Saint-Dié, chez un de ses parents. Là, mon ami, je reçus au cœur cette blessure dont je vous parlais. Clémence était séduite, déshonorée, flétrie ! elle avait oublié nos serments, pour prêter l'oreille au langage de la séduction. Un lâche, un misérable... Jules Palaiseau, c'était son nom, — je l'ai cherché partout, cet homme, pour lui cracher au visage et jouer ma vie contre la sienne, — ce misérable, dis-je, employa pour séduire Clémence les moyens les plus indignes. D'abord, il lui mit entre les mains ces livres dangereux, qui excitent le délire de l'imagination, pervertissent les principes et gâtent le cœur. Puis il réussit à la convaincre que l'objet de son premier amour devait être resté, comme tant d'autres, enseveli sous les glaces du nord. Mais à peine eût-il triomphé de la résistance de la malheureuse, qu'il l'abandonna lâchement et disparut. Je retrouvai Clémence expirant de misère et de honte, après avoir donné le jour à une fille...

— Et cette enfant? demanda le jeune homme d'une voix frémissante, car il lisait d'avance la fin du récit dans les regards du capitaine.

— Cette enfant, vous le devinez déjà, c'était Louise. En face d'un lit de mort, je ne me suis pas senti le courage de maudire, et je promis à Clémence de veiller sur la pauvre créature qu'elle venait de mettre au jour. J'ai fidèlement accompli ma promesse, en témoignant à Louise une affection sans bornes, en éloignant d'elle tous les dangers qui avaient perdu sa malheureuse mère... Et vous, mon ami, vous à qui je croyais des sentiments honorables...

— Oh! ne m'accablez pas, je vous en conjure!

— Non, vos larmes sont une preuve de repentir. Entraîné par de funestes conseils, vous avez pu vous égarer un instant; mais vous rentrerez dans la droite ligne, et je ne crains plus de votre part de nouvelles tentatives. M. Forestelle, vous le savez bien vous-même, est inflexible : il ne vous permettra jamais d'épouser une fille sans fortune, et dont la naissance, il faut l'avouer... dont la naissance est tachée de honte.

— Mais, s'écria le jeune homme, j'aime Louise! et M. Forestelle n'est pas mon père. Que m'importe son consentement? que m'importe son or? Je suis pauvre aussi, capitaine, — et je vous demande la main de votre fille adoptive.

— Ernest, répondit M. Morizot, d'une voix grave et solennelle, le sacrifice que vous accompliriez aujourd'hui, vous pourriez le regretter plus tard ; et le bonheur de Louise m'est trop précieux, pour que je l'expose en acceptant une offre qui vous est dictée par l'enthousiasme et la passion. Hier, avant d'écouter le conseil de vos amis et de vous préparer à l'exécuter, si vous étiez venu me demander la main de ma fille, votre démarche aurait brillé d'un éclat de noblesse et de franchise qu'elle n'a plus en ce moment. Je regrette, Ernest, d'être obligé de vous parler de la sorte. Tout en vous rendant mon estime, je ne puis entièrement encore vous rendre ma confiance. Joseph Cornu, du reste, a ma parole, et, vous ne l'ignorez pas, la parole d'un soldat de l'Empereur est sacrée !

Le capitaine achevait ces mots, en prenant affectueusement la main du jeune homme, lorsque Louise vint annoncer que le déjeûner se trouvait servi.

A l'aspect d'Ernest, qui fondait en larmes, elle accourut toute frissonnante et lui demanda la cause de sa douleur.

— Ma fille, s'empressa de répondre le capitaine, le neveu de M. Forestelle m'annonce qu'il va faire un voyage,... et ce voyage le retiendra longtemps loin des Vosges. A la veille de nous quitter, son chagrin nous prouve qu'il sait répondre à l'amitié dont nous lui avons donné tant de preuves... Allons, Ernest, mon ami, vous savez ce qu'il vous reste à faire.

— Oui, je vous comprends, répondit Ernest au milieu de ses sanglots... Adieu Louise ! adieu pour jamais !

Jetant un dernier regard sur la pauvre jeune fille, que ces paroles venaient de frapper au cœur, il s'éloigna dans un égarement inexprimable.

Il parcourut, pendant tout le reste du jour, les sentiers les plus déserts de la montagne, se demandant à lui-même s'il ne ferait pas mieux d'en finir avec la vie, puisque Louise et le bonheur lui échappaient ensemble. Vers le soir, les domestiques du château de son oncle, qu'on avait mis à sa recherche, le trouvèrent au bord d'un précipice, pâle, haletant, les cheveux en désordre, et mesurant de l'œil la profondeur du gouffre. Ils le ramenèrent dans un état de délire affreux, et la nuit même, une fièvre cérébrale se déclara, qui mit Ernest à deux doigts de la mort.

II

Près de six semaines se sont écoulées depuis les événements dont nous avons fait le récit. Les chaudes rafales de juin passent au travers des gorges des montagnes et viennent mûrir les seigles de la vallée. Sous la faux tranchante du paysan, les longues herbes tombent avec les fleurs qu'elles ont vues naître, la blanche marguerite, le myosotis couleur du ciel, et cette éblouissante renoncule des prairies, appelée bouton d'or. Herbes et fleurs, au moyen de légers rateaux, sont entassées par une troupe de jeunes filles, aux brunes épaules, qui folâtrent gaîment et chantent en chœur les rondeaux de la fenaison.

Joseph Cornu suivait alors un chemin bordé de hautes bruyères et de haies touffues qui ne tarda pas à le conduire au milieu de cette scène animée.

Certes, il fallait qu'il y eût un étrange bouleversement dans l'existence du pauvre secrétaire; car ses joues, si fraîches d'habitude, avaient perdu leurs vives couleurs, et, chose plus singulière encore, depuis deux jours il n'avait pas fait acte de présence à son bureau.

La veille, il s'était rendu de Raon-l'Étape à Saint-Dié, tout exprès pour interroger Frédéric d'Ormeuil.

Voulant éclaircir ses doutes, il avait surmonté sa répugnance à demander une entrevue à ce jeune fat, dont les plaisanteries lui restaient sur le cœur. Chez l'ami d'Ernest, Joseph sut une chose que M. Morizot n'avait pas jugé convenable de lui dévoiler jusqu'alors, et qui redoubla tellement les craintes du prétendu que, sans égard à une lettre par laquelle son patron lui reprochait vertement sa première inexactitude, il prit, le lendemain de ce voyage, la direction de la maisonnette, au lieu de se rendre à son travail, se mettant ainsi dans le cas de récidive.

Il ne trouva ni le capitaine ni sa fille; mais la vieille servante, qu'on avait instituée gardienne du logis, lui annonça que Morizot surveillait lui-même la récolte des foins, et qu'il avait emmené Louise.

En conséquence, Joseph Cornu se dirigea du côté de la prairie.

Grâce aux fonctions de son emploi, le secrétaire du juge de paix était parfaitement connu des montagnards à cinq ou six lieues à la ronde. Lorsqu'il fut à l'extrémité de la route verdoyante qu'il venait de suivre, il se vit entouré par les faneuses, et les faucheurs quittèrent leur besogne pour lui serrer la main.

— Bonjour, monsieur Joseph Cornu.

— La santé, comment va-t-elle?

— Et les amours, et le mariage ?... Est-ce qu'il y aurait des empêchements? Le capitaine est bourru comme tous les diables, et Mlle Louise devient chaque jour plus triste.

— Voyons, monsieur Joseph, dirent à leur tour les faneuses, quand nous permettrez-vous de danser?

— J'ai fait l'acquisition d'un fichu de dentelle.

— Et moi d'un cotillon rouge.

— C'est bien mal de retarder ainsi la noce.

A toutes ces exclamations, à toutes ces demandes, le jeune homme ne répondit que par un douloureux soupir et se dirigea vers M. Morizot, qu'il apercevait à quelque distance.

— Comment, c'est toi ! s'écria le capitaine.

— Oui, beau-père.

— Et ton bureau?

— Mon bureau, répondit Joseph, je ne m'en inquiète guère en ce moment. Le juge de paix grondera, tempêtera; il peut même, si bon lui semble, m'ôter ma place : mourir de faim, mourir d'autre chose.... c'est toujours mourir!

— Allons, Joseph, montre un peu de philosophie, que diable! Tu le sais bien, mon garçon, cela ne dépend pas de moi, si ton mariage est retardé. Vraiment, tu as tort de t'affliger à ce point. Louise est triste, elle invente des prétextes, elle fait naître des lenteurs; mais tout s'arrangera, je te le promets.

Joseph hocha la tête d'un air incrédule.

— Où est votre fille, capitaine? Il faut que je lui parle.

Morizot étendit le bras vers un bouquet d'aulnes et de jeunes trembles, qui baignaient leurs racines dans les eaux transparentes d'un ruisseau voisin. Joseph Cornu s'approcha de cette espèce d'oasis, où s'était réfugiée la fraîcheur, à cet instant du jour. Il trouva la jeune fille assise sous l'ombrage. A ses côtés, sur l'herbe, elle avait déposé son chapeau de paille à larges bords et le rateau de faneuse. Louise paraissait plongée dans une rêverie profonde; elle regardait couler à ses pieds les eaux fugitives qui descendaient en tourbillons et caressaient de leur blanche écume les larges feuilles et la fleur jaune du nénufar.

A l'approche du secrétaire, Louise leva la tête et tressaillit. Son front se voila presque aussitôt d'une légère pâleur; cependant elle tendit la main au jeune homme. Celui-ci pressa doucement cette main dans la sienne et murmura d'une voix qui tremblait d'émotion :

— Louise, il y a plus d'un mois déjà que vous devriez être ma femme, et chaque jour vous me priez d'attendre; sans cesse vous trouvez de nouvelles raisons pour retarder notre mariage. Eh bien! il faut aujourd'hui que je vous ouvre mon cœur. Tout cela prouve que je m'étais trompé d'abord en me figurant que vous m'aimiez, n'est-ce pas, Louise? Ne craignez rien, j'aurai de la philosophie, comme disait tout à l'heure le capitaine, et, si vous ne m'aimez pas, il vaut mieux m'enlever tout d'un coup mes espérances que de me les arracher une à une. Cela fait trop souffrir.

L'accent que Joseph Cornu venait de donner à ces paroles toucha profondément la jeune fille.

— Vous avez la promesse de mon père, répondit-elle; fixez vous-même le jour de notre union. J'obéirai.

— Mais il ne s'agit pas d'obéir! s'écria le secrétaire : il s'agit de m'avouer pourquoi vous avez mis des retards à la célébration du mariage, pourquoi vous êtes triste et rêveuse... Car, voyez-vous, Louise, je ne voudrais pas acheter mon bonheur au prix d'une seule de vos larmes !

— Oh! dit la jeune fille, vous avez un noble cœur. Je vous aimerai, Joseph, car vous méritez de l'être... seulement, je vous en conjure, un peu de patience.

— Hélas! répondit le pauvre garçon, j'avais deviné juste, vous ne m'aimez pas!... et si vous attendez maintenant que l'amour arrive, nous ne sommes pas au bout de nos peines. Allons, c'est un parti qu'il faut prendre. J'étais bien naïf de me figurer que vous pourriez avoir de la tendresse pour moi ; je suis un montagnard à peine décrassé, j'ai bon cœur, je ne dis pas non, — mais le bon cœur tout seul, sans les agréments de l'esprit, sans les belles manières, sans la toilette... aux yeux des femmes c'est peu de chose.

— Ah ! monsieur ! dit la jeune fille, en lui jetant un regard plein de reproche.

— Je sais, reprit Joseph, que vous n'avez pas l'ombre de coquetterie. Vous êtes une simple fille des montagnes, douce, timide, innocente ; mais vous voyez clair comme une autre, Louise, — et vous avez pu faire des comparaisons qui ne sont pas à mon avantage.

A ces mots, il la regarda fixement. Elle tremblait, rougissait, et son trouble acheva d'abattre le malheureux jeune homme, qui jusqu'ici n'avait pas encore perdu tout espoir.

Il posa la main sur sa poitrine, pour en étouffer les pulsations violentes.

Quant à la fille adoptive du capitaine, elle voyait avec effroi que Joseph allait mettre à nu le secret de son cœur, ce secret qu'elle avait été si longtemps sans comprendre elle-même, et que le cri d'adieu du neveu de M. Forestelle lui avait révélé tout à coup, avec cette rapidité de l'éclair qui déchire le sombre voile des orages. Louise, ayant deviné qu'Ernest l'aimait, sentit presque aussitôt qu'elle l'aimait à son tour. Dès ce moment, la pensée de sa prochaine union la glaça d'épouvante. Le capitaine vit les terreurs de la jeune fille et sut provoquer ses confidences avec cette bonté toute paternelle, dont il lui avait donné constamment des marques si nombreuses. Il employa pour combattre son amour ces arguments, dont l'esprit reconnaît la justesse, mais que le cœur néanmoins repousse avec énergie. Louise promit à son père de suivre ses conseils, tout en le suppliant de lui laisser le temps d'oublier. Ce n'était pas l'avis de M. Morizot ; il pensait avec raison que le mariage, joint à la tendresse d'un nouvel époux, serait le moyen d'oubli le plus infaillible. Cependant il ne voulut pas brusquer la douleur de Louise, et souvent même il aida la jeune fille à colorer de prétextes vraisemblables les retards qu'elle apportait à la conclusion de son hymen avec Joseph Cornu. Mais celui-ci, malgré toutes les précautions du capitaine, ne tarda pas à saisir la véritable cause de ces lenteurs. L'infortuné secrétaire avait déjà lu son arrêt sur le front de la jeune fille, — car ce front ne savait pas mentir, — et s'il venait encore interroger Louise, c'est qu'il obéissait à la voix impérieuse qui, dans les transes les plus terribles du découragement, et au sein des malheurs les plus réels de l'existence, crie toujours à l'oreille de l'homme : « Espère ! ».

Pendant quelques minutes, Joseph et la jeune fille gardèrent un morne silence.

— Louise, reprit enfin le pauvre fiancé, j'ai fait, hier, une démarche qui m'a coûté beaucoup. Cependant je ne la regrette plus, puisqu'elle me permet de vous apporter des nouvelles de M. Ernest.

— Que dites-vous ? s'écria-t-elle.

— Oh ! ne vous troublez pas, et surtout dans mes paroles ne voyez point un piége ! Je sais que M. Ernest Forestelle est amoureux de vous, — et je crois, en outre, avoir deviné la cause de votre chagrin ; car voilà bien des nuits que je passe à réfléchir. D'abord, j'étais jaloux, j'éprouvais des transports de rage et, si je fermais l'œil pendant quelques minutes, je faisais aussitôt un rêve de sang... C'était bien difficile de renoncer à vous, sans me briser le cœur ! Je me suis dit : Voyons, aimes-tu véritablement la fille du capitaine ? Oui... Alors tu dois tâcher avant tout de la rendre heureuse ; autrement ton amour ne serait plus que de l'égoïsme. Voilà pourquoi j'ai voulu pénétrer le mystère que vous me cachiez. Si l'objet de votre tendresse eût été ce Frédéric d'Ormeuil, je l'aurais tué sans miséricorde, car il est indigne de vous ; mais, puisque c'est M. Ernest, que vous aimez, Louise, je n'ai plus rien à dire, et je trouve tout simple... que vous le préfériez à moi.

Pendant que le secrétaire parlait ainsi, la jeune fille s'était levée d'abord, pâle et frémissante. Mais lorsqu'elle eut compris le sublime dévoûment de Joseph Cornu, lorsqu'elle envisagea tout ce qu'il y avait de noble et de véritablement beau dans sa conduite, elle se reprocha les souffrances qu'elle faisait endurer à cette âme généreuse.

— Joseph, dit-elle, je suis bien coupable envers vous; j'ai retardé l'exécution d'une promesse solennelle et sacrée. Oui, je dois vous en faire l'aveu, j'aimais M. Ernest, et j'ignore comment cet amour a pris naissance dans mon cœur. Quand j'ai voulu le combattre, il était trop tard. A présent qu'Ernest est parti, que je ne dois plus le revoir jamais... l'absence fermera cette blessure, — et si vous me jugez digne encore d'être votre femme, voici ma main, Joseph! je ne puis l'accorder à un homme qui mérite à plus juste titre l'estime des autres et la mienne.

— Arrêtez, Louise, arrêtez!... pauvre enfant, croyez-vous donc que l'amour puisse ainsi disparaître et s'éteindre? Oh! non, Louise... je le sens bien, moi! Dieu me préserve d'accepter le sacrifice, auquel votre belle âme vous entraîne. Cependant, lorsque vous aurez entendu ce qui me reste à vous dire, si vous persévérez dans les mêmes sentiments, si vous me dites encore : Voici ma main! j'accepterai, Louise, avec ivresse, avec bonheur, et je vous aimerai tant, qu'il vous deviendra presque impossible de me haïr.

— Parlez, dit la jeune fille, tournant vers le secrétaire ses beaux yeux baignés de pleurs.

— Eh bien! sachez que M. Ernest n'est pas parti, comme on vous l'avait laissé croire... avec intention sans doute.

La fille du capitaine devint plus pâle encore et ses genoux se dérobèrent sous elle.

— Voyez-vous! dit Joseph, avec un accent de douleur : rien que la pensée qu'il est là... près de vous... que peut-être vous allez le revoir... Je vous le disais bien, Louise, on ne guérit pas de l'amour!

La jeune fille se voila le visage de ses deux mains et n'osa plus regarder son futur.

— Ce n'est pas tout, continua le secrétaire, qui faisait de violents efforts pour surmonter son émotion : comme je vous le disais, j'ai rendu visite à Frédéric d'Ormeuil. Il sait que je le déteste... et, voyant que je lui demandais des révélations, il s'est empressé de me faire toutes celles qui pouvaient me déchirer l'âme. J'ai appris que M. Ernest avait demandé votre main au capitaine, et que, désespéré du refus de M. Morizot, le pauvre jeune homme avait voulu terminer son existence, en se précipitant au fond du gouffre de la Roche-Noire, celui qui se trouve à mi-chemin de la montagne.

— Grand Dieu ! s'écria Louise avec épouvante.

— Rassurez-vous, les domestiques de son oncle sont arrivés à temps, pour le sauver de cet acte de désespoir. Le chagrin de vous perdre lui a causé une maladie sérieuse... car il vous aime bien aussi ! Ne vous effrayez pas, le malade est en pleine convalescence... Eh bien ! consentez-vous encore à être ma femme? Aurez-vous assez de courage pour oublier M. Ernest, que son amour pour vous a presque conduit aux portes de la mort? Vous ne répondez pas, vous pleurez! Allons, il s'agit de remplir mon devoir ; vous seriez deux à souffrir, c'est beaucoup plus naturel que je souffre tout seul...Venez, Louise, venez! Il ne dépendra pas de moi sans doute de renverser tous les obstacles qui s'opposent à votre hymen avec M. Ernest... Toutefois, il en est un que je puis détruire, à l'heure même.

Cela dit, Joseph Cornu prit la main de la jeune fille. Louise n'avait plus la force de prononcer une parole ; il l'entraîna vers l'endroit de la prairie où se trouvait Morizot.

— Capitaine, dit le secrétaire, ma conscience m'ordonne de vous dégager d'une promesse que vous m'avez faite dans des jours plus heureux. Ainsi donc, à partir de ce moment, Mlle Louise est libre d'en épouser un autre.

Et Joseph s'éloigna rapidement, sans attendre la réponse du vieux soldat, que cette brusque déclaration venait de frapper de surprise. Il n'eut pas le courage d'adresser des reproches à sa fille, car la malheureuse enfant était si défaite et si abattue qu'elle excita sa compassion plutôt que sa colère.

Le capitaine abandonna la surveillance des faucheurs, pour ramener Louise à la maisonnette. Chemin faisant, il apprit les motifs qui avaient dirigé la conduite de Joseph Cornu.

— Pauvre garçon! dit le capitaine, excellent cœur! c'était le gendre qu'il me fallait. Que la volonté de Dieu soit faite; n'en parlons plus.

Vers le soir, Louise et son père étaient assis dans cette même salle que nos lecteurs connaissent. Le repas, apprêté par la vieille Magdeleine, était resté sur la table : Morizot et sa fille n'y avaient pas touché. L'un se livrait à des réflexions douloureuses, et l'autre s'adressait dans le fond de son âme tous les reproches que le silence du capitaine exprimait plus éloquemment que ne l'eussent fait ses paroles.

Tout à coup, on entendit plusieurs voix, qui s'élevaient dans le voisinage de la maisonnette, et bientôt parut, à l'entrée du jardin, le fabricant de planches, accompagné de madame Forestelle et d'Ernest, qui se refusait obstinément à les suivre dans la demeure du capitaine.

— Allons, mon ami, disait la bonne tante, notre promenade a été longue, tu as besoin de te reposer.

— Comprenez-vous cette lubie de mon neveu? cria M. Forestelle, qui fit invasion dans la salle : il se refuse à vous dire bonsoir, à vous, monsieur Morizot, qui êtes venu le visiter cinq ou six fois pendant sa maladie; c'est une chose incroyable, et l'on dirait vraiment que le cerveau... Dame! il a subi de rudes atteintes!

Cependant Ernest, entraîné d'autorité par sa tante, se trouvait alors sur le seuil de la porte. Sa figure conservait la trace du mal terrible, qui l'avait presque conduit au bord de la tombe. A l'aspect de ces traits décomposés par la souffrance, Louise ne put retenir un cri déchirant et courut à la rencontre du jeune homme;

mais le capitaine, qui venait de se lever de son siége, arrêta sa fille et lui dit à voix basse :

— Je vous ordonne de monter à votre chambre !

Madame Forestelle entendit cette impérieuse injonction du vieux soldat.

— Ça, capitaine, dit-elle, ne prenez pas votre ton grondeur. Tandis que vous allez causer avec Ernest et mon mari, Louise va me montrer les curiosités de votre parterre. N'est-ce pas, mon enfant? continua-t-elle, en s'emparant du bras de la jeune fille.

Puis, se penchant à l'oreille de Morizot :

— Ernest m'a tout confié... soyez prudent ! Son oncle ne sait rien encore, ou du moins peu de chose.

A ces mots, elle sortit avec Louise.

Cependant le malade, trop faible pour supporter d'aussi vives émotions, venait de tomber sur une chaise, dans un état d'épuisement qui faisait craindre qu'il ne perdît connaissance.

— Bon, ce n'est rien, dit M. Forestelle. Attendez, capitaine, j'ai là dans ma poche certain flacon... Peste! nous sommes obligés d'emporter avec nous une pharmacie complète. Tenez, voilà qu'il revient à lui, les sels de ce flacon ranimeraient un mort. Et quand je pense que c'est l'amour qui l'a réduit à un pareil état ; vous avouerez avec moi que ceci devient absurde, — car enfin, ma femme ne m'a glissé que deux mots à cet égard, et je puis vous le dire en confidence : il aime quelque paysanne des environs.

— Mon oncle... oh! par grâce, taisez-vous! s'écria le malade, qui joignit les mains d'un air suppliant.

— Et pourquoi ne raconterais-je pas vos folies, bel Amadis, langoureux don Quichotte? répliqua M. Forestelle, en éclatant de rire. Je voudrais la connaître, votre Dulcinée! Je suis sûr d'avance que j'apercevrais une grosse fille rougeaude et malvenue. Certainement, capitaine, il y en a de gentilles, de fort gentilles ; toutefois, convenez qu'un jeune homme, qui voit en perspective un héritage de près d'un million, peut avoir une amourette, un caprice pour une paysanne... mais l'épouser! cela n'a pas le sens commun.

Tenez, moi qui vous parle, ah! dame, c'est de l'histoire ancienne... j'étais alors dans les beaux jours de ma vie de garçon, — vous saurez que je ne me suis marié qu'à trente-sept ans, — je fis la connaissance d'une fillette jolie... mais jolie au possible! Elle habitait l'un des faubourgs de Saint-Dié.

— De Saint-Dié! répéta le capitaine, qui fixa des yeux ardents sur M. Forestelle.

— Oui... que trouvez-vous de surprenant à l'histoire?

— Rien, dit le vieux militaire, allez toujours.

Ernest se leva. Son cœur battait à rompre sa poitrine; car il se rappelait la funeste histoire que lui avait racontée Morizot, six semaines auparavant.

— Je vous disais donc, poursuivit M. Forestelle. Ah! d'abord, vous saurez qu'elle s'appelait Clémence...

— Enfin!! cria le capitaine, qui se dressa de toute sa hauteur, en face du fabricant épouvanté.

— Quelle diable de figure me faites-vous? dit l'oncle d'Ernest, qui recula vivement son siége.

Morizot, suffoqué de rage, fut quelque temps muet, puis il continua d'une voix de tonnerre :

— Et toi, lâche!... toi! tu avais pris le nom de Jules Palaiseau. Voilà ce qui, jusqu'à présent, m'avait empêché de te découvrir. Tu as séduit Clémence, ma fiancée... tu l'as rendue mère, et tu n'as pas craint de l'abandonner ensuite. Il y a dix-neuf ans bientôt qu'elle est morte entre mes bras, en maudissant son infâme séducteur... A genoux! à genoux, te dis-je! et fais au ciel ta prière suprême, — car nous allons nous battre, entends-tu? J'ai, là haut, des armes, et trop longtemps j'ai mûri mon projet de vengeance, pour laisser échapper l'occasion que Dieu m'envoie!

La colère du capitaine éclatait avec une violence effrayante. Mme Forestelle et Louise entendirent ces clameurs et s'empressèrent de rentrer dans la salle.

— Je vous en conjure, dit Ernest en se précipitant vers Morizot, qui venait de saisir le bras du fabricant, presque mort de peur, et l'étreignait comme dans un cercle d'acier; je vous en conjure, modérez-vous! Un pareil scandale devant ma tante, devant cette jeune fille... et puis, vous êtes ici chez vous, capitaine! L'homme qui se trouve sous notre toit, fût-il un ennemi mortel, réclame quelques égards. Pour nous-mêmes, nous devons le respecter.

— Oui, vous avez raison, murmura le vieux soldat, qui lâcha le bras de M. Forestelle. Et puis, ajouta-t-il, en essuyant la sueur brûlante qui lui couvrait la figure, je ne veux pas que Louise apprenne jamais que ce misérable est son père!

— Miséricorde! que se passe-t-il donc? demanda la tante d'Ernest, pendant que le jeune homme allait prendre Louise et la conduisait devant le fabricant éperdu.

— Mon oncle, dit-il, d'une voix respectueuse, mais ferme, voilà celle que j'aime! Un homme d'honneur a toujours en son pouvoir le moyen de réparer une faute, — et, sans entrer avec vous dans des détails que vous devinez déjà peut-être, sans vous dire à quelle époque est morte la mère de Louise... oui, mon oncle, je m'aperçois que vous m'avez compris! — je me jette à vos genoux, en vous suppliant de me laisser épouser la fille... du capitaine.

M. Forestelle sentit un frisson lui passer dans le cœur. Il détourna les yeux, qu'il avait arrêtés un instant sur Louise avec une indéfinissable angoisse, et les reporta sur le vieux militaire. Ce dernier se trouvait alors dans un état de prostration complète. Le fabricant de planches, qui luttait entre son avarice et le désir d'empêcher, en présence de sa femme, la révélation de ses torts, répondit à Ernest :

— Le moment est mal choisi pour me faire une pareille demande... Je verrai, je réfléchirai.

— Quant à moi, répliqua le jeune homme, mes réflexions, monsieur, sont toutes faites. Si vous ne réparez pas une odieuse... injustice, dès ce jour, je vous le déclare, je me débarrasse de votre tutelle et je ne remets plus le pied dans votre maison.

— Ernest, mon ami! s'écria la bonne tante, effrayée de cet audacieux langage, les menaces ne feront qu'irriter ton oncle... Au fait, je t'approuve! continua-t-elle, en se reprenant : je ne souffrirai pas qu'on fasse mourir mon fils. Oui, dit-elle à son époux, qui l'envisageait avec stupeur, Ernest est mon fils, je n'en ai pas d'autre. Si vous refusez de vous rendre à sa prière... eh bien! nous plaiderons en séparation! Vous savez, monsieur, que nous sommes mariés sous le régime de la communauté; par conséquent, j'ai droit à la moitié de votre fortune, et je la partagerai, je vous le jure, avec ces enfants.

— Mais c'est un piége! dit l'avare, c'est un complot arrêté d'avance! Qui m'assure, après tout, que cette jeune fille... non, cela ne sera pas! Vous oubliez, madame, qu'il faut des causes à une séparation; je resterai le maître unique de ma fortune, et mon cher neveu voudra bien épouser celle que je lui destine ou sinon...

Le fabricant ne put achever, car Morizot, revenu de son abattement, marchait droit à lui.

— Sortez! cria-t-il d'une voix foudroyante, sortez monsieur! je ne réponds plus de moi!

Le jeune homme, Louise et Mme Forestelle s'élancèrent au devant du capitaine, et le fabricant de planches, cédant à son effroi, se mit en devoir de quitter la maisonnette; mais il fut arrêté par Joseph Cornu, qui, depuis un instant, sans que personne eût remarqué sa présence, était debout à l'entrée de la pièce.

— Halte-là! fit le secrétaire du juge de paix, qui prit sans façon M. Forestelle au collet : je suis à présent, tel que vous me voyez, un soldat de l'armée d'Afrique, et je n'aime pas les déserteurs! Voyons de *quoi* s'agit-il?... vous refusez, si je ne me trompe, de marier votre neveu à la fille du capitaine, et cela sous le frivole prétexte que la pauvre enfant n'a pas de dot : eh bien, détrompez-vous, monsieur, de la mécanique anglaise ! J'arrive de Saint-Dié, où j'avais deux mots à dire à l'oreille d'un officier de recrutement, — un digne officier, ma foi ! qui m'a fait boire du Champagne au café de Strasbourg. Là, j'ai su, par hasard, qu'on tirait aujourd'hui, chez votre homme d'argent, la fameuse loterie, que vous savez, millionnaire de mon cœur.

— En effet, dit M. Forestelle, je devais assister à ce tirage; mais j'ai cru plus convenable...

— Ohé ! qui veut savoir le numéro sortant ? cria Joseph Cornu, que le champagne avait mis dans un état singulier. Numéro DIX-HUIT ! Mademoiselle Louise a gagné le château ! Vive mademoiselle Louise ! Vivent les soldats d'Afrique !

Un cri général d'étonnement se fit entendre.

— J'espère, continua Joseph, qu'il n'y a plus d'obstacle au mariage. Adieu, capitaine... adieu mademoiselle Louise... et vous, monsieur Ernest, rendez-là bien heureuse !

A ces mots, le pauvre garçon fondit en larmes.

— Non, mon brave Joseph, dit Morizot, qui pressa le jeune homme avec affection contre son cœur, ni ma fille, ni moi, nous n'accepterons un tel sacrifice.

— Qui parle de sacrifice? Il n'y a pas de sacrifice, entendez-vous, capitaine ! La liste de loterie porte, en toutes lettres, le nom de Mlle Louise Morizot. Le château ne peut être adjugé qu'à elle seule : il n'y a pas de réclamation possible... Eh ! par la corbleu ! je savais bien ce que je faisais ! Seulement, monsieur Ernest, si ça vous est égal, brisez la mécanique d'enfer qui a ruiné nos pauvres scieurs, — ce sera une bonne action.

Louise tendit la main à Joseph et lui dit en sanglottant :

— Du moins, ne partez pas... restez avec nous.

— Non, Louise... non ma sœur... car aujourd'hui, vous n'êtes plus que ma sœur... Mais dame ! il faut que je m'éloigne pour quelque temps. J'irai me battre, c'est une distraction comme une autre, et je veux aussi rapporter la croix ! Alors, je reviendrai, je vous le promets, Louise... je vous le promets, capitaine, et nous nous raconterons mutuellement nos campagnes... Encore une fois, adieu !

. . . .

Un mois après le départ de Joseph Cornu pour l'Afrique, on célébrait le mariage de Louise et d'Ernest.

FIN DE LA ROSE DE LA VALLÉE.

UNE ATTAQUE DE BRIGANDS.

UNE
ATTAQUE DE BRIGANDS.

La pluie tombait à flots, véritable pluie de déluge, qui avait commencé au point du jour, et qui, vers trois heures de l'après-midi, continuait de fouetter avec une persistance désespérante les hautes fenêtres du château d'Alloz.

— Parbleu! s'écria le vicomte de Morville, si le bonhomme Noé vivait encore, il s'occuperait de faire au plus vite une seconde édition de son arche.

— Et il ne manquerait pas d'animaux pour la remplir, dit la jolie baronne de Fressac, avec une contraction de ses petites lèvres, qui ressemblait à s'y méprendre à un bâillement.

— Oh! oh! serait-ce une épigramme dirigée contre nous, ma chère? lui demanda son mari sur un ton piqué.

— Rien que pour m'adresser la question, dit-elle, vous mériteriez une réponse affirmative.

— Chut! fit Mme d'Alloz, avec cet air d'autorité que lui permettaient son âge et son titre de maîtresse de maison.

Mme d'Alloz est une marquise de vieille roche, très-regrettée au noble faubourg. Retirée dans ses domaines, et ne pouvant plus faire le voyage de Paris, elle se plaît à réunir, chaque automne, sa famille auprès d'elle; tous les personnages présents lui sont plus ou moins unis par des liens de parenté.

— Ces messieurs, reprit la marquise, deviennent, je l'avoue, très-insupportables. Ils n'ont pas eu, depuis ce matin, l'ombre de galanterie; mais ne les attaquons pas, laissons-les dans leur tort.

— De la galanterie, ma tante?... Je vous trouve superbe!... Quand nous avons manqué la plus belle chasse... une chasse au chamois dans les Alpes... et cela grâce à ce temps d'enfer! s'écria le duc de Guiche en frappant du pied.

— Avoir fait deux cents lieues, reprit le vicomte, pour assister à une nouvelle ouverture des cataractes, — comme c'est gentil!

— Eh! messieurs, cela vous permet tout au plus de vous fâcher contre le baromètre, et manifester de l'humeur en notre présence est d'une inconvenance...

La marquise fut interrompue.

De vives exclamations, presque aussitôt suivies de pétulantes répliques, se croisèrent comme les balles d'une escarmouche.

— Ah! oui, soyez donc galants!

— Par la pluie qui tombe et sous les murs de ce vieux château sombre!

— On doit l'être, monsieur le duc, à toute heure et en tous lieux.

— C'est un bruit, chère baronne, que votre sexe fait courir.

— Après tout, chaque chose a son temps, dit Fressac.

— Et c'était aujourd'hui jour de chasse, riposta sa femme : voilà pourquoi ces messieurs ne sont pas même polis.

— Mais décidément, c'est une querelle, dit la marquise.

— Oh! une querelle de famille...

— Qui n'a rien de sérieux.

— Allons, paix sur toute la ligne! Qu'on se taise, et qu'on m'écoute, s'écria Mme d'Alloz.

Elle repoussa son métier de tapisserie, tourna sa chaise longue vers les hommes, et leur dit d'une voix railleuse :

— Mon vieux château sombre, mes chers petits neveux et cousins, a jadis reçu des hôtes aussi nobles que vous, aussi passionnés pour la chasse, et souvent il est arrivé que la pluie les a comme vous retenus au salon, quand ils avaient projeté de courir le chamois sur la montagne ; mais ils avaient, je vous prie de le croire, une tout autre figure. Ils ne restaient pas là, devant nous, disgracieux et boudeurs, à maugréer contre le ciel et les nuages ; ils quittaient au plus vite leurs guêtres longues, replaçaient les fusils au râtelier, renvoyaient les chiens à la niche et venaient se mettre gaiement à la disposition des dames. Les jours de pluie étaient nos plus beaux jours.

— Ah! que les temps sont changés! s'écria la baronne. Voyez, ces messieurs ont encore leurs guêtres, et ils ont déposé leurs vilains fusils tout près de nous.

— Là! là!... nous demandons grâce! dit le duc en s'approchant. Mais aussi pourquoi n'avez-vous ni billards ni journaux?

— Vous entendez! fit la marquise : voilà sans contredit la critique la plus sanglante qu'on puisse faire de votre société moderne, et tout le secret de l'amabilité de ces messieurs est là... « Je n'ai ni billards ni journaux! » Vous auriez pu ajouter que je ne vous offre point à fumer?... Ah! je n'ai ni billards ni journaux!

Le duc voyait venir une de ces rudes diatribes que la spirituelle marquise ne ménageait guère à notre époque. Il s'empressa de changer l'entretien.

— C'est-à-dire, reprit-il en souriant, que vous recevez la *Gazette des Basses-Alpes,* une feuille ridicule, qui, ce matin, ne sachant que dire, a inventé le plus absurde des canards, sans s'inquiéter si elle jetterait l'épouvante dans le pays.

— Un canard... qu'est-ce que cela? demanda la baronne.

— Voici, dit le duc en déployant le journal. Écoutez! « Une troupe de bandits italiens, traqués par les soldats du roi de Sardaigne, a franchi, dit-on, le *Trou du Viso*, et met au pillage les communes environnantes. » Or, je vous demande à tous s'il est permis d'inventer une fausseté semblable? Nous sommes à deux pas du mont Viso et nous n'avons aperçu, Dieu merci, aucun visage de *condottiere*... Mais, que vois-je? s'écria tout à coup M. de Guiche, qui avait reporté les yeux sur le journal.

— Un autre canard, sans doute?

— Voilà ce qui vous trompe, dit-il, en se frappant le front. Avant de quitter Paris, je savais déjà... Oui, Nestor m'en avait parlé... Diable!

— Qu'y a-t-il donc? s'écrièrent tous ensemble les femmes et les hommes, intrigués du logogriphe que le duc semblait se poser à lui-même.

Guiche plia la gazette et la mit dans sa poche.

— Il y a... Voyons, mesdames, nous avons été coupables, il s'agit de réparer nos torts. Je vous fais au nom de tous amende honorable. Ne grondez plus, ma tante; nous allons imiter nos galants ancêtres et vous faire passer une soirée délicieuse. Est-ce que vous n'aviez pas autrefois un petit théâtre?

— Sans doute, répondit la marquise.

— Les décors, le magasin de costumes, tout cela subsiste toujours?

— Oui, mon neveu.

— A merveille! Combien avez-vous de carrosses sous la remise?... trois, ce me semble : il faut les envoyer à ceux de nos voisins de campagne qui n'ont pas de voiture, et je dépêcherai des estafettes à tous les autres. Malgré le vent et la pluie, nous aurons cent personnes. Ces dames vont écrire les lettres d'invitation et annoncer pour ce soir une représentation de la *Favorite* au château.

— Quelle plaisanterie! s'écria-t-on de toutes parts.

— Je ne plaisante en aucune sorte. J'ai vu hier la partition sur le piano de la baronne; ma tante va faire monter son théâtre, préparer les lustres, et tout ira comme par enchantement.

— Mais les rôles, malheureux! qui chantera les rôles?

— D'abord, toi qui parles, vicomte, tu as une basse-taille magnifique, et tu seras un excellent *Balthazar*. La petite comtesse de Mercœur, notre voisine, connaît le rôle d'*Inez*; son mari est un Baroilhet passable ; vous êtes tous assez musiciens pour remplir les emplois secondaires, et la baronne tiendra l'orchestre.

— Il a perdu la tête! s'écria le vicomte. Et le rôle de madame Alboni? et celui de Roger?

— Je m'en charge, dit le duc.

Tout le monde partit d'un éclat de rire.

Sans parler du spectacle burlesque qu'aurait donné M. de Guiche sous le costume de la gracieuse *Léonor de Guzman,* ni de l'impossibilité de représenter à lui seul deux personnages constamment en face l'un de l'autre, on savait qu'il n'avait jamais essayé la moindre note sans donner à ses auditeurs une envie démesurée de prendre la fuite.

— Un instant, s'écria-t-il, entendons-nous! Quand je dis : Je m'en charge, cela signifie que je trouverai les acteurs. Est-ce convenu? Me donnez-vous plein pouvoir d'ordonner la fête?

— Oui! oui! cria-t-on, plein pouvoir!

Nous sommes ici, reprit le duc, trois, cinq, huit.... dix hommes. Allons, messieurs les chasseurs, ouvrez vos portefeuilles, et que chacun de vous me donne deux billets de mille francs.

— Peste!... et qu'en feras-tu?

— Je vous rendrai mes comptes plus tard. Ah! c'est un plaisir de prince que je veux vous procurer, — cela coûte cher. En attendant, donnez toujours!

Ces messieurs s'exécutèrent de bonne grâce.

— Maintenant, leur dit M. de Guiche, prenez vos fusils et allez m'attendre au magasin de costumes. Quelques ordres à donner à un de mes courriers, et je suis à vous. Pour ne pas gêner ces dames dans les préparatifs de la fête, nous irons chasser une heure ou deux.

— Chasser! tu plaisantes? le déluge continue.

— Nous le braverons, parbleu! Quand vous verrez le gibier, vous m'adresserez des remercîments : fiez-vous à moi.

On comprenait de moins en moins le logogriphe; mais les dames riaient, tout l'ennui de la journée avaient disparu pour faire place à des conversations joyeuses et pleines d'entrain.

Tandis que ces choses se passaient au château, une chaise de poste, à deux lieues de là, descendait une côte rapide, entrait dans la petite ville de Barcelonnette et s'arrêtait devant la meilleure auberge de l'endroit. L'hôtelier, le bonnet à la main, s'approcha pour recevoir deux voyageurs, qui sortirent de la berline et demandèrent qu'on leur servît à dîner le plus vite possible.

— Est-ce que madame et monsieur continuent leur voyage, ce soir? demanda l'aubergiste en s'inclinant. Mais quelle route veulent-ils prendre? ajouta-t-il, sur leur réponse affirmative.

— Demain, à midi, il faut que nous soyons à Turin.

— Et vous comptez traverser le mont Viso?

— Parbleu! répondit le voyageur, n'est-ce pas le plus court? Vous êtes curieux, l'ami.

— Ah! c'est que d'abord il fait un temps détestable...

— Ceci regarde le postillon.

— Et puis, madame et monsieur n'ont pas lu le journal : on parle d'une bande de brigands qui exploiteraient depuis deux jours ce côté-ci de la frontière.

— Des brigands! s'écria la dame avec épouvante.

— Mon Dieu, oui! je vous conseille de ne partir que demain au point du jour et de prendre une escorte.

— C'est impossible, dit le voyageur : nous n'arriverions jamais à temps, et nous avons un dédit ruineux.

Il prit le journal que l'aubergiste lui tendait, parcourut ce même article que M. de Guiche avait lu au château, et s'écria :

— Bon! vos journalistes s'amusent! D'ailleurs nous avons très peu d'argent sur nous, les brigands seraient volés.

— Mais, dit la dame, si pourtant cette nouvelle était véritable?

— Laissez donc, chère amie! c'est un superbe canard, je m'y connais. Soyez sans crainte.

On en resta là. Le dîner fini, les voyageurs remontèrent en berline, et atteignirent, à la nuit tombante, ce fameux passage appelé *Traversette*, comblé jadis par le roi de Sardaigne, et que l'empereur fit rouvrir en 1811.

Mais, au moment où ils allaient s'engager dans les flancs de la montagne, un cri de halte terrible se fit entendre. La dame, avançant la tête en dehors de la voiture, se retira tout à coup et jeta une exclamation d'effroi : elle venait d'entrevoir dans l'ombre une troupe d'hommes armés, dont l'attitude ne permettait d'élever aucun doute sur leurs intentions. Ils avaient de longs manteaux et cachaient leur visage sous de grands feutres, comme en portent les bandits des Calabres.

Deux de ces hommes avaient pris les chevaux à la bride. Un troisième, le capitaine sans doute, s'approcha de la portière, tandis que le reste de la bande couchait en joue le postillon.

— Vous nous demandez la bourse ou la vie, monsieur? dit le voyageur. La vie, nous avons, ma compagne et moi, la faiblesse d'y tenir; mais voici notre bourse... Il y a vingt-cinq louis... Désolé de ne pas vous faire plus riche.

— Gardez votre or, nous n'en voulons pas! répondit le capitaine d'une voix rauque. Seulement, vous allez nous suivre.

— Pardon... mais c'est de toute impossibilité.

— Flamme et sang! point de résistance, ou vous êtes morts!

La dame se blottissait frémissante au fond de la berline. On venait de donner au postillon l'ordre de rebrousser chemin, et la voiture s'engageait au milieu d'une forêt sombre, escortée par la troupe de bandits, dont on voyait se dessiner dans le crépuscule les silhouettes menaçantes.

— Daignez nous excuser, belle dame, dit le capitaine d'une voix plus douce, en s'approchant de nouveau de la portière : notre métier demande toujours un peu de rigueur; mais l'obéissance nous désarme, et vous n'avez rien à craindre pour vos jours.

— Enfin, monsieur, de quel droit...

— Ah! je l'avoue, nos droits sont contestables!... Toutefois, à part cela, nous sommes des brigands fort honnêtes. Voici des sels; veuillez les respirer, de grâce, et ne mettez pas en doute notre courtoisie.

Il lui offrit, à ces mots, un charmant flacon en cristal de roche, et reprit la tête de sa troupe, afin de régler la marche au milieu des passages dangereux de la forêt.

— Qu'allons-nous devenir? murmura la voyageuse, dont le discours du brigand n'avait pas calmé les craintes.

— Dame! ils ont refusé notre or, preuve qu'ils se disposent à nous rançonner de belle sorte, dit son compagnon, — sans compter le dédit qu'il nous faudra payer : trois mille francs chacun.

— Hélas ! où nous conduisent-ils donc ?

— Dans quelque caverne.

— Miséricorde !

— Nous eussions mieux fait de coucher à Barcelonnette ; mais pouvais-je supposer qu'à notre époque de civilisation et par les gendarmes qui courent... Ma foi, résignons-nous, c'est le plus simple.

— Combien allons-nous rester dans cette caverne ?

— Le temps d'écrire, vous à votre banquier, moi au mien, et de recevoir la réponse, quatre jours tout au moins.

— Ah ! mon Dieu !

Bientôt la voiture s'arrêta.

Pour la troisième fois, le capitaine de la troupe vint parler aux voyageurs, et les pria fort poliment de se laisser bander les yeux. Il n'y avait pas de résistance possible. Au bout d'un quart d'heure, on les fit descendre de voiture, et après cinq minutes de marche, on les introduisit dans une pièce, où on les enferma, en les avertissant qu'ils pouvaient se débarrasser de leur bandeau.

— Où sommes-nous ? dit le voyageur, portant les yeux autour de lui.

— Dans la caverne, sans doute, répondit la dame avec un soupir.

— Non, certes pas !... Voici qui est curieux... ces brigands sont logés comme des princes !... Qu'ai-je vu ? deux costumes étalés sur les bras de ce fauteuil ?... Et ce papier déposé au milieu... qu'y a-t-il d'écrit ? Lisons.

« Passez au plus vite, vous, madame, la robe de *Léonor;* vous, monsieur, l'habit de novice de *Fernand*, et préparez-vous à remplir ces deux rôles. Dans un cabinet voisin sont trois habilleuses et un coiffeur. »

Ils se regardèrent avec stupéfaction.

— Voilà qui est étrange ! dit la dame.

— C'est inouï ! murmura le voyageur.

Néanmoins ils s'empressèrent de se soumettre aux prescriptions du billet.

Leur toilette achevée, le chef des brigands vint les prendre pour les conduire dans les coulisses d'un théâtre, où Fernand fut obligé tout aussitôt d'entrer en scène, car le rideau se levait, et il se trouva en présence de la société la plus choisie et la plus distinguée.

— Mais qui êtes-vous donc, monsieur ? demanda Léonor, restée dans la coulisse avec le capitaine.

— Je suis, madame, un Fra-Diavolo de circonstance, grand admirateur de votre talent, et qui vous demande en grâce de vous laisser applaudir ici comme vous l'êtes au lieu ordinaire de vos triomphes. La *Gazette des Basses-Alpes*, entre beaucoup de mensonges, annonçait aujourd'hui une vérité, celle de votre passage, et j'ai cédé à la tentation de donner à nos dames le plaisir de vous entendre à deux cents lieues de Paris.

Ce disant, il pria la favorite d'Alphonse de Castille de choisir entre deux bagues, dans chacune desquelles était enchâssé un diamant de fort belle eau. Décidément cela valait mieux que de payer une rançon. Le capitaine, comme on le devine, destinait la seconde bague au compagnon de voyage de la dame. Elles venaient d'être vendues dix mille francs pièce à M. le duc de Guiche par un joaillier de Barcelonnette, qui n'espérait plus s'en défaire.

A minuit, après une collation joyeuse, les voyageurs remontèrent en berline, et furent escortés par les brigands jusqu'à l'extrémité du *Trou du Viso*.

Le lendemain, ils entraient dans la capitale des États sardes. Une immense affiche, placardée sur tous les murs, annonçait que deux célébrités de l'Opéra de Paris, madame Alboni et M. Roger, joueraient, le soir même et les jours suivants, en présence de Sa Majesté le roi de Sardaigne. Ils arrivaient juste à temps pour ne pas payer le dédit.

Tous les brigands de France, à la condition expresse d'imiter les hôtes du château d'Alloz, sont autorisés à les attaquer à l'avenir.

FIN D'UNE ATTAQUE DE BRIGANDS.

SINGULIÈRE HISTOIRE.

SINGULIÈRE HISTOIRE.

I

Nous devons tout d'abord prévenir nos lecteurs que ceci n'est pas un enfant de nos rêves, un produit de notre imagination : c'est un fait authentique, avéré, constant, une nouvelle page des *Crimes célèbres*, une scène d'hier, dont on peut à chaque pas rencontrer les personnages ; une véritable histoire au pied de la lettre, où les allures habituelles du roman nous sont interdites. Il en résulte que nous n'avons pu ni changer les péripéties, ni varier les détails, ni modifier les caractères. Donc, si l'on a quelque reproche à nous adresser, ce sera d'avoir choisi cette histoire plutôt qu'une autre, — et nous invoquons alors comme un droit notre fantaisie de conteur.

Vers la fin d'avril 1847, un riche Anglais vint s'établir dans une fort belle maison de campagne aux environs de Sèvres, et située au bord de la rivière.

Il était accompagné de sa fille Jane, blonde et délicieuse enfant de seize ans, qui se proposait de polir au contact des mœurs parisiennes l'austère éducation qu'elle avait reçue dans son pays.

Lord Marchestal, élevé tout récemment à la dignité de pair, en récompense de nombreux services rendus dans les Indes aux ministres de la Grande-Bretagne, pouvait compter parmi les rares éditions du *Bourru-bienfaisant*. Il s'emportait envers et contre tous, excepté contre sa fille, à laquelle il ne se montrait jamais que le sourire aux lèvres, s'éloignant et restant même plusieurs jours sans la voir, lorsqu'une contrariété quelconque assombrissait son humeur.

Ses domestiques, il faut le dire, pâtissaient de la violence qu'il s'était faite devant son idole. Mais on n'avait garde de se plaindre, une bourrade amenait à coup sûr des gratifications ou des bienfaits.

De mystérieuses recherches exigeaient souvent la présence du lord à Paris.

Presque tous les jours il partait de grand matin pour ne rentrer que le soir. Il se faisait suivre dans ses courses par un ancien valet de chambre de pure race anglaise, qui ressemblait assez à un homard avec sa face rubiconde et sa veste écarlate.

Ce brave serviteur s'appelait William et n'avait qu'un chagrin, le goût par trop obstiné de son maître pour les chevaux de selle. Il regrettait amèrement de le suivre à franc-étrier, lorsque berlines et landaus dormaient sous la remise.

Du reste, il était seul instruit de la cause des fréquentes absences du lord.

Jane, surprise du silence de son père, questionna le valet de chambre, et William lui répondit, dans un idiôme anglo-français, que nos lecteurs nous sauront gré de traduire, après cet échantillon :

— Goddam! il fallait tranquilliser vô! Milord il réservait une grande étonnemente et du réjouissance bôcoup... Yes!

Cette réponse fut tout ce que la jeune fille put tirer de la discrétion du vieux domestique.

Elle résolut d'attendre que son père expliquât lui-même le motif de ses démarches, et s'y résigna d'autant plus facilement qu'elle se plaisait beaucoup à cette campagne, achetée tout exprès pour elle, dans un de ces moments d'adorable caprice où les femmes exigent un château du même ton qu'un enfant demande un jouet.

Lord Marchestal laissait à sa fille la plus grande liberté d'action, convaincu qu'elle ne s'écarterait jamais de la ligne tracée par une éducation sévère.

Ce système pouvait avoir de dangereuses conséquences.

Jane, il faut le dire, n'était pas toujours la jeune personne grave et compassée qui faisait avec l'assurance d'une dame châtelaine les honneurs du salon de son père. Parfois le sérieux de la fille d'Albion cédait la place au folâtre enjouement de la Française. Elle aimait à rejeter loin d'elle le rigorisme de l'étiquette, à courir à pied dans les environs, vêtue comme une villageoise, pleurant de bonheur lorsqu'elle avait secouru l'infortune dans les chaumières, et bientôt après riant aux éclats des grosses plaisanteries que lui débitaient les paysans.

La fille du lord se livrait à ces promenades vagabondes, en compagnie d'une espiègle soubrette, appelée Rosine.

Celle-ci, née dans le midi de la France, avait la peau brune et les yeux noirs des beautés méridionales. Vive, étourdie, sémillante, elle savait faire plier son caractère devant tous les caprices de sa jeune maîtresse, et dépouiller, une fois de retour au château, la familiarité qu'on lui avait permise au dehors.

A la fin d'une de ces joyeuses excursions, elles aperçurent un jeune peintre assis sur la berge de la Seine et dessinant un point de vue des alentours.

La curieuse petite lady se glissa derrière l'artiste pour examiner son paysage.

Mais elle ne fut pas heureuse.

Un frôlement du gazon la trahit, et le jeune homme, croyant avoir affaire à une beauté champêtre, punit cette indiscrétion par un baiser.

Jane, la rougeur au front, s'éloigna précipitamment.

L'inconnu jeta son album pour la suivre. Il allait l'atteindre; mais elle lui lança un regard si impérieux qu'il s'arrêta fasciné, n'osant avancer d'un pas, et tout confus de la méprise qu'un déguisement lui avait fait commettre.

Il rôda, le lendemain, près de la grille du château, dans l'espérance de revoir celle qu'il avait offensée. Il la revit en effet, mais en calèche découverte et parée d'une toilette splendide.

Cependant, il eut le courage de s'approcher d'elle et lui adressa des excuses, qui furent accueillies avec embarras d'abord, ensuite avec bienveillance.

Emile, — c'était le nom de l'artiste, — avait les manières douces et pleines de charme. Ses yeux étaient beaux; ses longs cheveux encadraient un front large et pur. D'ailleurs, Jane se rappelait avec émotion le baiser qu'elle avait reçu. On ne devra donc pas s'étonner si Émile, logé à Meudon chez une vieille paysanne que chacun croit sa mère, prolonge tous les jours ses promenades jusqu'à Sèvres. Le hasard, ce dieu qu'on accuse faussement d'être aveugle, fait en sorte que l'artiste et la fille du lord se trouvent au lieu de leur première rencontre, qu'ils dessinent innocemment sur le même album, et qu'enfin ce mutuel amour des arts donne naissance à d'intimes causeries, à de tendres épanchements du cœur.

Le soleil commençait à disparaître derrière les hauts peupliers sous lesquels se cache le gracieux village de Sèvres.

Lord Marchestal, désespéré du peu de résultat de ses recherches, et revenu de Paris ce soir-là, beaucoup plus tôt que de coutume, se promenait en nacelle sur le fleuve pour dissiper sa mauvaise humeur. Il était donc impossible à la jeune lady de rejoindre Émile au lieu du rendez-vous, d'autant plus que le domestique du lord allait et venait sur la rive, selon que la rame inexpérimentée de Marchestal remontait ou descendait le cours de l'eau.

Jane connaissait enfin le secret des démarches de son père. La discrétion de William s'était envolée devant les agaceries de la piquante soubrette, et Rosine racontait à sa maîtresse les confidences du valet de chambre, lorsqu'un coup de cloche résonna violemment à la grille du château.

Rosine que la curiosité fit descendre se trouva face à face avec un individu dont la physionomie lui arracha un cri d'effroi.

C'était, nous devons le dire, un étrange visiteur, dont la tenue de mauvais goût et les manières communes laissaient deviner au premier coup d'œil le pilier d'estaminet ou le dandy de barrière.

En examinant les traits de la femme de chambre, ce personnage faillit perdre contenance à son tour.

— Au diable la rencontre ! se dit-il, enfonçant son chapeau sur ses yeux et relevant au plus vite sa cravate par-dessus son menton.

De son côté, Rosine murmurait à voix basse :

— C'est bien singulier... j'ai déjà vu cette figure-là !

Mais le nouveau venu n'était pas homme à se déconcerter, surtout quand l'audace et la présence d'esprit lui devenaient indispensable. Persuadé, d'autre part, que le changement de costume empêchait la jeune fille de le reconnaître, il dit, en tirant des papiers de sa poche :

— Pourriez-vous, mademoiselle, me donner quelques renseignements sur le maître de cette propriété ?

— Milord est absent, répondit Rosine.

Elle voulait éloigner cet homme, car il lui inspirait un indéfinissable sentiment de crainte.

— Il reviendra, parbleu ! fit l'autre. En tous cas, si j'en crois un article inséré dans les journaux, c'est bien lord Marchestal, qui se nommait autrefois sir James Werpold et qui vient d'acheter cette propriété ?

— Oui, monsieur... Connaissez-vous donc milord ? ajouta Rosine, en jetant un coup d'œil inquiet du côté de la rivière.

— Non, charmante ; mais je tiens beaucoup à faire sa connaissance. Il est, m'a-t-on dit, à la recherche de certain neveu...

— C'est vrai dit Rosine, se rappelant les confidences de William.

L'inconnu pirouetta sur son talon gauche pour échapper au regard scrutateur de la soubrette.

— A-t-on vu ces originaux d'*English* qui s'avisent de changer de nom ? Voici une lettre adressée à sir James Werpold... Cherche ! Heureusement, ce journal est venu me donner le mot de l'énigme, juste au moment où le diable s'installait au fond de ma bourse. Eh ! eh ! celle du cher oncle doit être passablement garnie !

Rosine n'entendit pas ce joli discours, que le faux lion venait de prononcer pour lui seul. Cédant à son inquiétude, elle résolut d'éloigner cet individu et déclara que milord ne rentrerait que fort tard.

Puis elle referma brusquement la grille.

Enchanté d'avoir dépisté l'inquisition de la femme de chambre, le visiteur prit le parti d'aller coucher à Sèvres et de revenir au château dans la matinée du lendemain.

Au même instant se passait sur la rivière une scène aussi effrayante qu'inattendue.

En laissant dériver sa barque lord Marchestal n'avait pas vu qu'il courait droit à l'un de ces échafaudages, composés d'énormes poutres et placés de distance en distance pour amarrer les bateaux qui remontent le fleuve. Il était trop tard lorsque les cris de son domestique l'avertirent du péril.

La barque heurta violemment la travée et chavira sur le coup.

William poussait des clameurs d'épouvante et s'arrachait les cheveux, en voyant s'enfoncer graduellement la barque, à laquelle Marchestal s'était accroché d'abord. Le pauvre domestique s'élançait vers le château pour appeler du secours, quand le personnage éconduit par Rosine déboucha du sentier qui conduisait à la route de Sèvres.

— Ah ! le ciel vous envoie ! s'écria-t-il. Accourez, accourez vite !

— Et où veux-tu me conduire ?

— Vous savez nager ?

— Oui... Après ?

— Un homme se noie... Ne le voyez-vous pas ?

— Peste de l'animal ! Il s'imagine que je vais me jeter à l'eau, pour me présenter ensuite à mon oncle avec une physionomie de canard. Repêche-le toi-même, et surtout prends garde de trop boire... Adieu !

— Mais je ne sais pas nager ! dit William avec désespoir.

— Que veux-tu que j'y fasse ?... Prends des leçons.

— Oh ! vous êtes un lâche !

Fort heureusement pour lord Marchestal, le bruit de cette altercation amena sur la rive un jeune homme, qui se dépouilla de ses habits en un clin d'œil et nagea rapidement vers le lieu du sinistre.

Celui qui avait refusé de porter secours s'enfuit dans la direction du pont de Sèvres, pendant que William encourageait par ses cris le sauveur de son maître.

Emile, — car, on l'a deviné, c'était lui qui venait de se jeter à la nage, — ne tarda pas à déposer au bord du fleuve l'Anglais privé de connaissance; avec le secours de William, il l'eut bientôt rappelé à la vie.

Cependant l'alarme avait été donnée au château.

Jane, palpitante, accourut vers son père, suivie de Rosine et du reste des domestiques.

— Chère enfant, lui dit Marchestal, qui tendit en même temps à Émile sa main glacée, voilà mon sauveur!

Trop émue pour prononcer une parole, la jeune fille tourna vers l'artiste ses grands yeux humides de reconnaissance, et déjà ce doux regard le payait au centuple.

Mais, épuisé de fatigue, Émile était lui-même sur le point de s'évanouir.

Il accepta l'hospitalité qu'on s'empressa de lui offrir au château.

II

Le lendemain, William, entendant sonner le timbre d'appel, entra dans la chambre à coucher de son maître.

— Milord ne se ressent plus de son bain forcé? dit le vieux serviteur en se frottant joyeusement les mains. Ah! ah! milord n'aura plus la fantaisie de se promener seul en bateau!... C'est-à-dire, puisque voilà ce bon jeune homme installé au logis, milord pourra se baigner sans crainte, — on le repêchera toujours.

— Tais-toi! s'écria l'Anglais, dont la bile commençait à s'échauffer au bavardage de son domestique. Je t'ai fait venir pour te communiquer une nouvelle importante, — car, si tu abuses parfois de la parole que je t'accorde, du moins je n'ai que des éloges à faire de ton attachement et de ta fidélité.

— M. Bastien, mon premier maître, était comme vous, milord. Bien souvent il m'a dit...

William n'acheva pas sa phrase.

Lord Marchestal venait de le saisir à la gorge avec un transport furieux.

— Ne t'avais-je pas défendu de prononcer ce nom en ma présence? hurla-t-il d'une voix tonnante de colère.

Le malencontreux valet de chambre se crut à sa dernière heure. Son maître le forçait à plier sur ses genoux. Il frissonnait en voyant le visage du lord, habituellement blême, passer au rouge pourpre, et sa main crispée se préparant à lui faire subir une strangulation immédiate.

— Milord! milord! s'écria-t-il, je n'ai pas soutenu, cette fois, l'innocence de M. Bastien.

— Encore?... mais tu veux donc me faire perdre l'esprit, malheureux! Tu as juré de ne laisser échapper aucune occasion d'exciter ma colère en me parlant d'un homme dont je voudrais oublier jusqu'à l'existence, d'un infâme qui s'est souillé d'un crime, qui a fait mourir de désespoir sa femme, ma pauvre sœur... Et tu viendras me dire qu'il est innocent?... Tu en as menti par la gorge!

— Oui, milord, j'en ai menti... Mais, grâce! ne m'étranglez pas.

Le maître, un peu calmé, lâcha son domestique et se laissa tomber sur un divan.

Il reprit avec un reste d'émotion :

— De quel droit te permets-tu d'évoquer l'unique souvenir que je m'efforce de faire disparaître de ma mémoire?... Dis, quelles preuves me donneras-tu de l'innocence de Bastien.

— Les preuves... elles sont là! répondit l'incorrigible William, en portant une main sur son cœur. Je ne le crois pas coupable, c'est plus fort que moi.

— Tu t'imagines que la justice imprime au front d'un homme une telle flétrissure sans avoir acquis l'entière certitude de son crime ?... Tiens, ne laisse plus échapper ce nom devant moi, ou... je te chasse !

— Oh ! milord !

— Non, mon fidèle serviteur, reprit avec attendrissement Marchestal, non, je ne te chasserais pas ; mais, vois-tu, quand je l'entends, ce nom, la rougeur me monte au visage. Celui qui le porte est entré dans ma famille pour la couvrir de déshonneur... Allons, conviens avec moi que tu es un imbécile ! On dirait que tu fais exprès de me mettre à chaque instant hors de moi-même.

— Oui, milord, je suis un âne ! répondit le vieux domestique en s'essuyant les yeux.

— A la bonne heure. Maintenant, tu sais quelles sont mes intentions à l'égard de mon neveu. Je dois à la mémoire de ma pauvre sœur de servir de père à son enfant. Sans le connaître, je t'avoue qu'il y a pour lui une place dans mon cœur. Il sera digne de moi, j'en ai l'espérance, et je lui réserve la main de ma fille avec l'héritage de mes titres et de ma fortune.

— Oh ! milord, vous êtes l'homme le plus généreux du monde ! s'écria William avec enthousiasme. Je baiserais avec plaisir la trace de vos bottes, si vous n'étiez pas si vif... Bah ! c'est égal ! j'aime votre poing qui me boxe, j'aime votre cravache qui me cingle la figure... et tout cela parce qu'il n'y a pas votre pareil sur la terre. Mais, en attendant, ce diable de neveu...

— Tranquillise-toi, nous aurons bientôt de ses nouvelles. Je sais un moyen de le découvrir. Te souviens-tu de cette vieille bonne femme, la nourrice de ma fille, qui a voulu quitter les Indes pour revenir en France ?

— Par exemple ! Madeleine n'est déjà pas si vieille, milord, puisque je lui faisais la cour à Calcuta.

— Bon ! si tu crois qu'elle est rajeunie depuis cette époque...

— C'est juste. D'ailleurs, je préfère aujourd'hui Mlle Rosine; elle a des yeux!... Les avez-vous remarqués, milord?

— Peste soit de l'animal! Voyons, décidément, me laisseras-tu parler?

— Oui, milord... mais j'ai deviné tout. C'est à la recommandation de votre sœur que vous avez choisi Madeleine pour allaiter miss Jane, et je me rappelle que la bonne villageoise avait été d'abord la nourrice de notre pauvre petit neveu. Bien certainement elle a dû le revoir cent fois depuis son retour des Indes.

— Sans doute, et voici l'adresse de la nourrice, dit Marchestal, coupant court à ce flux de paroles; mon banquier lui sert tous les ans une modeste rente, il vient de m'écrire qu'elle était ma voisine.

— Bravo!

— Dis à Peters de seller Djinnah et de courir ventre à terre. Il nous ramènera Madeleine en croupe.

William sortit pour faire exécuter cet ordre.

Lord Marchestal, vêtu d'une ample robe de chambre à ramages exorbitants, traversa plusieurs galeries et poussa la porte d'un salon, que l'observateur, au premier coup d'œil, eût accusé d'être complice de l'ostentation et du goût britanniques du maître.

En effet, comme tous les nouveaux parvenus, le riche Anglais déployait à tort et à travers le faste de son opulence. Il avait rapporté de ses voyages une foule d'objets curieux. Grand amateur de peinture, il achetait, sur la foi du maquignonage parisien, les chefs-d'œuvre des grands maîtres et les meubles plus ou moins historiques de l'hôtel de Cluny. Mêlant ces antiquités fabuleuses aux superfluités modernes que la civilisation vend au poids de l'or, il avait fait de ses appartements une espèce de muséum moitié gothique, moitié renaissance, mi-partie moyen âge, mi-partie XIXe siècle. Le prie-Dieu de saint Louis et le bahut de Charles IX se trouvaient côte à côte avec un élégant piano de Pleyel, une hache d'armes du temps des croisades avec un pistolet d'Abd-el-Kader, le chapelet de Louis XI avec une montre de Bréguet. Une somptueuse ottomane faisait vis-à-vis à l'escabeau d'Abeilard; une madone de

Raphaël servait de pendant à l'une des rugueuses productions de M. Ingres, et le portrait en pied de la reine Victoria s'extasiait devant un tableau du Corrège.

Le salon de milord ressemblait tout à la fois au mobilier de la couronne, au magasin de Giroux, à la salle des maréchaux et à la boutique encombrée d'un marchand de bric-à-brac.

Si les piles de guinées, sorties du coffre-fort de l'amateur pour l'achat de chaque objet, ne commandaient pas l'admiration, du moins elles donnaient la mesure de l'immense fortune du nouveau noble, et milord n'en demandait pas davantage.

Emile était au salon.

— Déjà levé, mon ami, mon sauveur ! s'écria Marchestal.

Il s'arrêta tout à coup à l'aspect du visage décomposé du jeune homme.

Ce dernier, — chose étrange ! — venait de passer la nuit à combattre une à une ses espérances les plus radieuses.

Se laissant entraîner d'abord aux délices d'un premier amour, il avait béni la douce apparition qui rayonnait sur sa vie de misère. Dieu lui envoyait un de ses anges, dont la voix céleste lui donnait l'oubli des chagrins du passé, charmait la souffrance du présent et dorait l'avenir des plus séduisantes couleurs. Il s'était pris à aimer Jane, à l'adorer comme une sainte madone, sur laquelle il osait à peine lever les yeux, dans la crainte de mourir d'ivresse et de joie.

Hélas ! tant de délicieuses illusions s'étaient évanouies devant une pensée désolante, qu'Emile s'efforçait autant que possible de chasser de son souvenir ; mais qui, dans ces heures solennelles où chaque homme, ici bas, doit compter avec sa conscience, se représentait à lui, fatale et implacable comme un remords.

Le malheureux pleura toutes ses larmes et maudit la providence qui lui avait montré le ciel pour le replonger ensuite dans l'abîme du néant.

Bientôt il se reprocha son blasphème et chercha des forces dans la prière.

La délicatesse et l'honneur lui ordonnent de se séparer à tout jamais de la fille du lord : il ne la reverra plus, dût-il en mourir de désespoir.

Il descendit au salon, où bientôt il vit entrer le père de Jane.

— Je viens vous remercier, milord, lui dit-il, de l'aimable hospitalité que j'ai reçue dans votre château. Mon seul regret est d'être forcé, malgré vos offres obligeantes...

— Vous voulez nous quitter? je ne le souffrirai pas ! interrompit Marchestal, qui saisit la main du jeune homme.

— Il le faut, dit Emile avec fermeté.

— Morbleu ! croyez-vous ainsi vous soustraire à ma reconnaissance ?

— En vérité, milord, votre bon cœur vous exagère le service que je vous ai rendu.

— Vous m'avez sauvé la vie, monsieur ! s'écria Marchestal que cette résistance commençait à mettre en colère. Par le diable ! nous verrons si je n'ai pas le droit de vous retenir.

Il sonna de toutes ses forces.

Cinq domestiques accoururent.

— Défense expresse à qui que ce soit, même à ma fille, de sortir du château ! Que toutes les portes soient closes, que toutes les issues soient gardées.

Marchestal congédia les valets.

Forçant ensuite le jeune homme à s'asseoir sur un fauteuil, et prenant place lui-même sur l'escabeau d'Abeilard, il reprit d'un ton plus calme :

— Jurez, mon ami, de répondre franchement à mes questions.

— Que va-t-il me demander, grand Dieu ! se dit Emile avec terreur.

— D'abord, êtes-vous riche?

— Comme un artiste, milord.

— Ce qui veut dire que vous ne l'êtes pas du tout.

— Mais... à peu près, répondit le jeune homme avec un triste sourire.

— Et votre famille a-t-elle des ressources ?

— Je n'ai pas de famille, milord, murmura le peintre d'une voix tremblante ; je n'ai jamais connu le nom de mon père.

— Pauvre orphelin ! refuserez-vous donc alors d'être mon ami ?

Marchestal laissait parler son cœur. Emile, qui s'attendait peut-être à des offres pécuniaires contre lesquelles il se fût indigné, fondit en larmes en voyant une amitié généreuse le prendre par la main, dans le rude sentier de sa vie, pour le conduire vers un bonheur désormais impossible.

Il répondit en suffoquant :

— Non, milord, non... je ne dois pas accepter.

— Ce refus est grave ; il faut des motifs bien puissants... Vous pleurez, mon jeune ami, vous avez du chagrin : me jugez-vous indigne de votre confiance ?

— Du chagrin, dit le jeune homme avec effroi ; non ! non ! je n'ai point de chagrin..... je n'ai point de raisons non plus pour refuser vos offres... j'accepte, milord, j'accepte !

— A merveille ! s'écria Marchestal. Vous ne me quitterez plus. Prenez chez moi le titre qui vous plaira... Soyez mon secrétaire, avec dix mille francs d'appointements.

— Milord...

— Vingt mille, si vous dites un mot de plus !

En ce moment, William essoufflé, se précipita dans le salon. Son maître, qu'il faillit renverser, le secoua par l'oreille avec rudesse. Or, le valet de chambre était trop en colère pour s'arrêter à si peu de chose. Il poussa nombre d'exclamations sans suite et s'écria définitivement :

— Je l'ai reconnu, le scélérat ! C'est lui, c'est bien lui qui n'a pas voulu hier se jeter à l'eau...

— Mais à qui en as-tu donc animal ? demanda l'Anglais, qui ne lâchait pas l'oreille dont il s'était saisi.

William remorqua son maître jusqu'à la croisée du salon et l'ouvrit brusquement.

Une voix se fit entendre du dehors.

— Sache-le bien, maroufle, criait cette voix, tu seras chassé d'ici, quand lord Marchestal connaîtra ta conduite... car je suis son neveu.

— Mon neveu !... qu'il entre, qu'il entre à l'instant même !

— Le neveu de milord, un pareil misérable, dit William consterné, — ce n'est pas possible.

Contraint d'obéir, le brave homme sortit en soupirant. Il ne pouvait comprendre qu'un membre de la famille de son maître eût si peu de générosité dans l'âme.

Quant à lord Marchestal, de semblables réflexions ne lui venaient point à l'esprit. La joie de retrouver ce neveu sur l'avenir duquel il avait fondé les plus belles espérances, le jetait dans d'inexprimables transports. Pleurant et riant à la fois, il pressait la main de l'artiste et regardait ce jour comme le plus beau de sa vie.

Emile se retira pour laisser son hôte à ses affections de famille.

Le jeune homme alla se promener dans les avenues solitaires du parc, réfléchissant à l'ironie de la Providence, qui semblait le mettre dans l'impossibilité de s'éloigner de Jane pour lui faire sentir plus vivement le malheur de ne pouvoir être à elle.

Après le départ de son nouveau secrétaire, l'Anglais s'assit gravement dans un fauteuil, en face du portrait de sa souveraine ; il prit une contenance majestueuse pour se préparer à la première entrevue qu'il allait avoir avec son neveu.

Bientôt William referma rudement la porte du salon sur le visiteur qu'il venait d'introduire, et dont il maudissait la déshonorante parenté.

Celui-ci n'aperçut pas d'abord le propriétaire de la maison.

Dès en entrant, il inventoria tous les meubles ; puis, satisfait de cet examen, il se dit à lui-même :

— Oh ! oh ! ce cher oncle est divinement logé !... Vive-Dieu ! quelle magnificence !... Et ce brutal de domestique voulait me jeter à la porte, quand j'ai passé la nuit dans une atroce auberge de la banlieue, et qu'il me reste à peine de quoi déjeûner !... Nécessairement, il fallait agripper au saut du lit cet oncle charmant, cet oncle enchanteur, cet oncle dont l'opulence...

Il s'arrêta confus et déconcerté, car ses yeux venaient de rencontrer ceux du maître du château.

Milord avait la mine solennelle et recueillie d'un sénateur romain siégeant sur une chaise curule.

Néanmoins, son visage exprimait l'attendrissement. Il se faisait une extrême violence pour conserver sa dignité d'oncle et ne pas se précipiter au cou de son neveu.

— Corbleu! pensa le dandy de barrière, dont l'embarras pouvait se mettre, à la rigueur, sur le compte de l'émotion, ce diable d'oncle, n'a pas un museau d'*English* aussi prononcé que je le croyais. Sa figure m'impose... Est-ce que par hasard l'aplomb m'abandonne?

Il prit le parti de baisser les yeux avec une timidité si naturelle, que Marchestal, foulant aux pieds toutes les convenances britanniques, courut au fils de sa sœur, l'étreignit avec force contre sa poitrine et le regarda longtemps sans pouvoir proférer une parole.

— Cher enfant, comme il a dû souffrir! dit enfin l'excellent oncle, qui sentait de grosses larmes rouler dans ses yeux, car il attribuait à la misère les traits flétris et le costume délabré du personnage. — C'est avant mon départ pour les Indes que je vous ai vu pour la dernière fois. Vous étiez si jeune; votre visage est complétement changé.

— Que voulez-vous, cher oncle, on ne peut pas toujours rester moutard!

— Il a de singulières expressions, pensa Marchestal. Son éducation n'a pas été soignée; mais il n'en a que plus de droits à ma bienveillance. C'est un devoir sacré que j'accomplis. Je le formerai pour moi, je le rendrai digne de ma fille. — Quel âge avez-vous, à présent, mon neveu?

— Dame! calculez, répondit l'autre, car il n'avait pas très-présente à l'esprit l'époque de sa naissance. Je pouvais avoir à votre départ pour les Indes?...

— Huit à neuf ans.

— Et combien êtes-vous resté dans les colonies anglaises?

— Seize grandes années, seize années de fatigues et de pénibles travaux. Il est vrai qu'une belle fortune m'en dédommage aujourd'hui.

— Seize et neuf, vingt-cinq, cher oncle!

— Vous avez l'air beaucoup plus âgé, mon enfant, observa Marchestal.

— Le chagrin, milord...

— Silence, mon ami, silence! Il est certaines choses dont il ne devra jamais être question entre nous. Oui, nous avons eu des peines bien cuisantes. Votre père...

— Hélas! il est allé rendre compte de ses actions à Dieu!

Lord Marchestal tressaillit.

Son neveu tira de sa poitrine une lettre fermée d'un cachet noir. Il la lui présenta silencieusement et porta son foulard à ses yeux.

— Mort!... Il me recommande son fils!... Dieu me préserve de jeter une malédiction sur une tombe... Le malheureux a cruellement expié sa faute. Je ne vois en vous que le fils de ma sœur, et je vous tiendrai lieu de père. Promettez-moi de suivre tous mes conseils, de réformer dans votre éducation ce qui serait indigne du rang que je vous réserve. Tâchez, en un mot, de mériter la main de ma fille, votre cousine.

— Peste! Il y a une cousine? se dit le personnage dont les lèvres se contractèrent par un indescriptible sourire. J'obtiendrai sa main... Fameux!...

Marchestal sonna pour faire descendre Jane.

III

La jeune fille s'était levée rayonnante. Quand Rosine entra dans sa chambre, elle la trouva toute habillée.

— Mon Dieu, comme vous êtes jolie ce matin! s'écria la malicieuse soubrette. Votre fraîcheur fera honte au visage pâle du sauveur de milord.

— Tu l'as vu, Rosine; il est souffrant? demanda Jane avec inquiétude.

— Ah! je crois plutôt qu'il n'est qu'amoureux. Les amoureux seuls peuvent avoir la fantaisie de pleurer, quand tout les excite à rire. Voyez si M. Emile n'a pas l'air d'un bonnet de nuit!

Elle entraîna sa maîtresse vers la fenêtre et lui montra le jeune homme assis sous un berceau du parc. Il paraissait plongé dans une rêverie douloureuse.

— Pourtant, ajouta la soubrette, il a causé tout à l'heure avec milord, et votre père, j'en suis sûr, ne lui a rien dit qui pût le chagriner; peut-être s'imagine-t-il que sa présence au château ne vous fait pas plaisir?

— Allons nous promener dans le parc! s'écria la jeune fille.

Mais, au moment où elle se préparait à descendre, on vint lui dire que son père la demandait au salon.

Elle y courut aussi vite, et s'arrêta toute saisie à l'aspect du bizarre personnage qui causait avec lord Marchestal. Son trouble et son embarras furent au comble lorsqu'on la conduisit auprès de cet inconnu, et qu'elle entendit ces mots sortir de la bouche de son père :

— Approche-toi... là!... plus près encore... Très-bien!... Maintenant embrassez-vous mes enfants.

Jane se jeta violemment en arrière.

L'étranger la regardait avec une telle effronterie qu'elle sentit le rouge de l'indignation lui monter au visage.

— Mon père, dit-elle avec un accès de dignité blessée, je ne connais pas monsieur.

— Bah! fit Marchestal, que la joie conduisait presque à l'oubli des bienséances, il est assez difficile de se connaître quand on ne s'est jamais vu!... Néanmoins, je puis bien te permettre d'embrasser celui dont tu dois être la femme.

La malheureuse poussa un cri de terreur et tomba suppliante aux pieds du lord.

— Grâce! ne me mariez pas, mon père! murmura-t-elle, à demi-suffoquée par les sanglots.

Marchestal releva sa fille et l'embrassa sur le front avec tendresse.

— Enfant! Ne vois-tu pas que j'ai des raisons pour te prier d'être aimable avec ce jeune homme?... C'est ton cousin! — Oui, continua-t-il, en prenant pour un effet de la surprise le tressaillement nerveux que le désespoir imprimait à tous les membres de Jane, ton cousin! mon cher neveu, qui est venu de lui-même au devant de notre affection. C'est à nous de lui faire oublier ses douleurs par nos prévenances et l'amabilité de notre accueil. Je te laisse avec lui, ma fille, et je vais donner des ordres pour qu'on lui dispose un appartement.

— Miséricorde! que devenir? s'écria la pauvre miss, après le départ de son père.

Elle essaya de s'épargner l'odieuse présence de cet homme qu'un destin fatal jetait sur ses pas comme un obstacle à son bonheur; mais elle n'eut pas la force de fuir, et tomba presque anéantie sur les coussins de l'ottomane.

Déconcerté d'abord par l'aversion qu'il inspirait, le neveu, se trouvant seul avec sa cousine, reprit toute son assurance.

Jane, le voyant s'approcher et la menacer d'un insolent baiser, se redressa comme une lionne. Elle s'élançait déjà vers une sonnette pour appeler du secours, quand il la força de se rasseoir, lui serrant le bras à la faire crier, et lui disant sur un ton de prière qui contrastait singulièrement avec cette action brutale :

— Ah! belle cousine, vous ne me ferez pas cette injure! Pourquoi vous montrer si cruelle à mon égard? Lorsqu'on a des yeux comme les vôtres, on devrait se douter du ravage qu'ils peuvent exercer sur un cœur sensible. Il suffit de vous voir pour vous aimer, et déjà...

— Monsieur, qui vous donne le droit de me parler ainsi? murmura Jane frissonnante.

— Comment donc!... entre parents est-il besoin de faire une connaissance si étendue? Ce cher oncle vient de nous communiquer ses projets, belle cousine... Ah! ah! vous serez bientôt mon épouse chérie.

— Jamais, monsieur! s'écria la jeune fille.

Elle courut à l'autre extrémité de la pièce et sonna de toutes ses forces.

— Rosine entra.

Le faux lion s'empressa de se jeter dans un fauteuil et tourna le dos à la soubrette. Ce mouvement, toutefois, ne fut pas assez rapide pour empêcher celle-ci de reconnaître son questionneur du soir précédent. William venait de lui apprendre la parenté qui unissait cet homme à milord.

Jane, pâle et tremblante, supplia sa femme de chambre de ne pas la laisser seule.

— Bon!... vous ne l'aimez donc pas, mademoiselle?... Eh bien, ni moi non plus! D'ailleurs, je l'ai vu quelque part, et sa physionomie ne me rappelle aucun souvenir à son avantage. Il n'a pas la tournure d'un honnête homme.

— Hélas! ni les sentiments, ajouta la fille de Marchestal.

Sous prétexte d'épousseter un meuble, Rosine s'approcha du neveu. Ce dernier, s'apercevant de l'examen dont il était l'objet, quitta son siége et s'écria :

— Diable! jeune fille, vous avez l'œil alerte! On ne dévisage pas les gens de la sorte.

— N'avez-vous jamais habité Toulon, monsieur? demanda la soubrette, qui se plaça résolument en face de lui.

— Je n'ai pas l'honneur de vous connaître, mademoiselle... et je vous trouve bien hardie de m'interroger !

Il se disposait à sortir pour échapper au regard investigateur de

Rosine; mais il ne put exécuter son projet de retraite, car Marchestal rentrait, suivi d'Emile et de William.

Le lord poussait devant lui son valet de chambre, et lui disait d'un ton grondeur :

— Comment se fait-il que tu ne veuilles pas le voir, toi qui jadis l'as porté dans tes bras, — toi qui, hier encore, mettais tant d'empressement à sa recherche?

Le neveu se trouvait précisément en face de celui qu'on gourmandait à son occasion.

Il n'y avait pas moyen de reculer.

— En effet, balbutia-t-il, c'est ce cher... Attendez donc !

— Je vais aider vos souvenirs, dit le valet de chambre à voix basse : je m'appelle William ; autrefois j'ai servi fidèlement votre père, et je l'aimais... Vous, jeune homme, je ne puis vous aimer, car vous n'avez pas eu le cœur de sauver milord.

— Tais-toi, je t'en prie ; j'ignorais que ce fût mon oncle.

— Oh ! vous n'avez donc rien sous la poitrine ! Un autre que milord, ne deviez-vous pas le sauver également?... Jeune homme, en dépit des juges qui l'ont condamné, j'ai toujours soutenu l'innocence de M. Bastien : vous ne valez pas votre père !

William sortit avec Rosine, pendant que Marchestal conduisait le pâle artiste saluer sa fille.

Les jeunes gens échangèrent un long et pénible regard. Chacun d'eux s'aperçut du chagrin profond qui envahissait le cœur de l'autre. Milord seul, trop préoccupé pour être observateur, ne remarquait pas l'état de gêne et de muette hostilité qui régnait déjà dans le salon.

Il prit de nouveau le bras de l'artiste et se rapprocha de son neveu.

— Je vous présente mon secrétaire, lui-dit-il, et je le recommande à votre amitié... car il m'a sauvé la vie.

Emile allait presser la main que le neveu de milord lui tendait; mais Jane quitta l'ottomane, et lui glissa rapidement ces mots à l'oreille :

— N'acceptez pas cette amitié ; elle est indigne de vous !

Il se contenta de saluer avec froideur, et se retourna vers la jeune fille.

— Gants-jaunes, va !... tu me scies l'épine dorsale ! murmura le neveu, choqué de l'air méprisant de l'artiste.

Celui-ci put entendre cette phrase étrange.

— Votre cousin, dit-il, me fait l'effet d'avoir plus fréquenté les faubourgs que les salons ; il parle l'idiôme des boulevards extérieurs.

— Hélas ! mon père apprendra peut-être à le connaître, c'est ma seule espérance.

Tout ceci se passa dans beaucoup moins de temps que nous n'en avons mis à le raconter.

Milord, s'étant aperçu que le pistolet d'Abd-el-Kader n'était plus à sa place, s'occupait à le rétablir dans le voisinage de la hache d'armes, — de sorte qu'il ne remarqua pas l'espèce de déclaration de guerre qui venait d'avoir lieu. Par une convention tacite, les armées rivales cessèrent leur escarmouches, dès qu'il reparut sur le terrain du combat. Jane s'entretenait d'un air d'indifférence avec Emile, et le neveu, pour se donner une contenance, braquait sur les tableaux son binocle en chrysocale.

— Pardon, cher oncle... Que représente cette peinture ? demanda-t-il au lord. Voilà trois femmes et un gaillard qui sont tous quatre dans le déshabillé pittoresque d'Adam et d'Eve.

— C'est le jugement de Pâris.

— Le jugement de Paris ?... Diable ! je croyais qu'on pouvait mettre Paris en état de siége... mais en jugement...

Milord éclata de rire à cette réflexion, qui ne donnait pas une haute idée des connaissances de son neveu.

— Il paraît, observa le jeune artiste, que monsieur n'a pas fait une étude spéciale de la mythologie.

Ces paroles d'Emile et le sourire ironique de Jane rompaient évidemment les traités ; mais le lion parut insensible à l'attaque, et dit, en continuant de lorgner le fils de Priam et les trois déesses :

— Joli! très-joli!

— Parbleu! je le crois, fit Marchestal. J'ai payé ce tableau six cent cinquante guinées.

— Et cet autre individu, qui se trouve dans la position d'une côtelette sur le gril, ce doit être saint Laurent, cher oncle?

— Véritable Rubens! Je l'ai acheté soixante mille francs.

Marchestal croyait prouver sans réplique l'authenticité d'une peinture en énonçant le prix énorme qu'elle avait coûtée. Le neveu s'exclamait d'enthousiasme. Il n'interrompait ses louanges que pour s'adresser à lui-même certaines remarques judicieuses sur la fortune colossale de son oncle, ou sur l'assiduité du secrétaire auprès de sa cousine.

Il commençait à soupçonner l'affection mutuelle d'Emile et de Jane.

— Oh! je me flatte d'être connaisseur! reprit Marchestal, et lorsqu'une peinture est à ma convenance, je ne regarde pas à quelques centaines de guinées de plus. Mais je ne possède ici qu'une galerie médiocre. Le tout peut à peine être évalué à dix mille livres sterling.

— Combien cela fait-il en monnaie de France, ma cousine? demanda le dandy, voulant troubler un aparté dans lequel on ne le ménageait pas sans doute.

— Deux cent-cinquante mille francs, s'empressa de répondre Emile.

— Quant aux tableaux qui ornent mon hôtel de Londres, ajouta milord, je ne les donnerais pas pour quarante mille livres.

— Cela représente?...

— A peu près un million, monsieur, répondit de nouveau l'artiste.

— Ouf!... mon oncle est le second volume de Rostchild... En voilà une de chance! pensa le neveu de milord.

— Je vous montrerai ma collection de statues,—véritable muséum antique! Il y a trois mois, mon gouvernement eut le projet de

DEUX MÉDAILLES

QUI N'AURONT PLUS DE REVERS.

Lorsqu'on entrait au palais de l'Industrie en 1849, par l'une des portes privilégiées ouvertes du côté de la Seine, on traversait d'abord la galerie des draps, celle des châles et celle des machines; on tournait à droite, puis à gauche, et on se trouvait en face d'un écusson, portant ces mots gravés en lettres d'or sur fond d'azur :

MADAME DUROSEL. — FLEURS EN VERRE FILÉ.

La marchande était une femme de vingt-sept à vingt-huit ans à peine, fort jolie, avec de grands yeux incendiaires qui attiraient dans son voisinage une foule de papillons industriels. Beaucoup d'entre eux se brûlaient à ce regard; mais la jeune femme ne paraissait en aucune sorte s'inquiéter des ravages qu'elle exerçait. Calme et froide, elle donnait avec politesse tous les renseignements qu'on lui demandait sur les objets de sa fabrique et ne répondait que par un sourire plein d'amertume aux compliments de ses admirateurs.

On voyait alors les yeux de la belle marchande se diriger tristement vers un étalage, situé vis-à-vis du sien.

Cet étalage se composait de magnifiques travaux d'ébénisterie, de marqueterie et de menuiserie, au-dessus desquels on lisait en lettres gigantesques :

BOIS EXOTYPES. — DUROSEL, FABRICANT.

Or, dès le premier jour de l'ouverture des galeries, le voisinage de ces deux noms, orthographiés de même manière, donna naissance à mille conjectures, et des questions indiscrètes vinrent assaillir tour à tour la marchande et son vis-à-vis.

— Ce monsieur d'en face, madame, est-il votre époux ?

— Par exemple ! répondait la jeune femme, dont les lèvres se contractaient par un sourire de dédain.

Puis, tournant le dos au questionneur, elle secouait, au moyen d'un plumeau rouge et vert, la poudre que la lourde démarche des jambes provinciales envoyait sur les délicates cristallisations de ses fleurs.

Le curieux, désappointé, se tournait alors vers M. Durosel.

— Votre femme est charmante, lui disait-il ; mais elle pourrait être plus aimable.

Et le fabricant de répondre sur un ton rogue :

— Ma femme !... Pour qui me prenez-vous ?

Nombre de questions de ce genre ayant obtenu de semblables réponses, on finit par croire les deux exposants étrangers l'un à l'autre, et l'on attribua cette rencontre d'homonymes au caprice du hasard.

Pour nous, voyant chacun se rebuter, nous n'en devînmes que plus ardent à nous mettre à la piste de l'histoire intéressante que nous avions flairée tout d'abord. Une larme furtive surprise, d'une part, un soupir entendu, de l'autre, nous en avaient assez dit. Résoudre ce problème, deviner cette énigme, éclairer ce mystère, c'était pour nous désormais un point d'honneur.

Voici donc ce qu'il nous est permis de raconter, informations prises.

Au mois d'octobre 1840, — la petite ville de Saint-Fargeau, ordinairement si calme, était en rumeur à l'occasion du mariage de mademoiselle Berthe Ferréol avec monsieur Philippe Durosel, un des plus forts marchands de bois du pays.

Berthe avait dix-huit ans, quatre-vingt mille francs de dot, une robe de noce en satin de Gênes, un voile de point d'Angleterre, et de magnifiques yeux noirs.

Jugez si les curieux du pays devaient se montrer aux fenêtres pour examiner la jeune épouse au sortir de l'église ; jugez comme on enviait l'heureux possesseur d'un pareil trésor !

Inutile de dire que Philippe adorait sa femme.

Trois heureux mois s'écoulèrent, et la lune de miel éclairait encore la couche nuptiale de sa douce et mystérieuse clarté, lorsque tout-à-coup ces rayons de bonheur perdirent leur éclat et disparurent sous un nuage sombre. Philippe semblait en proie à une préoccupation étrange. Il se levait avant le jour, et s'enfermait dans les profondeurs les plus secrètes de son magasin avec cinq ouvriers d'élite. Quarante autres, qu'il occupait précédemment, venaient d'être congédiés sans retour.

A dater de cette époque, la porte du magasin fut interdite aux visiteurs, et l'on n'en vit plus sortir aucune espèce de produits.

Quelle œuvre secrète s'accomplissait donc ? A quel genre de travail se livrait le maître avec les ouvriers de son choix ? Berthe questionna vainement son mari. Ce dernier crut devoir rester impénétrable.

— Laisse-moi, disait-il à la jeune femme, et borne-toi, ma chère, à t'occuper de ton ménage : mes affaires ne sont pas les tiennes.

Et comme Berthe, à ces dures paroles, éclatait en sanglots, Philippe se sentait parfois émouvoir, et ses yeux retrouvaient un éclair de tendresse.

— Oh ! s'écriait-il, je t'aime toujours. Tu me vois à la veille de découvrir un secret qui doit nous assurer une fortune brillante. Ne dresse pas d'obstacles sur ma route : c'est pour toi, pour toi seule que je travaille !

Chez le marchand de bois ces moments d'expansion étaient rares. Presque aussitôt il reprenait son humeur sombre et taciturne.

Berthe devint mère.

Elle chercha des consolations à ses chagrins dans le sourire et les caresses de son enfant. Mais Durosel, persécuté par le démon de l'industrie, ne prenait pas même le temps d'embrasser son fils, et se livrait à de nouvelles expériences qui n'obtenaient aucun résultat favorable.

Plusieurs années se passèrent de la sorte. Berthe donna le jour à une fille.

La dot de quatre-vingt mille francs était engloutie déjà tout entière dans un gouffre que rien ne semblait pouvoir combler. Depuis longtemps quelques-uns des parents de la jeune femme faisaient entendre des plaintes, auxquelles celle-ci refusait de prêter l'oreille ; mais on la força d'obéir à cette impérieuse logique de l'intérêt, si prompte à étouffer les sentiments de l'âme. A force d'entendre redire les mêmes choses, elle crut à son tour que son mari n'était qu'un maniaque et un rêveur. On porta le dernier coup à l'attachement qui lui faisait prendre la défense de Philippe, en éveillant ses terreurs maternelles sur l'avenir de ses enfants. Laissera-t-elle anéantir leurs dernières ressources ? ne faut-il pas essayer de sauver au moins quelques débris du naufrage ?

Ce fut un jour terrible pour Durosel que celui où on vint lui dire que le tribunal de première instance de son arrondissement était saisi d'une demande en séparation de biens.

Le malheureux versa des larmes amères.

Voilà donc cette femme pour laquelle, depuis trois grandes années, il mine son existence ! Est-ce ainsi qu'elle a su comprendre ses travaux cachés, ses mystérieux efforts ? Dans quel but a-t-il voulu vaincre des difficultés presque insurmontables, n'est-ce pas afin de donner à Berthe une fortune digne de sa beauté ? Or, voici que l'ingrate l'abandonne au milieu de la course. Elle va l'empêcher de continuer son œuvre, en lui reprenant quelques misérables mille francs, qui se fussent plus tard changés en millions !

La jeune femme s'était réfugiée chez ces mêmes parents dont elle avait reçu les conseils.

Philippe se reprocha sa discrétion envers Berthe. Espérant arriver beaucoup plus vite au succès, il n'avait eu d'autre intention d'abord que de ménager à sa femme le plaisir toujours si doux de la surprise. Voyant les difficultés s'accroître, il avait ensuite gardé le silence par amour-propre, et la tristesse s'était emparée de son cœur, sans laisser toutefois le moindre empire au découragement. Les deux traits principaux de cette nature industrielle étaient l'énergie la plus rare et la ténacité la plus indomptable.

Certes, Durosel eût mieux fait d'initier Berthe à son rêve : elle se fût abandonnée sans nul doute à un espoir même chimérique, mais on ne partage pas une illusion qu'on ignore.

Philippe comprit cela trop tard.

Il tenta coup sur coup plusieurs démarches, et tâcha de défendre ses chers travaux ; car il ne se dissimulait pas qu'une fois la séparation de biens obtenue, le magasin serait mis en vente. Mais on le traita de fou, d'énergumène, et défense expresse lui fut faite de parler à sa femme.

Tant d'injustice exaspéra le pauvre industriel.

Il s'emporta violemment en menaces de toute sorte ; il parla de meurtre, de suicide, et tint, en un mot, les discours insensés d'un homme au désespoir.

On en profita pour faire prononcer en même temps une séparation de corps.

Un jour, les habitants de Saint-Fargeau virent six hommes, le bâton de voyage à la main, sortir de leur ville natale, en secouant la poussière de leurs souliers : c'était Philippe, suivi de ses ouvriers fidèles. Nouveaux apôtres, ils allaient à la recherche d'une terre fertile, où ils pussent semer leurs croyances et leur espoir.

Quant à la jeune femme, elle ne voulut pas rester dans un pays où son cœur ne trouvait plus que les ruines de sa félicité première. Elle vint à Paris avec ses deux enfants et plaça dans un petit fonds de commerce le faible produit qu'elle put recueillir de la vente d'un magasin discrédité.

L'économie, l'activité de Berthe firent bientôt réussir toutes ses entreprises. Peut-être serions-nous plus justes en disant que l'amour maternel enflammait son courage et l'aidait à surmonter les obstacles. Au bout de quelques années, elle se vit à la tête de l'une des maisons les plus florissantes de la rue Richelieu. Le noble faubourg et la chaussée d'Antin trouvaient chez elle ces mille babioles du luxe que la fantaisie achète et ne marchande pas. Le coupé des marquises et le briska des lionnes stationnaient à sa porte, au joyeux ébahissement de deux têtes de chérubins, blondes et roses, qui regardaient au travers des glaces de la devanture les chevaux fringants et les laquais dorés.

Lorsque la jeune femme se vit ainsi sur la route de la fortune, son premier désir fut de la faire partager à l'époux qu'elle n'avait jamais cessé de chérir.

Elle savait que Durosel avait choisi pour retraite un village du département des Hautes-Alpes, où il continuait de se livrer à mille combinaisons désastreuses; elle le supplia d'abandonner ses chimères et de venir goûter le repos auprès de sa femme et de ses enfants.

Mais le cœur ulcéré de Philippe repoussa fièrement cette offre.

Berthe reçut pour unique réponse à sa lettre une signification d'huissier qui lui enjoignait, en vertu du jugement de séparation, de remettre son fils entre les mains de Durosel, lorsque l'enfant aurait sept années accomplies.

La pauvre femme dut se résigner à quitter l'un de ses anges.

Mais, depuis lors, elle éprouva presque de la haine pour l'homme impitoyable qui n'avait su répondre à des propositions généreuses que par un acte de cruauté.

Les choses en étaient là quand l'industrie vint à ouvrir les portes de son temple.

Durosel avait enfin conquis la récompense de ses patients efforts;

on l'avait vu marcher à grands pas dans le champ de la découverte. Son problème était résolu.

Après de longues études et des essais sans nombre, il venait de réussir à donner aux bois les plus communs la coloration la plus variée, la plus riche et la plus durable. Ainsi le charme, le hêtre, le platane, tous nos arbres indigènes, soumis à une action chimique et livrés ensuite à des mains habiles, se métamorphosaient en meubles splendides, en lambris éclatants et en toutes sortes de magnifiques travaux de placage, dont les veines admirables et les nuances radieuses faisaient pâlir celles des bois les plus estimés de l'Amérique et des Indes.

Le premier soin de Philippe fut d'assurer le bien-être des intrépides compagnons de ses veilles. Il prit ensuite le chemin de la capitale, et c'est lui que nous retrouvons siégeant dans les galeries, où se pressent les curieux de la France et de l'Europe.

Ces deux époux, séparés par les orages de la vie active, les voilà donc réunis au port.

Il sont arrivés au même but, à la fortune, par des routes différentes. Mais, habitués à marcher l'un sans l'autre, voudront-ils se reposer ensemble? L'intérêt qui les a divisés ne pourra pas les réunir : il faut aux grandes âmes un mobile à la fois plus puissant et plus délicat. D'ailleurs, il est certains griefs qui rendent une réconciliation difficile.

Philippe reprochait à Berthe de l'avoir méconnu.

Berthe reprochait à Philippe d'avoir sacrifié leur amour à des entreprises industrielles. Surtout, elle ne lui pardonnait pas la dureté qu'il avait fait paraître au moment où elle retournait à lui, guidée par le plus vif élan de son cœur.

Du reste, exposés l'un et l'autre à mille regards indiscrets, ils devaient nécessairement souffrir de l'étrangeté de leur situation.

Pendant les premiers jours, leur fierté blessée s'étudia sans relâche à dérouter les commentaires et à réduire au silence toutes les conjectures. Mais ils n'en restaient pas moins en présence, et chacun d'eux, cloué du matin au soir à son industrie, devait répondre aux questionneurs, troupe impitoyable, qui se renouvelle à l'exposition comme les têtes de l'hydre.

Quand l'un des époux était accaparé par la curiosité du public, l'autre involontairement s'oubliait à le couver du regard.

Berthe expliquait-elle à des provinciales ébahies comment on était parvenu à rendre le verre malléable et à composer ces fleurs éclatantes, qui scintillent à la clarté des lustres comme un bouquet de rubis et d'émeraudes, Philippe ne la quittait pas du regard. Il cherchait en vain à s'endurcir. Les vibrations si connues de cette voix calme et pure lui remuaient jusqu'aux dernières fibres du cœur.

Il trouvait Berthe embellie. Après tout, n'était-ce pas sa femme?

D'un autre côté, lorsque la jolie marchande voyait le fabricant occupé à discourir sur ses bois exotypes, elle reconnaissait à peine le sombre et triste industriel qui passait en méditations les nuits et les jours. La métamorphose était complète. Le succès avait couronné d'une auréole le front de Durosel. Ce n'était plus l'infortuné perdu dans l'inextricable labyrinthe des recherches et marchant à l'inconnu, guidé par un fil imperceptible : c'était l'homme sûr de lui-même, fier de sa découverte et commandant à la fortune.

On achetait ses meubles pour les plus riches salons. Le président de la république l'avait chaudement félicité sur sa découverte et venait de faire transporter ses plus beaux lambris dans l'une des chambres de l'Élysée.

Ni Philippe, ni Berthe n'eussent voulu faire la première démarche, prononcer la première parole; mais ce voisinage forcé réveillait en eux mille sentiments qu'ils croyaient anéantis.

Les démons de l'amour-propre et de la rancune furent bientôt chassés par l'ange du souvenir, qui vint planer sur les époux et les abriter de ses ailes.

Berthe et Philippe se rappelèrent avec émotion leurs premiers enivrements, cette douce aurore de l'hymenée, ce ciel sans nuages qui était si loin de laisser prévoir la tempête.

Ils se rapprochaient peu à peu de la réconciliation, en traversant le domaine aride et désolé du regret.

Seulement, une crainte terrible vint assiéger Durosel.

Cette espèce de divorce prononcé entre eux avait en quelque façon donné à la jeune femme le droit de disposer de son cœur. Délivrée des chaînes que lui imposait une union malheureuse, quel usage a-t-elle fait de sa liberté?

Philippe se livra aux informations les plus scrupuleuses. Rien ne lui coûta pour éclairer ses doutes : il prodigua l'or, se fit espion, questionna tous les échos qui, depuis cinq ans, avaient pu répéter une parole de sa femme. Il ne craignit même pas de se frotter à cette lèpre parisienne, qui se déguise sous le sobriquet de portière.

Mais Berthe sortit de ces investigations, blanche comme un lis, pure comme un beau jour.

Occupée de son commerce, livrée sans réserve aux soins touchants de la maternité, regrettant surtout son bonheur perdu, Mme Durosel avait constamment repoussé les hommages, méprisé les adorations. Philippe acquit la certitude qu'elle était toujours digne de lui. D'ailleurs, s'il eût conservé des craintes, l'immuable et calme sérénité qui brillait au front de Berthe les eût dissipées sur-le-champ.

D'autre part, l'épouse, dégagée de toute influence étrangère et n'obéissant qu'à sa douce et franche nature, se reprochait avec amertume son ancienne conduite envers Philippe. N'avait-elle pas douté de lui, ne l'avait-elle pas laissé seul en chemin? Sans la puissance d'énergie qui le caractérisait, le malheureux eût infailliblement succombé à la douleur de se voir abandonné par sa compagne. N'aurait-elle pas dû plutôt soutenir de ses blanches mains le front du penseur et l'encourager par un sourire?

Maintenant, elle comprenait pourquoi son mari ne lui pardonnait pas.

Une larme brillait alors aux longs cils noirs de la jeune femme, perle d'amour, que Durosel eût voulu recueillir dans un baiser.

Qui donc rassemblera ces deux âmes affligées d'être désunies?

L'obstacle qui les arrête est toujours le même ; il consiste dans le premier pas à faire, dans le premier mot à prononcer.

Philippe, un matin, vit aux côtés de Berthe une petite fille de six ans, fraîche et rosée comme tous les amours. C'était aussi son enfant! que n'eût-il pas donné pour effleurer seulement ses blonds cheveux? Hélas! il ne l'osa pas.

Mais le lendemain il amenait son fils.

Le premier-né reconnut sa mère et sa sœur. Il se précipita vers elles, et quand il revint à son père, les joues encore humides des baisers de Berthe, Philippe colla ses lèvres avec passion sur la trace de ces baisers.

Prenant ensuite son fils entre ses bras, il alla l'offrir de lui-même à la pauvre mère, qui l'avait pleuré de toutes ses larmes.

— Berthe, lui dit-il, vous êtes une bonne et sainte créature. Je sais tout ce que vous méritez d'estime et de vénération profonde. Reprenez votre fils, je vous le rends, — car je veux qu'il vous aime et vous honore toujours! Pour prix de ce sacrifice, je ne vous demande que d'embrasser ma fille.

Emue jusqu'au fond des entrailles, la jeune femme lui tendit son autre ange, auquel le fabricant prodigua les plus vives caresses.

Puis Berthe baissa les yeux, et Philippe sentit la parole expirer sur ses lèvres.

Si sa femme eût été dans la misère, il n'eût pas craint de lui dire : « Reviens, tout ce que je possède est à toi! » Mais Berthe était riche; leur rapprochement n'aura-t-il pas l'air d'une spéculation?

Des pensées semblables tourmentaient le sein de l'épouse. L'intérêt pécuniaire a jadis apporté dans le ménage le trouble et la désunion. Cédant à des conseils absurdes, elle a tout fait pour entraver la marche de Philippe; et maintenant qu'il a réussi, maintenant que la route des honneurs et de la fortune s'ouvre devant lui large et brillante, peuvent-ils marcher encore à côté l'un de l'autre? S'introduira-t-elle, comme le frêlon, dans la ruche de l'abeille?

Une seconde barrière de glace s'élevait donc entre eux, et c'était la plus difficile à rompre; elle ne pouvait céder qu'à un nouvel entraînement du cœur qui les jetterait dans les bras l'un de l'autre.

Du reste, à présent qu'ils s'étaient trahis d'eux-mêmes, leur situation devenait mille fois plus embarrassante. On s'intéressait à eux, on épiait tous leurs regards, on les faisait rougir comme des amants surpris. Plusieurs des jurés de l'exposition, qui déjà connaissaient leur histoire, avisèrent à un moyen de réunir définitivement ces pauvres jeunes époux, victimes de la niaiserie de province.

Berthe et Philippe reçurent un jour une lettre collective qui les appelait au ministère.

Le fabricant, à qui cette lettre fut remise, eut un tressaillement de joie, car il cherchait pour se rapprocher de Berthe un nouveau prétexte, qu'il ne trouvait pas, et que Berthe ne pouvait lui offrir, puisqu'ils avaient la timidité naïve d'un premier amour.

La lettre en main, Philippe quitta son étalage et s'avança vers la marchande.

— On nous croit redevenus époux, murmura-t-il d'une voix tremblante, et ce papier vous appelle ainsi que moi dans les bureaux du ministère. Dois-je y aller seul?

La jeune femme, qui avait d'abord pâli d'émotion, devint rouge comme la plus belle rose d'un églantier. Elle se coiffa de son chapeau de paille d'Italie, jeta sur ses épaules son mantelet de dentelle et prit le bras du fabricant, dont le cœur battait avec une force incroyable.

Ils sortirent des galeries par la porte du Sud et se dirigèrent ensemble vers la rue de Grenelle-Saint-Germain.

Pendant tout le trajet, ils ne prononcèrent pas une parole; mais leur âme était inondée d'une joie céleste. Le bras de Berthe s'appuyait doucement sur celui de son conducteur, et Durosel serrait ce joli bras contre sa poitrine palpitante. A les regarder ainsi l'un et l'autre, on eût cru voir le plus épris des futurs et la plus tendre des fiancées.

Ils entrèrent dans le cabinet du chef de division qui leur avait écrit et ils sortirent, après dix minutes d'entretien, l'œil étincelant, le front radieux.

— Berthe, dit Philippe, vous avez mérité la médaille d'argent.

— Et vous, dit-elle avec orgueil, vous aurez la médaille d'or.

— Il ne manquait à mon bonheur que de pouvoir l'offrir à ma femme! répondit Philippe qui, sans égard à la présence des garçons de bureau, se précipita au cou de Berthe et l'embrassa plusieurs fois avec ivresse.

Depuis ce jour, les curieux purent interroger sans crainte la jolie marchande de fleurs en verre filé et l'heureux fabricant de bois exotypes. On n'avait plus recours au hasard pour expliquer le voisinage des homonymes.

Berthe disait fièrement : « c'est mon mari ! »

Philippe regardait Berthe avec amour et disait : « c'est ma femme ! »

Avant la fin de l'exposition, les juges qui avaient prononcé la séparation de biens annulaient leur sentence. Quant à la séparation de corps, les deux époux ne crurent pas utile de recourir, pour la faire lever, à l'intervention du tribunal.

FIN DE DEUX MÉDAILLES.

JEHAN LE BORGNE

CHRONIQUE DU XIVe SIÈCLE.

Jouant avec l'abime, de crevasse en crevasse et de pierre en pierre il atteignit la fenêtre du prisonnier (page 397).

JEHAN LE BORGNE

CHRONIQUE DU XIVe SIÈCLE.

I

C'était par une nuit orageuse du mois de septembre de l'an de grâce 1303. Le beffroi de la cathédrale de Nantes avait depuis longtemps sonné le couvre-feu. Pas une âme se montrait dans la ville endormie ; on n'entendait que la grande voix de l'ouragan qui hurlait à l'entrée des carrefours, ou le bruit des flots de la Loire qui venaient se briser contre l'arche d'un pont.

Tout à coup, au milieu du labyrinthe de ruelles étroites, confusément enchevêtrées dans le voisinage du fleuve, une porte s'ouvrit. Deux individus, éclairés par un homme d'un certain âge, dont la main démasquait timidement une lanterne sourde, sortirent, regardèrent le ciel et se livrèrent à mille imprécations contre le vent et la pluie.

— Pardon, messeigneurs, dit le vieillard, mais je rentre bien vite : les ordonnances sont rigoureuses. Que le dieu d'Abraham vous conduise !

— Et que la peste t'étouffe, chien d'usurier ! dit Alain de Kernadec, lorsque le juif eut refermé la porte de son taudis. Voilà cinq mille livres que je dois à ce mécréant sur mes terres et châteaux, dont quatre mille pour ce fatal secret qu'il m'a vendu. Certes, il ne me fera pas grâce d'un denier, lorsque viendra l'époque du remboursement.

— Où sommes-nous? demanda le compagnon de Kernadec.

— Dans la rue Sainte-Barbe.

— Joli quartier! Merci du plaisir que tu me procures : un temps atroce, une nuit d'enfer et de la boue jusqu'à mi-jambes.

— Eh! par Belzébuth, je n'ai pas dit à ce pourceau d'Israël de venir loger dans cette rue! L'heure était trop avancée pour m'y hasarder seul. A qui aurais-je emprunté la somme dont j'avais besoin, si ce n'est à Hérode? Ma tour menace ruine, tu le sais, Daniel : est-ce toi qui pouvais me prêter de l'argent pour la faire réparer?

— Non, certes; j'en atteste mon vieux manoir de Saint-Pol, aussi délabré que le tien. Tu es un des plus hauts barons de Bretagne; je suis comte, et notre noblesse est humiliée du vide de nos escarcelles. Quant à ces maudits juifs, ils trouvent le secret d'accaparer tout l'or d'une province. Philippe IV a sagement agi lorsqu'il en a purgé son royaume. Malheureusement, ils ne désertent le pays de France que pour se réfugier sur les terres de Bretagne et nous rançonner à notre tour. Ils ont surtout beau jeu, depuis que le duc Arthur...

— Quelqu'un, silence! interrompit Kernadec.

Il venait de se heurter contre une masse informe, couchée en travers de sa route, sous l'auvent d'une maison voisine.

— Dieu me confonde, s'écria-t-il ensuite, c'est un manant qui ronfle, enveloppé de ses haillons! Le drôle se moque de l'orage.

— Passez votre chemin, messires, grogna une voix rauque et mécontente. N'est-ce pas une honte de troubler le sommeil d'un malheureux ouvrier, qui n'a pu rencontrer un gîte pour la nuit?

— Tu raisonnes, ce me semble, dit le baron : gare à tes os!

— Laisse en paix ce pauvre homme, Alain. Dans quelques heures le jour va poindre, et nous devons accompagner la duchesse Constance, qui va faire un pèlerinage à Notre-Dame-des-Vertus.

— Bon! qu'elle y aille!... Du diable si la glorieuse madone peut lui rendre le cher époux qu'elle réclame!

— Il serait temps, néanmoins, que le duc Arthur revînt dans sa bonne ville de Nantes, messeigneurs, dit intrépidement le manant réveillé; car on n'oserait plus fouler aux pieds le misérable peuple, ni l'insulter comme vous faites.

— Et tu veux, Daniel, que je ne corrige pas ce malotru? demanda Kernadec, plus sensible au reproche que son compagnon.

Il se mit en devoir d'assommer du pommeau de son épée le serf insolent.

Mais celui-ci, par un bond fougueux, se dressa contre l'agresseur et menaça de lui briser le crâne avec une sorte de marteau pointu qu'il tenait au poing.

— Sire Alain de Kernadec, cria-t-il, faites un pas et vous êtes mort?

— Peste! le drôle ne manque pas de courage!... Mais où a-t-il su mon nom?

— Je n'ai que trop appris à le maudire! Ne vous souvient-il plus d'avoir fait raser ma chaumière? C'était le lendemain du jour où le duc de Bretagne a disparu. Des brigands ou des nobles, m'ayant rencontré dans les bois de Kernadec, me garrottèrent à un arbre, et j'y serais encore, si, vers le soir, un bûcheron n'eût entendu mes cris. Je trouvai à mon retour ma cabane en ruines. Ainsi vous ne reconnaissez pas, seigneur Alain, celui que vous avez expulsé de votre territoire, parce qu'il était venu vous demander justice, en vous montrant sa femme en pleurs et ses enfants qu'il ne pouvait plus ni abriter ni nourrir?

Un rayon de la lune traversait alors une éclaircie de nuages; l'ouvrier rejeta sur ses épaules la cape qui lui couvrait la figure.

— Jehan! s'écria le sire de Kernadec.

— Moi-même. Seulement on m'appelle aujourd'hui Jehan le Borgne, attendu que je n'ai plus qu'un œil. La flèche d'un de vos archers m'a crevé l'autre, noble sire.

— Que veux-tu? c'est un malheur. On a rasé ta hutte, comme toutes celles qui se trouvaient aux environs de ma tour; la mesure était indispensable. Si je t'ai causé du dommage, au surplus, je dois le réparer. Prends cette bourse.

— Non ! votre or ne rachètera pas les souffrances de ma femme et de mes enfants; votre justice tardive ne peut me rendre l'œil que j'ai perdu. Et tenez, pourquoi le dissimulerai-je, après tout? j'ai là, dans l'âme, un besoin de vengeance qu'il me faudra satisfaire tôt ou tard. Jehan le Borgne n'est point un chien qui s'apaise et ne songe plus à mordre, quand on lui jette un os. Gardez votre bourse, je la refuse!

— Que dis-tu de ce maraud, Daniel? demanda le sire de Kernadec à son compagnon.

— Ce n'est pas la première fois, répondit celui-ci, que le faible veut se venger du fort; la grandeur d'âme et la noblesse de sentiments peuvent se cacher sous les haillons du serf.

— Vous avez raison; mais Alain de Kernadec, votre ami, seigneur comte, ne se doute pas que le cœur d'un manant puisse saigner après un outrage. Il s'imagine payer avec de l'or les pleurs qu'il fait couler. Ah! c'est une triste condition que celle du pauvre serf! Vous avez le droit de brûler sa hutte et de ravager son champ; vous pouvez le traquer comme une bête fauve. Mais vienne le jour où ces hommes, froissés par une odieuse tyrannie, se décident enfin à écraser le petit nombre de leurs despotes : croyez-vous pouvoir lutter contre eux, messeigneurs? Non! non!... Le peuple une fois déchaîné, votre audace tombera devant ses bras nus; il arrachera vos insignes, broiera dans sa main nerveuse vos diamants, vos armures; il déchirera vos manteaux de soie et foulera aux pieds vos écussons et vos titres... Gardez votre or, sire de Kernadec, gardez votre or !

— Sur mon âme, Daniel, cet homme est pris de male rage.

Le comte de Saint-Pol ne répondit pas.

Il regardait Jehan et semblait méditer un dessein que la présence du haut baron l'empêchait d'exécuter.

— Oui, le réveil sera terrible, continua l'artisan, car on nous a tant fait souffrir que nous ne saurons plus pardonner. Lorsqu'il se rencontre un bon prince qui prend en pitié son peuple, les nobles conspirent contre lui, et le bon prince disparaît, sans qu'on retrouve sa trace. Ne pourriez-vous me dire, loyaux chevaliers, si Arthur de Bretagne, notre père à tous, est tombé sous le fer des assassins, ou s'il est seulement captif dans quelque prison lointaine?

— Au diable le maudit serf! cria le baron : ne va-t-il pas nous accuser de la disparition d'Arthur?

— Certes, répliqua Jehan, on ne soupçonnera ni les sujets qui le pleurent, ni la duchesse son épouse, qui passe les nuits en oraisons et les jours en pieux pèlerinages. Le duc de Bretagne a été victime d'une infâme trahison, messeigneurs! Je me tais, car je manque de preuves suffisantes; mais j'ai cru vous reconnaître au nombre de ceux qui m'ont maltraité dans vos bois, sire de Kernadec?

— Tu t'es trompé, répondit celui-ci, dont la figure se couvrit d'une teinte livide.

— Je le souhaite. Il est vrai qu'il ne faisait pas encore jour; à peine si j'ai pu distinguer un prisonnier garrotté en travers sur son cheval.

— Tais-toi! dit à l'oreille de l'artisan le comte de Saint-Pol. Accepte la bourse qu'on t'offre, et viens me trouver dans une heure à la porte des Salorges qui donne sur le cloître des Carmélites.

— J'y serai.

— Cet homme est couvreur de son état, reprit le comte à haute voix, il prendra ta bourse, Alain, mais à condition qu'il gagnera l'or, en réparant la toiture de la tour de Kernadec.

— Soit. Qu'il parte dès à présent pour se mettre à l'ouvrage.

— Ne quitte pas la ville sans m'avoir parlé, murmura Daniel, se penchant une seconde fois à l'oreille de Jehan.

Les deux seigneurs s'éloignèrent, et le serf alla frapper à la porte du juif Hérode.

— Ouvrez, maître, cria-t-il, c'est moi!

— Te voilà seulement de retour? dit le vieillard, après avoir tiré le verrou.

— Ma foi, maître, il y a quatre ou cinq heures que je dors au beau milieu de la rue. J'ai vu deux hommes entrer chez vous vers minuit. Craignant de vous déranger dans vos affaires, j'ai choisi pour oreiller le mur de la maison voisine.

— Viens, dit le juif.

— A propos, si cela vous est égal, maître, hasarda le serf, reconnaissant vers quel point du domicile Hérode le conduisait, j'aime mieux attendre ici, dans le corridor, que vous ayez terminé vos sortiléges. Je ne manque pas de courage, pourtant j'ai le frisson lorsque je mets le pied dans votre laboratoire. Il me fait l'effet d'être un abominable réceptacle d'esprits de ténèbres.

— Entre, te dis-je !

Hérode le contraignit à franchir le seuil d'une chambre obscure, dont il referma soigneusement la porte.

Tout dans cette chambre justifiait, dès la première vue, l'épouvante du couvreur.

Une rangée de squelettes se balançaient aux poutres du plafond ; des crânes humains, confusément jetés sur des planches avec des instruments de chirurgie, des creusets, des cornues et des fioles de diverses grandeurs, tenaient compagnie à des sphères célestes, à des bocaux indescriptibles, à des manuscrits arabes et à d'énormes serpents empaillés qui semblaient prêts à s'élancer sur vous. Au fond, deux crocodiles ouvraient leur mâchoire immense, et de grandes chauves-souris, attachées aux quatre coins de la pièce, déployaient leurs ailes membraneuses. Les meubles eux-mêmes avaient une forme étrange, qui semblait appartenir à un autre monde. Du haut en bas des murailles se dessinaient des figures cabalistiques, et la clarté rougeâtre d'un fourneau, placé au milieu de ce hideux séjour, donnait à chaque objet quelque chose de lugubre et d'infernal.

Le costume du juif était en rapport avec cet appareil de nécromancie.

Une longue robe noire, semée de flammes et de diables grimaçants, lui tombait jusqu'aux pieds ; il portait une espèce de toque d'un rouge écarlate, et sa taille était serrée par une ceinture de même couleur, à laquelle on voyait briller le manche d'un poignard vénitien.

Hérode Nathaniel, chassé de France avec ses coreligionnaires, était parvenu à dissimuler une partie de ses richesses aux perquisitions des officiers fiscaux, et continuait à exercer en Bretagne son double métier de prêteur sur gage et de magicien.

Aux yeux du plus grand nombre, Hérode était le diable en personne, ou tout au moins son chargé d'affaires.

Il étudiait profondément les sciences occultes. L'astrologie judiciaire, l'alchimie, et surtout ce rêve universel du moyen âge, la pierre philosophale, avaient occupé chacune des heures de sa vie.

Quand le juif, après de longues veilles et de nombreuses tentatives, eut senti le vide de la science, quand il fut obligé de s'arrêter à cette borne insurmontable contre laquelle viennent se briser les calculs et les efforts de l'homme, il ne voulut pas que sa réputation s'évanouît avec ses espérances : il devint charlatan.

Sans cesse à la piste des évènements probables, il déduisait à son profit les conséquences des passions humaines, et prédisait l'avenir à coup sûr, au moyen de son talent d'observation et d'un habile espionnage.

Hérode connaissait le sort du duc Arthur de Bretagne, à la disparition duquel il avait sourdement contribué.

Bientôt, fidèle à ses antécédents d'avarice, ou, pour mieux dire, au caractère rapace de sa nation, il trouva que les conjurés ne payaient pas assez cher son silence. Donc, il résolut de vendre leur secret, se mit à l'instant même à l'œuvre, eut soin de se placer en dehors de toute mesure active et ne se réserva que le rôle de prophète.

Il réussit à pousser en avant deux hommes, sur lesquels il se flattait que tomberait la colère des conjurés, Jehan le Borgne et le comte Daniel de Saint-Pol.

Ému des pleurs de la duchesse et du désespoir de la cour, ce dernier consentit à prêter les mains à la délivrance d'Arthur, mais à condition qu'elle paraîtrait aux yeux de tous un effet du hasard.

Ayant introduit le couvreur dans son officine, Hérode se dirigea vers une statue couronnée qui se trouvait au fond de la pièce, et lui donna plusieurs coups de poignard.

C'était l'effigie de Philippe-le-Bel.

Matin et soir, il témoignait ainsi la haine qu'il portait au roi de France, et croyait venger sa race proscrite.

— Eh bien! dit-il en se rapprochant du serf, tu as rempli la mission dont je t'avais chargé?

— Oui, maître.

— Qu'a répondu Mme Constance?

— Elle s'est empressée de faire un signe de croix.

— Chien d'infidèle! as-tu besoin de parler céans des momeries de la secte?

— Maître, s'il est, ici-bas, un infidèle et damné païen, c'est vous, sans contredit. Je gagerais même que vous êtes fils de Satan.

— Double imbécile! murmura le juif haussant les épaules.

— Ce fut sans doute aussi la pensée de la duchesse, car elle se signa, non pas une fois, mais plusieurs. — « Que mon saint patron me soit en aide! cria-t-elle. Si maître Hérode ne s'est pas trompé, je lui promets les mille écus d'or qu'il demande ; mais cette prédiction vient moins du ciel que de l'enfer! »

— Elle ne vient ni de l'un ni de l'autre, dit le juif. Le duc de Bretagne est prisonnier : veux-tu travailler à sa délivrance?

— Moi! cria le serf bondissant de surprise.

— Par la même occasion, tu trouveras moyen de te venger du seigneur de Kernadec : n'est-ce pas ton désir depuis longtemps?

— Je suis prêt, que faut-il faire?

— Retourne au château, et tiens-toi dans le vestibule. Le comte de Saint-Pol doit t'y rejoindre ; tu recevras ses ordres.

— Il paraît, maître, que vous savez donner un signalement, car le seigneur Daniel m'a reconnu tout à l'heure, comme il traversait le quartier. Je dois l'attendre près du cloître des Carmélites.

— Bien! Suis à la lettre ses instructions. Dès que tu sauras en quels lieux est emprisonné le duc de Bretagne, cours avertir la duchesse, et n'oublie pas de me communiquer ensuite les détails de l'affaire.

Ce disant, Hérode ouvrit la porte et congédia le couvreur.

Resté seul dans son laboratoire, le juif, par un reste d'habitude, plutôt que par confiance en ses opérations magiques, traça le long de la muraille des signes mystérieux et consulta les pages d'un bouquin noirci.

— Le comte se taira, murmura-t-il, son intérêt lui commande le silence ; mais Jehan ?..... Rien ne m'assure de sa discrétion : cet homme doit mourir !

De son côté, le haut baron disait à Daniel, en rentrant aux Salorges.

— Ce couvreur ne descendra pas vif de ma tour. Notre secret ne doit pas être mis en balance avec la vie d'un manant !

II

La complète intelligence de notre histoire veut que nous remontions le cours des évènements jusqu'au jour où le duc Arthur disparut, « alors qu'il estoyt sorti de Nantes, dit un vieux chroni-
» queur breton, et allé se dipvertir à la chasse ez forestz voysines. »

Nous retrouverons plus tard Jehan le Borgne à la tour de Kernadec.

« Lequel petit Jehan, et qui n'avoyt qu'ung œil, ajoute la même
» chronique, montit sur la couverture et chanta chansonnement
» qu'avoyt-on faict en complaincte, et disoyt que li duc estoyt allé
» quérir, en lieu qu'on ne savoyt, place à guerroyer ou fille tant

» gentille que fust à son poinct, n'en estant oncques à sa guyse
» dans ses Estats. »

À l'époque où nous écrivons, c'est-à-dire au commencement du quatorzième siècle, Nantes avait fort peu d'étendue.

Quelques maisons, groupées autour du palais ducal, s'alignaient naïvement sur la courbe tortueuse du mur d'enceinte, ou se jetaient, éparses et vagabondes, au pied de l'église des Carmélites, alors en voie de construction. Cet amas désordonné d'architecture s'appelait alors rue des Dames, au bas côté des remparts, et recevait le nom de rue Sainte-Barbe dans le voisinage de l'abbaye.

Les Salorges, antique château remontant aux premiers âges de la féodalité, et dont la masse principale reste encore debout de nos jours, se composaient en outre de deux ailes fort étendues. Celle de droite fut assignée pour demeure aux Carmélites. Le duc Arthur demanda la translation de ce monastère de Rennes à Nantes, et donna pour logement aux religieuses une partie de son palais. Il se réserva toutefois, dans la magnifique chapelle qu'il leur fit bâtir, une tribune où il pût entendre la messe avec son épouse et ses enfants. Du reste, cette tribune n'établissait aucune autre communication entre le château et le monastère, car elle était grillée et s'ouvrait sur les appartements de la duchesse.

Ainsi donc, il nous est permis de reconstruire en imagination la partie de la ville où se passaient, au quatorzième siècle, les évènements de notre histoire.

Nous voyons d'abord le vieux palais, flanqué de sombres tourelles, et dont les galeries supérieures sont percées de mâchecoulis et de meurtrières. A gauche est la demeure ducale, à droite l'abbaye, dont les murs, du côté de l'ouest, servent de prolongement aux remparts, et non loin de là, toujours sous le château, la rue des Dames, espèce de cloaque plein de confusion et de misère ; enfin, au midi, devant la chapelle des Carmélites, la rue Sainte-Barbe, mieux bâtie que sa sœur, mais alignée dans le même goût, et se tordant comme une couleuvre au milieu d'un ruisseau fangeux.

Environ sept ou huit mois avant l'épisode que nous avons raconté dans le chapitre précédent, le juif Nathaniel avait passé une nuit tout entière à des expériences sans résultat.

Désespérant d'arriver à faire de l'or, Hérode brisa son fourneau dans un accès de rage.

Il maudit la science qui l'abandonnait en chemin, parcourut à grands pas son laboratoire, se heurta contre les squelettes, dont les ossements s'entrechoquaient avec un bruit sinistre, et proféra de ces horribles blasphèmes que le désespoir devait dicter à l'ange déchu, lorsqu'il se vit plongé dans l'abîme après une lutte impuissante avec le ciel.

Tout à coup le juif suspendit sa marche furibonde et rejeta du pied dans un coin de son officine les débris épars de son fourneau.

Il venait d'entendre ouvrir la porte de la rue; des pas retentissaient dans le corridor.

— Holà! hé! sorcier du diable! criait une voix d'enfant mutine et perçante, viens un peu éclairer le premier page de monseigneur ! N'est-ce point assez d'avoir sali dans le ruisseau ma chaussure de satin, qu'il faille encore me casser le cou au milieu des détours de ton bouge infect ?

A ces mots, le page fit irruption dans le laboratoire.

— Vrai Dieu! s'écria-t-il, une joyeuse demeure, sur mon âme! Suis-je dans un charnier, ou dans un nid de hiboux et de vampires ?

— Rodolphe, mon jeune ami, dit Hérode, vos discours sont inconvenants; toutefois, je les pardonne à l'étourderie de votre âge. Vous apprendrez plus tard à respecter la science.

— Hein ?... la science, dis-tu? Ne cherche pas à me tromper: c'est de la magie que tu façonnes, et de la moins blanche. A propos, je suis venu pour m'acquitter d'un message.

— De quoi s'agit-il, demanda le juif.

— Il s'agit de m'accompagner aux Salorges. Monseigneur veut te parler avant son départ pour la forêt.

— N'avez-vous rien à me dire auparavant, Rodolphe? L'émeraude que je vous ai donnée produit merveilleux effet sur votre toque, beau damoiseau.

— C'est vrai, dit le page. Tout à l'heure, à deux pas d'ici, l'éclat de ce joyau m'a valu de la part d'une bachelette mignonne, fraîche et matinale comme l'aurore, un compliment et un baiser.

— Où en sont les amours de monseigneur avec la dame de Kernadec? demanda le juif d'un air d'indifférence.

— Il y a rendez-vous aujourd'hui pendant la chasse.

— Et de qui tenez-vous ce renseignement, Rodolphe?

— De la bouche même du messager d'amour. Mais, j'y songe, ajouta le page, hier soir, au jeu de la duchesse, j'ai perdu trois écus d'or, maître juif!

Hérode sourit et fouilla dans son escarcelle.

— En voilà six, Rodolphe, dit-il; ménagez-les, mon enfant.

— Merci!... pourvu que ce ne soit pas de la monnaie d'enfer qui redouble mon guignon!... Ça, plus de retard, en route.

Hérode suivit son conducteur.

En passant près du mur des Carmélites, ils entendirent les religieuses chanter matines. Rodolphe se découvrit avec respect, le juif maugréa.

— Peste soit des sottes femelles! cria-t-il : tout le voisinage est réveillé avant le jour par leurs criailleries et fausse musique.

— Silence, païen! dit le page, ou j'apprends à monseigneur que tu blasphèmes contre notre mère la sainte Église.

— Vous ne l'oseriez pas, Rodolphe.

— Est-ce un défi?

— Non, c'est un rappel à la prudence ; car j'aurais soin de lui apprendre à mon tour que vous vendez les secrets de son cœur à raison d'une émeraude et de six écus d'or.

— Ah! pardieu, j'accepte! cria Rodolphe en éclatant de rire.

Je serai fouetté, tu sera pendu ou rôti comme fabricant de sortilèges.

— Voyons, dit Hérode, ne plaisantons pas ! Si vous ne m'aviez plus, votre escarcelle logerait plus souvent le diable que des pièces de monnaie à l'effigie de votre maître, beau page.

Tout en devisant de la sorte, ils atteignirent une porte secrète par laquelle Rodolphe introduisait le nécromancien.

Les hommes d'armes postés sous les galeries du palais les laissèrent passer sans obstacle.

Bientôt ils entrèrent dans une vaste salle octogone, dont la voûte s'appuyait sur un double rang de piliers. Chacune des parties de la colonnade était ornée d'un trophée d'armes. Des niches, pratiquées dans l'intérieur des murs, contenaient les statues équestres de tous les comtes et ducs de Bretagne, depuis Nomenoé jusqu'à Jean II, père d'Arthur.

Cette pièce servait d'antichambre aux appartements du prince.

Déjà grand nombre de seigneurs attendaient son lever. Tous étaient en costume de chasse et s'entretenaient à demi-voix.

Hérode prêta l'oreille, en passant près d'eux, et recueillit certains discours qui lui suffirent pour machiner un projet satanique.

Il savait combien les seigneurs nourrissaient de mécontentement contre Arthur : le prince s'était attiré leur haine en dictant de rigoureuses ordonnances pour empêcher les rapines et les brigandages qu'ils exerçaient envers les populations.

Une étincelle allait faire éclater la révolte.

Tirant par son manteau Alain de Kernadec, qu'il aperçut au milieu du groupe, le juif lui dit à voix basse :

— Etes-vous homme à payer largement un secret qui concerne votre honneur ?

— Sans doute, répondit le haut baron ; mais explique-toi.

— Ni le lieu, ni la circonstance ne sont propices. Quand je sortirai tout à l'heure, veuillez me suivre.

Le page marchait en avant ; il n'entendit pas ce dialogue. Son compagnon se hâta de le rejoindre sans attendre la réponse de Kernadec.

Deux sentinelles, placées à la porte de la chambre à coucher d'Arthur, croisèrent leurs hallebardes, à l'approche de Rodolphe et du juif; mais le premier montra le cachet de Bretagne, on leur permit de franchir le seuil.

Arthur venait de se lever.

Debout près de lui, le grand-maître de la garde-robe tenait le manteau d'hermine. Il attendait qu'il plût au duc de le revêtir.

Son Altesse était assise dans un vaste fauteuil de chêne sculpté. Deux pages à genoux lui chaussaient les éperons, tandis que douze u quinze autres, en ligne derrière les premiers, portaient les différentes pièces de son armure, ainsi que les bannières des huit fiefs qui relevaient de sa domination. La chambre était tendue de tapisseries de haute lice, représentant plusieurs épisodes des croisades. Elle recevait le jour par deux fenêtres étroites, dont les vitraux coloriés laissaient passer mille capricieux rayons qui venaient jouer sur l'ogive de la voûte. A droite, le lit, surmonté des armes de Bretagne, était à demi caché par d'épais rideaux de damas à franges d'or, et, sur une peau d'ours, au pied de cette couche seigneuriale, deux grands lévriers blancs avançaient leur tête intelligente et semblait solliciter un regard de leur maître.

Au moment où Rodolphe introduisit Hérode, le prince causait avec un envoyé de Philippe-le-Bel, qui racontait les causes de la fameuse dissension soulevée entre Boniface VIII et le roi très-chrétien, s'appliquant à démontrer que celui-ci était libre de ne pas reconnaître l'autorité temporelle du pape sur le royaume de France, et qu'il avait eu le droit d'user de représailles en ordonnant de brûler en place de Grève la bulle *Ausculta fili*.

— Par Isaac et tous les patriarches ! s'écria le juif, auquel il devint impossible de se taire lorsqu'il entendit le nom de Philippe, le faux monnayeur sait trop bien dépouiller les autres pour se laisser éppouiller lui-même !

— Quel est ce mécréant, demanda l'envoyé, qui ose ainsi parler du roi de France ?

— Un de ceux qu'il a volés sans pudeur et sans vergogne ! dit Hérode.

A cette audacieuse réponse, l'envoyé, rouge de colère, se tourna vers le duc.

— Je somme Votre Altesse de me livrer ce misérable, dit-il, afin qu'il vienne rendre compte au roi mon maître de ses paroles outrageantes,

— Tout beau, messire ! dit Arthur. Je ne refuse pas de vous donner satisfaction ; mais Philippe le Bel n'a pas le droit de haute justice sur mes sujets. Çà, vous autres, continua-t-il en s'adressant aux pages, dépouillez-moi promptement ce malavisé bavard et administrez-lui cent coups de verges, pour lui apprendre à mieux brider sa langue.

— Grâce ! monseigneur, grâce ! s'écria le juif avec un comique effroi. Est-ce dans l'intention de me bâiller des verges que vous m'avez mandé ?

— Va toujours, laisse-toi faire, dit le duc en riant : tu me tireras ensuite mon horoscope.

La robe du magicien fut, en un clin d'œil, arrachée par les pages.

Rodolphe leur distribua sournoisement des verges, et le malencontreux ennemi du roi de France reçut le nombre de coups désigné, au grand amusement de la valetaille du palais et des seigneurs accourus aux cris du patient.

L'exécution terminée, les pages replacèrent la robe du juif sur ses épaules.

— Tu n'en aurais pas été quitte à si bon marché près du roi de France, dit Arthur.

— Grand merci ! répondit Hérode avec une rage concentrée.

— Voyons, ajouta le duc, dis-moi ce que tu as lu dans les astres à mon sujet ? Tu ne l'ignores pas, j'ai confiance en tes prédictions, et il m'arrive souvent de régler ma conduite ou mes démarches sur ce que tu m'annonces.

— Monseigneur, dit Hérode d'un ton solennel, les astres m'ont appris que vous aviez « privautez et doulces accointances » avec la dame de l'un des seigneurs de votre cour.

— Tu en as menti par la gorge ! cria le duc, qui se leva furieux : cette dame est restée jusqu'alors vertueuse et pure.

Hérode reprit sans s'émouvoir :

— J'ai vu que lesdites « privautez et accointances » vous occasionneraient force chagrins et déboires. S'il y a mensonge dans mes paroles, il faut s'en prendre aux astres et non pas à moi.

Il sortit à ces mots, laissant les spectateurs et Arthur lui-même confondus de son audace.

Nathaniel était à peine rentré dans son bouge, qu'il fut rejoint par Alain de Kernadec.

— Ton secret, vite ! cria le haut baron.
— Quel prix y mettrez-vous ? demanda le juif.
— Celui que tu voudras.
— Daignez alors apposer le sceau de vos armes au bas de ce parchemin, dit Hérode, qui traça rapidement quelques lignes : c'est un contrat de quatre mille livres, dont vous me donnez sûreté sur votre terre de Kernadec. La chose vous aurait coûté le double, si je n'avais pas à me venger moi-même du honteux traitement qu'on vient de me faire subir.

Alain scella le contrat du pommeau de son épée.

Le juif enferma le précieux parchemin dans un énorme bahut, qui lui servait de coffre-fort, et se prit ensuite à regarder le baron d'un air de pitié railleuse.

— Vous étiez présent tout à l'heure, demanda-t-il, lorsque j'ai dévoilé le mystère des astres ?

— Oui, répondit Alain, dont le visage pâle et la lèvre frémissante indiquaient assez qu'il devinait la nature de la confidence.

— En ce cas, noble sire, ajouta le nécromancien, la dame de Kernadec vous suppose « trop vieil et biglou, puisqu'elle est convoi

» teuse ez ébats d'amour vis-à-vis de monseigneur, qu'elle trouve
» moult gentil prince. »

— La preuve ! dit Alain d'une voix terrible.

— Soyez tranquille, vous l'aurez bientôt, si vous prenez soin
d'épier pendant la chasse les démarches du maître. Il négligera cerfs
et sangliers, je vous le jure, pour rejoindre votre femme sous quelque mystérieuse avenue.

Et comme le baron s'élançait dehors, sans vouloir en écouter
davantage, Hérode lui cria :

— Je vous conseille de ne pas verser le sang, noble sire ! Un
prisonnier de cette importance paiera tôt ou tard une triple rançon,
et je serais au désespoir de vendre la terre de Kernadec.

Cependant l'immense cour des Salorges était remplie de seigneurs
occupés à contenir l'impatience de leurs chevaux, d'écuyers tranchants qui chargeaient sur des mules les provisions de bouche, et
de varlets tenant les lévriers en laisse.

Tous attendaient le signal du départ.

Le duc parut, monté sur un cheval d'Espagne qu'il conduisait
avec grâce.

Il était couvert d'une partie de son armure, car alors la chasse
était aussi dangereuse que la guerre. Seulement il portait, au lieu
de casque, un bonnet de pourpre brodé par les mains de la duchesse
Constance. Une brillante écharpe soutenait son épée, et un riche
manteau, jeté négligemment en arrière, découvrait la chaîne de
diamants qui tombait sur sa poitrine.

En sortant du palais, le cortège déboucha par la rue des Dames,
longea quelque temps le mur d'enceinte, traversa l'une des portes
de la ville, et se dirigea du côté des bois de Kernadec, où le duc,
en qualité de suzerain, pouvait chasser comme dans ses propres domaines.

Le grand veneur marchait en tête, suivi des varlets et de la meute
haletante, troupe effarée qui se grossissait à chaque pas d'une multitude de serfs et de mendiants, accourus des faubourgs ou des
hameaux voisins pour remplir l'office de traqueurs. Venaient en-

suite les pages tenant sur le poing les faucons chaperonnés, le grand louvetier portant sur l'épaule une hache à deux tranchants, puis la plupart des serviteurs du palais, écuyers conduisant les chevaux de rechange, valets de cuisine qui devaient disposer pendant le repos de la chasse une collation somptueuse, le tout suivi d'une nuée de commères et de ribaudes recrutées dans les rues au passage du cortège, alors qu'elles s'exclamaient sur la bonne tournure des damoiseaux et gentilshommes.

A la suite de cette seconde troupe venaient les piqueurs et les cavaliers rouges qui sonnaient de la trompe et du cor pour réunir les chasseurs autour du cerf expirant; puis les arbalétriers, les archers, les hallebardiers, qu'on échelonnait dans les avenues du bois, et qui ne devaient tirer sur la bête que dans le cas de *légitime défense;* enfin, le duc et les grands officiers de sa maison groupés derrière lui.

Parmi cette foule de gentilshommes, aucun ne semblait disposé à faire sa cour au prince. Une rumeur sourde et menaçante circulait dans les rangs. Kernadec, l'œil en feu, la rage au cœur, glissait à l'un quelques mots rapides, pressait mystérieusement la main de l'autre, et préparait sa vengeance.

Arthur, sans prendre garde à ce qui se passait près de lui, chevauchait, sombre et taciturne, car les discours du juif avaient singulièrement frappé son esprit.

Faisant appel aux lois de la sagesse et à toute sa force d'âme, il résolut de rompre une intrigue, dont la découverte jetterait sur lui des torts et diminuerait son autorité pour mener à bonne fin l'œuvre d'affranchissement qu'il avait entreprise.

— La dame n'est point encore coupable, pensait-il : je la verrai une dernière fois, je la déciderai à suivre mon exemple et à rester dans le devoir.

On approchait de la forêt.

— Deux mots, seigneurs de Kernadec? dit tout à coup le prince, en se tournant vers le groupe des gentilshommes.

Les conjurés s'arrêtèrent et pâlirent, dans la persuasion que leur trame était découverte.

Cet appel direct fait au chef du complot leur semblait d'un funeste augure; mais ils se rassurèrent lorsqu'ils virent le duc, après s'être penché à l'oreille d'Alain, le congédier presque aussitôt du geste, puis éperonner son cheval et dépasser le cortége.

Bientôt on le vit disparaître dans l'épaisseur du bois.

— Hérode n'avait pas tort! dit entre ses dents Kernadec.

Pendant quelques secondes il s'arrêta indécis, ne sachant s'il devait suivre Arthur pour s'opposer au rendez-vous ou demeurer avec ses complices afin de mieux assurer le succès de la conjuration.

Ce dernier parti lui parut le meilleur.

— Victoire! cria-t-il; j'ai reçu l'ordre de diriger la chasse à l'opposé de la route que notre illustre duc vient de prendre.

— Messeigneurs, objecta Daniel, comte de Saint-Pol, le seul peut-être, au milieu de tant d'ennemis acharnés, qui sentit de la répugnance à mettre le complot à exécution, songez qu'un pareil acte ne peut être approuvé ni de Dieu ni des hommes. Du moins épargnez sa vie!

— Eh! crièrent les autres, sommes-nous des assassins?

— La mort serait préférable à la destinée qui l'attend, dit Kernadec d'une voix sombre. Je suis de votre avis, laissons de côté le poignard. De la dissimulation, de la prudence, et que chacun de nous paraisse occupé de la chasse.

Déjà la meute commençait à donner de la voix au fond des taillis, et les pages, dispersés sur les collines et dans la plaine, encourageaient l'oiseau déchaperonné qui montait vers la nue.

Quand le baron eut indiqué l'endroit où l'on devait se réunir, les gentilshommes se séparèrent.

Tout semblait favoriser leur criminel projet.

Ceux des grands qui ne faisaient point partie de la conjuration, remarquant à peine l'absence du prince, suivaient la chasse avec ardeur, et, vers le soir, comme si le ciel eût aussi conspiré contre Arthur, un orage éclata sur la forêt.

Les chasseurs regagnèrent la ville en désordre.

Un faux avis, habilement répandu par Kernadec, éloigna tous les serviteurs convaincus que leur maître les avait précédés à Nantes, de sorte qu'à son retour sur le lieu de la chasse, le duc de Bretagne se trouva seul.

Il ne put se défendre d'une certaine inquiétude.

La nuit commençait à devenir obscure, et c'était l'heure où les bandits et mauvais garçons rôdaient dans les bois pour dévaliser les voyageurs et les occire traîtreusement par derrière.

Arthur avait passé la journée dans une cabane de bûcheron, près de la dame de Kernadec, qui l'avait grandement ému par son désespoir et ses pleurs.

Mais, restant inébranlable dans sa résolution, le prince déclara :

« Qu'il ne se lairroyt oncques aller au courant de l'amour, ayant
» très-apertement veu que les doulx soubrires des ieunes dames
» brouilloyent la cervelle de l'amant et occasionnoyent des meschiefs
» dans les Estats. — A quoi repondoyt Clotilde (car la dame de
» Kernadec avoyt nom Clotilde.), en lui rementivant les délicieuses
» paroles et les souefves façons qu'il employoyt iadis pour captiver
» sa muliebre nature ; puis la triste dame plouroyt et l'accusoyt de
» traitrise. Li duc avoyt beau la requiesfir de mesnager sa faiblesse,
» elle plouroyt toujours et se lamentoyt ne plus ne moyns qu'une
» palumbe qui perdroyt son gentil palumbeau. A la fyn des fyns,
» après cette iournée, qui lui feut ardeue et navrante, li duc prist
» moult douloureusement son cœur à deux mains, puis il baysa
» Clotilde au front comme une amye, et s'en alla meslancolieux,
» pendant que la paouvre habandonnée se pasmoyst soubs le faix
» des douleurs et laschoyt de gros sospirs en regasgnant son ma-
» noir. »

Surpris de ne rencontrer aucun de ses gens, le duc sonna du cor et suspendit un instant sa marche pour écouter si l'on répondrait à son appel.

Mais le silence continua de régner autour de lui, ce qui l'étonna d'autant plus qu'il lui semblait voir des ombres errer dans la forêt.

III

Bientôt ces ombres se rapprochèrent. Le prince put voir distinctement des hommes armés de toutes pièces l'entourer en silence.

— Qui êtes-vous, que me voulez-vous? s'écria-t-il, en se mettant sur la défensive.

— Point de résistance et ne dégaînez pas, beau sire, dit l'un des agresseurs : votre bras énervé par les plaisirs de l'amour ne pourrait lutter contre tant d'ennemis.

— Arrière, chevalier déloyal! Oses-tu bien attaquer ton maître et seigneur? dit Arthur, reconnaissant la voix de Kernadec.

— Ne le prenez pas si haut, noble duc ; vous êtes seul et nous sommes trente, tous ayant à nous venger de quelque injustice ou d'une tache à notre honneur. Ah! vous chassez sur nos terres le gibier d'amour, et vous ne voulez pas qu'on dresse un piège au braconnier? Votre épée, monseigneur!

— Traître! dit le duc, viens donc la prendre : tu l'auras peut-être, mais avec tout mon sang, je le jure!

Il piqua des deux et se précipita contre ses adversaires.

Mais, accablé par le nombre, il fut arraché brutalement des arçons, couché sur l'herbe et chargé de liens.

— Lâches et brigands! criait le malheureux prince, dont les efforts n'avaient d'autre résultat que de serrer les nœuds qui lui brisaient les membres, n'avez-vous pas honte de vous mettre ainsi trente contre un? Vous méritez la dégradation comme chevaliers!

— Qu'on le bâillonne, et surtout qu'on lui bande les yeux, dit Kernadec.

A l'instant même on exécuta l'ordre.

Les auteurs de ce guet-apens, après avoir eu soin de garrotter le duc en travers de son cheval, prirent l'avenue la plus déserte de la forêt.

Kernadec veillait sur le captif; le reste des conjurés marchait, les uns en avant pour éclairer la route, les autres à la suite, afin de prévenir toute surprise. Ils voyagèrent ainsi jusqu'à l'aurore, ne sortant du bois que pour y rentrer presque aussitôt, suivant les mêmes détours, repassant dans les mêmes sentiers, faisant une halte ou se blottissant sous les arbres au moindre bruit qu'ils entendaient.

On eût cru voir un cortége de fantômes se rendant à quelque ténébreux mystère, ou une troupe de larrons timides guettant l'occasion de commettre un crime et tremblant de donner l'éveil à des témoins accusateurs.

Nous ne saurions dire au juste dans laquelle de ces deux catégories les classa Jehan, lorsque, debout avant le jour pour aller chercher au bois un fagot de branches mortes, il les aperçut qui se glissaient silencieusement le long des taillis.

Avisant un fossé dans le voisinage, le couvreur intrigué s'y étendit à plat ventre, souleva la tête et tâcha de reconnaître, au travers du crépuscule du matin, la cause de cette procession muette.

Sa curiosité le trahit, malgré les précautions dont il l'entourait.

L'œil soupçonneux de Kernadec le découvrit derrière la berge. Sans quitter la bride du cheval qui portait le prisonnier, le baron fit un signe à ses complices pour les avertir de la présence du serf.

Jehan, glacé d'épouvante, les entendit discuter froidement la nécessité de le mettre à mort.

— Hélas! mes bons seigneurs, murmura-t-il, aurez-vous le courage de me tuer ainsi sans confession? Ma pauvre âme, je le proteste, n'est point en état d'aller paraître devant Dieu.

— Silence!... que faisais-tu là?... réponds, chien! dit l'un des conjurés.

— Je suis un misérable artisan, messire, et je me lève avant le soleil pour couper du bois mort. L'hiver arrive toujours trop tôt : j'ai de petits enfants qui mourraient de froid dans ma cabane, si je ne faisais pas mes provisions d'avance.

Les gentilshommes se contentèrent de lui administrer quelques bourrades et l'attachèrent à un arbre, le dos tourné à la route qu'ils devaient suivre, et le serf en fut quitte pour la peur.

Mais bientôt le pauvre homme se crut menacé d'un genre de mort plus terrible.

Après mille soubresauts inutiles pour rompre ses liens, après avoir jeté des clameurs auxquelles l'écho seul répondait, il craignit d'être dévoré par les bêtes sauvages, ou tout au moins de périr de famine.

Délivré cependant vers la chute du jour, il oublia ses longues angoisses et se hâta de retourner chez lui.

Malheur et désespoir !

Il trouva sa femme pleurant sur des ruines, et ses enfants, presque nus, grelottant au seuil dévasté de sa chaumière.

Eperdu, muet d'épouvante, le serf interrogea sa compagne du regard.

Celle-ci lui montra d'abord les autres habitations enveloppées dans le même désastre, puis elle tourna lentement les yeux vers le donjon du château de Kernadec.

Jehan sut alors quel était l'auteur de cet acte de violence.

Toutes les maisons bâties aux environs de la tour, à une distance moindre de cinquante toises, venaient d'être brûlées ou abattues par ordre du baron.

— Prends tes enfants, dit le couvreur, et suis-moi, femme !

Le sire de Kernadec était en liesse. De nombreux convives lui faisaient raison, la coupe à la main, lorsque Jehan ouvrit la porte de la salle du banquet.

Dans les seigneurs qui se trouvaient là rassemblés il ne devina point ceux qui l'avaient surpris le matin même. Les conjurés ne portaient plus le même costume, et l'artisan ne soupçonna le baron que plus tard.

Quant aux gentilshommes, reconnaissant celui qu'ils menaçaient de mort sous l'avenue de la forêt, ils chuchotèrent entre eux et le virent avec inquiétude aborder le maître du château.

— Monseigneur, dit le serf, élevant la voix avec hardiesse, vous avez commis une indigne action !

— Hein?... que veux-tu dire? balbutia Kernadec, posant sur la table le hanap ciselé qu'il portait à ses lèvres. Malheur à toi si tu connais mon secret! cria-t-il ensuite animé par la colère et l'ivresse.

— Alain, dirent ensemble tous les convives, taisez-vous et laissez parler cet homme.

— Ma cabane, reprit le serf, vient d'être abattue par vos ordres. C'est une lâche cruauté, monseigneur ! Je vous somme de donner un abri à ma femme et à mes enfants.

— Bon !..... est-ce là toute l'histoire? fit Kernadec. L'heure est venue de suspendre mes libations et de briser ma coupe : j'allais me trahir.

Il toisa le couvreur d'un air méprisant et ajouta :

— Que diable me parles-tu de loger ta femelle et tes petits, animal?

— Vous me rendrez justice! cria Jehan, indigné de ces paroles, ou j'irai trouver le duc Arthur, qui saura vous y contraindre.

Tous les gentilshommes ricanèrent; le baron partit d'un éclat de rire.

— Soit, va porter plainte et débarrasse-nous de ta présence, dit-il. En attendant, j'ordonne à mes archers, qui, je t'en préviens, ont le coup d'œil sûr, de décocher leurs flèches contre ceux qui oseraient se tenir à moins de deux cents pas de la tour de Kernadec. A bon entendeur, salut. Renvoyez ce manant!

Il fit signe aux gardes de la porte. On s'empara du serf et on le jeta dehors.

Furieux de se voir en butte aux railleries et aux mauvais traitements des hommes d'armes, celui-ci voulut tenter la résistance.

Aussitôt les archers bandèrent leurs arcs ; une flèche atteignit le malheureux en plein visage et lui creva l'œil gauche.

Longtemps il erra sans asile et sans pain, traînant après lui sa pauvre famille, montrant sa blessure et criant vengeance ; mais on le repoussait, — car, en ces jours d'esclavage, on s'éloignait de l'opprimé pour ne pas encourir la haine du persécuteur. Tous les enfants de la ville, tous les vagabonds des carrefours tournaient le serf en dérision. L'indifférence populaire allait jusqu'à rire de son infortune.

Il ne trouvait même plus à exercer son métier.

Un soir qu'il parcourait les rues de Nantes, agité par le désespoir, fou de misère et de souffrance, il aperçut Nathaniel et vint le tirer par la robe.

— Maître, dit-il, je sais que vous êtes nécroman et magicien : pourriez-vous m'enseigner comment il faut s'y prendre pour se donner au diable.

— Et que veux-tu que le diable fasse de toi ?

— Je lui achèterais, au prix de mon âme, le plaisir de tirer vengeance d'un puissant seigneur qui m'a réduit à l'état où vous me voyez.

— Ah !... le nom de ce seigneur ? demanda le juif.

Il venait de regarder l'artisan et semblait frappé de sa mine énergique.

Le serf nomma son bourreau.

— C'est bien, je t'achète, dit Hérode.

Et il lui ordonna de le suivre.

Jehan, dès ce jour, appartint sans réserve à l'homme qui lui promettait secours et appui dans sa vengeance.

Mécontent du sire de Kernadec, auquel il ne pardonnait pas de garder un secret sans le lui communiquer, le juif cherchait à connaître en quel lieu les conjurés tenaient enfermé le duc de Bretagne, se promettant de les punir de leur manque de confiance.

Aussitôt que le couvreur lui eut parlé de sa rencontre matinale dans les bois, Hérode soupçonna que le prince était prisonnier de l'époux de Clotilde.

L'interdiction formelle d'approcher de la tour de Kernadec et la ruine des chaumières qui avoisinaient cette tour devinrent autant de preuves à l'appui des présomptions du juif. Bientôt il passa du doute à la certitude, grâce au repentir du comte de Saint-Pol, cœur généreux, entraîné dans une fausse démarche, et qui, pour racheter la faute qu'il avait commise en se rendant complice de l'arrestation du prince, accepta les plans formés pour la délivrance.

Hérode, on doit le dire, n'était mu par aucune impulsion généreuse.

Sa conduite avait pour mobile une avidité détestable; il se flattait que la perte du haut baron serait le moyen le plus expéditif de faire rentrer dans son coffre-fort les sommes prêtées à ce seigneur, espérant obtenir, en outre, de la reconnaissance d'Arthur, une large part dans la confiscation du domaine de Kernadec.

Mais la suite prouvera que le juif avait mal établi son calcul.

Il est temps enfin de reprendre le fil de notre histoire que nous avions interrompue pour rendre compte des événements antérieurs et faire plus ample connaissance avec les personnages que nous mettons en scène.

Jehan venait de recevoir, à la porte des Salorges, les instructions du comte de Saint-Pol.

L'âme remplie d'espérance, le couvreur sortit de la ville, prit le chemin du manoir de Kernadec et monta sur la tour avec joie, ne se doutant pas que deux hommes avaient décidé sa mort et se préparaient à le briser comme un instrument inutile, après s'être servi de lui chacun à leur manière.

A peine eut-il gravi le donjon, qu'il se laissa couler, au risque de son existence, jusqu'au bord de la toiture, et se pencha sur une élévation de cent cinquante pieds, pour examiner une étroite lucarne, garnie de solides barreaux de fer, et placée à quelques toises au-dessous du lieu périlleux où il se trouvait.

L'essentiel était d'attirer l'attention du prisonnier, dont cette lucarne éclairait la sombre demeure.

Pour y parvenir, le serf ne vit rien de mieux que de se mettre à chanter.

Donnant à sa voix toute la portée dont elle était susceptible, il entonna cette *complaincte*, signalée par le chroniqueur breton, morceau curieux de vieille poésie, auquel nous avons cru devoir conserver religieusement les rimes naïves et le pittoresque idiôme des bardes de l'Armorique :

  Aulcuns en un loingtain pays
  Cuident que nostre gualant sire
  Se gauldit de faict et de dire
  Ez riantz iardins de Cyprys,
   Où n'est fille
   Tant gentille
   Qui ne grisle
  De lui bailler un doulx logys.

  Adoncques, iardins si iolys,
  Guardez poinct Arthur, notre sire.
  Oyez, veu que fault vous le dire,
  On ne gaigne le paradys
   Près de fille
   Tant gentille
   Qui babille
  Et niaize en un doulx logys.

  Ains plutost, comme saint Loys,
  Ez climats bruslants notre sire
  Guerroye et desguaisne son ire
  Sur les Sarrazins déconfys,
   Qu'il étrille
   Sans que fille
   L'entortille
  Et l'empesche en doulx logys.

> Or çà regainez le pays,
> C'est assez chevaucher, beau sire ;
> Finez de guerroyer ou rire,
> Vostre dame ploure rubys.
>   Moins vault fille
>   Si gentille
>   Que famille
> Soubriant en un doulx logys.

Jehan n'eut pas plutôt achevé sa chanson qu'il s'entendit appeler.

Son cœur battait avec violence. Que faire et que résoudre ? Il était à craindre que les gens du sire de Kernadec ne fussent initiés à un entretien, qui ne pouvait avoir lieu à voix basse, vu la distance qui séparait le couvreur du prisonnier.

Il se pencha de nouveau pour regarder au bas de lui.

Le mur, vieux et dégradé, présentait çà et là quelques pierres en saillie ; la Loire baignait le pied du donjon.

— Après tout, se dit-il, je sais nager !

Sans plus d'hésitation, l'intrépide couvreur se laissa glisser de nouveau, mais cette fois en dehors du couronnement de la tour, auquel, pendant quelques secondes, il resta suspendu avec un sang-froid merveilleux. Posant ensuite le pied sur les appuis incertains de la muraille, il lâcha le rebord du toit pour s'accrocher à la première aspérité qu'il rencontra ; puis, semblable au lézard, il glissa sur la surface rugueuse, jouant avec l'abîme, et, de crevasse en crevasse, de pierre en pierre, il atteignit la lucarne du prisonnier.

Comme il touchait aux barreaux, il sentit une main saisir vivement la sienne.

— Qui es-tu, mon ami ? demanda le captif.

— Un pauvre homme qui n'a plus qu'un œil, mais qui voit cependant assez clair pour vous reconnaître, monseigneur.

— Dis-tu vrai ? s'écria le duc de Bretagne, dont la voix tremblait d'émotion et d'espoir.

Il était enfermé là, depuis sept grands mois, en butte aux traitements barbares de son geôlier.

Le sire de Kernadec ne lui épargnait aucune souffrance et l'avait placé sous les combles du donjon, comme si le malheureux prince devait répudier tout autre espoir de délivrance que celui qui pourrait lui venir directement du ciel. A peine si l'on daignait, à de longs intervalles, lui donner une nourriture malsaine, qu'une vieille servante, idiote et muette, lui passait le plus souvent par un trou pratiqué dans la porte du cachot.

Alain n'avait que cette seule confidente, ignoble créature, rendue insensible et cruelle par son organisation viciée.

Elle faisait subir au captif toutes sortes d'avanies et de tortures, le laissant jeûner pendant des journées entières, et répondant à ses plaintes par un grognement de bête fauve ou par le rire glacial de l'insensé.

Pour la première fois, depuis longtemps, une voix humaine frappait les oreilles d'Arthur.

Lorsqu'il entendit chanter le couvreur, le pauvre duc, malade et souffrant, se dressa sur la paille humide qui lui servait de lit, pour écouter cette voix d'homme libre, ces accents joyeux, qui entraient dans son cachot comme un rayon de l'aurore après une nuit de tempête, et lui rappelaient cette vie dont le prisonnier seul apprécie les joies, parce qu'il ne lui est plus donné de les ressentir, vie de de liberté sous la voûte du ciel, en plein air, à l'ombre des arbres, et qui permet au dernier des hommes de respirer le parfum des fleurs, de voir le soleil, d'embrasser un ami !

Arthur s'approcha de la lucarne et monta sur un siége grossier, qui lui permit d'atteindre aux barreaux et de mieux distinguer les paroles.

Quel fut son étonnement, lorsqu'il entendit prononcer son nom, lorsqu'il reconnut que ces couplets avaient été composés au sujet de son absence ! Il ne s'arrêta pas aux interprétations érotiques du poëte ; mais, embrassant avec avidité l'espoir d'un prompt secours, il appela le chanteur, et celui-ci ne tarda pas à se montrer à l'ouverture extérieure du cachot.

— Tu me reconnais! dit le duc de Bretagne en pressant la main du serf. Suis-je loin de ma capitale?... Réponds, mon ami, réponds-moi!

— Vous êtes dans la tour de Kernadec, à une demi-lieue de Nantes, monseigneur.

— Malédiction! cria le duc, des traîtres me retiennent captif au cœur de mes Etats! Qui gouverne en mon absence? Comment se fait-il qu'on n'ait pas découvert ma prison?

— Hélas! monseigneur, les uns vous croient mort, les autres parti pour la Terre-Sainte; le plus grand nombre vous supposent caché dans quelque coin mystérieux et retenu par une liaison d'amour. A présent que le ciel nous protége! il faut aller dire à madame la duchesse de sécher ses pleurs. Mais je vois un égal danger, soit que je remonte là-haut, soit que je me précipite en bas. Au lieu de choir dans la rivière, je vais peut-être me briser le crâne sur le talus qui sert de base au donjon.

— Dieu ne le voudrait pas, dit le duc de Bretagne; compte sur sa providence. Courage, ami, courage! Si tu m'aides à recouvrer la liberté, je te donne un domaine et je te fais noble!

— Fortune et noblesse, monseigneur, c'est beaucoup; cependant, si je parviens à vous sauver, j'attends autre chose encore.

— Parle, dit Arthur; je promets d'accéder à ta demande.

— Alain de Kernadec est puissant, reprit le couvreur : oserez-vous tirer vengeance de la trahison dont il vous a rendu victime?

— En douterais-tu? cria le captif, se cramponnant aux barreaux avec rage.

— Alors, que ce donjon qui vous a vu gémir soit renversé! que, demain, de ce château de malheur, il ne reste plus pierre sur pierre.

— Je le jure : il sera rasé de fond en comble.

— Un gage de votre parole?

— Mon anneau de chevalier; tiens, prends-le.

— Merci, monseigneur! A bientôt la délivrance... et, quand vous serez libre, vengez-vous, vengez-moi!

L'ouvrier, par un élan prodigieux, se précipita du haut du donjon.

Un instant après, le duc de Bretagne entendit la chute d'un corps lourd au milieu des eaux de la Loire, et s'écria :

— Je suis sauvé!

IV

Aussitôt après le départ de Jehan pour le château du baron, le comte de Saint-Pol rentra aux Sarloges et vint frapper à la porte des appartements de la duchesse.

— Un page lui ouvrit avec mystère.

— Vous avez bien tardé, seigneur Daniel, dit-il à voix basse.

— Il n'y a rien de ma faute dans ce retard, répondit le comte. J'avais certaines mesures à prendre. Madame la duchesse a-t-elle remis son pèlerinage à demain?

— Sans doute, votre conseil sera suivi. Toutefois, on désire quelques nouveaux détails au sujet des espérances que vous avez fait concevoir.

— Il est étrange que vous soyez si bien informé, Rodolphe, dit Saint-Pol d'un ton sévère.

— On a des oreilles, sire comte, et les tapisseries sont faites pour cacher les pages indiscrets. Du reste, je suis ravi d'être dans la confidence.

— Ah!... pourquoi, s'il vous plaît?

— Parce qu'au bout de ceci j'aurai quelqu'un à faire pendre.

— Quel est l'heureux mortel à qui vous réservez cette gentillesse?

— Un maudit juif, que le ciel confonde.

— Je devine, c'est Hérode que vous menacez de la potence.
— Oui, — ou du fagot !

Ce disant, le page souleva une magnifique tapisserie de Flandre, et Daniel dut renoncer à lui adresser d'autres questions. Il se trouvait en présence de la duchesse de Bretagne.

La noble compagne d'Arthur commençait à ne plus être de la première jeunesse ; toutefois elle parvenait à dissimuler le ravage du temps sur ses charmes. Une grande dignité de maintien, beaucoup de solennité dans les manières et surtout un scrupule excessif à se conformer au cérémonial des cours, rendaient son abord froid et monotone. Le duc, son mari, glacé par ce caractère invariablement sérieux, avait douté de l'amour de Constance au point de chercher loin d'elle d'autres affections ; mais dédaignant de se montrer jalouse, même en face des preuves d'infidélité les plus claires, la duchesse resta toujours impassible et grave, soit que, reléguée dans ses appartements, elle s'occupât de sa famille, soit qu'elle parût au dehors avec tout l'éclat de son rang.

Néanmoins, il s'en fallait qu'elle fût d'une nature égoïste et dépourvue de sensibilité, comme on le croyait à la cour.

Constance avait été victime de cette éducation princière, dont les règles se sont perpétuées de siècle en siècle, éducation qui apprend à faire mentir le visage, lorsque l'âme éprouve des transes mortelles, et à se montrer le sourire aux lèvres quand des larmes vous retombent sur le cœur. Elle aimait son époux et ses enfants ; mais on avait oublié de lui apprendre à être femme : elle ne savait qu'être mère.

Daniel, pliant un genoux devant sa souveraine, baisa respectueusement la main qu'elle lui tendait.

— Vous le voyez, sire comte, dit la duchesse, j'ai suivi vos recommandations en quittant mes habits de deuil.

Effectivement, elle avait revêtu sa parure la plus éclatante et portait, avec le manteau d'hermine, une robe de velours cramoisi, au corsage semé d'émeraudes. Ses cheveux, à demi cachés sous une coiffure aplatie par derrière et rehaussée sur le devant par une couronne ducale, descendaient en boucles le long de ses tempes, avec une profusion de perles. Un voile du plus fin tissu l'enveloppait de la tête aux pieds.

— Ainsi, reprit Constance, vous pensez que la prédiction du juif se réalisera? J'ai grand'peur de commettre un péché en renonçant à ma visite à la sainte madone pour attendre le résultat des promesses d'un infidèle. Hérode ne peut être si bien instruit que par l'intermédiaire de Satan.

— Peu vous importe, madame. Si le juif a tiré ses renseignements en ligne directe de l'enfer, le crime est pour lui. Ne vous exposez pas au repentir d'avoir négligé une seule des mesures que je vous ai signalées comme indispensables.

— Dieu me préserve d'une telle négligence! j'ai trop grand désir de revoir mon époux.

— Aucun de ceux qui se préparaient à vous accompagner dans votre pèlerinage, ajouta Daniel, ne devra sortir du palais avant la fin du jour. Surtout, que de nombreux hommes d'armes soient prêts à courir à la délivrance de monseigneur; car, la prophétie l'annonce, il est retenu captif par traîtrise.

— Je vais, sans plus de retard, faire appeler le grand-sénéchal et donner des ordres à tous les capitaines des archers.

— C'est cela même, dit le comte. Maintenant, noble dame, souvenez-vous que la clémence est la première vertu des princes : faites comprendre à votre époux qu'un pardon généreux change en serviteurs fidèles les ennemis les plus acharnés.

A ces mots, il quitta la duchesse et rejoignit les gentilshommes invités à suivre le cortége.

On n'avait pas encore averti ces derniers du contre-ordre. Ils devisaient entre eux, sans remarquer le mouvement extraordinaire qui commençait à agiter le château.

Le bruit des armes ne tarda pas à retentir aux portes mêmes de la salle de réception.

Cette salle, la plus vaste des Salorges, avait la forme d'un trapèze, grâce à la singulière bizarrerie de l'architecte, qui en avait disposé les angles de manière à placer le trône en perspective. Au fond s'élevait une tribune oblique, d'où l'on pouvait examiner ce qui se passait à l'intérieur et à l'extérieur du palais. Le siége de la duchesse, placé sous un poêle brillant de dorures, faisait face au trône de son époux, splendide travail où l'or se mariait à l'ébène par mille capricieuses arabesques. Deux serpents, dont les anneaux entrelacés formaient les bras de ce trône, semblaient se tordre en vains efforts pour atteindre les dragons sculptés au dos du fauteuil et portant les armes de Bretagne entre leurs griffes puissantes.

Les courtisans, rassemblés dans la salle, commençaient à se dire que l'heure fixée pour le départ était écoulée depuis longtemps, lorsque la duchesse Constance parut tout à coup au milieu d'eux.

Précédé du grand-sénéchal, de Rodolphe et de tous les pages, elle traversa les rangs des gentilshommes avec la majestueuse démarche d'une reine, vint s'asseoir sur le trône, et promena son regard imposant et fier sur la foule inclinée.

— Messeigneurs, dit-elle, notre pèlerinage n'aura pas lieu. Je vous requiers de demeurer céans pendant tout le jour, afin que je puisse vous communiquer les nouvelles que j'attends au sujet du sire duc, mon époux, votre maître à tous.

Prononcé au milieu d'un silence absolu, ce discours jeta parmi ceux des nobles qui se sentaient coupables une émotion facile à comprendre. Ils se regardèrent avec inquiétude. Le plus fougueux de tous, Alain de Kernadec, s'élança vers la porte et voulut sortir.

Mais à peine eût-il soulevé la tapisserie que la pointe meurtrière de trente hallebardes menaça sa poitrine.

Le haut baron se retourna vers la duchesse et cria :

— Sommes-nous prisonniers, noble dame?

— Seigneur, répondit Constance, il était inutile de vous exposer à recevoir un ordre, quand nous voulions bien nous borner à la prière. Nous vous gardons en notre compagnie, et vous y resterez, de gré ou de force.

A la pensée que son secret pouvait avoir été vendu par un de ses complices, le baron frissonna. Il fut certain de la trahison, lorsque, sur un signe de la duchesse, il vit Nathaniel entrer dans la salle.

Hérode ne s'attendait point à trouver là son dangereux débiteur. Il manifesta l'intention de rétrograder ; mais Rodolphe le poussa rudement par derrière et l'envoya trébucher contre les marches du trône.

Le juif ne se releva que pour voir les yeux de Kernadec lui envoyer des menaces de mort.

— Veuillez, dit Constance, répéter devant ces gentilshommes ce que vous avez lu dans les constellations : la nouvelle nous intéresse tous également, bien que chacun ici déclare n'être point solidaire des maléfices et sortilèges par lesquels vous êtes parvenu à connaître la destinée du sire duc, mon époux. Vous nous annoncez donc sa prochaine délivrance ?

— Hélas ! noble dame, la science est une maîtresse volage, une fée trompeuse ! elle nous offre de loin le flambeau de la vérité pour le remplacer par les feux follets du mensonge, qui nous égarent et nous font errer à l'aventure : je ne sais rien, absolument rien ! balbutia le juif.

Il tremblait en voyant Kernadec s'approcher de l'estrade.

— Ainsi, demanda sévèrement la duchesse, vous n'aviez d'autre but que celui d'obtenir à l'avance mille écus d'or pour une fausse prédiction ?

— J'aurai ton âme damnée ! dit à l'oreille droite du juif le haut baron, dont la voix grondait comme un sourd tonnerre.

— Parle, sois sans crainte, murmura le page à son oreille gauche : dans tous les cas possibles, tu ne peux échapper à la potence.

— Miséricorde ! au secours ! dit Hérode, jetant autour de lui des regards éperdus.

Le grand sénéchal intervint et s'inclina devant la duchesse.

Fidèle serviteur d'Arthur, il avait constamment aidé ce prince de son dévouement et de ses conseils, tenant avec une égale fermeté le glaive des batailles et celui de la justice.

— Madame, dit-il, cet homme est sous l'influence d'une menace. Daignez m'autoriser à lui certifier, en votre nom, qu'il ne court ici d'autre péril que celui auquel l'expose la rétractation de ses premières paroles.

— Et celui d'être pendu... permettez, j'y tiens! cria tout à coup Rodolphe.

Il escalada les degrés du trône avec la hardiesse d'un page et déploya sous les yeux de Constance un acte qu'il tira de sa poitrine.

— Que ce traître juif explique d'abord, madame, ajouta-t-il, d'où lui vient cet engagement de quatre mille livres, signé du nom de Kernadec?

— Par Abraham! dit Hérode en joignant les mains, ce garnement de page a brisé mon coffre-fort, et m'a dérobé le contrat.

— Lisez-nous cette pièce! crièrent plusieurs voix dans la salle.

— En voici le contenu, dit Rodolphe :

« Moi, seigneur de Kernadec et autres lieux, reconnais devoir à
» maître Hérode Nathaniel, physicien, la somme de quatre mille
» livres pour un secret important qu'il m'a vendu, laquelle somme
» je lui garantis sur les terres et châteaux de ma dépendance; en
» vertu de quoi, j'ai scellé de mes armes le présent écrit. »

— Or, ce secret vendu par un autre Judas, continua Rodolphe en montrant Hérode pétrifié, avait été surpris à l'imprudente confiance d'un enfant, et ce lâche en profita pour exciter la haine du baron contre le duc Arthur, son suzerain.

— Qu'avez-vous à répondre? demanda Constance au sire de Kernadec.

— Le secret en question ne concernait pas le duc de Bretagne, balbutia celui-ci, dont le trouble se révélait aux yeux de tous.

— Ce page est un menteur, ajouta le juif, enhardi par la dénégation de son complice.

— Et moi je soutiens que vous êtes deux traîtres! cria Rodolphe. Toi, juif, je te couvre de mon mépris, et je te crache au visage... Silence, pourceau! Quant à vous, seigneur Alain, apprenez que sous peu je dois être armé chevalier : je ne souffrirai pas un démenti sans vous appeler en champ clos, le jour où je recevrai l'accolade.

Rodolphe avait grandi d'une coudée ; la duchesse l'écoutait avec admiration et l'encourageait du regard.

— Je veux tout vous apprendre, dit le page, en s'adressant aux gentilshommes. Cet enfant, dont on avait surpris la bonne foi, s'aperçut que l'absence de monseigneur coïncidait avec sa fatale confidence. Dès lors, il répudia la légèreté de son âge, il fit divorce avec ses compagnons de plaisir, afin de songer sérieusement à réparer sa faute. Il employa la ruse pour se procurer ce papier, il ne rougit pas d'écouter aux portes ; il pénétra dans la vie intérieure de ceux qui le croyaient encore occupé aux jeux de l'enfance, quand il s'était fait homme pour lire sur le front des traîtres et dévoiler leur crime. Donc, il ne craint pas de se tromper en disant : Juif, tu as vendu le duc de Bretagne ! Alain de Kernadec, vous êtes coupable de haute félonie !

— Se voir outragé de la sorte, et par un page ! cria le baron, qui serrait les poings et frémissait de colère.

— Vous êtes libre de vous défendre, dit Constance, bravant ses regards furieux et l'écrasant sous une dignité calme.

— Sire de Kernadec, reprit l'imperturbable accusateur, ou vous avez assassiné dans la forêt le duc de Bretagne, ou vous le retenez captif... Choisissez ! De plus longues dénégations deviennent superflues, et le trouble de ce païen vous dénonce.

Il poussa du pied Nathaniel, qui venait de tomber presque mort d'épouvante sur les degrés de l'estrade.

— Le premier châtiment des traîtres, ajouta Rodolphe, est de se voir trahis par leurs complices. Hérode vous a vendu le secret de monseigneur : il nous livre aujourd'hui le vôtre, toujours à prix d'or, et ses plans étaient jetés pour que la prédiction se réalisât. Écoutez plutôt ! le peuple de Nantes s'apprête à délivrer son duc !

On entendait les cris d'une multitude immense, assemblée aux portes des Salorges.

Bientôt un individu, dont les habits ruisselaient encore, entra précipitamment, fendit le groupe agité des nobles et vint se jeter aux pieds de Constance.

C'était Jehan le Borgne.

Voyant paraître son ennemi, le baron devina tout.

Prompt comme l'éclair, et sentant qu'il fallait, n'importe à quel prix, fermer la bouche d'un homme qui avait le secret de la tour de Kernadec, il se précipita sur le malheureux couvreur et lui passa son épée au travers de la poitrine.

Le sang jaillit à grands flots.

Constance en vit sa robe inondée. Elle jeta une exclamation d'horreur.

D'un bout à l'autre du trapèze, les gentilshommes avaient la dague au poing. Un instant, on put croire que la salle du trône allait se transformer en un champ de carnage.

— A moi, Bretagne ! à la rescousse ! cria le grand-sénéchal d'une voix éclatante.

En un clin d'œil toutes les issues donnèrent passage à une haie de piques et de hallebardes, qui se hérisèrent contre les conspirateurs et leur firent reconnaître l'inutilité de la résistance.

Jehan, dont les traits livides et décomposés annonçaient la fin prochaine, eut encore la force de se traîner jusqu'à la duchesse. Il lui présenta l'anneau qu'il tenait de son époux et murmura d'une voix éteinte :

— Au donjon de Kernadec!... monseigneur attend... sauvez-le !

Puis il tomba mort.

— Votre épée, dit le grand-sénéchal au baron.

Celui-ci venait de recouvrer subitement un calme incompréhensible. Il laissa paraître sur ses lèvres un dédaigneux sourire et dit :

— Le duc, mon seigneur suzerain, peut seul la recevoir, et je me réserve le droit de lui poser mes conditions. Pensez-vous qu'il ne sacrifie pas sa vengeance à la crainte de subir mes reproches en face de tous ? Allez le délivrer ! je vous accompagne, et je m'engage sur l'honneur à vous ouvrir moi-même le château de Kernadec.

Une parole donnée, en ces temps de chevalerie, se parjurait rarement et s'acceptait toujours.

Les cris de la foule impatiente se faisaient entendre au dehors. Alain descendit avec le sénéchal; mais, à l'aspect du geôlier d'Arthur, cette multitude, que Jacques venait de rassembler sur son passage, bourgeois, artisans, vagabonds, moines barbus, femmes échevelées, poussa des hurlements de rage et cerna le baron, qui voulut en vain lutter contre les mille bras soulevés contre lui.

Sans l'intermédiaire de Rodolphe, il allait être mis en pièces.

— Laissez vivre ce seigneur pour la justice du prince ! cria le page. On vous amène le plus grand coupable, un damné juif, magicien d'enfer, qui par ses conjurations et détestables maléfices a fait tomber le duc de Bretagne dans le piége qu'on lui tendait. Le voici, je vous l'abandonne !

Il montra Nathaniel, traîné par deux archers.

La foule se rua sur le juif.

Semblable à ce gigantesque reptile qu'enfante le désert, elle enveloppa sa proie de plis redoutables, la broya sous ses muscles, comme pour mieux la dévorer ensuite, et l'entraîna dans sa marche tortueuse, au milieu du cercle qui se rétrécissait toujours, poussant des cris sauvages à la vue des angoisses du magicien, faisant taire ses supplications, se montrant sourde à ses promesses et riant de ses pleurs.

Haletante, furibonde, elle sortit de la ville et accompagna les hommes d'armes jusqu'au château de Kernadec.

On arriva sous le rempart.

Alain n'hésita pas à faire baisser les ponts et à introduire non-seulement le grand-sénéchal et ses archers, mais encore la multitude tout entière. Il semblait que, reconnaissant l'impossibilité de la défense, il prît plaisir à affronter le péril.

Brisée en mille pièces, la porte donna passage aux libérateurs du prince, qui le descendirent en triomphe de son cachot.

Arthur monta sur un cheval richement caparaçonné, qu'on avait amené tout exprès pour lui.

Mais cette magnificence formait un contraste pénible avec ses vêtements en désordre, sa pâleur et ses traits décharnés. Il était facile, au premier coup d'œil, de voir tout ce qu'il avait enduré de misère et de traitements barbares.

Un instant apaisée, la foule rugit de nouveau comme une lionne en fureur, et le cri : « Vengeance! » vola de bouche en bouche.

On chercha le sire de Kernadec, personne ne le vit plus.

L'autre victime était là, meurtrie, déchirée, sanglante; il restait encore des tortures à lui faire subir.

Hérode fut enfermé dans le donjon.

Des torches s'allumèrent; on les brandit avec fureur, et l'incendie gronda sous les voûtes, recevant à chaque minute des mains du peuple un nouvel aliment. Bientôt les épaisses murailles craquèrent jusque dans leur base, et des gerbes de feu jaillirent de toutes les ouvertures.

Poursuivi par la mort qui montait après lui, cruelle, inévitable, le juif se sauva jusqu'au sommet de la tour et tendit ses mains suppliantes vers le duc de Bretagne.

— Grâce, monseigneur! cria-t-il avec désespoir, grâce de la vie!... Tous mes trésors sont à vous!

Mais sa voix ne fut même pas entendue.

Un autre spectacle, une autre scène de mort attirait les regards.

Le baron, traînant par les cheveux une jeune femme, dont les mains étaient chargées de chaînes, se montrait à l'une des plus hautes fenêtres du château.

— Duc de Bretagne, s'écria-t-il, voici la complice! Je ne veux pas qu'elle aille te rejoindre quand tu échappes à ma vengeance. Comme toi, elle a subi les tortures de la prison : que ne puis-je te briser comme elle et te faire payer de la vie le bonheur que j'ai perdu !

— Arrête, au nom du ciel !... Par le nom de mes ancêtres, cette femme n'est point coupable ! cria le duc frémissant.

— Elle t'aimait, dit Kernadec, elle t'aime encore : donc elle doit mourir !

Saisissant l'infortunée entre ses bras robustes, il la balança quelques secondes au-dessus de sa tête et la précipita du haut du balcon sur le pavé de la cour.

Au même instant, le donjon, miné par l'incendie, s'écroula.

Nathaniel disparut au milieu des flammes, en poussant des cris horribles, et le sire de Kernadec s'ouvrit un passage avec sa hache d'armes au travers de la foule, qui voulut, mais en vain, l'empêcher de prendre la fuite.

CONCLUSION.

« A chascun selon ses œuvres : Hérode mourust de male mort,
» le pasge fust faict chevalier, et il advint honneur et amitiance
» au grand seneschal, lequel demanda que pour souvenir de ce
» qu'avait porté secours à son seigneur, li et sa lignée, tant que
» serait en lesgitime procreastion et engendrée de son chief, avins-
» sent droict et puissance aller en premier avant tous les aultres,
» exceptant li seigneur duc, à l'adorement di Seigneur Dieu ez
» iours que bons et loyaulx chrestiens festoyent sa mort, ce que
» fust accordé.

» Li duc regaigna son château, où il trouva sa dame et les gen-
» tilz prinpces ses fils, et vecust en gloyre et santé iusque son tré-
» passement, qui advint en l'an 1312.

» Et fust li fief d'Alain de Kernadec apprins et le donjon rasé
» pour félonie.

» Jehan le Borgne ayant été meschamment perforé d'outre en
» outre, li duc prist cure de sa descendance, laquelle il rendist
» moult noble et riche, ce que fust véritable iustice.

» Ains il n'y eust que cette paoure et mignonne colombe que son
» ialoux mari gecta sur le dur pavé, et qui paya de sa doulce
» vie d'agneau la coulpe qu'on lui attribuoyt sans prouve no-
» toire.

» Et si femme, comme chepvre, demourant ou nœud l'attache,
» oncques ne broutoyt hors du logis, mort violente, guerre, pil-
» lasge, révolte et aultres désolations feroyent moins raige icy
» bas. »

FIN DE JEHAN LE BORGNE.

Paris. — Imp. de Guérin et Cⁱᵉ.

TABLE DES MATIÈRES.

	Pages.
André le pâtre.	7
Une actrice d'un jour.	111
Hélène de Montrose.	137
Deux élèves du Conservatoire.	225
La rose de la vallée.	253
Une attaque de brigands.	307
Singulière histoire.	319
Deux médailles.	357
Jehan-le-Borgne.	371

PRIME

DONNÉE EN 1859

PAR LE JOURNAL

LA VÉRITÉ CONTEMPORAINE

A ses Abonnés.

Paris. — Imprimerie de L. GUÉRIN et Cⁱᵉ, rue du Petit-Carreau, 26.

www.ingramcontent.com/pod-product-compliance
Lightning Source LLC
Chambersburg PA
CBHW071108230426
43666CB00009B/1879